박문각
공무원,

2022 전면개정판

9/7급
공무원
요약집

Summary

김태성
행정법총론
압축정리

QMG 박문각

합격기준 박문각 공무원   동영상강의 www.pmg.co.kr

김태성
행정법총론
압축정리

계속 공부를 해오다가도 잘못된 방법이 아닌지 스스로 돌아보는 분들, 혹은 시험이 임박하여 시간이 모자란 분을 위해 기존의 기본서를 압축 요약하는 것을 목적으로 새롭게 책을 출간하게 되었습니다. 저의 기본서도 시중에 나와 있는 책 중에서 분량이 작은 편이나, 다시 압축하여 단권화를 기했습니다.

분량이 적은 만큼, 중요한 내용이 빠져 있다거나 시험에 완벽하게 대비하지 못할까 우려를 하실 수 있습니다. 기본서의 경우 중요한 내용을 이해하는 과정, 시험에 중요하게 출제되는 이유 등을 수록하는 만큼 분량이 어느 정도 더 필요하지만, 그러한 과정을 줄이고 중요한 내용만을 담아 빠지는 내용 없이 완벽하게 시험에 대비할 수 있도록 하였습니다. 기존의 학습한 내용을 복습하는 용도로, 혹은 시간이 모자라서 철저히 암기로 임하겠다고 각오한다면 유용한 교재가 되리라 생각합니다. 시험장에 가지고 갈 책이 진정한 수험서라는 생각으로 출간을 했으니 불안함을 버리고 반복해서 학습하시면 여러분들을 합격으로 이끌 것이라 자신합니다.

기본서에도 언급한 적이 있지만, 행정법은 정답지문을 얼마나 제대로 빠짐없이 암기하는 것이 관건입니다. 다만 행정법이 다른 과목에 비해 생소한 과목이기에 생각보다 암기가 더디고, 알고 있는 내용을 지문에 적용하는 것이 어려울 수 있습니다. 때로는 우격다짐으로 때로는 우직하게 마지막까지 포기하지 않고 악착같이 매달리는 분들에게 합격의 영광이 돌아간다고 믿고 하루하루 나아가시길 바랍니다.

여러분들 합격의 순간에 제가 옆에 있도록 하겠습니다.
감사합니다.

2021년 10월
김태성

이 책의

차례

CONTENTS

김태성
행정법총론 압축정리

PART

01

행정법 통론

CHAPTER

01 행정 및 행정법

PART 1 행정법 통론

제1절　행정의 의의

01 행정관념의 성립

근대 입헌국가로 들어오면서 국가권력이 입법·사법·행정의 삼권으로 분립되고 각각 별개의 기관이 담당하게 됨으로써 비로소 근대적 의미의 행정관념이 성립되게 되었다.

02 행정의 개념

1. 형식적 의미의 행정(권한을 담당하는 기관·주체에 따른 개념)

형식적 의미의 행정이란 행정부에 의하여 행하여지는 작용이기만 하면 모두 행정이다.

2. 실질적 의미의 행정(국가작용의 내용에 따른 개념)

실질적 의미의 행정이란 행정의 고유한 성질과 기능을 중심으로 행정의 본질을 파악한다.

3. 행정과 입법·사법의 구별

형식	실질	구체적 사례
입법	입법	법률제정
	행정	국회사무총장의 소속직원 임명 등
사법	입법	대법원규칙의 제정 등
	사법	법원의 재판행위
	행정	대법원의 소속 공무원 임명, 등기사무 등
행정	입법	대통령령·총리령·부령 등 법규명령의 제정·개정, 행정규칙·조례 등의 제정
	사법	행정심판위원회의 재결 등 각종 재결, 경찰서장의 통고처분 등
	행정	건축허가 등 각종 허가, 조세부과처분, 행정대집행 등

03 통치행위

1. 통치행위의 개념

국가행위 중 고도의 정치성을 갖기 때문에 사법심사가 제한되는 행위를 통치행위라 한다.

2. 통치행위의 인정 여부와 근거

> **판례** 사법심사의 대상이 아니라고 본 사례

비상계엄의 선포는 고도의 정치적, 군사적 성격을 지니고 있는 행위라 할 것이므로 계엄선포의 당, 부당을 판단할 권한은 사법부에는 없다(대판 1981.1.23. 80도2756).

> **판례** 사법심사의 대상이라는 사례

1. 계엄선포의 요건 구비 여부나 선포의 당·부당을 판단할 권한이 사법부에는 없다고 할 것이나, 비상계엄의 선포나 확대가 국헌문란의 목적을 달성하기 위하여 행하여진 경우에는 법원은 그 자체가 범죄행위에 해당하는지의 여부에 관하여 심사할 수 있다(대판 1997.4.17. 96도3376 전원합의체).

2. 남북정상회담의 개최는 고도의 정치적 성격을 지니고 있는 행위라 할 것이므로 그 당부를 심판하는 것은 사법권의 내재적·본질적 한계를 넘어서는 것이 되어 적절하지 못하지만, 남북정상회담의 개최과정에서 재정경제부장관에게 신고하지 아니하거나 통일부장관의 협력사업 승인을 얻지 아니한 채 북한측에 사업권의 대가 명목으로 송금한 행위 자체는 사법심사의 대상이 된다(대판 2004.3.26. 2003도7878).

3. 긴급조치 제1호는 해제 내지 실효되기 이전부터 유신헌법에 위반되어 위헌이고, 나아가 현행 헌법에 비추어 보더라도 위헌이다(대판 2010.12.16. 2010도5986 전원합의체).

4. 서훈취소가 대통령이 국가원수로서 행하는 행위라도 법원이 사법심사를 자제하여야 할 고도의 정치성을 띤 행위라고 볼 수는 없다(대판 2015.04.23. 2012두26920).

> **헌재판례** 통치행위에 해당하지만 사법심사의 대상이라는 판례

대통령의 긴급재정경제명령은 고도의 정치적 결단에 의하여 발동되는 통치행위에 속한다고 할 수 있으나, 비록 고도의 정치적 결단에 의하여 행해지는 국가작용이라고 할지라도 그것이 국민의 기본권 침해와 직접 관련되는 경우에는 당연히 헌법재판소의 심판대상이 된다(헌재 1996.2.29. 93헌마186).

> **헌재판례** 사법심사의 대상이기는 하나 사법부의 판단이 자제되어야 한다는 판례

외국에의 국군의 파견결정은 고도의 정치적 결단이 요구되는 사안이다. 대통령과 국회의 판단은 존중되어야 하고 헌법재판소가 사법적 기준만으로 이를 심판하는 것은 자제되어야 한다(헌재 2004.4.29. 2003헌마814).

> **헌재판례** 통치행위에 해당하지 않아서 사법심사의 대상이 된다고 본 사례

1. 신행정수도건설이나 수도이전의 문제가 고도의 정치적 결단을 요하여 사법심사의 대상으로 하기에는 부적절한 문제라고까지는 할 수 없다(헌재 2004.10.21. 2004헌마554).

2. 한미연합 군사훈련(전시증원연습)은 고도의 정치적 결단에 해당하여 사법심사를 자제하여야 하는 통치행위에 해당된다고 보기 어렵다(헌재 2009.5.28. 2007헌마369).

3. 통치행위의 주체

(1) **통치행위의 행위주체**: 대통령 및 국회

(2) **통치행위의 판단주체**: 통치행위의 판단은 오로지 사법부만에 의해 이루어져야 한다(대판 2004.3.26. 2003도7878).

제2절 행정법의 의의

01 행정법의 발달과정

구분	행정법의 특수성	공법과 사법의 구별	행정사건의 관할
대륙법계 국가 (독일, 프랑스)	인정	인정 (공·사법 이원주의)	행정사건을 일반법원과는 독립된 별도의 행정재판소에서 관할
영미법계 국가 (영국, 미국)	인정	부인 (공·사법 일원주의)	행정사건도 일반법원에서 관할
우리나라	인정	인정 (공·사법 이원주의)	행정사건도 일반법원에서 관할

02 법치행정의 원리

1. 법치행정원리의 의의

법치행정의 원리란 원칙적으로 모든 행정작용은 법에 기하여 행하여져야 한다는 원리로 권력분립 원리에 기초하고 있다. 행정의 효율성은 법치행정의 목적이 아니다.

2. 법률의 법규창조력

법률의 법규창조력이란 국민의 권리·의무에 관계되는 법규를 창조하는 것은 국민의 대표기관인 의회의 전속적 권한에 속하며, 의회에서 제정한 법률만이 법규로서 국민에 대한 구속력이 있다는 것을 말한다. 법률의 법규창조력의 적용영역은 줄어드는 추세이다.

3. 법률우위의 원칙

법률우위의 원칙이란 행정은 법률에 위반하여 행해져서는 안 된다는 원칙을 말한다. 법률우위의 원칙에서 말하는 법률은 헌법, 법률, 그 밖에 성문 불문의 모든 법규를 말하는 것으로서 행정법의 일반원칙도 포함되지만 행정규칙은 포함되지 아니한다. 법률우위의 원칙은 행정이 법률에 위반되어서는 안 된다는 법치주의의 소극적 측면을 말하는 것임에 비해 법률유보의 원칙은 행정권발동의 근거를 요한다는 점에서 법치주의의 적극적 측면이라고 할 수 있다. 법률우위의 원칙은 모든 행정작용에 적용된다.

법률우위의 원칙에 위반되는 행정작용은 위법하다. 다만 위법의 정도가 무효사유인지 취소사유인지는 경우에 따라 달리 판단된다. 다만 행정입법과 공법상계약은 특별한 사정이 없는 한 무효가 된다.

4. 법률유보의 원칙

법률유보의 원칙이란 행정권의 발동에는 개별적인 법률의 근거(법률의 수권)를 요한다는 것을 말한다.

> **⚖ 헌재판례**
>
> 법률유보의 원칙은 '법률에 의한 규율'을 요청하는 것이 아니라 '법률에 근거한 규율'을 요청하는 것이므로, 기본권의 제한에는 법률의 근거가 필요할 뿐이고 기본권 제한의 형식이 반드시 법률의 형식일 필요는 없고 위임입법에 의하여도 기본권 제한을 할 수 있다(헌재 2005.5.26. 99헌마513).

법률유보의 원칙에서 말하는 법률은 국회가 제정하는 형식적 의미의 법률을 말하고 불문법인 관습법은 인정되지 않는다. 법률유보의 원칙에서는 문제되는 것은 조직법적 근거(임무규정)가 아니라 행정의 작용법적 근거(수권규범, 권능규정, 권한규정)이다. 법률우위의 원칙은 모든 행정영역에 적용되지만, 법률유보 원칙의 적용범위에 대하여는 학설상 다툼이 있다.

(1) 학설
① **침해유보설**: 침해적 행정작용의 경우에는 법적 근거를 요한다는 견해이다.
② **전부유보설**: 모든 행정작용이 법률에 근거해야 한다는 입장으로, 행정의 자유영역을 부정하는 견해이다.
③ **급부행정 유보설(사회유보설)**: 침해행정 이외에 급부행정의 영역에도 법률의 유보를 필요로 한다는 견해이다. 행정으로부터의 자유를 강조한 침해유보와 달리 행정을 통한 자유를 강조하고 있다.
④ **본질성설 (중요사항 유보설)**: 행정작용의 성질에 따라 판단하는 것이 아니라 개인의 기본권과 사회전체의 공익에 있어 가장 근본적이고 중요한 사항은 법률의 근거를 요한다는 견해로서, 이 견해는 법률유보의 범위뿐만 아니라 규율의 밀도에 대해서도 원칙을 제시하고 있다.

(2) 판례

> **⚖ 헌재판례**
>
> 오늘날 법률유보원칙은 행정작용이 법률에 근거를 두기만 하면 충분한 것이 아니라, 국가공동체와 그 구성원에게 기본적이고도 중요한 의미를 갖는 영역에 있어서는 입법자가 그 본질적 사항에 대해서 스스로 결정하여야 한다(의회유보원칙)(헌재 1999.5.27. 98헌바70).

① 본질적 사항에 해당한다고 본 판례

⚖ **판례**

1. 병의 복무기간은 국방의무의 본질적 내용에 관한 것이어서 이는 반드시 법률로 정하여야 할 입법사항에 속한다(대판 1985.2.28. 85초13).
2. 지방의회의원에 대하여 유급 보좌 인력을 두는 것은 국회의 법률로 규정하여야 할 입법사항이다(대판 2017.3.30. 2016추5087).

⚖ **헌재판례**

1. 텔레비전방송 수신료금액의 결정은 납부의무자의 범위 등과 함께 수신료에 관한 본질적인 중요한 사항이므로 국회가 스스로 행하여야 하는 사항이다(헌재 1999.5.27. 98헌바70).
2. 토지초과이득세법 상의 기준시가는 국민의 납세의무의 성부 및 범위와 직접적인 관계를 가지고 있는 중요한 사항이다(헌재 1994.7.29. 92헌바49 등 [헌법불합치]).
3. 토지 등 소유자가 도시환경정비사업을 시행하는 경우 사업시행인가 신청시 필요한 토지등소유자의 동의요건을 정하는 것은 국민의 권리와 의무의 형성에 관한 기본적이고 본질적인 사항이다(헌재 2012.4.24. 2010헌바1 [위헌]).

② 본질적 사항이 아니라고 본 판례

⚖ **헌재판례**

수신료 징수업무를 한국방송공사가 직접 수행할 것인지 제3자에게 위탁할 것인지, 누구에게 위탁하도록 할 것인지는 본질적인 사항이 아니다(헌재 2008.2.28. 2006헌바70 [합헌,각하]).

⚖ **판례**

조합의 사업시행인가 신청시의 토지 등 소유자의 동의요건은 토지 등 소유자의 재산상 권리·의무에 관한 본질적인 사항이라고 볼 수 없다(대판 2007.10.12. 2006두14476).

5. 법률유보원칙의 구체적 적용

침해행정에 대해서는 어느 학설에 의하든지 법률유보가 필요하다. 행정지도와 공법상계약은 강제력이 아닌 상대방의 동의를 전제로 하므로 법률의 근거가 필요 없다.

03 행정법의 법원

1. 의의

행정법의 법원(法源)이란 행정에 관한 '법의 존재형식' 또는 '인식근거'를 의미한다. 행정법의 법원은 성문법을 원칙으로 하나, 보충적으로 불문법도 법원으로 인정된다.

2. 성문법원

성문법원들 간에 내용상 충돌이 있는 경우에는 상위법우선의 원칙(헌법 → 법률 → 명령 → 조례 → 규칙), 특별법우선의 원칙, 신법우선의 원칙의 순서에 따라 해결된다.

(1) 헌법

(2) 법률

> **헌재판례** : 예산의 법원성
>
> 예산은 국가기관만을 구속할 뿐 일반국민을 구속하지 않는다. 예산 또는 국회의 예산안 의결은 헌법재판소법 제68조 제1항 소정의 '공권력의 행사'에 해당하지 않고 따라서 헌법소원의 대상이 되지 아니한다(헌재 2006.04.25, 2006헌마409).

(3) 조약 및 일반적으로 승인된 국제법규

헌법 제6조 1항은 "헌법에 의하여 체결·공포된 조약과 일반적으로 승인된 국제법규는 국내법과 동일한 효력을 갖는다."고 규정하고 있어 그 한도에서 행정법의 법원이 된다. 일반적으로 승인된 국제법규를 국내에 적용하기 위하여 별도의 국내입법조치는 필요하지 않다.

> **판례**
>
> 1. '1994년 관세 및 무역에 관한 일반협정'(General Agreement on Tariffs and Trade 1994)과 '정부조달에 관한 협정'(Agreement on Government Procurement)은 국회의 동의를 얻어 공포, 시행된 조약으로서 각 헌법 제6조 제1항에 의하여 국내법령과 동일한 효력을 가지므로 지방자치단체가 제정한 조례가 GATT나 AGP에 위반되는 경우에는 그 효력이 없다(대판 2005.9.9. 2004추10).
> 2. 남북 사이의 화해와 불가침 및 교류협력에 관한 합의서는 법적 구속력이 있는 것은 아니어서 이를 국가 간의 조약 또는 이에 준하는 것으로 볼 수 없고, 따라서 국내법과 동일한 효력이 인정되는 것도 아니다(대판 1999.7.23. 98두14525).
> 3. WTO 협정에 따른 회원국 정부의 반덤핑부과처분이 WTO 협정위반이라는 이유만으로 사인이 직접 국내 법원에 회원국 정부를 상대로 그 처분의 취소를 구하는 소를 제기하거나 위 협정위반을 처분의 독립된 취소사유로 주장할 수는 없다(대판 2009.1.30. 2008두17936).

> **헌재판례**
>
> 법률의 효력을 갖는 조약은 헌법재판소에 의한 위헌법률심판의 대상이 된다(헌재 2001.9.27. 2000헌바20).

3. 불문법원

(1) 관습법

관습법은 성문법이 결여된 경우에 그 흠결을 보충하는 보충적 효력만 인정된다(성문법을 개폐하는 효력까지는 인정되지는 않는다).

(2) 판례법

영·미법계 국가에서는 선례구속의 원칙이 인정되어 판례의 법적 구속력이 인정되나, 우리나라의 경우 선례구속의 원칙이 인정되지 않으며, 법원조직법 제8조는 "상급법원의 재판에 있어서의 판단은 당해 사건에 관하여 하급심을 기속한다."고 규정하고 있으므로 상급법원의 판결은 '당해 사건'에 있어서만 법적 구속력을 가질 뿐 '동종의 유사사건'에 대해서는 법적 구속력이 없어 법적·제도적으로는 대법원판례의 법원성이 부정된다.

> ⚖️ **판례**
>
> <u>유사사건을 재판하는 하급심법원의 법관은 판례의 견해를 존중하여 재판하여야 하는 것이나, 판례가 사안이 서로 다른 사건을 재판하는 하급심법원을 직접 기속하는 효력이 있는 것은 아니다</u>(대판 1996.10.25, 96다31307).

이에 반해 <u>헌법재판소의 위헌결정은 법원(法院) 기타 국가기관이나 지방자치단체를 기속하므로</u> (헌법재판소법 제47조 1항), 헌법재판소의 결정은 법적·제도적으로 법원성이 인정된다. 헌법재판소의 결정에 대한 기속력은 위헌결정에 인정되며 <u>합헌결정에는 인정되지 않는다.</u>

04 행정법의 효력

1. 시간적 효력

(1) 효력발생시기

<u>시행일에 관하여 특별한 규정이 없는 경우에는 공포한 날로부터 20일을 경과한 날로부터 효력을 발생한다</u>(법령 등 공포에 관한 법률 제13조). 다만 국민의 권리제한 또는 의무부과와 직접 관련되는 법률 등의 경우에는 공포일로부터 30일이 경과한 날로부터 시행되도록 하여야 한다 (동법 제13조의2).

> **법령 등 공포에 관한 법률 제11조(공포 및 공고의 절차)** ① 헌법개정·법률·조약·대통령령·총리령 및 부령의 공포와 헌법개정안·예산 및 예산 외 국고부담계약의 공고는 관보(官報)에 게재함으로써 한다.
> ② 「국회법」 제98조 제3항 전단에 따라 하는 국회의장의 법률 공포는 서울특별시에서 발행되는 둘 이상의 일간신문에 게재함으로써 한다.
> ④ 관보의 내용 해석 및 적용 시기 등에 대하여 종이관보와 전자관보는 동일한 효력을 가진다.

(2) 소급입법금지의 원칙

① **의의**: 소급입법금지원칙이라 함은 이미 종료한 법적인 관계에 새로운 법률을 사후적으로 적용하는 것을 금지하는 것을 말한다.

② **진정소급입법**: <u>진정소급입법이라 함은 과거에 이미 완성된 사실이나 법률관계를 규율대상으로 하는 입법형식을 말한다. 진정소급입법은 원칙적으로 금지된다.</u>

> ⚖️ **판례**
>
> 1. 법령의 소급적용은 이를 인정하지 않는 것이 원칙이고, 다만 <u>법령을 소급적용하더라도 일반 국민의 이해에 직접 관계가 없는 경우, 오히려 그 이익을 증진하는 경우, 불이익이나 고통을 제거하는 경우 등의 특별한 사정이 있는 경우에 한하여 예외적으로 법령의 소급적용이 허용된다</u>(대판 2005.5.13. 2004다8630).
> 2. 친일재산은 취득·증여 등 원인행위 시에 국가의 소유로 한다고 규정하고 있는 '친일반민족행위자 재산의 국가귀속에 관한 특별법' 제3조 제1항 본문은 진정소급입법에 해당하지만, 진정소급입법이라 하더라도 예외적으로 국민이 소급입법을 예상할 수 있었거나 신뢰보호 요청에 우선하는 심히 중대한 공익상 사유가 소급입법을 정당화하는 경우 등에는 허용될 수 있는데, 친일재산의 소급적 박탈은 진정소급입법이 허용되는 경우에 해당한다(대판 2011.5.13. 2009다26831).

③ 부진정소급입법 : 부진정소급입법이라 함은 현재 진행 중인 사실관계 또는 법률관계를 사후적인 입법으로 규율하는 입법형식을 말한다. 부진정소급입법은 원칙적으로 허용된다. 부진정소급입법의 허용여부는 신뢰보호원칙을 위배하였는지가 그 판단기준이 된다.

⚖️ **판례**

> 과세단위가 시간적으로 정해지는 조세에 있어 과세표준기간인 과세연도 진행 중에 세율인상 등 납세의무를 가중하는 세법의 제정이 있는 경우에는 부진정소급효의 경우이므로 그 과세연도 개시 시에 소급적용이 허용된다(대판 1983.4.26. 81누423).

④ 시혜적 성격을 지닌 입법영역(유리한 소급적용) : 신법이 피적용자에게 유리한 경우에는 이른바 시혜적인 소급입법이 가능하지만 이를 입법자의 의무라고는 할 수 없고, 그러한 소급입법을 할 것인지의 여부는 입법재량의 문제이다.

2. 지역적 효력

행정법규는 원칙적으로 제정권자의 통치력이 미치는 지역적 범위 내에서 효력을 가진다. 다만 국가의 법령이 영토의 일부지역에만 적용되는 경우도 있다(수도권정비계획법, 제주도국제자유도시특별법 등). 반대로 행정법규가 그것을 제정한 기관의 본래의 관할구역을 넘어 적용되는 경우도 있다(A지방자치단체의 공공시설에 관한 조례가 B지방자치단체의 구역에도 효력을 미치는 경우).

3. 대인적 효력

⑴ 속지주의 : 행정법규는 원칙적으로 속지주의에 의하여 영토 또는 구역 내에 있는 모든 사람에게 내외국인을 가리지 않고 일률적으로 적용된다.

⑵ 속인주의 : 속인주의에 의해 외국에 있는 내국인에게도 대한민국의 행정법이 적용된다.

⑶ 기국주의 : 공해상에 있는 대한민국의 선박 내에서도 대한민국의 행정법이 적용된다.

행정법의 일반원칙과 법률관계

PART 1 행정법 통론

제1절 행정법의 일반원칙

01 비례의 원칙(과잉금지의 원칙)

1. 의의

수단은 목적을 실현하는 데 유효·적절하고 가능한 한 최소침해를 가져오는 것이어야 하며, 또한 그 수단의 도입으로 인해 생겨나는 침해가 달성되는 공익을 넘어서서는 안된다는 원칙을 말한다. 과잉금지의 원칙이라고도 한다.

2. 법적근거

비례의 원칙의 근거에 대해서는 일반적으로 헌법 제37조 제2항에서 도출한다.

3. 적용범위

비례의 원칙은 명문의 규정이 있는 경우뿐만 아니라 행정의 모든 영역, 즉 침익적 영역은 물론이고 수익적 영역에도 적용된다.

4. 비례의 원칙의 내용

(1) 적합성의 원칙(1단계 : 목적과 수단의 관계)

적합성의 원칙은 행정작용이 그 목적달성에 적합하여야 한다는 것을 의미한다.

(2) 필요성의 원칙(최소침해의 원칙, 2단계 : 수단과 수단의 관계)

행정목적의 달성에 적합한 다수의 수단이 있는 경우에, 가장 적은 부담을 주는 수단을 선택하여야 한다는 원칙이다. 최소 침해의 원칙이라고도 한다.

(3) 상당성의 원칙(협의의 비례의 원칙 : 공익과 사익간의 비교형량)

행정작용이 적합하고 최소한의 침해를 수반하는 조치라 해도 추구하는 공익과 침해되는 사익 사이에 합리적인 비례관계가 있어야 한다는 것이다.

5. 위반의 효과

(1) 위헌·위법

(2) 구체적 사례

> ⚖️ **판례** 비례원칙 위반이라고 본 사례
>
> 1. 주유소 영업의 양도인이 등유가 섞인 유사휘발유를 판매한 바를 모르고 이를 양수한 석유판매영업자에게 전 운영자인 양도인의 위법사유를 들어 사업정지기간 중 최장기인 6월의 사업정지에 처한 영업정지처분은 위법하다(대판 1992.2.25. 91누13106).
> 2. 청소년유해매체물로 결정·고시된 만화인 사실을 모르고 있던 도서대여업자가 그 고시일로부터 8일 후에 청소년에게 그 만화를 대여한 것을 사유로 그 도서대여업자에게 금 700만 원의 과징금이 부과된 경우, 재량권을 일탈·남용한 것으로서 위법하다(대판 2001.7.27. 99두9490).
> 3. 공정한 업무처리에 대한 사의로 두고 간 돈 30만원이 든 봉투를 피동적으로 수수하였다가 돌려 준 20여년 근속의 경찰공무원에 대한 해임처분은 재량권의 남용에 해당한다(대판 1991.7.23. 90누8954).

> ⚖️ **판례** 비례원칙 위반이 아니라고 본 사례
>
> 지방식품의약품안전청장이 수입 녹용 중 회분함량이 기준치를 0.5% 초과하였다는 이유로 전부에 대하여 전량 폐기 또는 반송처리를 지시한 경우, 재량권을 일탈·남용한 경우에 해당하지 않는다(대판 2006.4.14. 2004두3854).

02 신뢰보호의 원칙

1. 의의

신뢰보호의 원칙이란 행정기관의 어떤 행위가 존속될 것이라는 것을 일반 사인이 정당하게 신뢰한 경우 그러한 신뢰는 보호되어야 한다는 원칙을 말한다.

2. 법적근거

신뢰보호의 원칙에 대해 현행법상 국세기본법 제18조 제3항과 행정절차법 제4조 제2항 및 행정심판법 제27조 제5항의 명문의 규정이 있다. 대법원은 과거 신의칙설에 입각하여 인정하였으나, 최근에는 법적 안정성설에 입각한 판시도 하고 있다. 헌법재판소는 신뢰보호원칙은 법적안정성을 내용으로 하는 법치국가원리로부터 도출된다고 보는 입장이다.

3. 요건

(1) 행정청 선행행위(선행조치)의 존재

선행행위(조치)에는 법령·행정규칙·행정처분·확약·행정지도 등 모든 국가작용이 포함되며, 명시적·적극적 언동에 국한되지 않고 묵시적·소극적 언동이 포함된다. 선행행위(조치)에는 법률행위, 사실행위가 포함되고 권력적 행위와 비권력적 행위가 포함된다. 행정행위인 경우 적법행위, 위법행위인지도 묻지 않는다. 즉 위법한 행정행위도 선행조치가 될 수 있다. 다만 무효인 행정행위에 대한 신뢰는 인정되지 않는다. 대법원은 선행행위(조치)를 공적인 견해표명에 한정시키는 입장이다.

⚖️ **판례** | 공적인 견해표명으로 인정한 사례

1. 국세기본법상 비과세관행이 성립하려면, 과세관청 자신이 과세할 수 있음을 알면서도 과세하지 않는다는 의사가 있어야 하며, 위와 같은 공적 견해나 의사는 명시적 또는 묵시적으로 표시되어야 하지만, 단순한 과세누락과는 달리 과세관청이 과세하지 않겠다는 의사표시를 한 것으로 볼 수 있는 사정이 있어야 한다(대판 2003.9.5. 2001두7855).

2. 토지거래허가신청 과정에서 그 허가담당공무원으로부터 이용목적대로 토지를 이용하겠다는 각서까지 제출할 것을 요구받아 이를 제출한 원고로서는 위와 같은 견해표명에 대하여 보다 고도의 신뢰를 갖게 되었다고 할 것이다. 이를 신뢰하고 건축준비를 하였으나 그 후 토지형질변경허가신청을 불허가한 것은 신뢰보호원칙에 반한다(대판 1997.9.12. 96누18380).

3. 폐기물처리업에 대하여 관할 관청의 사전 적정통보를 받고 막대한 비용을 들여 허가요건을 갖춘 다음 허가신청을 하였음에도 청소업자의 난립으로 효율적인 청소업무의 수행에 지장이 있다는 이유로 한 불허가처분은 신뢰보호의 원칙에 반하여 재량권을 남용한 위법한 처분이다(대판 1998.5.8. 98두4061).

⚖️ **판례** | 공적인 견해표명이 아니라고 본 사례

1. 비록 장기간에 걸쳐 과세하지 아니한 상태가 계속되었다 하더라도 그것이 착오로 인한 것이라면 관행으로 되었다 할 수 없다(대판 1985.3.12. 84누398).

2. 과세관청의 의사표시가 일반론적인 견해표명에 불과한 경우에는 신뢰보호의 원칙을 적용할 수 없다(대판 2001.4.24. 2000두5203).

3. 개발사업을 시행하기 전에, 행정청이 관련부서 의견으로 '저촉사항 없음'이라고 기재하였다고 하더라도, 이후의 개발부담금 부과처분에 관하여 신뢰의 대상이 되는 공적인 견해표명을 한 것이라고는 보기 어렵다(대판 2006.6.9. 2004두46).

4. 병무청 담당부서의 담당공무원에게 공적 견해의 표명을 구하는 정식의 서면질의 등을 하지 아니한 채 총무과 민원팀장에 불과한 공무원이 안내한 것을 신뢰한 경우, 신뢰보호 원칙이 적용되지 아니한다(대판 2003.12.26. 2003두1875).

5. 지침의 공표만으로 신청인이 보호가치 있는 신뢰를 갖게 되었다고 볼 수 없고, 처분이 행정이 자기구속의 원칙 및 행정규칙에 관련된 신뢰보호의 원칙에 위배되거나 재량권을 일탈·남용한 위법이 없다(대판 2009.12.24. 2009두7967).

6. 헌법재판소의 위헌결정에 관련된 개인의 행위에 대하여는 신뢰보호의 원칙이 적용되지 않는다(대판 2003.6.27. 2002두6965).

7. 폐기물처리업 사업계획에 대하여 적정통보를 한 것만으로 그 사업부지 토지에 대한 국토이용계획변경신청을 승인하여 주겠다는 취지의 공적인 견해표명을 한 것으로 볼 수 없다(대판 2005.4.28. 2004두8828).

8. 폐기물처리업 사업계획에 대한 적정통보 중에 토지에 대한 형질변경신청을 허가하는 취지의 공적 견해표명이 있다고 볼 수 없다(대판 1998.9.25. 98두6494).

9. 행정청이 지구단위계획을 수립하면서 그 권장용도를 판매·위락·숙박시설로 결정하여 고시한 행위를 당해 지구 내에서는 언제든지 숙박시설에 대한 건축허가가 가능하리라는 공적 견해를 표명한 것이라고 평가할 수는 없다(대판 2005.11.25. 2004두6822).

10. 입법 예고를 통해 국민에게 예고한 적이 있다고 하더라도 그것이 법령으로 확정되지 아니한 이상 국가가 이해관계자들에게 위 법령안에 관련된 사항을 약속하였다고 볼 수 없으며, 어떠한 신뢰를 부여하였다고 볼 수도 없다(대판 2018. 6. 15. 2017다249769).

> **⚖️ 판례**
>
> 1. 공적 견해표명이 있었었는지를 판단함에 있어서는, <u>반드시 행정조직상의 형식적인 권한분장에 구애될 것은 아니고, 실질에 의하여 판단하여야 한다</u>(대판 2008.1.17. 2006두10931).
> 2. <u>보건사회부장관이 '의료취약지 병원설립운영자 신청공고'를 하면서 국세 및 지방세를 비과세하겠다고 발표하였고</u>, 비과세의 견해표명은 당해 과세관청의 그것과 마찬가지로 볼 여지가 충분하다고 할 것이고, 납세자로서는 위와 같은 정부의 일정한 절차를 거친 공고에 대하여서는 보다 <u>고도의 신뢰를 갖는 것이 일반적이다</u>(대판 1996.1.23. 95누13746).

⑵ 보호가치 있는 신뢰일 것(관계인의 귀책사유가 없을 것)

　① 귀책사유(고의 또는 과실)가 없을 것

　② 선행행위(조치)에 하자가 있는 경우: 사후에 <u>선행조치가 변경될 것을 사인이 예상하였거나 중대한 과실로 알지 못한 경우</u> 또는 사인의 <u>사위나 사실은폐</u> 등이 있는 경우에는 <u>보호가치가 있는 신뢰라고 보기 어렵다.</u>

　③ 귀책사유의 태양: 적극적인 사실은폐나 사위의 방법에 한하지 않고, 소극적으로 하자가 있음을 알았거나 중대한 과실로 알지 못한 경우도 포함된다(대판 2008.1.17. 2006두10931).

> **⚖️ 판례**
>
> 1. <u>귀책사유의 유무는 상대방과 그로부터 신청행위를 위임받은 수임인 등 관계자 모두를 기준으로 판단하여야 한다</u>(대판 2008.1.17. 2006두10931).
> 2. <u>건축주와 그로부터 건축설계를 위임받은 건축사가 건축한계선의 제한이 있다는 사실을 간과한 채 건축설계를 하고 신축 및 증축허가를 받은 경우</u>, 신뢰한 데에 <u>귀책사유가 있다</u>(대판 2002.11.8. 2001두1512).

　④ 국가에 의해 유인된 신뢰

> **⚖️ 헌재판례**
>
> 개인의 신뢰이익에 대한 보호가치는 ① 법령에 따른 개인의 행위가 국가에 의하여 일정방향으로 유인된 신뢰의 행사인지, ② 아니면 단지 법률이 부여한 기회를 활용한 것으로서 원칙적으로 사적 위험부담의 범위에 속하는 것인지 여부에 따라 달라진다. 만일 법률에 따른 개인의 행위가 단지 <u>법률이 반사적으로 부여하는 기회의 활용을 넘어서 국가에 의하여 일정 방향으로 유인된 것이라면 특별히 보호가치가 있는 신뢰이익이 인정될 수 있고, 원칙적으로 개인의 신뢰보호가 국가의 법률 개정이익에 우선된다고 볼 여지가 있다</u>(헌재 2002. 11. 28. 2002헌바45 [합헌]).

　⑤ 위헌인 법률에 대한 신뢰: <u>위헌인 법률에 대한 신뢰도 유효한 신뢰의 근거로 작용할 수 있다.</u>

⑶ 신뢰에 기초한 상대방의 행위(조치)

　아무런 행위가 없는 경우에 <u>정신적 신뢰를 이유로 신뢰보호를 주장할 수는 없다.</u> 상대방의 행위(조치)는 적극적 행위뿐만 아니라 소극적 묵시적인 경우도 포함된다.

⑷ 인과관계

　<u>행정기관의 행위(조치)와 상대방의 행위 사이에는 인과관계가 존재하여야 한다.</u>

(5) 선행조치에 반하는 후행처분의 존재

행정청이 그 견해표명에 반하는 처분을 함으로써 개인의 이익이 침해되는 결과가 초래되어야 한다.

(6) 공익과 제3자 이익의 보호

신뢰보호원칙을 적용하는 것이 공익 또는 제3자의 이익을 현저히 해하지 않아야 한다.

4. 신뢰보호의 한계

> **헌재판례**
>
> 신뢰보호원칙의 위배 여부를 판단하기 위하여는 침해받은 이익의 보호 가치, 침해의 정도, 신뢰가 손상된 정도, 신뢰 침해의 방법 등과 새 입법을 통하여 실현하고자 하는 공익적 목적을 종합적으로 형량하여야 한다(헌재 2003.9.25. 2001헌마93 등 [기각,각하]).

(1) 사정변경과 법령개정

① 사정변경

> **판례**
>
> 확약 또는 공적인 의사표명이 있은 후에 사실적·법률적 상태가 변경되었다면, 그와 같은 확약 또는 공적인 의사표명은 행정청의 별다른 의사표시를 기다리지 않고 실효된다(대판 1996.8.20. 95누10877).

② **무효인 견해표명**: 공적인 견해표명이 무효인 경우에는 신뢰보호가 인정되지 않는다.

> **판례**
>
> 국가가 공무원임용결격사유가 있는 자에 대하여 결격사유가 있는 것을 알지 못하고 공무원으로 임용하였다가 사후에 결격사유가 있는 자임을 발견하고 공무원 임용행위를 취소하는 것은 당사자에게 원래의 임용행위가 당초부터 당연무효이었음을 통지하여 확인시켜 주는 행위에 지나지 아니하는 것이므로, 당초의 임용처분을 취소함에 있어서는 신의칙 내지 신뢰의 원칙을 적용할 수 없고 또 그러한 의미의 취소권은 시효로 소멸하는 것도 아니다(대판 1987.4.14. 86누459).

(2) 신뢰보호의 구체적 적용 사례 - 실효(실권)의 법리

실효(실권)의 법리란 행정청이 취소권·철회권 등의 권리를 행사할 수 있는 기회가 있음에도 불구하고 장기간에 걸쳐 그 권리를 행사하지 않을 때 상대방이 더 이상 그 권리를 행사하지 않을 것으로 신뢰한 정당한 이유가 있는 경우에는 그 권리를 행사할 수 없다는 원리를 말한다. 견해의 대립은 있으나 판례는 신의성실의 원칙의 파생원칙으로 보고 있다.

> ⚖️ **판례**   실효의 법리 및 신뢰보호원칙 위반이라고 본 사례
>
> 1. 택시운전사가 운전면허정지기간 중의 운전행위를 하다가 적발되어 형사처벌을 받았으나 행정청이 행정조치를 취하지 않은채 방치하고 있다가 3년여가 지나서 가장 무거운 운전면허를 취소하는 행정 처분을 하였다면 위법하다(대판 1987.9.8. 87누373).
> 2. 동일한 사유에 관하여 보다 무거운 면허취소처분을 하기 위하여 이미 행하여진 가벼운 면허정지처 분을 취소하는 것은 선행처분에 대한 당사자의 신뢰 및 법적 안정성을 크게 저해하는 것이 되어 허용될 수 없다 할 것이다(대판 2000.2.25. 99두10520).

> ⚖️ **판례**   실효의 법리 및 신뢰보호원칙에 위반되지 않는다고 본 사례
>
> 1. 교통사고가 일어난 지 1년 10개월이 지난 뒤 교통사고를 일으킨 택시에 대하여 운송사업면허를 취 소하였더라도 재량권의 범위를 일탈한 것이라고 보기 어렵다(대판 1989.6.27. 88누6283).
> 2. 허가 받은 때로부터 20년이 다되어 처분청이 행정서사업 허가를 취소한 것이기는 하나 처분청이 취소사유를 알고서도 그렇게 장기간 취소권을 행사하지 않은 것이 아니고 원고에게 취소권을 행사 하지 않을 것이란 신뢰를 심어준 것으로 여겨지지 않으니 피고의 처분이 실권의 법리에 저촉된 것 이라고 볼 수 없다(대판 1988.4.27. 87누915).

(3) 신뢰보호원칙 위반의 효과

신뢰보호원칙은 헌법적 효력을 가지는 원칙이기 때문에, 행정처분이 이에 위반하는 경우에는 위 헌·위법한 것이 된다. 효력의 정도는 경우에 따라 무효 또는 취소가 된다.

03 자기구속의 원칙

1. 의의

자기구속의 원칙이란 행정청은 동일한 사안에 대하여는 제3자에게 한 것과 동일한 결정을 상대방 에게 하여야 한다는 원칙을 말한다.

2. 인정근거

국세기본법 제18조 제3항과 행정절차법 제4조 제2항에 규정되어 있다.

> ⚖️ **판례**
>
> 상급행정기관이 하급행정기관에 대하여 업무처리지침이나 법령의 해석적용에 관한 기준을 정하여 발하는 이른바 '행정규칙이나 내부지침'은 일반적으로 행정조직 내부에서만 효력을 가질 뿐 대외적인 구속력을 갖 는 것은 아니므로 행정처분이 그에 위반하였다고 하여 그러한 사정만으로 곧바로 위법하게 되는 것은 아니 다. 다만 재량권 행사의 준칙인 행정규칙이 그 정한 바에 따라 되풀이 시행되어 행정관행이 이루어지게 되면 평등의 원칙이나 신뢰보호의 원칙에 따라 행정기관은 그 상대방에 대한 관계에서 그 규칙에 따라야 할 자기구속을 받게 되므로, 이러한 경우에는 특별한 사정이 없는 한 그를 위반하는 처분은 평등의 원칙이 나 신뢰보호의 원칙에 위배되어 재량권을 일탈·남용한 위법한 처분이 된다(대판 2009.12.24. 2009두7967).

3. 요건

(1) 재량행위의 영역일 것

(2) 동종의 사안일 것

(3) 동일한 행정청일 것

자기구속의 법리는 개념상 동일한 행정청(처분청)에 대해서 적용되고 상이한 행정청에 대해서는 적용되지 않는다.

(4) 선례의 필요성 여부

재량준칙이 공표된 것만으로는 행정의 자기구속의 원칙이 적용될 수 없고, 재량준칙이 되풀이 시행되어 행정관행이 성립한 경우에 행정의 자기구속의 원칙이 적용될 수 있다.

4. 한계

자기구속의 원칙은 행정관행에 따른 처분 등의 행정행위가 적법한 경우에만 적용된다.

⚖️ **판례**

위법한 행정처분이 수차례에 걸쳐 반복적으로 행하여졌다 하더라도 행정청에 대하여 자기구속력을 갖게 된다고 할 수 없다(대판 2009.6.25. 2008두13132).

5. 효과

행정의 자기구속에 위반한 처분 등은 위헌·위법이 된다. 따라서 항고소송의 대상이 되며 경우에 따라서는 국가배상청구도 가능하다.

04 부당결부금지의 원칙

1. 의의

부당결부금지의 원칙이란 행정기관이 공권력을 행사함에 있어서 실질적 관련성이 없는 상대방의 반대급부를 행정작용의 조건으로 결부시켜서는 안 된다는 원칙을 말한다.

⚖️ **판례**

고속국도 관리청이 고속도로 부지와 접도구역에 송유관 매설을 허가하면서 상대방과 체결한 협약에 따라 송유관 시설을 이전하게 될 경우 그 비용을 상대방에게 부담하도록 하였다면 위 협약에 포함된 부관이 부당결부금지의 원칙에도 반하지 않는다(대판 2009.2.12. 2005다65500).

2. 인정근거

주택법에는 기부채납과 관련하여 부당결부금지의 원칙에 관한 명문규정이 있다.

3. 적용범위

> ⚖️ **판례**
>
> 1. 주택사업계획승인을 하면서 그 주택사업과는 <u>아무런 관련이 없는 토지를 기부채납하도록</u> 하는 부관을 주택사업계획승인에 붙인 경우, 부당결부금지의 원칙에 위반되어 <u>위법하지만, 당연무효라고는 볼 수 없다</u>(대판 1997.3.11. 96다49650).
> 2. 주택건설사업계획의 승인처분을 함에 있어 그 <u>주택단지의 진입도로 부지의 소유권을 확보하여 통행로</u>를 설치하고 그 부지 일부를 기부채납하도록 조건을 붙인 경우, 위법한 부관이라 할 수 없다(대판 1997.3.14. 96누16698).

4. 위반의 효과 − 위헌 · 위법

> ⚖️ **판례** 복수운전면허의 취소(철회)
>
> 한 사람이 여러 종류의 자동차운전면허를 취득하는 경우뿐 아니라 이를 취소 또는 정지함에 있어서도 서로 별개의 것으로 취급하는 것이 원칙이라 할 것이고 그 취소나 정지의 사유가 특정의 면허에 관한 것이 아니고 <u>다른 면허와 공통된 것이거나 운전면허를 받은 사람에 관한 경우</u>에는 여러 운전면허 전부를 <u>취소 또는 정지할 수도 있다</u>. 제1종 보통면허로 운전할 수 있는 차량을 음주운전한 경우에 이와 관련된 면허인 제1종 대형면허와 원동기장치자전거면허까지 취소할 수 있는 것으로 보아야 한다(대판 1994.11.25. 94누9672)

05 평등의 원칙

<u>평등의 원칙은 위법한 행정작용에서는 적용되지 않는다(불법의 평등은 인정될 수 없다)</u>.

> ⚖️ **판례** 평등의 원칙 위반사례
>
> 1. 원고와 함께 화투놀이를 한 3명은 견책에 처하기로 의결된 사실을 고려하면 피고가 원고에 대한 징계처분으로 파면을 택한 것은 위법한 것이다(대판 1972.12.26. 72누194).
> 2. 청원경찰의 인원감축을 위한 면직처분대상자를 선정함에 있어서 <u>초등학교 졸업 이하 학력소지자 집단과 중학교 중퇴 이상 학력소지자 집단으로 나누어 각 집단별로 같은 감원비율 상당의 인원을 선정한 것은 평등의 원칙에 위배하여 그 하자가 중대하다 할 것이나, 객관적으로 명백하다고 보기는 어렵다</u>(대판 2002.2.8. 2000두4057).
> 3. 조례안이 지방의회의 감사 또는 조사를 위하여 출석요구를 받은 증인이 <u>5급 이상 공무원인지 여부</u> 등 증인의 <u>사회적 신분에 따라 미리부터 과태료의 액수에 차등을 두고 있는 경우, 평등의 원칙에 위배되어 무효이다</u>(대판 1997.02.25. 96추213).

> ⚖️ **헌재판례** 평등의 원칙 위반사례
>
> 국유잡종재산에 대한 시효취득을 부인하는 동규정은 합리적 근거 없이 국가만을 우대하는 불평등한 규정으로서 헌법상의 평등의 원칙과 사유재산권 보장의 이념 및 과잉금지의 원칙에 반한다(헌재 1991.5.13. 89헌가97).

> **⚖ 판례** 평등의 원칙에 위반되지 않는다고 본 사례

1. 한국전기통신공사의 일반직 직원의 정년을 58세로 규정하면서 전화교환직렬 직원만은 정년을 53세로 규정하여 <u>정년차등</u>을 둔 것은 합리성이 있다(대판 1996.8.23. 94누13589).
2. 같은 정도의 비위를 저지른 자들 사이에 있어서도 개전의 정이 있는지 여부에 따라 징계의 종류의 선택과 양정에 있어서 <u>차별적으로 취급</u>하는 것은 <u>평등원칙 내지 형평에 반하지 아니한다</u>(대법원 1999.08.20. 99두2611).

06 기타 일반 원칙

1. 적법절차의 원칙(due process)

2. 신의성실의 원칙

민법 제2조 제1항은 '권리의 행사와 의무의 이행은 신의에 좇아 성실히 하여야 한다.'고 규정하여 신의성실의 원칙을 밝히고 있다. 행정절차법도 제4조에서 신의성실의 원칙을 신뢰보호의 원칙과 함께 규정하고 있다.

> **⚖ 판례**

1. 일반 행정법률관계에서 관청의 행위에 대하여 <u>신의칙이 적용되기 위해서는</u> 합법성의 원칙을 희생하여서라도 처분의 상대방의 신뢰를 보호함이 정의의 관념에 부합하는 것으로 인정되는 <u>특별한 사정이 있을 경우에 한하여 예외적으로 적용된다</u>(대판 2004.7.22. 2002두11233).
2. 지방공무원 임용신청 당시 <u>잘못 기재된 호적상 출생연월일</u>에 대하여 처음 임용된 때부터 약 36년 동안 전혀 이의를 제기하지 않다가, <u>정년을 1년 3개월 앞두고</u> 호적상 출생연월일을 정정한 후 그 출생연월일을 기준으로 <u>정년의 연장을 요구</u>하는 것은 신의성실의 원칙에 반하지 않는다(대판 2009.3.26. 2008두21300).

제 2 절 행정상 법률관계

01 공법관계와 사법관계

1. 행정상 법률관계

행정상 법률관계란 행정활동을 기초로 하여 발생되는 권리 의무관계를 말한다. <u>행정법관계는 행정상 법률관계 중 공법이 적용되는 법률관계를 말하는 것이다.</u>

2. 공법관계(행정법관계)와 사법(私法)관계

행정상 법률관계를 공법관계와 사법관계로 구분하는 것은 각각의 소송절차와도 관련된다. 공법관계와 사법관계는 1차적으로 관계법령의 규정 내용과 성질 등을 기준으로 구별한다. 공법과 사법의 구별과 관련하여 구주체설, 신주체설, 권력설, 이익설 등의 입장이 있으나 우리나라의 통설은 위의 견해를 종합하여 해결해야 한다는 복수기준설을 취하고 있다.

공법관계	사법관계
• 국유재산 무단점유자에 대한 변상금부과 • 행정재산 사용수익자에 대한 사용료부과 • 「국가를 당사자로 하는 계약에 따른 법률」에 따른 입찰참가자격 제한 • 국립의료원 부설주차장에 대한 위탁관리용역계약 • 농지개량조합 직원의 근무관계 　(단 퇴직금은 사법관계) • 도시재개발조합의 조합원 지위확인 • 지방자치단체에 근무하는 청원경찰의 근무관계 • 서울 시립무용단원의 위촉, 해촉 • 공중보건의사 채용계약 • 공무원연금관리공단의 급여결정 • 공유수면매립면허 • 전화요금강제징수, 텔레비전 수신료 부과 • 수도요금 부과징수 • 특허기업자의 토지수용 등 공용부담관계	• 국유일반재산(구 잡종재산)의 매각·임대 • 국유일반재산(구 잡종재산)에 대한 대부료 납입고지 • 「국가를 당사자로 하는 계약에 따른 법률」에 따른 입찰보증금의 국고귀속조치 • 기부채납 공유재산에 대한 무상사용 수익 허가 • 서울지하철공사 직원의 근무관계 • 한국방송공사 직원의 채용관계 • 비원안내원 채용계약 • 마사회소속 조교사 기수의 면허취소 • 토지수용시의 협의취득 및 협의취득에 기한 손실보상금의 환수통보 • 철도·지하철·시영버스 이용 • 전기·전화가입 및 해지 • 통상적인 손실보상청구소송 • 개발부담금부과처분의 직권취소를 이유로 한 부당이득반환청구

⚖ 헌재판례

정부투자기관(한국토지공사)의 출자로 설립된 회사 내부의 근무관계(인사상의 차별 및 해고)에 관한 사항은, 이를 규율하는 특별한 공법적 규정이 존재하지 않는 한, 원칙적으로 사법관계에 속한다(헌재 2006.11.30. 2005헌마855).

⚖ 판례 | 사법관계로 판시한 사례

1. 재개발조합과 조합장 또는 조합임원 사이의 선임·해임 등을 둘러싼 법률관계는 사법상의 법률관계로서 그 조합장 또는 조합임원의 지위를 다투는 소송은 민사소송에 의하여야 한다(대결 2009.9.24. 2009마168).

2. 예산회계법에 따라 체결되는 계약은 사법상의 계약이라고 할 것이고 입찰보증금의 국고귀속조치는 민사소송의 대상이다(대판 1983.12.27. 81누366).

3. 환매권의 존부에 관한 확인을 구하는 소송 및 구 공익사업법 제91조 제4항에 따라 환매금액의 증감을 구하는 소송 역시 민사소송에 해당한다(대판 2013.2.28. 2010두22368).

4. 한국공항공단이 무상사용허가를 받은 행정재산에 대하여 하는 전대행위는 통상의 사인간의 임대차와 다를 바가 없다(대판 2004.1.15. 2001다12638).

> **⚖ 판례** 공법관계로 판시한 사례
>
> 1. 행정재산의 사용·수익에 대한 허가는 사법상의 행위가 아니라 행정처분으로서 <u>강학상 특허에 해당한다</u>(대판 2006.3.9. 2004다31074).
>
> 2. <u>국가나 지방자치단체에 근무하는 청원경찰</u>은 공무원은 아니지만, 그에 대한징계처분의 시정을 구하는 소는 행정소송의 대상이다(대판 1993.7.13. 92다47564).
>
> 3. <u>TV수신료의 부과행위는</u> 공권력의 행사에 해당하므로, <u>공법상의 법률관계</u>를 대상으로 하는 것으로서 당사자소송에 의하여야 한다(대판 2008.7.24. 2007다25261).
>
> 4. <u>수도료 부과징수와</u> 이에 따른 수도료의 납부관계는 공법상의 권리·의무관계이다(대판 1977.2.22. 76다2517).
>
> 5. <u>납세의무자에 대한 국가의 부가가치세 환급세액 지급의무는</u> 부당이득 반환의무가 아니라 공법상 의무라고 봄이 타당하다. 부가가치세 환급세액 지급청구는 <u>민사소송이 아니라 행정소송법 제3조 제2호에 규정된 당사자소송의 절차에 따라야 한다</u>(대판 2013.3.21. 2011다95564 전원합의체).
>
> 6. 조합을 상대로 한 <u>조합원의 자격 인정</u> 여부에 관하여 다툼이 있는 경우에는 <u>공법상의 당사자소송</u>에 의하여 그 조합원 자격의 확인을 구할 수 있다. <u>관리처분계획의 내용에 관하여는 <u>항고소송</u>에 의하여 취소를 구할 수 있다(대판 1996.2.15. 94다31235 전원합의체).

02 행정상 법률관계 - 권력관계, 관리관계, 협의의 국고관계, 행정사법관계

03 행정법관계의 특질

1. 행정의사의 특수한 효력 - 공정력 등

행정행위에는 사법상의 법률관계에서는 인정되지 않는 특수한 효력이 인정된다. 공정력·자력집행력·불가쟁력·불가변력 등이 있다.

04 행정법관계의 당사자

1. 행정주체

(1) 행정주체의 의의

행정주체란 행정법관계에서 그 행위의 법적 효과, 예컨대 <u>권리·의무</u>의 생성, 변경, 소멸 등의 효과가 궁극적으로 <u>귀속되는 당사자</u>를 말한다. 행정주체로서의 자연인에는 공무수탁사인이 있고 법인에는 국가, 지방자치단체, 사단법인, 재단법인, 영조물법인이 있다.

(2) 행정주체와 행정기관, 행정청의 구별

① 행정기관 : 행정주체의 일을 현실적으로 수행하는 자를 행정기관이라 한다. 행정기관이란 대통령을 비롯하여 대부분의 공무원을 말한다. 행정기관은 독립적인 법인격이 없으므로 직무수행의 권한은 있으나 독자적인 권리는 없음이 원칙이다. 행정기관이 한 행위의 법적 효과의 귀속주체는 행정주체가 되는 것이지 행정기관이 되는 것은 아니다.

② **행정청** : 국가 또는 지방자치단체의 <u>의사를 결정하여 표시할 수 있는 권한을 가진 자</u>를 말한다. 공공단체나 일반사인은 원칙적으로 행정청이 아니나, 법령 또는 자치법규에 의해 권한을 위임받은 경우 공공단체 또는 <u>사인도 행정청에 해당될 수 있다.</u>

구 분	예시	권리·의무의 귀속, 법인격	사무 집행	피고적격
행정주체	국가, 경기도, 서울특별시, 관악구 등	귀속, 법인격 있음	불가능	당사자소송, 손해배상소송
행정청	대통령, 장관, 지방자치단체장, 경찰서장 등	귀속되지 않음, 법인격 없음	가능	항고소송

(3) 행정주체의 종류

① **국가**

② **공공단체(공법인)** : 지방자치단체, 공법상의 사단법인(공공조합), 공법상의 재단법인, 영조물법인 등이 있다.

③ **공무수탁사인** : 공무수탁사인이라 함은 행정주체로부터 법령에 의하여 공적인 임무를 위탁받아 자신의 이름으로 공행정 사무를 수행하는 <u>행정주체로서의 지위를 가지는 사인</u>을 말한다 (<u>민영교도소</u>). 사인에는 자연인뿐만 아니라 사법인 또는 법인격 없는 단체가 포함된다. 경찰과의 <u>사법상 용역계약에 의해 주차위반차량을 견인하는 행정보조자와 구분되는 개념이다. 수탁에는 법적근거가 필요하다.</u> 공무수탁사인의 위법한 공권력 행사에 대하여 <u>항고소송을 제기할 수 있다. 이때 피고는 공무수탁사인이다.</u>

판례는 "원천징수하는 소득세에 있어서는 <u>납세의무자의 신고나 과세관청의 부과결정이 없이 법령이 정하는 바에 따라 그 세액이 자동적으로 확정되고, 원천징수의무자는 자동적으로 확정되는 세액을 수급자로부터 징수하여 과세관청에 납부하여야 할 의무를 부담하고 있으므로, 원천징수의무자가 비록 과세관청과 같은 행정청이더라도 그의 <u>원천징수행위는</u> 법령에서 규정된 징수 및 납부의무를 이행하기 위한 것에 불과한 것이지, 공권력의 행사로서의 행정처분을 한 경우에 해당되지 아니한다.</u>"고 판시하였다(대판 1990.3.23. 89누4789).

(4) 행정주체와 행정청의 일치여부

행정주체 중 국가와 지방자치단체는 행정주체와 행정기관이 분리되어 행정주체는 민사소송이나 당사자소송의 피고는 되지만 항고소송의 피고는 되지 못한다. 반면에 그 외의 행정주체인 공법상 사단, 공법상 재단, 영조물법인, 공무수탁사인은 행정주체의 성격과 행정청의 지위를 함께 가지는 것이다.

2. 행정객체

행정객체란 행정주체가 행하는 행정작용의 상대방을 말한다. 행정객체는 원칙적으로 사인이지만 <u>지방자치단체등 공공단체도 국가나 다른 공공단체와의 관계에서 행정객체가 될 수 있다.</u> 그러나 <u>국가는 행정객체가 될 수 없다.</u>

05 공권과 공의무 관계(행정법관계의 내용)

1. 공권과 공의무

2. 국가적 공권

3. 개인적 공권

(1) 의의

① 개념 : 개인적 공권이란 개인이 직접 자기의 이익을 위하여 행정주체에 대해 가지는 권리로서 행정주체에게 일정한 행위를 할 것을 요구할 수 있는 법적인 힘을 의미한다. 개인적 공권은 주관적 공권으로 불리기도 한다.

② 논의의 필요성 : 공권성이 인정되면 공권이 침해되었을 때 소송에 의해 구제를 받을 수 있다. 즉 공권이 침해된 경우 항고소송의 원고적격이 인정되며 행정상 손해배상청구도 가능하다.

③ 공권과 반사적 이익의 구별 : 반사적 이익이란 법규가 사익이 아니라 공익만을 위하여 행정주체에게 일정한 의무를 부과하거나 행정청의 행위에 일정한 제한을 가하는 경우에 그 결과 개인이 반사적으로 받게 되는 이익을 말한다. 공권이 침해되면 행정쟁송이 가능하지만 반사적 이익이 침해된 경우에는 행정쟁송을 제기할 수 없다. 취소소송은 '법률상 이익이 있는 자만 제기할 수 있다'라고 행정소송법이 규정하고 있기 때문이다. 공권은 처분의 근거법규 및 관계법규에 의해 보호되는 개인의 이익이므로 행정법규가 공익뿐 아니라 개인의 이익(사익)도 아울러 보호하고 있는 경우에 성립될 수 있다.

> **⚖️ 판례**
>
> 법률상 이익이란 당해 행정처분의 근거법률에 의하여 보호되는 직접적이고 구체적인 이익을 말하고 당해 행정처분과 관련하여 간접적이거나 사실적·경제적 이해관계를 가지는데 불과한 경우는 여기에 포함되지 아니한다 할 것이나, 행정처분의 직접 상대방이 아닌 제3자라 하더라도 당해 행정처분으로 인하여 법률상 보호되는 이익을 침해당한 경우에는 취소소송을 제기하여 그 당부의 판단을 받을 자격이 있다(대판 2004.5.14. 2002두12465).

(2) 개인적 공권의 성립요건

① 개인적 공권이 성립되는 근거 : 개인적 공권은 헌법에 의해 직접 인정되기도 하고, 법률에 의해 도출되기도 하며, 관습법과 공법상계약에 의해 성립되는 경우도 있다.

② 법률에 의한 공권의 성립(공권의 3요소론에서 2요소론으로)

　ㄱ 행정청의 의무의 존재 : 개인적 공권이 성립하려면 공법상 강행법규가 국가 기타 행정주체에게 행위의무를 부과해야 한다. 과거에는 그 의무가 기속행위의 경우에만 인정되었으나, 오늘날에는 재량행위에도 인정된다.

　ㄴ 강행법규의 사익보호성 : 강행법규의 목적·취지가 적어도 관계인의 이익도 보호하고자 하는 것인 경우에만 관련 이익은 법적으로 주장할 수 있는 이익으로서 비로소 권리성이 인정된다.

> **⚖️ 판례**
>
> 법률상 보호되는 이익이라 함은 당해 처분의 근거법규 및 관련법규에 의하여 보호되는 개별적·직접적·구체적 이익이 있는 경우를 말한다(대판 2005.5.12, 2004두14229).

ⓒ 재판청구가능성(소구가능성/의사력/법상의 힘) : 과거에는 공권의 성립에 별도로 재판청구의 가능성을 요구하였으나, 소구가능성은 오늘날에는 이미 그 독자적 의의를 상실하였다.

(3) 헌법에 의한 공권의 성립 – 헌법상 기본권의 구체적 공권화

헌법에 의해서 공권의 성립을 인정할 수 있다. 문제는 헌법상의 <u>모든 기본권에 의해 공권이 성립되는 것은 아니다.</u>

구체적 권리	주로 자유권적 기본권(알 권리, 구속된 피의자 및 피고인의 접견권, 신체의 자유, 언론의 자유, 종교의 자유 등)이 이에 해당된다.
추상적 권리	사회적 기본권(인간다운 생활권, 근로의 권리, 퇴직급여를 청구할 수 있는 권리, 환경권 등)

대법원은 <u>구속된 피의자·피고인의 변호인 접견권은</u> 헌법상의 기본권으로 <u>구체적 권리로</u> 파악하였다. 그러나 환경권에 대해서는 헌법상 기본권이지만 환경권으로부터 <u>개인적 공권을 바로 도출할 수는 없으므로</u> 환경권에 기하여 방해배제청구권을 행사할 수 없다고 판시하였다.

(4) 기타 공권의 성립

공법상 계약, 관습법, 조리에 의해서도 개인적 공권이 성립할 수 있다.

> ⚖️ **판례**
>
> 법령상 명문 규정이 없다고 하여도 <u>조리상 임용권자는 임용신청자들에게 전형의 결과인 임용 여부의 응답을 해줄 의무가 있다고 할 것이며,</u> 응답할 것인지 여부조차도 임용권자의 편의재량사항이라고는 할 수 없다(대판 1991.2.12. 90누5825).

4. 개인적 공권의 확대경향

새로운 공권의 인정여부(무하자재량행사청구권, 행정개입청구권 등), 반사적 이익의 공권화, 제3자효 행정행위에서 제3자의 이익(隣人訴訟) 등이 논의된다.

(1) 공권의 확대

> ⚖️ **판례**
>
> 1. <u>행정처분의 직접 상대방이 아닌 제3자라 하더라도 당해 행정처분으로 인하여 법률상 보호되는 이익을 침해당한 경우에는 취소소송을 제기하여 그 당부의 판단을 받을 자격이 있다</u> 할 것이나, 법률상 보호되는 이익이라 함은 당해 처분의 근거법규 및 관련법규에 의하여 보호되는 개별적·직접적·구체적 이익이 있는 경우를 말하고, 당해 처분의 근거법규 또는 관련법규의 해석상 <u>순수한 공익의 보호만이 아닌 개별적·직접적·구체적 이익을 보호하는 취지가 포함되어 있다고 해석되는 경우를</u> 말한다(대판 2004.8.16. 2003두2175).
> 2. <u>일반적인 시민생활에 있어 도로를 이용만 하는 사람은 도로용도폐지를 다툴 법률상 이익이 없다.</u> 도로의 용도폐지처분에 관하여 직접적인 이해관계를 가지는 사람이 개별적이고 구체적인 이익을 현실적으로 침해당한 경우에는 그 처분이 취소를 구할 법률상의 이익이 있다(대판 1992.9.22. 91누13212).

(2) 처분의 상대방이 아닌 제3자에게 공권이 성립하는 경우

① **경업자 소송**: 경업자 소송이란 기존의 사업자가 신규 사업자에게 행해진 특허나 허가처분을 소송을 통해 다툴 수 있는지의 문제이다. 판례는 기존업자가 특허기업인 경우에는 법률상 이익으로 인정하고 허가업자인 경우에는 사실상·반사적 이익에 불과하다고 보나, 허가업자의 경우 예외적으로 법률상 이익을 인정하는 경우가 있다.

⚖️ **판례** 경업자의 법률상 이익을 인정한 사례

1. 시외버스 운송사업계획변경인가처분으로 운행노선 중 일부가 기존의 시내버스 운행노선과 중복하게 되는 경우, 기존의 시내버스운송사업자에게 처분의 취소를 구할 법률상의 이익이 있다(대판 2002.10.25. 2001두4450).

2. 일반적으로 면허나 인·허가 등의 수익적 행정처분의 근거가 되는 법률이 해당 업자들 사이의 과당경쟁으로 인한 경영의 불합리를 방지하는 것도 그 목적으로 하고 있는 경우, 기존의 업자는 경업자에 대하여 이루어진 면허나 인·허가 등 행정처분의 상대방이 아니라 하더라도 당해 행정처분의 취소를 구할 원고적격이 있다. 분뇨와 축산폐수 수집·운반업 및 정화조청소업 관련 영업허가를 받아 영업을 하고 있는 기존 업자는 경업자에 대한 영업허가처분의 취소를 구할 원고적격이 있다(대판 2006.7.28. 2004두6716).

3. 담배 일반소매인의 지정기준으로서 영업소 간에 일정한 거리제한을 두고 있는 것은 일반소매인 간의 과당경쟁으로 인한 불합리한 경영을 방지함으로써 일반소매인의 경영상 이익을 보호하는 데에도 그 목적이 있다고 보이므로, 기존업자의 신규 일반소매인에 대한 이익은 법률상 보호되는 이익이다(대판 2008.3.27. 2007두23811).

4. 주류제조면허는 자연적 자유의 회복일 뿐 새로운 권리의 설정은 아니지만 주류제조업의 면허를 얻은 자의 이익은 반사적 이익에만 그치는 것이 아니라 주세법의 규정에 따라 보호되는 이익이다(대판 1989.12.22. 89누46).

⚖️ **판례** 경업자의 법률상 이익을 부정한 사례(주로 허가업자)

1. 유기장영업허가는 설권행위가 아니고 일반적 금지를 해제하는 영업자유의 회복이라 할 것이므로 그 영업상의 이익은 반사적 이익에 불과하다(대판 1986.11.25. 84누147).

2. 담배 구내소매인과 일반소매인 사이에서는 영업소 간에 거리제한을 두지 아니할 뿐 아니라 일반소매인의 입장에서 구내소매인과의 과당경쟁으로 인한 경영의 불합리를 방지하는 것을 그 목적으로 할 수 있다고 보기 어려우므로, 기존 일반소매인은 신규 구내소매인 지정처분의 취소를 구할 원고적격이 없다(대판 2008.04.10. 2008두402).

② **경원자 소송**: 경원관계의 존재만으로 처분의 취소를 구할 법률상의 이익이 있다.

⚖️ **판례**

인·허가 등의 수익적 행정처분을 신청한 수인이 서로 경쟁관계에 있어서 일방에 대한 허가 등의 처분이 타방에 대한 불허가 등으로 귀결될 수밖에 없는 때 허가 등의 처분을 받지 못한 자는 원고적격이 있다. 다만 명백한 법적 장애로 인하여 원고 자신의 신청이 인용될 가능성이 처음부터 배제되어 있는 경우에는 당해 처분의 취소를 구할 정당한 이익이 없다(대판 2009.12.10. 2009두8359).

③ 인인(隣人)소송(인근 주민 소송) : 대법원은 <u>연탄공장</u>, <u>LPG 충전소</u> 허가에 대하여 인근주민의 원고적격을 인정한 바 있다.

> ⚖️ **판례**
>
> 1. 연탄공장 건축허가처분으로 불이익을 받고 있는 <u>제3거주자</u>는 행정처분의 상대자가 아니라 하더라도 처분의 취소를 소구할 <u>법률상의 자격이 있다</u>(대판 1975.5.13. 73누96 · 97).
> 2. 원자로시설부지 지역 내의 주민들에게는 부지사전승인처분의 취소를 구할 <u>원고적격이 있다</u>(대판 1998.09.04. 97누19588).

5. 개인적 공권의 특수성

공권은 <u>일신전속적인 권리로서 이전, 포기가 제한</u>되고 양도 · 상속 등 이전이 부인되는 경우가 많으며 압류도 제한 또는 금지되는 경우가 많다.

> ⚖️ **판례**
>
> <u>부제소특약</u>은 공법상의 권리관계를 대상으로 하여 사인의 <u>국가에 대한 공권인 소권을 당사자의 합의로 포기하는 것으로서 허용될 수 없다</u>(대판 1998.8.21. 98두8919).

6. 공권 · 공의무의 승계

> ⚖️ **판례**
>
> 1. 산림을 무단형질변경한 자가 사망한 경우 <u>상속인은 그 복구의무를 부담</u>한다고 봄이 상당하고, 따라서 관할 행정청은 그 상속인에 대하여 복구명령을 할 수 있다(대판 2005.8.19. 2003두9817).
> 2. 이행강제금 납부의무는 <u>일신전속적인 성질의 것</u>이므로 이미 <u>사망한 사람에게 이행강제금을 부과하는</u> 내용의 처분이나 결정은 당연무효이고, 이행강제금을 부과받은 사람이 <u>사망한 때에는 사건 자체가 목적을 잃고 절차가 종료한다</u>(대결 2006.12.8. 2006마470).
> 3. 석유판매업(주유소)허가는 소위 <u>대물적 허가의 성질</u>을 갖는 것이어서 그 사업의 <u>양도도 가능</u>하고 만약 양도인에게 그 허가를 취소할 위법사유가 있다면 허가관청은 이를 이유로 양수인에게 응분의 제재조치를 취할 수 있다 할 것이고, <u>양도인의 귀책사유는 양수인에게 그 효력이 미친다</u>(대판 1986.7.22. 86누203).

06 무하자재량행사청구권과 행정개입청구권

1. 무하자재량행사청구권

(1) 의의

무하자재량행사청구권이란 <u>재량의 영역에서</u> 개인이 행정청에 대하여 하자 없는, 즉 적법한 재량처분을 청구할 수 있는 <u>공권</u>을 말한다. 전통적 이론에 의하면 재량의 영역에서는 공권이 인정될 수 없었다. 현재는 <u>재량의 영역에서도 공권의 성립이 가능</u>하며 무하자재량행사청구권이 이에 기여하였다. 무하자재량행사청구권은 독일에서 제2차 세계대전 이후에 승인된 개인적 공권으로서 <u>재량통제의 법리</u>로 등장하였다.

(2) 법적 성질

행정청에 대하여 적법한 재량처분을 할 것을 구하는 적극적 공권의 성질을 가진다. 무하자재량행사청구권은 실체적 공권은 아니다. 즉 특정처분을 해줄 것을 요구할 수 있는 권리가 아니라 종국처분의 형성과정에 있어서 재량권의 법적 한계를 준수하면서 어떤 처분이든 처분을 할 것을 구하는 것이라는 점에서 형식적 공권으로서의 속성을 가지고 있다.

> **⚖ 판례**
>
> 검사 지원자 중 임용대상자에 대한 임용의 의사표시는 동시에 임용대상에서 제외한 자에 대한 임용거부의 의사표시를 포함한 것으로 볼 수 있고, 임용 거부의 의사 표시는 본인에게 직접 고지되지 않았다고 하여도 본인이 이를 알았거나 알 수 있었을 때에 그 효력이 발생한다. 검사의 임용 여부는 임용권자의 자유재량에 속하는 사항이나, 명문 규정이 없다고 하여도 조리상 임용권자는 임용신청자들에게 전형의 결과인 임용 여부의 응답을 해줄 의무가 있다고 할 것이며, 응답할 것인지 여부조차도 임용권자의 편의재량사항이라고는 할 수 없다. 임용권자가 어떠한 내용의 응답을 할 것인지는 임용권자의 자유재량에 속하나, 적어도 재량권의 한계 일탈이나 남용이 없는 위법하지 않은 응답을 할 의무가 임용권자에게 있고 임용신청자로서도 재량권의 한계 일탈이나 남용이 없는 적법한 응답을 요구할 권리가 있다고 할 것이며, 이러한 응답신청권에 기하여 위법한 거부처분에 대하여는 항고소송으로서 그 취소를 구할 수 있다(대판 1991.2.12. 90누5825).

2. 행정개입청구권

(1) 의의와 성질

행정청에 대해 적극적으로 행정행위 기타 행정작용을 할 것을 구하는 적극적 공권이다. 무하자재량행사청구권과는 달리 형식적 공권이 아니라 실체적 공권이다. 즉 행정개입청구권은 특정처분을 해줄 것을 청구하는 권리이다. 따라서 재량행위에 대해서 일반적으로 청구할 수 있는 것이 아니고 재량이 0으로 수축되는 경우에 인정된다.

(2) 인정 여부

판례가 정면으로 사인의 경찰개입청구권을 인정한 것은 없으나, 구원요청에도 불구하고 경찰이 출동하지 아니한 결과, 국가의 손해배상책임을 인정한 바 있다(대판 1971.4.6. 71다124).

기속행위의 경우에는 특별히 문제가 되지 않으나 재량행위의 경우에는 재량의 0으로의 수축에 의해 개입의무가 인정되어야 한다. 재량권이 0으로 수축되는 경우란, 국민의 생명·신체·재산과 같은 중대한 법익이 위협받고 있는 경우에 당해 행정기관이 다른 동가치의 법익을 소홀함이 없이도 이러한 위해를 제거할 수 있는 상황이어야 한다.

01

07 특별권력관계

1. 전통적 특별권력관계

종래 행정법이론에서는 권력관계를 일반권력관계와 특별권력관계로 나눈다. 일반권력관계란 행정주체와 일반국민 간에 성립되는 법률관계로서, 행정주체와 상대방 간에 법치주의가 전면적으로 적용되는 관계로 보았다. 이에 반해 특별권력관계란 특별권력기관과 특별한 신분을 가진 자 간에 성립되는 법률관계로서, 특별권력기관이 포괄적인 지배권을 행사하여 법치주의가 제한되는 관계로 보았다.

2. 전통적 특별권력관계의 특징

특별권력주체에는 포괄적 지배권이 부여되어 있어, 권력을 발동하는 경우에는 개별적·구체적인 법률의 근거를 요하지 않는다. 법률의 근거 없이 기본권의 제한이 가능하다는 것이 전통적 특별권력관계 이론이다. 전통적 특별권력관계론은 특별권력관계 내부문제에 대하여는 사법심사가 미치지 않는다고 보았다.

3. 특별권력관계의 인정 여부

부정설	전면적·형식적 부정설	민주주의·실질적 법치주의·기본권보장주의의 원칙상 특별권력관계의 관념은 인정될 수 없다는 견해이다.
수정이론	기본관계·업무수행관계 구별론(Ule)	특별권력관계에서의 행위를 기본관계와 업무(경영)수행관계로 구분하여, 기본관계의 행위는 사법심사의 대상이 되고 업무수행관계에서의 행위는 사법심사의 대상이 아니라고 보는 견해이다.
	특수법률관계론	전통적인 특별권력관계 및 사기업에서의 근무관계 또는 사립학교에서의 재학관계 등을 포괄적 지배권이 인정되는 특수법관계 또는 특수사회관계로 보는 견해이다.

대법원은 동장과 구청장의 관계, 농지개량조합과 그 직원과의 관계 등을 특별권력관계라 표현하고 있으나 사법심사를 긍정하고 있어, 전통적인 특별권력관계론은 부정하고 있다.

4. 특별권력관계의 성립

성립	법률의 규정에 의한 성립	전염병환자의 국공립병원에의 강제입원, 수형자의 수감, 징집대상자의 입대
	본인의 동의에 의한 성립	국공립대학 입학, 공무원의 임용 등(임의) 학령아동의 취학(의무)

5. 특별권력관계와 법치주의(법률유보와 사법심사)

오늘날 특별권력관계에서도 법률유보의 원칙이 적용되어야 한다는 데 이론이 없다. 따라서 군인·공무원이라 하여도 법률의 근거 없이 권리를 제한할 수 없다. 다만 특별권력관계는 일반국민에게 인정되지 않는 내용의 제한이 가능하다. 종래의 특별권력관계론의 입장에서는 사법심사를 전면적으로 부정하였으나, 오늘날 통설은 특별권력관계에 대해 전면적인 사법심사를 인정한다.

08 행정법 흠결의 보완(행정법관계에 대한 사법규정의 적용)

1. 명문에 의한 사법규정의 적용

예컨대 "국가나 지방자치단체의 손해배상책임에 관하여는 이 법에 규정된 사항 외에는 민법에 따른다."라는 국가배상법 제8조의 규정이 있다.

2. 명문의 규정이 없는 경우

(1) 준용할 공법규정이 있는 경우

행정법의 흠결시 공법규정 가운데 준용할 만한 유사한 규정이 있는 경우, 사법규정에 앞서 공법규정이 적용되어야 할 것이다. 하천법 제74조의 손실보상요건에 관한 규정은 보상사유를 제한적으로 열거한 것이라기보다는 예시적으로 열거하고 있으므로 국유로 된 제외지(堤外地)의 소유자에 대하여는 위 법조를 유추적용하여 관리청은 그 손실을 보상하여야 한다고 한다(대판 1987.7.21. 84누126). 다만, 조세관련 법규에는 유추적용이 허용되지 아니한다. 주의할 것은 당사자에게 불리한 유추해석뿐만 아니라 유리한 유추해석도 금지된다. 이와 달리 죄형법정주의 원칙상 형벌에는 불리한 유추가 금지된다. 그러나 피고인에게 유리한 유추해석은 가능하다.

> ⚖️ **판례**
>
> 조세법률주의의 원칙상 과세요건이거나 비과세요건 또는 조세감면요건을 막론하고 조세법규의 해석은 법문대로 해석할 것이고, 확장해석하거나 유추해석하는 것은 허용되지 아니하고, 엄격하게 해석하는 것이 조세공평의 원칙에도 부합한다(대판 2004.5.28. 2003두7392).

(2) 준용할 공법규정이 없는 경우

공법관계에 대한 사법규정의 적용을 인정하되, 공법관계의 특수성을 무시할 수는 없으므로 사법규정이 유추적용 되어야 한다는 유추적용설이 통설과 판례의 입장이다.

3. 사법규정의 적용의 한계

(1) 사법규정의 종류에 따른 유추적용의 가능성

법의 일반원칙(신의성실원칙 등)이나 법기술적 규정(기간계산 등)은 공법관계(권력관계까지 포함)에도 적용될 수 있다.

(2) 구체적 검토

① 권력관계 : 권력관계에는 사인상호간의 지위의 대등성을 전제로 하는 이해조절적 규정은 원칙적으로 적용되지 않는다. 따라서 하자담보책임은 민법상의 매도인과 매수인 간의 이해조절적 규정이므로 권력관계에는 적용되지 않는다. 다만 권력관계라고 하더라도 신의성실, 권리남용금지, 자연인, 법인, 주소·거소, 물건, 법률행위, 기간, 시효, 제척기간, 사무관리, 부당이득 등의 규정과 같은 일반 원리적 규정은 적용된다.

② 관리관계 : 재산이나 사업을 경영·관리하는 관리관계의 경우에는 사법관계와 본질적인 차이가 없으므로, 원칙적으로 사법규정이 폭넓게 적용된다.

③ 국고관계 : 국고관계의 경우 개념상 사법이 적용되는 것은 당연하다.

제 3 절 행정법상의 법률요건과 법률사실

01

01 의의 및 종류

행정법상의 법률사실은 정신작용을 요소로 하는지 여부에 따라 공법상의 사건과 용태로 나누어진다.

02 공법상의 사건

1. 시간의 경과

(1) 기간

기간(期間)이란 한 시점에서 다른 시점에 이르는 시간적 간격을 말한다. 기간의 계산방법은 법기술적인 고려에 따라 결정되는데, 특별한 규정이 없는 한 민법의 규정을 적용한다. 즉, 시·분·초로 정한 경우에는 즉시부터 기산하며, 일·주·월·년으로 정한 경우에는 초일은 산입하지 아니한다(예외가 되는 경우로는 연령계산, 민원처리 등이 있다).

(2) 시효

① 의의: 시효(時效)란 일정한 사실상태가 오랫동안 계속된 경우에 진실한 법률관계인지를 묻지 않고 그 상태를 그대로 존중함으로써, 그것을 진실한 법률관계로 인정하는 제도를 말한다.

② 공법상 금전채권의 소멸시효

ㄱ 소멸시효의 기간: 행정법상 금전채권의 소멸시효기간은 타 법률에 특별한 규정이 없는 한 5년이다.

> ⚖️ **판례**
>
> 1. 예산회계법 제96조에서 '다른 법률의 규정'이라 함은 5년의 소멸시효기간보다 짧은 기간의 소멸시효의 규정이 있는 경우를 가리키는 것이다(대판 2001.4.24. 2000다57856).
> 2. 변상금부과처분이 당연무효인 경우에 이 변상금부과처분에 의하여 납부자가 납부하거나 징수당한 오납금은 부당이득에 해당하고, 이러한 오납금에 대한 납부자의 부당이득반환청구권은 처음부터 법률상 원인이 없이 납부 또는 징수된 것이므로 납부 또는 징수시에 발생하여 확정되며, 그때부터 소멸시효가 진행한다(대판 2005.1.27. 2004다50143).

ㄴ 금전채권의 범위

> ⚖️ **판례**
>
> 금전의 급부를 목적으로 하는 국가의 권리라 함은 공권력의 발동으로 하는 행위는 물론 국가의 사법상의 행위에서 발생한 금전채무도 포함한다(대판 1967.7.4. 67다751).

ㄷ 시효의 중단·정지: 특별한 규정이 없는 한 민법규정을 적용한다. 민법에 따르면 소멸시효는 청구, 압류 또는 가압류, 가처분 그리고 승인에 의해 중단된다. 이외에도 국가가 행하는 납입의 고지, 독촉 또는 납부최고 등에 시효중단의 효력을 인정하는 경우가 있다(국세기본법).

⚖ **판례**

1. 예산회계법에서 납입고지를 시효중단 사유로 규정하고 있는바, 납입고지에 의한 시효중단의 효력은 납입고지에 의한 부과처분이 취소되더라도 상실되지 않는다(대판 2000.9.8. 98두19933).

2. 국세징수권의 소멸시효의 중단사유로서 '압류'란 세무공무원이 국세징수법 제24조 이하의 규정에 따라 납세자의 재산에 대한 압류 절차에 착수하는 것을 가리키는 것이므로, 세무공무원이 체납자의 가옥·선박·창고 기타의 장소를 수색하였으나 압류할 목적물을 찾아내지 못하여 압류를 실행하지 못하고 수색조서를 작성하는 데 그친 경우에도 소멸시효 중단의 효력이 있다(대판 2001.8.21. 2000다12419).

3. 변상금 부과처분에 대한 취소소송이 진행중이라도 그 부과권의 소멸시효가 진행된다(대판 2006.2.10. 2003두5686).

4. 일반적으로 위법한 행정처분의 취소, 변경을 구하는 행정소송은 사권을 행사하는 것으로 볼 수 없으므로 사권에 대한 시효중단사유가 되지 못하는 것이나, 다만 오납한 조세에 대한 부당이득반환청구권을 실현하기 위한 수단이 되는 과세처분의 취소 또는 무효확인을 구하는 소는 행정소송이라고 할지라도 조세환급을 구하는 부당이득반환청구권의 소멸시효중단사유인 재판상 청구에 해당한다(대판 1992.3.31. 91다32053 전원합의체).

㉣ **시효의 효력**: 권리 그 자체의 소멸이 아닌 항변권의 발생을 가져올 뿐이라고 보는 상대적 소멸설도 있으나, 시효기간의 경과는 절대적 소멸을 가져오며 당사자의 원용이 필요 없다고 보는 입장(절대적 소멸설)이 다수설·판례이다. 국가가 소멸시효의 완성을 주장하는 것 자체가 신의성실의 원칙에 반하여 권리 남용에 해당한다고 할 수는 없다.

③ **공물의 시효취득**: 민법에 따르면 원칙적으로 부동산은 20년간, 동산은 10년간 소유의 의사로서 평온·공연하게 점유를 계속하면 소유권을 취득하는데 공물은 공적 목적에 제공된 물건이므로 공용폐지가 없는 한 취득시효의 목적이 될 수 없다.

⚖ **헌재판례**

국유잡종재산에 대한 시효취득을 부인하는 동규정은 합리적 근거 없이 국가만을 우대하는 불평등한 규정으로서 헌법상의 평등의 원칙과 사유재산권 보장의 이념 및 과잉금지의 원칙에 반한다(헌재 1991.5.13. 89헌가97).

⚖ **판례**

1. 취득시효가 완성되기 위하여는 그 공유재산이 취득시효기간 동안 계속하여 시효취득의 대상이 될 수 있는 잡종재산이어야 하고, 이러한 점에 대한 증명책임은 시효취득을 주장하는 자에게 있다(대판 2009.12.10. 2006다19177).

2. 행정목적을 위하여 공용되는 행정재산은 공용폐지가 되지 않는 한 사법상 거래의 대상이 될 수 없으므로 취득시효의 대상도 되지 않는 것인바, 공물의 용도폐지 의사표시는 명시적이든, 묵시적이든 불문하나 적법한 의사표시이어야 하고 단지 사실상 공물로서의 용도에 사용되지 아니하고 있다는 사실만으로 용도폐지의 의사표시가 있다고 볼 수는 없는 것이다(대판 1983.6.14. 83다카181).

3. 관재당국이 착오로 행정재산을 다른 재산과 교환하였다는 사정만으로 적법한 공용폐지의 의사표시가 있다고 볼 수 없다(대판 1998.11.10. 98다42974).

2. 주소와 거소

공법관계에서의 주소의 수는 원칙적으로 1개소에 한한다.

03 공법상의 사무관리와 부당이득

1. 공법상의 사무관리

사무관리란 법률상의 의무 없이 타인을 위하여 그 사무를 관리하는 것을 말한다(재해 시 상점의 물건 처분).

2. 공법상의 부당이득

부당이득(不當利得)이란 법률상의 원인 없이 타인의 재산 또는 노무로 인하여 이득을 얻고 이로 인하여 타인에게 손해를 끼치는 것을 말한다. 조세과오납, 봉급과액수령, 무자격자의 연금수령 등이 해당된다. 공법상 부당이득에 관한 일반법은 없으므로 특별한 규정이 없는 경우, 「민법」상 부당이득반환의 법리가 준용된다. 공법상 부당이득은 사권이며 민사소송을 제기해야 한다는 것이 판례의 입장이다.

3. 행정주체의 부당이득

> ⚖️ **판례**
>
> 1. 과세처분의 하자가 단지 취소할 수 있는 정도에 불과할 때에는 과세관청이 이를 스스로 취소하거나 항고소송절차에 의하여 취소되지 않는 한 그로 인한 조세의 납부가 부당이득이 된다고 할 수 없다(대판 1994.11.11. 94다28000).
> 2. 변상금 부과·징수의 요건과 민사상 부당이득반환청구권의 요건이 일치하는 것도 아니다. 변상금 부과·징수권은 민사상 부당이득반환청구권과 법적 성질을 달리하므로, 국가는 무단점유자를 상대로 변상금 부과·징수권의 행사와 별도로 국유재산의 소유자로서 민사상 부당이득반환청구의 소를 제기할 수 있다(대판 2014.07.16. 2011다76402 전원합의체).
> 3. 제3자가 체납자가 납부하여야 할 체납액을 체납자의 명의로 납부한 경우, 국가가 체납액을 납부받은 것에 법률상 원인이 없다고 할 수 없고, 제3자는 국가에 대하여 부당이득반환을 청구할 수 없다(대판 2015.11.12. 2013다215263).

04 사인의 공법행위

1. 의의

사인의 공법행위란 사인이 행하는 행위로서 공법적 효과를 발생시키는 행위를 말한다. 공권력의 행사가 아니라는 점에서 행정행위와 구별되고, 공법적 효과를 목적으로 한다는 점에서 사인의 사법행위와도 구별되며 법적 행위라는 점에서는 공법상 사실행위와도 구별된다.

2. 적용법규

(1) 일반론

사인의 공법행위를 규율하는 일반적·통칙적 규정은 없고 예외적으로 행정절차법이나 민원처리에 관한 법률에 일부규정을 두고 있다. 사인의 공법행위에는 민법의 행위능력 규정이 원칙적으로 적용된다. 행정절차법은 처분을 구하는 신청은 원칙적으로 문서로 하도록 규정하고 있다. 다른 법에서 특별히 규정하고 있지 아니하는 한 민법상 도달주의의 원칙을 따른다.

(2) 민법상 의사표시 규정의 적용 문제

민법상의 의사표시의 하자(사기·강박, 착오에 의한 의사표시)는 민법규정을 유추적용 하는 것이 통설의 입장이다. 다만 사인의 공법행위가 행정행위의 단순한 동기에 불과한 경우에는 그 하자는 행정행위의 효력에 아무런 영향을 미치지 않는다.

> ⚖️ **판례**
>
> 일괄사표의 제출과 선별수리의 형식으로 공무원에 대한 의원면직처분이 이루어진 경우, 민법상 비진의 의사표시의 무효에 관한 규정은 사인의 공법행위에 적용되지 않으므로 그 의원면직처분을 당연무효라고 할 수 없다(대판 2001.8.24. 99두9971).

(3) 기타

사인의 공법행위에는 부관을 붙일 수 없는 것이 원칙이다. 그리고 법적 효과가 완성되기 전까지는 일반적으로 자유로이 철회하거나 보정할 수 있다.

> ⚖️ **판례**
>
> 공무원이 한 사직의 의사표시의 철회나 취소는 그에 터잡은 의원면직처분이 있을 때까지 할 수 있는 것이고, 일단 면직처분이 있고 난 이후에는 철회나 취소할 여지가 없다(대판 2001.8.24, 99두9971).

05 신고

1. 신고의 의의

신고란 사인의 행정청에 대한 일정한 사실·관념의 통지로 인하여 공법적 효과가 발생하는 행위를 말한다. 법적 행위로서의 신고가 아닌 단순한 사실로서의 신고는 사인의 공법행위로서의 신고가 아니다.

2. 신고의 종류

(1) 자기완결적 신고와 행위요건적 신고

① 자기완결적 신고란 신고의 요건을 갖춘 적법한 신고만 하면 행정청에 제출되어 접수된 때에 관계법이 정하는 법적 효과가 발생하고, 행정청의 별도의 수리행위가 필요하지 아니한 신고를 말한다. 자기완결적 신고가 본래적 의미의 신고이다.

> **⚖️ 판례** │ 자기완결적 신고사례

1. 체육시설의 설치·이용에 관한 법률 제18조에 의한 변경신고서는 도지사에게 제출하여 접수된 때에 신고가 있었다고 볼 것이고, 도지사의 수리행위가 있어야만 신고가 있었다고 볼 것은 아니다 (대결 1993.7.6. 93마635).

2. 건축을 하고자 하는 자가 적법한 요건을 갖춘 신고만 하면 행정청의 수리행위 등 별다른 조치를 기다릴 필요 없이 건축을 할 수 있는 것이다(대판 1999.10.22. 98두18435).

② 행위요건적 신고(수리를 요하는 신고)란 사인이 행정청에 대하여 일정한 내용을 통지하고 행정청이 이를 수리하여야 법적효과가 발생하는 신고로서 변형적 신고라고도 한다. 실정법 에서는 등록이라고 표현하기도 한다. 국토의 계획 및 이용에 관한 법률상의 개발행위 허가로 의제되는 건축신고, 건축주명의변경신고, 허가 등의 지위승계신고, 수산업법상 어업의 신고 등이 있다.

> **⚖️ 판례** │ 행위요건적 신고 사례

1. 식품위생법에 의한 영업양도에 따른 지위승계신고를 수리하는 허가관청의 행위는 양수인이 그 영업을 승계하였다는 사실의 신고를 접수하는 행위에 그치는 것이 아니라, 영업허가자의 변경 이라는 법률효과를 발생시키는 행위라고 할 것이다. 사실상 영업이 양도·양수되었지만 승계신 고 및 그 수리처분이 있기 이전에는 여전히 종전의 영업자인 양도인이 영업허가자이고, 양수인 은 영업허가자가 되지 못한다 할 것이어서 행정제재처분의 사유가 있는지 여부 및 그 사유가 있다고 하여 행하는 행정제재처분은 영업허가자인 양도인을 기준으로 판단하여 그 양도인에 대 하여 행하여야 할 것이고, 한편 양도인이 그의 의사에 따라 양수인에게 영업을 양도하면서 양수 인으로 하여금 영업을 하도록 허락하였다면 그 양수인의 영업 중 발생한 위반행위에 대한 행정 적인 책임은 영업허가자인 양도인에게 귀속된다고 보아야 할 것이다(대판 1995.2.24. 94누9146).

2. 체육시설의 회원을 모집하고자 하는 자의 시·도지사 등에 대한 회원모집계획서 제출은 수리를 요하는 신고에서의 신고에 해당한다(대판 2009.2.26. 2006두16243).

자기완결적 신고	행위요건적 신고
① 건축신고 ② 체육시설의 설치·이용에 관한 법률에 의한 변경신고(골프연습장 이용료 변경신고) ③ 행정절차법상 신고	① 개발행위허가로 의제되는 건축신고 ② 영업양도에 따른 지위승계신고 ③ 체육시설의 회원모집계획서 신고 ④ 유료노인복지주택의 설치신고 ⑤ 주민등록전입신고 ⑥ 납골당설치신고

3. 신고의 요건

(1) 자기완결적 신고

⚖️ **판례**

건축법상 용도변경 신고에 대하여 행정청은 그 신고가 소정의 형식적 요건을 갖추어 적법하게 제출되었는지 여부만 심사하여 수리할 뿐 실질적인 심사를 하는 것이 아니므로 신고내용에 건축 관련 법규를 위반하는 내용이 포함되어 있었다면, 그 신고를 수리한 행정관청으로서는 사용승인을 거부할 수 있다 (대판 2006.1.26. 2005두12565).

(2) 수리를 요하는 신고

수리를 요하는 신고의 경우에는 실질적 요건을 신고의 요건으로 요구하는 경우도 있다.

⚖️ **판례**

1. 유료노인복지주택의 설치신고를 받은 행정관청으로서는 그 유료노인복지주택의 시설 및 운영기준이 위 법령에 부합하는지와 아울러 그 유료노인복지주택이 적법한 입소대상자에게 분양되었는지와 설치신고 당시 부적격자들이 입소하고 있지는 않은지 여부까지 심사하여 그 신고의 수리 여부를 결정할 수 있다(대판 2007.1.11. 2006두14537).

2. 주민등록전입신고 수리 여부에 대한 심사는 주민등록법의 입법 목적의 범위 내에서 제한적으로 이루어져야 할 것이다. 전입신고를 받은 시장 등의 심사 대상은 전입신고자가 30일 이상 생활의 근거로서 거주할 목적으로 거주지를 옮기는지 여부만으로 제한된다. 주민등록의 대상이 되는 실질적 의미에서의 거주지인지 여부를 심사하기 위하여 주민등록법의 입법 목적과 주민등록의 법률상 효과 이외에 지방자치법 및 지방자치의 이념까지도 고려하여야 한다고 판시하였던 대법원 판결은 이 판결의 견해에 배치되는 범위 내에서 변경하기로 한다(대판 2009.6.18. 2008두10997 전원합의체).

3. 인·허가의제 효과를 수반하는 건축신고는 일반적인 건축신고와는 달리, 특별한 사정이 없는 한 행정청이 그 실체적 요건에 관한 심사를 한 후 수리하여야 하는 이른바 '수리를 요하는 신고'로 보는 것이 옳다. 국토의 계획 및 이용에 관한 법률상의 개발행위허가로 의제되는 건축신고가 개발행위허가의 기준을 갖추지 못한 경우, 행정청은 수리를 거부할 수 있다(대판 2011.1.20. 2010두14954 전원합의체).

4. 유통산업발전법상 대규모점포의 개설 등록은 이른바 '수리를 요하는 신고'로서 행정처분에 해당한다 (대판 2015.11.19. 2015두295 전원합의체).

(3) 복수의 법률이 적용되는 경우

신고를 규정한 법률상의 요건 외에 타법상의 요건도 충족되어야 하는 경우 타법이 요구하는 요건을 갖추지 못하면 적법한 신고를 할 수 없다.

⚖️ **판례**

식품위생법과 건축법은 그 입법 목적, 규정사항, 적용범위 등을 서로 달리하고 있어 식품접객업에 관하여 식품위생법이 건축법에 우선하여 배타적으로 적용되는 관계에 있다고는 해석되지 않는다. 식품위생법에 따른 식품접객업(일반음식점영업)의 영업신고의 요건을 갖춘 자라고 하더라도, 그 영업신고를 한 당해 건축물이 건축법 소정의 허가를 받지 아니한 무허가 건물이라면 적법한 신고를 할 수 없다(대판 2009.4.23. 2008도6829).

4. 신고의 효과

(1) 적법한 신고의 효과

① **자기완결적 신고** : 적법한 자기완결적 신고가 있는 경우에는 신고의무를 이행한 것이 되어 행정청의 수리여부와 관계없이 신고서가 접수기관에 도달한 때에 신고의무가 이행된 것으로 본다. 따라서 신고의 요건을 갖추고 있다면 행정청이 수리를 거부하여도 신고의 법적 효력은 발생한다. 신고필증의 교부는 확인행위로서의 의미만 가지며 아무런 법적 효과가 발생하지 않는다.

② **수리를 요하는 신고** : 행위요건적 신고는 신고만으로는 아무런 효과가 발생하지 않는다. 수리를 요하는 신고는 도달로 효력이 발생하는 것이 아니라 수리행위에 의해 효력이 발생한다. 다만 수리를 요하는 신고는 원칙적으로 기속행위이므로 적법한 요건을 갖춘 신고이면 행정청은 원칙적으로 신고를 수리할 의무가 있다. 신고필증의 교부에 의하여 새로운 일정한 행위를 할 수 있는 법적 효과를 발생시키는 것은 아니며 신고필증의 교부가 필수적인 것은 아니다.

> ⚖️ **판례**
>
> 주민등록의 신고는 행정청에 도달하기만 하면 신고로서의 효력이 발생하는 것이 아니라 행정청이 수리한 경우에 비로소 신고의 효력이 발생한다(대판 2009.1.30. 2006다17850).

(2) 부적법한 신고의 효과

행정청은 요건을 갖추지 못한 신고서가 제출된 경우에는 지체 없이 상당한 기간을 정하여 신고인에게 보완을 요구하여야 하고, 신고인이 보완기간 내에 보완을 하지 아니하였을 때에는 그 이유를 구체적으로 밝혀 해당 신고서를 되돌려 보내야 한다. 자기완결적 신고라도 부적법한 신고라면 행정청이 이를 수리한 경우에도 신고의 법적 효과는 발생하지 않는다. 부적법한 신고를 하고 영업을 하면 무신고영업, 불법영업이 된다.

> ⚖️ **판례**
>
> 수리대상인 사업양도·양수가 존재하지 아니하거나 무효인 때에는 수리를 하였다 하더라도 그 수리는 유효한 대상이 없는 것으로서 당연히 무효라고 할 것이고, 사업의 양도행위가 무효라고 주장하는 양도자는 민사쟁송으로 양도·양수행위의 무효를 구함이 없이 막바로 허가관청을 상대로 하여 행정소송으로 위 신고수리처분의 무효확인을 구할 법률상 이익이 있다(대판 2005.12.23. 2005두3554).

5. 수리 또는 수리거부의 처분성

(1) 자기완결적 신고의 경우

① **원칙** : 자기완결적 신고의 경우에는 신고자체로 법적 효과가 발생하기 때문에 이에 대한 거부에 대해 처분성이 인정되지 않는다.

② **예외** : 건축신고의 경우

> **⚖️ 판례**
>
> 1. 행정청은 건축신고 없이 건축이 개시될 경우 건축주 등에 대하여 공사 중지·철거·사용금지 등의 시정명령을 할 수 있고, 이행강제금을 부과할 수 있다. 건축주 등으로서는 건축신고가 반려될 경우 당해 건축물의 건축을 개시하면 시정명령, 이행강제금, 벌금의 대상이 되거나 당해 건축물을 사용하여 행할 행위의 허가가 거부될 우려가 있어 불안정한 지위에 놓이게 된다. 따라서 건축신고 반려행위가 이루어진 단계에서 당사자로 하여금 위험에서 미리 벗어날 수 있도록 길을 열어 주고, 분쟁을 조기에 근본적으로 해결할 수 있게 하는 것이 법치행정의 원리에 부합한다. 그러므로 건축신고 반려행위는 항고소송의 대상이 된다(대판 2010.11.18. 2008두167 전원합의체).
> 2. 건축주 등으로서는 착공신고가 반려될 경우, 당해 건축물의 착공을 개시하면 시정명령, 이행강제금, 벌금의 대상이 되거나 당해 건축물을 사용하여 행할 행위의 허가가 거부될 우려가 있어 불안정한 지위에 놓이게 된다. 따라서 착공신고 반려행위는 항고소송의 대상이 된다(대판 2011.6.10. 2010두7321).
> 3. 신고대상인 건축물의 건축행위를 하고자 할 경우에는 그 관계 법령에 정해진 적법한 요건을 갖춘 신고만을 하면 그와 같은 건축행위를 할 수 있고, 신고를 받은 행정청으로서는 구비서류 등이 갖추어져 있는지 여부 등을 심사하여 그것이 법규정에 부합하는 이상 이를 수리하여야 하고, 같은 법 규정에 정하지 아니한 사유를 심사하여 이를 이유로 신고수리를 거부할 수는 없다(대판 1999.4.27. 97누6780).

(2) 행위요건적 신고

행위요건적 신고의 경우에는 수리를 해야 법적 효과가 발생하므로 수리거부에 대해 처분성이 인정된다.

> **⚖️ 판례**
>
> 1. 정보통신매체를 이용하여 불특정 다수인에게 학습비를 받고 실시하는 경우 신고하여야 하나, 행정청으로서는 신고서 기재사항에 흠결이 없고 정해진 서류가 구비된 때에는 이를 수리하여야 하고, 형식적 요건을 모두 갖추었음에도 공익적 기준에 적합하지 않는다는 등 실체적 사유를 들어 신고수리를 거부할 수는 없다(대판 2011.07.28. 2005두11784).
> 2. 숙박업을 하고자 하는 자가 법령이 정하는 시설과 설비를 갖추고 행정청에 신고를 하면, 행정청으로서는 특별한 사정이 없는 한 이를 수리하여야 하고, 단지 해당 시설 등에 관한 기존의 숙박업 신고가 외관상 남아있다는 이유만으로 이를 거부할 수 없다(대판 2017.5.30. 2017두34087).

06 신청

신청권은 행정청의 응답을 요구하는 권리이며, 신청된 대로의 처분을 구하는 권리는 아니다. 행정청은 상당한 기간 내에 적법한 신청에 대한 응답의무를 진다. 응답의무는 신청된 내용대로 처분할 의무와는 다르다.

> **⚖️ 판례**
>
> 건축불허가처분을 하면서 그 사유의 하나로 소방시설과 관련된 소방서장의 건축부동의 의견을 들고 있으나 그 보완이 가능한 경우, 보완을 요구하지 아니한 채 곧바로 건축허가신청을 거부한 것은 재량권의 범위를 벗어난 것이다(대판 2004.10.15. 2003두6573).

김태성
행정법총론 압축정리

행정작용법

CHAPTER

01 행정입법

PART 2 행정작용법

제1절 행정입법 일반론

행정입법이란 국가 등 행정주체가 일반적·추상적 규율을 제정하는 작용 또는 그에 의해 제정된 규범을 말한다. 여기에서 일반적이라 함은 불특정 다수를 규율함을 의미하고, 추상적이라 함은 불특정 다수의 사건에 반복적으로 적용됨을 의미한다. 국가행정권에 의한 입법은 법규성(대외적 구속력과 재판규범성)을 가지는지에 따라 크게 법규명령과 행정규칙으로 구분된다. 한편 지방자치단체에 의한 입법은 조례와 규칙, 교육규칙으로 구분할 수 있다.

제2절 법규명령

01 법규명령의 의의와 종류

1. 법규명령의 개념

법규명령이란 행정권이 정립하는 일반·추상적인 규정으로서 법규의 성질을 가지는 것을 말한다. 즉 법규명령은 대외적인 구속력과 재판규범성을 가진다는 점에서 원칙적으로 행정기관 내부에서만 효력을 갖는 행정규칙과 구별된다.

2. 법규명령의 성질

법규명령은 일반 국민을 구속하는 대외적인 효력을 가지고, 따라서 이러한 법규명령에 위반한 행정청의 행위는 위법행위가 되어 무효 또는 취소가 되고 이로 인해 자신의 권익이 침해된 국민은 행정쟁송을 통하여 무효확인이나 취소를 청구할 수 있고, 손해가 있는 경우에는 손해배상도 청구할 수 있다.

3. 법규명령의 종류

(1) 수권의 근거와 범위에 따른 분류

① **법률대위명령**: 법률대위명령이란 헌법에 직접 근거하여 발동되는 명령으로 법률과 동일한 효력을 가지는 것을 말한다. 헌법 제76조에 근거한 대통령의 긴급재정·경제명령과 대통령의 긴급명령이 있다.

② **법률종속명령**: 법률보다 하위의 효력을 가지는 것으로서 위임명령과 집행명령이 있다. 위임명령은 반드시 법률에 근거가 있어야 하지만 집행명령은 법률의 위임 없이도 제정할 수 있으므로 법률종속 법규명령이라고 해서 반드시 법률에 근거가 있어야 하는 것은 아니다. 법률종속명령은 대통령·국무총리·각부장관이 발할 수 있다. 국무총리 소속의 기관은 법규명령인 총리령이나 부령을 발할 권한이 없다.

    ㉠ **위임명령**: 위임명령은 상위법령의 개별적·구체적 위임(수권)에 의한 법규명령을 말한다. 위임명령은 위임된 범위 내에서 국민의 권리·의무를 새롭게 설정할 수 있다는 점에서 집행명령과 다르다.

    ㉡ **집행명령**: 집행명령은 상위법령의 구체적·개별적인 위임을 근거로 하는 것이 아니라, 일반적 위임에 따른 소관 사무를 수행하기 위하여 직권으로 발하는 법규명령을 의미한다. 집행명령은 상위법령의 시행을 위하여 구체적·세목적 또는 절차적·기술적 사항만을 규정하는 것이다. 집행명령도 법규명령이지만 상위법령의 집행에 필요한 세칙을 정하는 범위 내에서만 가능하고 새로운 국민의 권리·의무를 정할 수 없다는 점에서 위임명령과 구별된다.

(2) 형식에 따른 분류

① **헌법상 인정되고 있는 법규명령**: 대통령령, 총리령·부령, 대법원규칙, 헌법재판소규칙, 국회규칙, 중앙선거관리위원회규칙 등이 있다. 대통령령은 통상 시행령이라고 하고 부령은 시행규칙이라고 표현한다.

> **🔨 헌재판례**
>
> 국회입법에 의한 수권이 입법기관이 아닌 행정기관에게 법률 등으로 구체적인 범위를 정하여 위임한 사항에 관하여는 당해 행정기관에게 법정립의 권한을 갖게 되고, 입법자가 규율의 형식도 선택할 수도 있다 할 것이므로, 헌법이 인정하고 있는 위임입법의 형식은 예시적인 것으로 보아야 할 것이고, 그것은 법률이 행정규칙에 위임하더라도 그 행정규칙은 위임된 사항만을 규율할 수 있으므로, 국회입법의 원칙과 상치되지도 않는다. 다만 고시와 같은 형식으로 입법위임을 할 때에는 법령이 전문적·기술적 사항이나 경미한 사항으로서 업무의 성질상 위임이 불가피한 사항에 한정된다(헌재 2004.10.28. 99헌바91).

② **관련문제**

    ㉠ **감사원규칙**: 감사원규칙에 대하여는 헌법에 근거가 없다. 따라서 감사원규칙을 행정규칙으로 보는 견해와 법규명령으로 보는 견해가 대립하나, 실질적 내용에 비추어 법규명령으로 봄이 일반적이다(다수설). 판례는 명시적으로 설시한 바 없다.

    ㉡ **국무총리직속기관의 입법**: 국무총리의 직속기관인 법제처장, 국가보훈처장은 행정각부의 장이 아니므로 부령을 발할 수 없다. 따라서 이들은 총리령의 형식으로 해야 한다.

02 법규명령의 근거와 요건

1. 법규명령의 근거

위임명령은 법률이나 상위명령에서 구체적으로 범위를 정한 개별적 수권이 있는 경우에만 발할 수 있다. 이와 달리 집행명령은 법률의 명시적 수권이 없어도 발할 수 있다.

> ⚖ **판례**
>
> 1. 법률의 시행령이나 시행규칙의 내용이 모법의 입법 취지와 관련 조항 전체를 유기적·체계적으로 살펴보아 모법의 해석상 가능한 것을 명시한 것에 지나지 아니하거나 모법 조항의 취지에 근거하여 이를 구체화하기 위한 것인 때에는 모법의 규율 범위를 벗어난 것으로 볼 수 없으므로, 모법에 이에 관하여 직접 위임하는 규정을 두지 아니하였다고 하더라도 이를 무효라고 볼 수는 없다(대판 2014.8.20. 2012두19526).
>
> 2. 법령의 위임이 없음에도 법령에 규정된 처분 요건에 해당하는 사항을 부령에서 변경하여 규정한 경우에는 그 부령의 규정은 행정청 내부의 사무처리 기준 등을 정한 것으로서 행정조직 내에서 적용되는 행정명령의 성격을 지닐 뿐 국민에 대한 대외적 구속력은 없다. 따라서 어떤 행정처분이 그와 같이 법규성이 없는 시행규칙 등의 규정에 위배된다고 하더라도 그 이유만으로 처분이 위법하게 되는 것은 아니라 할 것이고, 또 그 규칙 등에서 정한 요건에 부합한다고 하여 반드시 그 처분이 적법한 것이라고 할 수도 없다(대판 2013.9.12. 2011두10584).

> ⚖ **판례**
>
> 1. 일반적으로 법률의 위임에 의하여 효력을 갖는 법규명령의 경우, 구법에 위임의 근거가 없어 무효였더라도 사후에 법개정으로 위임의 근거가 부여되면 그 때부터는 유효한 법규명령이 되나, 반대로 구법의 위임에 의한 유효한 법규명령이 법개정으로 위임의 근거가 없어지게 되면 그 때부터 무효인 법규명령이 되므로, 어떤 법령의 위임 근거 유무에 따른 유효 여부를 심사하려면 법개정의 전·후에 걸쳐 모두 심사하여야만 그 법규명령의 시기에 따른 유효·무효를 판단할 수 있다(대판 1995.6.30. 93추83).
>
> 2. 법규명령이 개정된 법률에 규정된 내용을 함부로 유추·확장하는 내용의 해석규정이어서 위임의 한계를 벗어난 것으로 인정될 경우에는 법규명령은 무효이다(대판 2017.4.20. 2015두45700 전원합의체).
>
> 3. 법령의 위임관계는 반드시 하위법령의 개별조항에서 위임의 근거가 되는 상위법령의 해당 조항을 구체적으로 명시하고 있어야만 하는 것은 아니다(대판 1999.12.24. 99두5658).

2. 법규명령의 제정

대통령령은 법제처심사와 국무회의의 심의를 거쳐야 하고, 총리령과 부령은 법제처심사를 거쳐야 한다. 국민의 권리·의무 또는 일상생활과 밀접한 관련이 있는 법규명령의 제정·개정 시에는 원칙적으로 40일 이상 입법예고를 하여야 한다. 대통령령을 입법예고하는 경우에는 국회 소관상임위원회에 제출하여야 한다(행정절차법 제41조 내지 45조, 국회법 제98조의2). 법규명령은 관보에 게재하여 공포됨으로써 유효하게 성립하고, 특별한 규정이 없는 한 공포한 날로부터 20일을 경과함으로써 효력을 발생한다.

03 법규명령의 한계와 하자

1. 법규명령의 한계

(1) 위임명령의 한계

① 일반론 : 모법에 위임의 근거가 없거나 모법의 위임 취지에 반하는 위임명령은 무효이다.

⚖️ **판례**

> 법률의 위임 규정 자체가 위임의 한계를 분명히 하고 있는데도 시행령이 그 문언적 의미의 한계를 벗어났다든지, 위임 내용을 구체화하는 단계를 벗어나 새로운 입법을 한 것으로 평가할 수 있다면, 이는 위임의 한계를 일탈한 것으로서 허용되지 않는다(대판 2012.12.20. 2011두30878 전원합의체).

헌법은 국적취득요건(제2조 1항), 재산권의 내용과 한계(제23조 1항), 재산권의 수용 및 보상(제23조 3항), 국회의원의 수(제41조), 조세법률주의(제59조), 행정각부의 설치(제96조), 법관의 자격(제101조 제3항), 지방자치단체의 종류(제117조 2항) 등을 입법사항으로 규정하고 있다. 통설은 이러한 국회전속적 입법사항에 관하여 적어도 그 기본적 내용은 법률로 규정되어야 하나, 전적으로 법률로 규율되어야 하는 것은 아니고, 일정한 범위에서의 행정입법에 대한 위임은 허용된다는 입장이다. 판례도 조세법규의 위임을 엄격한 요건 하에서 인정한다(대판 1996.3.21. 95누3640 전원합의체).

② 포괄적 위임의 금지

㉠ 개념 : 헌법은 '구체적으로 범위를 정하여 위임받은 사항'에 관하여서만 위임명령을 발할 수 있다고 규정하여(헌법 제75조), 법률에 의한 포괄적·일반적 수권을 금지하고 있다.

㉡ 구체적 위임의 기준 : 원칙적으로 법률에 의한 수권에 있어서는 행정입법의 규율대상·범위 등을 구체적으로 정하여, 누구라도 행정입법에 의하여 규율될 내용의 대강을 합리적으로 예측할 수 있어야 한다. 이 경우 그 예측가능성의 유무는 당해 위임조항 하나만을 가지고 판단할 것이 아니라 그 위임조항이 속한 법률이나 상위명령의 전반적인 체계와 취지 목적, 당해 위임조항의 규정형식과 내용 및 관련 법규를 유기적 체계적으로 종합 판단하여야 하고, 나아가 각 규제 대상의 성질에 따라 구체적 개별적으로 검토함을 요한다.

㉢ 구체성과 명확성의 정도 : 국민의 권리를 제한하거나 의무를 부과하는 침익적 작용의 경우에는 구체성과 명확성이 엄격하게 요구된다. 즉 처벌법규나 조세법규와 같은 기본권 침해영역에서는 급부영역에서보다 구체성의 요구가 강화된다. 급부행정이나 면제와 같이 국민에게 유리한 행정작용은 위임의 구체성과 명확성이 다소 완화된다. 다양한 사실관계를 규율하거나 수시로 변화될 것이 예상되는 경우, 전문적이고 기술적인 경우에는 위임이 요건이 완화된다.

⚖️ **판례**

> 1. 예측가능성의 유무는 당해 위임조항 하나만을 가지고 판단할 것이 아니라 그 위임조항이 속한 법률이나 상위명령의 전반적인 체계와 취지 목적, 당해 위임조항의 규정형식과 내용 및 관련 법규를 유기적 체계적으로 종합 판단하여야 하고, 나아가 각 규제 대상의 성질에 따라 구체적 개별적으로 검토함을 요한다(대판 2006.4.14. 2004두14793).

2. 행정입법의 내용이 일반적, 추상적, 개괄적인 규정이라 할지라도 법관의 법보충 작용으로서의 해석을 통하여 그 의미가 구체화·명확화될 수 있다면 그 규정이 명확성을 결여하여 과세요건명확주의에 반하는 것으로 볼 수는 없다(대판 2001.4.27. 2000두9076).

　　ⓐ 포괄위임금지가 적용되지 않는 경우 : 조례에 대한 위임은 포괄적위임도 가능하다. 공법단체의 정관에 자치법적 사항을 위임하는 경우에도 포괄적위임금지의 원칙은 적용되지 않는다.

③ 재위임의 가능성

☆ 헌재판례

전면적 재위임은 금지되나 위임받은 사항에 관하여 대강을 정하고 그중의 특정사항을 다시 하위법령에 위임하는 것은 허용될 수 있다(헌재 1996.2.29. 94헌마213).

(2) 집행명령의 한계

집행명령은 오직 상위명령의 집행에 필요한 구체적 절차·형식 등을 규정할 수 있을 뿐이고, 새로운 입법사항을 정할 수 없다. 따라서 집행명령이 새로운 법규사항을 규정하였다면 그 집행명령은 위법한 명령이 되고 무효가 된다.

2. 하자있는 법규명령

(1) 하자있는 법규명령의 효력

법규명령이 성립·발효요건을 갖추지 못하거나, 한계를 일탈한 경우 당해 법규명령은 위법하다. 위법한 법규명령의 효력에 관하여 무효설이 다수설과 판례의 태도이다.

(2) 하자있는 법규명령에 따른 행정행위의 효력

하자 있는 법규명령에 따른 행정행위의 효력에 관해서 통설은 중대·명백설에 따라 해결되어야 한다고 본다.

⚖ 판례

일반적으로 시행령이 헌법이나 법률에 위반된다는 사정은 그 시행령의 규정을 위헌 또는 위법하여 무효라고 선언한 대법원의 판결이 선고되지 아니한 상태에서는 객관적으로 명백한 것이라 할 수 없으므로, 이러한 시행령에 근거한 행정처분의 하자는 취소사유에 해당할 뿐 무효사유가 되지 아니한다(대판 2007.6.14. 2004두619).

04 법규명령의 통제와 소멸

1. 입법부에 의한 통제

> **국회법 제98조의2(대통령령 등의 제출 등)** ① 중앙행정기관의 장은 법률에서 위임한 사항이나 법률을 집행하기 위하여 필요한 사항을 규정한 대통령령·총리령·부령·훈령·예규·고시 등이 제정·개정 또는 폐지되었을 때에는 10일 이내에 이를 국회 소관 상임위원회에 제출하여야 한다. 다만, 대통령령의 경우에는 입법예고를 할 때(입법예고를 생략하는 경우에는 법제처장에게 심사를 요청할 때를 말한다)에도 그 입법예고안을 10일 이내에 제출하여야 한다.
> ② 중앙행정기관의 장은 제1항의 기간 이내에 이를 제출하지 못한 경우에는 그 이유를 소관 상임위원회에 통지하여야 한다.
> ③ 상임위원회는 위원회 또는 상설소위원회를 정기적으로 개회하여 그 소관 중앙행정기관이 제출한 대통령령·총리령 및 부령(이하 이 조에서 "대통령령 등"이라 한다)의 법률 위반 여부 등을 검토하여야 한다.
> ④ 상임위원회는 제3항에 따른 검토 결과 대통령령 또는 총리령이 법률의 취지 또는 내용에 합치되지 아니한다고 판단되는 경우에는 검토의 경과와 처리 의견 등을 기재한 검토결과보고서를 의장에게 제출하여야 한다.
> ⑤ 의장은 제4항에 따라 제출된 검토결과보고서를 본회의에 보고하고, 국회는 본회의 의결로 이를 처리하고 정부에 송부한다.
> ⑥ 정부는 제5항에 따라 송부받은 검토결과에 대한 처리 여부를 검토하고 그 처리결과(송부받은 검토결과에 따르지 못하는 경우 그 사유를 포함한다)를 국회에 제출하여야 한다.
> ⑦ 상임위원회는 제3항에 따른 검토 결과 부령이 법률의 취지 또는 내용에 합치되지 아니한다고 판단되는 경우에는 소관 중앙행정기관의 장에게 그 내용을 통보할 수 있다.
> ⑧ 제7항에 따라 검토내용을 통보받은 중앙행정기관의 장은 통보받은 내용에 대한 처리 계획과 그 결과를 지체 없이 소관 상임위원회에 보고하여야 한다.
> ⑨ 전문위원은 제3항에 따른 대통령령 등을 검토하여 그 결과를 해당 위원회 위원에게 제공한다.

2. 행정적 통제

상급행정청이 하급행정청의 행정입법을 직접 개정 또는 폐지할 수는 없지만 당해 위법한 법규명령의 개정 또는 폐지를 '명'할 수 있다(정부조직법 제11조 제2항, 제18조 제2항).

3. 사법적 통제

(1) 법원에 의한 통제

① 구체적 규범통제(법원의 명령·규칙심사권) − 부수적 통제: 구체적 규범통제라 함은 명령·규칙 등 행정입법의 위헌·위법 여부가 구체적인 사건에서 재판의 전제가 된 경우에 그 사건의 재판과정에서 심사할 수 있는 제도를 말한다. 추상적 규범통제란 행정입법의 위헌·위법 여부를 직접 소송의 대상으로 하여 다툴 수 있는 제도를 말한다. 헌법 제107조에서 법원에 의한 명령·규칙의 위헌·위법심사는 그 위헌 또는 위법의 여부가 재판의 전제가 된 경우에 비로소 가능하다고 규정하여 구체적 규범통제를 하고 있다.

② 명령·규칙심사의 대상 − 법규명령

③ 심사의 주체: 명령·규칙에 대한 심사권의 주체는 각급 법원(모든 법원, 군사법원 포함)이다. 따라서 명령·규칙의 위헌·위법여부가 구체적 사건에서 재판의 쟁점으로 다투어질 때는 모든 법원이 이에 대해 판단할 수 있다. 최종적인 판단은 대법원이 한다.
헌법재판소 판례에 따르면 명령·규칙이 집행행위의 매개 없이 직접 기본권을 침해할 때는 헌법재판소도 판단할 수 있다.

④ 위헌·위법 판결의 효력

   ⊙ 개별적 효력부인: 명령이나 규칙이 헌법이나 법률에 위반된다고 인정하는 경우 법원은 그 명령이나 규칙을 당해 사건에 적용하는 것을 거부할 수 있을 뿐, 그 무효를 선언할 수는 없다.

   ⓒ 명령·규칙의 위헌판결 공고제: 행정소송에 대한 대법원판결에 의하여 명령·규칙이 헌법 또는 법률에 위반된다는 것이 확정된 경우에는 대법원은 지체없이 그 사유를 행정안전부장관에게 통보하여야 한다. 위 통보 받은 행정안전부장관은 지체없이 이를 관보에 게재하여야 한다(행정소송법 제6조).

⑤ 처분적 행정입법에 대한 항고소송 － 직접적 통제: 법규명령이 집행행위의 매개 없이 직접 국민의 법적지위에 영향을 미칠 때는 법규명령 자체에 처분성이 인정되어 법규명령을 대상으로 하는 항고소송이 가능하다.

> ⚖️ **판례**
>
> 1. 조례가 집행행위의 개입 없이도 그 자체로서 직접 국민의 구체적인 권리의무나 법적 이익에 영향을 미치는 등의 법률상 효과를 발생하는 경우 그 조례는 항고소송의 대상이 되는 행정처분에 해당하고, 이 경우 집행기관인 시·도 교육감을 피고로 하여야 한다(대판 1996.9.20. 95누8003).
> 2. 어떠한 고시가 일반적·추상적 성격을 가질 때에는 법규명령 또는 행정규칙에 해당할 것이지만, 다른 집행행위의 매개 없이 그 자체로서 직접 국민의 구체적인 권리의무나 법률관계를 규율하는 성격을 가질 때에는 행정처분에 해당한다. 보건복지부 고시인 약제급여·비급여목록 및 급여상한금액표는 행정처분에 해당한다(대판 2006.9.22. 2005두2506).

(2) 헌법재판소에 의한 통제

   헌법재판소는 법무사법 시행규칙(대법원규칙으로서 법규명령의 성질을 가진다)에 대하여 헌법소원의 대상성을 인정하고 위헌결정 하였다. 대법원은 법률의 위헌여부는 헌법재판소가 심사하고, 명령·규칙의 위헌여부는 법원이 심사한다고 보아야 한다면서 명령·규칙의 헌법소원 대상성을 부정하고 있다.

> 🔨 **헌재판례**
>
> 1. 법률, 행정부에서 제정한 시행령이나 시행규칙 및 사법부에서 제정한 규칙 등은 그것들이 별도의 집행행위를 기다리지 않고 직접 기본권을 침해하는 것일 때에는 모두 헌법소원심판의 대상이 될 수 있는 것이다. 법무사법시행규칙 제3조 제1항은 "법원행정처장은 법무사를 보충할 필요가 있다고 인정되는 경우에는 대법원장의 승인을 얻어 법무사시험을 실시할 수 있다."라고 규정하였는바, 이는 헌법 제11조 제1항의 평등권과 헌법 제15조의 직업선택의 자유를 침해한 것이다(헌재 1990.10.15. 89헌마178).
> 2. 행정규칙이 법령의 규정에 의하여 행정관청에 법령의 구체적 내용을 보충할 권한을 부여한 경우나 재량권행사의 준칙인 규칙이 그 정한 바에 따라 되풀이 시행되어 행정관행이 이룩되게 되면, 평등의 원칙이나 신뢰보호의 원칙에 따라 행정기관은 그 상대방에 대한 관계에서 그 규칙에 따라야 할 자기구속을 당하게 되는 경우에는 대외적인 구속력을 가지게 되는바, 이러한 경우에는 헌법소원의 대상이 될 수도 있다(헌재 2001.5.31. 99헌마413 [각하]).

   행정입법에 대한 헌법재판소의 인용결정(위헌결정)은 대법원의 결정과 달리 당해 사건에 적용이 거부됨에 그치는 것이 아니라 효력자체가 상실되는 일반적 효력이다.

(3) 행정입법 부작위에 대한 통제

> **⚖️ 판례**
>
> 부작위위법확인소송의 대상이 될 수 있는 것은 구체적 권리의무에 관한 분쟁이어야 하고 추상적인 법령에 관하여 제정의 여부 등은 그 자체로서 국민의 구체적인 권리의무에 직접적 변동을 초래하는 것이 아니어서 그 소송의 대상이 될 수 없다(대판 1992.5.8. 91누11261).

> **⚖️ 헌재판례**
>
> 1. 국회가 특정한 사항에 대하여 행정부에 위임하였음에도 불구하고 행정부가 정당한 이유 없이 이를 이행하지 않는다면 권력분립의 원칙과 법치국가의 원칙에 위배되는 것이다(헌재 2004.2.2. 2001헌마718).
> 2. 하위 행정입법의 제정 없이 상위 법령의 규정만으로도 집행이 이루어질 수 있는 경우라면 하위 행정입법을 하여야 할 헌법적 작위의무는 인정되지 아니한다(헌재 2005.12.22. 2004헌마66).

4. 법규명령의 소멸

종기 또는 해제조건이 붙은 법규명령은 기한의 도래, 조건의 성취로 당연히 효력을 상실한다. 그리고 법규명령은 그 존속이 수권법령의 존재에 의존한다. 따라서 특별한 규정이 없는 한 근거법령이 소멸된 경우에는 법규명령도 소멸함이 원칙이며, 법규명령의 근거법령이 헌법재판소에 의해 위헌결정된 경우에도 법규명령은 원칙적으로 효력을 상실한다. 또한 위헌결정의 효력으로 당연히 법규명령은 실효하는 것이지 별도의 폐지행위가 있어야 하는 것은 아니다.

> **⚖️ 판례**
>
> 집행명령은 근거법령인 상위법령이 폐지되면 특별한 규정이 없는 한 실효된다. 그러나 상위법령이 개정됨에 그친 경우에는 개정된 상위법령의 시행을 위한 집행명령이 새로 제정·발효될 때까지는 여전히 그 효력을 유지한다고 할 것이다(대판 1989.9.12, 88누6962).

제 3 절 행정규칙

01 행정규칙의 의의와 종류

1. 행정규칙의 의의

행정규칙이란 상급행정기관이나 상급자가 하급행정기관 또는 하급자에 대하여 행정의 조직과 활동을 규율할 목적으로 그의 권한범위 내에서 발하는 일반·추상적 규율을 말한다.

2. 법규명령과 행정규칙의 구별

비 교	법규명령	행정규칙
법형식	대통령령·총리령·부령, 대법원규칙·국회규칙 등(예시적)	고시·지침·훈령 등
법적 근거	법률유보·법률우위의 원칙 적용 위임명령: 상위법령상 수권을 요함. 집행명령: 요하지 않음.	법률우위의 원칙은 적용됨. 법률유보의 원칙은 적용 안됨. 상위법령의 수권을 요하지 않음.
성 질	법규성 인정	법규성 부정(행정내부적 규율에 그침)
구속력	양면적 구속력(대내·대외적 구속력)	일면적 구속력(대내적 구속력)
존재형식	조문의 형식	조문의 형식 또는 구두로도 가능
공 포	공포가 있어야 효력이 발생한다.	공포가 필요한 것은 아니다.

3. 행정규칙의 종류

(1) 형식에 따른 분류

훈령, 지시, 예규, 일일명령 등이 있다.

(2) 고시

고시의 법적 성질은 고시의 내용에 따라 달라진다.

> **헌재판례**
>
> 고시가 일반·추상적 성격을 가질 때는 법규명령 또는 행정규칙에 해당하지만, 고시가 구체적인 규율의 성격을 갖는다면 행정처분에 해당한다(헌재 1998.4.30. 97헌마141).

(3) 재량준칙

재량준칙이란 상급행정기관이 하급행정기관의 재량처분에 있어서 재량권행사의 일반적 기준을 제시하기 위하여 발하는 것을 말한다. 재량준칙은 그 자체로 대외적 구속력을 갖는 것은 아니지만 평등원칙 및 행정의 자기구속력을 매개로 하여 간접적으로 대외적 구속력을 가진다.

02 행정규칙의 성질

1. 내부적 효력(대내적 구속력)

행정규칙은 행정조직내부에서는 구속력을 갖는다. 공무원은 행정규칙의 적용을 거부할 수 없고, 공무원이 근무규칙을 위반했을 때 징계책임을 지게 된다.

2. 외부적 효력(대외적 구속력 - 행정규칙의 법규성 논의)

판례는 원칙적으로 행정규칙의 법규성을 부정하고 예외적으로 법령보충적 행정규칙의 경우이거나 재량준칙이 평등원칙, 신뢰보호의원칙, 자기구속의 법리를 매개로 예외적으로 법규성이 긍정되는 경우에만 행정규칙의 법규성을 인정하는 입장이다. 따라서 판례에 의하면 원칙적으로 행정규칙을 위반해도 위법의 문제는 생기지 않는 것이 원칙이다.

> **⚖ 판례** | 법규성을 인정한 사례
>
> 1. 행정규칙은 일반적으로 행정조직 내부에서만 효력을 가질 뿐 대외적인 구속력을 갖는 것은 아니지만, 법령의 규정이 특정행정기관에게 그 법령내용의 구체적 사항을 정할 수 있는 권한을 부여하면서 그 권한행사의 절차나 방법을 특정하고 있지 아니한 관계로 수임행정기관이 행정규칙의 형식으로 그 법령의 내용이 될 사항을 구체적으로 정하고 있다면 그와 같은 행정규칙, 규정은 행정규칙이 갖는 일반적 효력으로서가 아니라, 행정기관에 법령의 구체적 내용을 보충할 권한을 부여한 법령규정의 효력에 의하여 그 내용을 보충하는 기능을 갖게 된다 할 것이므로 이와 같은 행정규칙은 당해 법령의 위임한계를 벗어나지 아니하는 한 그것들과 결합하여 대외적인 구속력이 있는 법규명령으로서의 효력을 갖게 된다(대판 1987.9.29. 86누484).
> 2. 재량권 행사의 준칙인 행정규칙이 그 정한 바에 따라 되풀이 시행되어 행정관행이 이루어지게 되면 평등의 원칙이나 신뢰보호의 원칙에 따라 행정기관은 그 상대방에 대한 관계에서 그 규칙에 따라야 할 자기구속을 받게 되므로, 이러한 경우에는 특별한 사정이 없는 한 그를 위반하는 처분은 평등의 원칙이나 신뢰보호의 원칙에 위배되어 재량권을 일탈·남용한 위법한 처분이 된다(대판 2009.12.24. 2009두7967).

03 법령보충적 행정규칙(행정규칙형식의 법규명령)

1. 의의

법령보충적 행정규칙이란 고시·훈령 등의 행정규칙의 형식으로 되어 있으나 그 내용은 법규명령에 해당하는 것을 말한다.

2. 법적 성질

> **⚖ 판례**
>
> 보건복지부장관이 고시의 형식으로 정한 '의료보험진료수가기준' 중 '수탁검사 실시기관인정 등 기준'은 요양급여 및 분만급여의 방법·절차·범위·상한기준 및 그 비용 등 법령의 내용이 되는 구체적인 사항을 보건복지부장관으로 하여금 정하도록 한 의료보험법의 위임에 따라 이를 정한 규정으로서 법령의 위임한계를 벗어나지 아니하는 한 법령의 내용을 보충하는 기능을 하면서 그와 결합하여 대외적으로 구속력이 있는 법규명령으로서의 효력을 가진다(대판 1999.6.22. 98두17807).

> **📜 헌재판례**
>
> 1. 고시와 같은 형식으로 입법위임을 할 때에는 적어도 행정규제기본법 제4조 제2항 단서에서 정한 바와 같이 법령이 전문적·기술적 사항이나 경미한 사항으로서 업무의 성질상 위임이 불가피한 사항에 한정된다 할 것이고, 그러한 사항이라 하더라도 포괄위임금지의 원칙상 법률의 위임은 반드시 구체적·개별적으로 한정된 사항에 대하여 행하여져야 한다(헌재 2006.12.28. 2005헌바59 [합헌]).
>
> 2. 법령보충적 행정규칙이라도 그 자체로서 직접적으로 대외적인 구속력을 갖는 것은 아니다. 즉, 상위법령과 결합하여 일체가 되는 한도 내에서 상위법령의 일부가 됨으로써 대외적 구속력이 발생되는 것일 뿐 그 행정규칙 자체는 대외적 구속력을 갖는 것은 아니라 할 것이다(헌재 2004.10.28. 99헌바91 [합헌]).

절차적 규정인 경우, 시행규칙으로 형식을 정해서 위임하였음에도 고시 등 행정규칙으로 정한 경우 그리고 위임의 범위를 벗어난 경우에는 대외적 구속력을 인정하지 않는다.

> **⚖️ 판례**
>
> 1. 법률의 위임을 받은 것이기는 하나 법인세의 부과징수라는 행정적 편의를 도모하기 위한 절차적 규정으로서 단순히 행정규칙의 성질을 가지는 데 불과하여 과세관청이나 일반국민을 기속하는 것이 아니다(대판 2003.09.05. 2001두403).
>
> 2. 행정 각부의 장이 정하는 고시가 비록 법령에 근거를 둔 것이라고 하더라도 그 규정 내용이 법령의 위임 범위를 벗어난 것일 경우에는 법규명령으로서의 대외적 구속력을 인정할 여지는 없다(대결 2006.04.28. 2003마715).
>
> 3. 행정규칙이나 규정이 상위법령의 위임범위를 벗어난 경우에는 법규명령으로서 대외적 구속력을 인정할 여지는 없다. 이는 행정규칙이나 규정 '내용'이 위임범위를 벗어난 경우뿐 아니라 상위법령의 위임 규정에서 특정하여 정한 권한행사의 '절차'나 '방식'에 위배되는 경우도 마찬가지이므로, 상위법령에서 세부사항 등을 시행규칙으로 정하도록 위임하였음에도 이를 고시 등 행정규칙으로 정하였다면 그 역시 대외적 구속력을 가지는 법규명령으로서 효력이 인정될 수 없다(대판 2012.7.5. 2010다72076).

3. 법령보충적 행정규칙의 한계

법령보충적 행정규칙의 경우에도 법령의 수권에 근거하여야 하고, 그 수권은 포괄위임금지의 원칙상 개별적·구체적으로 한정된 사항에 대하여 행하여져야 한다. 법령보충적 행정규칙이 법령의 위임의 범위를 벗어난 경우 법규명령으로서의 대외적 구속력이 인정되지 않는다.

> **⚖️ 판례**
>
> 1. 보건사회부장관이 노령수당의 지급대상자에 관하여 정할 수 있는 것은 65세 이상의 노령자 중에서 지급대상자의 범위와 그 지급대상자에 대하여 지급수준과 지급시기, 지급방법 등일 뿐이지, 지급대상자의 최저연령을 법령상의 규정보다 높게 정하는 등 노령수당의 지급대상자의 범위를 법령의 규정보다 축소·조정하여 정할 수는 없음에도, 보건사회부장관이 정한 1994년도 노인복지사업지침은 노령수당의 지급대상자를 '70세 이상'의 생활보호대상자로 규정함으로써 당초 법령이 예정한 노령수당의 지급대상자를 부당하게 축소·조정하였고, 따라서 위 지침 가운데 노령수당의 지급대상자를 '70세 이상'으로 규정한 부분은 법령의 위임한계를 벗어난 것이어서 그 효력이 없다(대판 1996.4.12. 95누7727).
>
> 2. 개념이 달리 해석될 여지가 있다는 것만으로 이를 사용한 행정규칙이 법령의 위임한계를 벗어났다고는 할 수 없다(대판 2008.4.10, 2007두4841).

4. 공포여부

> **판례**
>
> 행정규칙은 법령의 내용과 결합하여 법규로서의 효력을 가진다고 할 것이나 이것 자체가 법령은 아니므로 이를 공포(관보게재)하지 아니하였다고 하여 그 효력이 없다고 할 수는 없다(대판 1989.10.24. 89누3328).

04 법규명령형식의 행정규칙

1. 의의

법규명령형식의 행정규칙이란 시행령이나 시행규칙으로 행정사무처리기준을 정한 경우를 말한다. 법규명령에서 제재적 처분기준을 정한 경우가 대표적이다.

2. 법적성질

(1) 부령 형식인 경우

① 부령 형식으로 정해진 제재적 처분기준 : 판례는 부령 형식으로 정해진 제재적 처분기준(영업허가의 취소, 정지, 과징금부과기준)은 행정규칙의 성질을 가지며 대외적으로 국민이나 법원을 구속하는 것은 아니라고 본다.

> **판례**
>
> 1. 구 식품위생법시행규칙에서 식품위생법에 따른 행정처분의 기준을 정하였다고 하더라도 이는 형식만 부령으로 되어 있을 뿐, 그 성질은 행정기관 내부의 사무처리준칙을 정한 것으로서 행정명령의 성질을 가지는 것이다(대판 1991.5.14. 90누9780).
>
> 2. 제재적 행정처분의 기준이 부령의 형식으로 규정되어 있더라도 그것은 행정청 내부의 사무처리준칙을 정한 것에 지나지 아니하여 대외적으로 국민이나 법원을 기속하는 효력이 없고, 위 처분기준에 적합하다 하여 곧바로 당해 처분이 적법한 것이라고 할 수는 없지만, 합리적인 이유가 없는 한 섣불리 그 처분이 재량권의 범위를 일탈하였거나 재량권을 남용한 것이라고 판단해서는 안 된다(대판 2007.09.20. 2007두6946).
>
> 3. 도로교통법 시행규칙상의 운전면허행정처분기준은 대외적으로 국민이나 법원을 기속하는 효력이 없다(대판 1998.3.27. 97누20236).

② 부령 형식으로 정해진 특허의 인가기준 : 판례는 특허의 인가기준을 부령으로 정한 경우 이를 법규명령으로 보고 있다.

> **판례**
>
> 구 여객자동차 운수사업법 시행규칙 규정은 시외버스운송사업의 사업계획변경에 관한 절차, 인가기준 등을 구체적으로 규정한 것으로서, 대외적인 구속력이 있는 법규명령이라고 할 것이다(대판 2006.6.27. 2003두4355).

(2) 대통령령 형식인 경우

판례는 제재적 처분기준이 대통령령의 형식인 경우 당해 처분기준을 법규명령으로 본다.

> ⚖️ **판례** | 법규명령과 동일한 구속력을 인정
>
> 1. 주택건설촉진법 시행령 제10조의3 제1항은 규정형식상 대통령령이므로 그 성질이 행정조직 내부에 있어서의 행정명령에 지나지 않는 것이 아니라 대외적으로 국민이나 법원을 구속하는 힘이 있는 법규명령에 해당한다(대판 1997.12.26. 97누15418).
> 2. 부정행위자에 대한 5년간의 응시자격제한처분을 규정한 경찰공무원임용령 제46조 제1항은 법규명령에 해당한다(대판 2008.5.29, 2007두18321).

> ⚖️ **판례** | 효과 : 상한을 규정한 것으로 본 경우
>
> 구 청소년보호법 시행령 관련규정의 위반행위의 종별에 따른 과징금처분기준은 법규명령이기는 하나 여러 요소를 종합적으로 고려하여 사안에 따라 적정한 과징금의 액수를 정하여야 할 것이므로 그 수액은 정액이 아니라 최고한도액이다(대판 2001.3.9. 99두5207).

> ⚖️ **판례** | 효과 : 정액을 규정한 것으로 본 경우
>
> 국토의 계획 및 이용에 관한 법률 시행령이 정한 이행강제금의 부과기준은 단지 상한을 정한 것에 불과한 것이 아니라, 위반행위 유형별로 계산된 특정 금액을 규정한 것이므로 행정청에 이와 다른 금액을 결정할 재량권이 없다(대판 2014.11.27. 2013두8653).

05 행정규칙의 근거와 요건

법규명령의 제정에는 법적근거가 필요하지만 행정규칙은 법규가 아니므로 법적 근거가 필요하지 않다. 행정규칙을 제정함에 있어서 절차에 관한 일반규정은 없으나, 대통령훈령이나 국무총리훈령의 제정은 정부의 법제에 관한 사항으로 법제처의 심사를 거치도록 하고 있다. 조문과 문서의 형식으로 하는 것이 일반적이나, 구술의 형식도 가능하다. 행정규칙은 원칙적으로 법규명령과 다르기 때문에 공포라는 절차를 거칠 필요는 없으나, 어떤 형태로든 수범자에게 도달되어야 한다.

06 행정규칙의 한계와 하자

법규명령과 행정규칙과 같은 규범에 하자가 있는 경우 무효사유에 해당한다.

> ⚖️ **판례**
>
> 행정청 내부에서의 사무처리지침이 행정부가 독자적으로 제정한 행정규칙으로서 상위법규의 규정내용을 벗어나 국민에게 새로운 제한을 가한 것이라면 그 효력을 인정할 수 없겠으나, 해석기준이 상위법규의 해석상 타당하다고 보여지는 한 그에 따랐다는 이유만으로 행정처분이 위법하게 되는 것은 아니라 할 것이다(대판 1992.05.12. 91누8128).

07 행정규칙의 통제와 소멸

1. 행정규칙에 대한 통제

헌법 제107조 제2항이 규정하는 명령·규칙에 대한 위헌·위법 심사는 법규명령으로서의 규칙만을 의미하고 행정규칙은 제외된다고 보는 것이 다수설이다. 다만 예외적으로 행정규칙이 처분성을 가지는 경우에는 이론상 항고소송의 대상이 될 수 있다.

헌법재판소는 "행정규칙은 일반적으로 행정조직 내부에서만 효력을 가지는 것이나, 행정규칙이 법령의 규정에 의하여 행정관청에 법령의 구체적 내용을 보충할 권한을 부여한 경우나 재량권행사의 준칙인 규칙이 그 정한 바에 따라 되풀이 시행되어 행정관행이 이룩되게 되면, 평등의 원칙이나 신뢰보호의 원칙에 따라 행정기관은 그 상대방에 대한 관계에서 그 규칙에 따라야 할 자기구속을 당하게 되는 경우에는 대외적인 구속력을 가지게 되는바, 이러한 경우에는 헌법소원의 대상이 될 수도 있다."고 판시하였다.

> **현재판례**
>
> 국립대학인 서울대학교의 "94학년도 대학입학고사주요요강"은 사실상의 준비행위 내지 사전안내로서 행정쟁송의 대상이 될 수 있는 행정처분이나 공권력의 행사는 될 수 없지만 국민의 기본권에 직접 영향을 끼치는 내용이고 앞으로 법령의 뒷받침에 의하여 그대로 실시될 것이 틀림없을 것으로 예상되어 그로 인하여 위험성이 이미 현실적으로 발생하였다고 보아야 할 것이므로 이는 헌법소원의 대상이 된다(헌재 1992.10.1. 92헌마68).

2. 행정규칙의 소멸

행정규칙은 다음과 같은 이유로 소멸한다. ① 행정규칙의 폐지, ② 해제조건의 성취와 종기의 도래. 행정규칙은 반드시 근거법규가 존재해야 성립하는 것이 아니기 때문에, 근거법규의 소멸은 행정규칙 소멸의 절대적 이유가 될 수는 없다.

CHAPTER

02

행정행위

PART 2 행정작용법

제1절　행정행위의 의의 및 종류

01 행정행위의 의의

행정행위는 실정법상 개념이 아니라 학문상의 개념으로 정립된 것이다. 행정소송법에서는 취소소송
등 항고소송의 대상을 '처분 등'이라고 규정하고 있으므로 처분과 행정행위 개념이 동일한 것인지 문제
된다.

이원설	행정소송법상 처분개념의 정의 규정이 문언상 실체법적 행정행위보다 넓게 되어 있어서 행정소송 법상의 처분개념을 행정행위보다 넓게 본다.
일원설	행정소송법상의 처분개념을 강학상의 행정행위와 동일하게 본다.

02 행정행위의 개념요소

1. '행정청'의 행위

국가나 지방자치단체의 행정기관만을 말하는 것이 아니라, 공사 기타 공법인, 공무수탁사인도 수권
의 범위 안에서는 행정청에 포함된다.

> ⚖️ **판례**
>
> 교통안전공단이 분담금 납부의무자에 대하여 한 분담금 납부통지는 행정처분이다(대판 2000.09.08. 2000
> 다12716).

2. 구체적 사실에 관한 행위

행정행위는 구체적 사실에 관한 것이어야 한다. 따라서 일반적·추상적 규범의 정립행위인 법령의
제정은 행정행위가 아니다. 일반처분이란 구체적 사실과 관련하여 불특정 다수인을 대상으로 하여
발하여지는 행정청의 권력적·단독적 규율행위를 말한다. 구체적 사실을 규율하는 경우 불특정 다
수인을 상대방으로 하는 일반처분은 행정행위에 해당한다.

> **⚖ 판례**
>
> 지방경찰청장이 횡단보도를 설치하여 보행자의 통행방법 등을 규제하는 것은 행정처분이라고 보아야할 것이다(대판 2000.10.27, 98두8964).

3. 법집행에 관한 외부적 행위

국민에게 법적 효과를 발생시키지 않는 사실행위는 행정행위가 아니다(도로의 보수 등). 집행의 전 단계인 내부적 결정행위는 행정행위가 아니다.

> **⚖ 판례**
>
> 고발은 수사의 단서에 불과할 뿐 행정처분이 되지 못한다(대판 1995.5.12. 94누13794).

4. 권력적 단독행위로서 공법행위

행정행위는 행정청이 우월적 지위에서 일방적으로 행하는 권력적 단독행위이다. 행정행위는 공법 상의 행위이므로 행정청이 행하는 행위의 근거가 사법인 경우에는 행정행위가 아니다. 공법상 근거 를 갖는 행정행위라고 하더라도 그 행위의 효과까지 공법적인 것만은 아니다.

> **⚖ 판례** 행정행위가 아니라고 한 사례
>
> 1. 경제기획원장관의 정부투자기관에 대한 예산편성지침통보는 행정처분이라고 할 수 없다(대판 1993.9.14. 93누9163).
> 2. 병역법상 신체등위판정은 행정처분이라 보기 어렵다(대판 1993.8.27. 93누3356).
> 3. 경주시장이 행한 경계측량 및 표지의 설치 등은 행정처분의 일부라고 볼 수 없다(대판 1992.10.13. 92누2325).

5. 거부행위

거부행위가 처분이 되기 위해서는 상대방에게 법규상·조리상 신청권이 있어야 한다.

03 행정행위의 종류

1. 법률행위적 행정행위와 준법률행위적 행정행위

(1) 법률행위적 행정행위

행정청의 의사표시를 요소로 하고 그 의사의 내용에 따라 효과가 발생하는 행정행위이다. 명령 적 행정행위(하명, 허가, 면제)와 형성적 행정행위(특허, 인가, 대리)가 있다.

(2) 준법률행위적 행정행위

행정청의 의사표시를 요소로 하지 않는 것으로서 의사표시 이외의 정신작용(인식, 판단)을 요소 로 한다. 효과는 행정청의 의사에 따르는 것이 아니라 법규에 정해진 대로의 효과가 발생한다. 확인, 공증, 통지, 수리가 있다.

04 제3자효적 행정행위

05 기속행위와 재량행위

1. 의의

기속행위란 법이 어떤 요건하에서 어떤 행위를 할 것인가에 관해 일의적·확정적으로 규정하고 있어서, 행정청은 다만 그 법률을 기계적으로 적용함에 그치는 경우를 말한다. 재량행위란 법률이 행정청에게 그 요건의 판단 또는 효과의 결정에 있어 일정한 독자적 판단권을 인정하고 있는 경우를 말한다.

2. 재량행위와 기속행위의 구별실익

⚖ 판례

1. 재량권의 남용이나 재량권의 일탈의 경우에는 그 재량권이 기속재량이거나 자유재량이거나를 막론하고 사법심사의 대상이 된다(대판 1984.1.31. 83누451).

2. 행정행위를 기속행위와 재량행위로 구분하는 경우 양자에 대한 사법심사는, 전자의 경우 법원이 사실인정과 관련 법규의 해석·적용을 통하여 일정한 결론을 도출한 후 그 결론에 비추어 행정청이 한 판단의 적법 여부를 독자의 입장에서 판정하는 방식에 의하게 되나, 후자의 경우 행정청의 재량에 기한 공익판단의 여지를 감안하여 법원은 독자의 결론을 도출함이 없이 당해 행위에 재량권의 일탈·남용이 있는지 여부만을 심사하게 된다(대판 2005.7.14. 2004두6181).

3. 기속행위와 재량행위의 구별기준

구분	개념
요건재량설	행정법규의 요건규정의 해석에 중점을 두어 기속행위와 재량행위를 구별한다.
효과재량설	침익적 행위는 기속행위이고, 수익적 행위는 원칙적으로 자유재량행위로 보는 견해이다.
법문언 기준설 (通,判)	1차적으로 당해 규정의 표현이 '~하여야 한다'이면 기속행위이고, '~할 수 있다'이면 재량행위로 판단할 수 있다는 견해이다. 2차적으로 행위의 근거법령의 취지와 목적, 행위의 성질·유형과 아울러 기본권 관련성을 기준으로 양자를 구분하는 견해이다.

⚖ 판례

1. 기속행위와 재량행위의 구분은 당해 행위의 근거가 된 법규의 체재·형식과 그 문언, 당해 행위가 속하는 행정 분야의 주된 목적과 특성, 당해 행위 자체의 개별적 성질과 유형 등을 모두 고려하여 판단하여야 한다(대판 2001.2.9. 98두17593).

2. 주택재건축사업시행의 인가는 상대방에게 권리나 이익을 부여하는 효과를 수반하는 수익적 행정처분으로서 재량행위에 속한다(대판 2007.7.12. 2007두6663).

3. 자동차운수사업법에 의한 <u>개인택시운송사업면허</u>는 <u>특정인에게 권리나 이익을 부여하는</u> 행정행위로서 행정청의 <u>재량</u>에 속하는 것이다(대판 1995.4.14, 93누16253).

4. <u>귀화허가</u>는 <u>국민으로서의 법적 지위를 포괄적으로 설정하는</u> 행위에 해당한다. 법무부장관은 귀화를 허가할 것인지에 관하여 <u>재량권</u>을 가진다(대판 2010.10.28. 2010두6496).

	기속행위	재량행위
하명	① 국유재산의 무단점유에 대한 <u>변상금부과처분</u> ② 명의신탁자에 대한 <u>과징금부과처분</u>	공정거래위원회의 독점규제 및 공정거래에 관한 법률 위반자에 대한 과징금부과처분
허가	① 건축법상의 건축허가(개발제한구역 외에서의 건축허가) ② 구 <u>식품위생법상 대중음식점영업허가</u> ③ 북한어린이 살리기 의약품 지원본부에 대한 기부금품모집허가	① 토지의 형질변경을 수반하는 건축허가 ② 산림법부칙에 의한 형질변경허가 ③ 개발제한구역 내에서 건축물의 건축, 공작물의 설치 허가 ④ 산림훼손허가, 임목굴채허가, 농지전용허가
특허		① <u>공유수면매립면허</u> ② 구 <u>토지수용법상 사업인정</u> ③ <u>도로점용허가</u> ④ <u>개인택시운송사업면허</u> ⑤ <u>출입국관리법상 체류자격 변경허가</u> ⑥ <u>공유수면점용허가</u>

⚖️ **판례** 재량행위로 본 사례

1. 광업법과, 토지수용법에 의한 <u>토지수용을 위한 사업인정</u>은 단순한 <u>확인행위</u>가 아니라 <u>형성행위</u>이고 사업인정의 여부는 행정청의 <u>재량</u>에 속한다(대판 1992.11.13. 92누596).

2. <u>보세구역의 설영특허</u>는 특허로서 행정청의 자유재량에 속하며, 그 <u>갱신</u> 여부도 특허관청의 자유재량에 속한다(대판 1989.5.9, 88누4188).

4. 재량권의 한계와 재량하자

(1) 재량의 한계

재량행위라 하더라도 법에서 자유로운 행위는 아니고, <u>의무에 합당한 재량</u>이라고 볼 수 있다. 행정소송법 제27조는 이러한 <u>재량권의 한계를 재량의 일탈·남용으로 규정하고 있다.</u>

(2) 재량하자의 유형

<u>재량의 일탈</u>이란 재량의 <u>외적 한계</u>를 넘어서 행사된 경우를 말하고, <u>재량권의 남용</u>이란 재량의 <u>내적 한계를 넘어서 재량이 행사된 경우를 말한다. 다만 대법원은 일탈과 남용을 정확하게 구분하지는 않고 있다.</u>

⚖️ **판례** 재량의 일탈·남용을 긍정한 사례

1. 원고가 급량비가 나올 때마다 바로 지급하지 않고 이를 모아 두었다가 일정액에 달하였을 때에 지급하여 온 것이 관례화되어 있었을 뿐더러 여러 사정 등을 종합하여 보면, 이 사건 해촉은 너무 가혹하여 징계권을 남용한 것이어서 무효이다(대판 1995.12.22. 95누4636).

2. 공정한 업무처리에 대한 사의로 두고 간 돈 30만원을 피동적으로 수수하였다가 돌려 준 20여년 근속의 경찰공무원에 대한 해임처분은 재량권의 남용에 해당한다(대판 1991.7.23. 90누8954).

3. 하급 지방자치단체장이 전국공무원노동조합의 불법 총파업에 참가한 소속 지방공무원들에 대하여 징계의결을 요구하지 않은 채 승진임용하는 처분을 한 것은 재량권의 범위를 현저히 일탈한 것으로서 위법한 처분이다(대판 2007.3.22. 2005추62 전원합의체).

4. 청소년유해매체물로 결정·고시된 만화인 사실을 모르고 있던 도서대여업자가 그 고시일로부터 8일 후에 청소년에게 그 만화를 대여한 것을 사유로 그 도서대여업자에게 금 700만원의 과징금을 부과한 것은 재량권을 일탈·남용한 것으로서 위법하다(대판 2001.7.27. 99두9490).

5. 대학교 총장이 해외근무자들의 자녀를 대상으로 획일적으로 과목별 실제 취득점수에 20%의 가산점을 부여하여 실제 취득점수에 의하면 충분히 합격할 수 있는 원고들에 대하여 불합격처분을 하였다면 위법하다(대판 1990.8.28. 89누8255).

⚖️ **판례** 재량의 일탈·남용을 부정한 사례

1. 학교법인의 교비회계자금을 법인회계로 부당전출한 행위의 위법성 정도 등을 참작하여, 임원취임승인취소처분이 재량권을 일탈·남용하였다고 볼 수 없다(대판 2007.7.19. 2006두19297 전원합의체).

2. 생물학적 동등성 시험 자료 일부에 조작이 있음을 이유로 해당 의약품의 회수 및 폐기를 명한 행정처분이 재량권을 일탈·남용하여 위법하다고 볼 수 없다(대판 2008.11.13. 2008두8628).

3. 행정청이 개인택시사업면허를 받을 수 없는 자가 제출한 허위의 무사고증명 기재내용을 그대로 믿고 개인택시사업면허를 발급한 경우 처분청은 그 하자를 이유로 스스로 이를 취소할 수 있고 이 경우 허위의 무사고 증명을 제출하여 사위의 방법으로 면허를 받은 사람은 신뢰이익을 원용할 수 없음은 물론 행정청이 이를 고려하지 아니하였다 하더라도 재량권의 남용이 논의될 여지가 없다(대판 1986.8.19. 85누291).

4. 지방공무원 복무조례개정안에 대한 의견을 표명하기 위하여 전국공무원노동조합 간부 10여 명과 함께 시장의 사택을 방문한 위 노동조합 시지부 사무국장에게 지방공무원법 제58조에 정한 집단행위 금지의무를 위반하였다는 등의 이유로 징계권자가 한 파면처분이 사회통념상 현저하게 타당성을 잃거나 객관적으로 명백하게 부당하여 징계권의 한계를 일탈하거나 재량권을 남용하였다고 볼 수 없다(대판 2009.6.23. 2006두16786).

06 불확정개념과 판단여지

법률요건에 불확정개념(현저한 공익, 환경보전, 식품의 안전 등)이 사용되는 경우에 행정청이 그 개념을 구체화하게 되는바, 이 경우 그것이 고도의 전문적·기술적 판단이 요구되는 경우에는 법원은 행정청의 판단을 존중하여 그 범위 내에서 사법심사가 제한되는 것을 판단여지라고 한다.

02

1. 불확정개념

불확정개념이란 공무원 특별승진요건으로서 '직무수행능력의 탁월', 직위해제요건으로서 '근무성적 극히 나쁨' 등이나, 공공의 안녕질서를 해칠 우려 등이 있다. 다수설에 따르면 불확정개념의 해석은 법적 문제이기 때문에 일반적으로 전면적인 사법심사의 대상이 되고, 특정한 사실관계와 관련하여서는 원칙적으로 일의적인 해석만이 가능하다고 본다.

2. 판단여지이론

어떤 사실이 요건상의 불확정개념에 해당하는지 여부는 일의적으로 판단하기 어려우므로, 그 한도 내에서 사법심사가 제약을 받게 되는 부분을 판단여지라고 한다. 판단여지설은 재량의 범위를 법률요건이 아니라 법률효과에만 인정된다는 효과재량설의 전제에서 효과재량설을 발전시킨 이론이다.

3. 재량과 판단여지의 구별

(1) 학설

구별 긍정설	판단여지는 구성요건의 인식과 포섭측면인 반면 재량은 법률효과 선택과 결정의 문제로서 별도의 판단여지 개념을 인정한다.
구별 부정설(判)	양 개념 모두 사법심사의 범위에 있어 실질적인 차이가 없다는 점을 근거로 판단여지 이론을 받아들이지 않고 있다.

(2) 판단여지설의 적용영역

① **고도의 전문적 비대체적인 결정**: 각종 시험합격결정, 국공립학교의 학생의 성적평가, 공무원의 근무평정 등 당해 결정이 원래의 것으로 재현하기 어려운 사실상의 특수성을 이유로 판단여지가 인정된다고 보고 있다.

② **구속적인 가치평가**: 예술·문화 등의 분야에 있어 어떤 물건이나 작품의 가치 또는 유해성 등에 대한 독립된 합의체 기관의 판단의 경우에는 그 기관이 갖는 전문성·대표성을 근거로 한다.

> ⚖️ **판례**
>
> 행정청이 매장문화재의 원형보존이라는 목표를 추구하기 위하여 문화재보호법 등 관계 법령이 정하는 바에 따라 내린 전문적·기술적 판단은 특별히 다른 사정이 없는 한 이를 최대한 존중하여야 한다(대판 2000.10.27. 99두264).

③ **예측적 결정**: 환경 행정상의 허가에 있어 그 기초가 되는 장래의 위해 발생 여부에 대한 판단, 계획결정상의 미래 예측적 판단의 경우에도 판단여지가 인정될 수 있다.

④ **형성적 결정**: 공무원인사를 위한 인력수급계획의 결정, 전쟁무기의 생산 및 수출 등의 외교정책, 경제정책, 교통정책과 지방자치법상의 공공시설의 설치 결정과 같이 사회형성적 행정의 영역에 있어서도 행정청에 판단여지가 인정될 수 있다.

제1항 법률행위적 행정행위

01 명령적 행위 : 하명, 허가, 면제

1. 의의

명령적 행위란 작위·부작위·급부·수인 등의 의무를 명하거나 해제하는 행정행위를 말한다.

2. 하명

하명이란 일정한 행정목적을 위하여 행정청이 국민에게 작위(무허가건물 철거명령 등), 부작위(도로통행금지 등), 수인(강제접종 등), 급부(납세고지 등)의 의무를 명하는 행정행위를 말한다. 하명은 의무를 부과시키는 행위이므로 헌법 제37조 제2항에 따라 법률의 근거를 요한다. 즉 하명은 법률유보원칙을 지켜야 한다. 하명의 대상은 사실행위(무허가 건물철거)인 경우도 있고, 법률행위(영업행위금지)인 경우도 있다. 하명의 상대방은 일반적으로 특정인이지만(조세부과처분), 불특정 다수인인 경우도 있다(입산금지, 통행금지).

하명에 의해 부과된 의무를 이행하지 않은 자에게는 행정상 강제집행이나 행정상의 제재가 과해진다. 그러나 하명에 위반하여 행하여진 행위의 사법상 효력은 유효하다. 예컨대 영업정지된 식당에서의 음식판매는 불법적이지만, 음식의 판매 자체는 유효하다.

3. 허가

(1) 의의

허가란 법규에 의한 일반적·상대적 금지를 특정한 경우에 해제하여 자연적 자유를 회복시켜주는 행정행위를 말한다. 허가는 부작위 하명을 특정한 경우에 해제하는 것이다. 따라서 작위, 급부 등의 의무를 해제하는 면제와는 다르다. 허가는 강학상의 개념이고, 실정법상으로는 허가 외에 면허, 인가, 특허, 승인 등으로 사용되고 있다.

(2) 구별개념 – 예외적 승인

허가는 예방적 금지에 대한 해제이고, 예외적 승인은 억제적 금지에 대한 해제이다. 예외적 승인은 그 자체가 사회적으로 유해하여 법령에 의해 일반적으로 금지된 행위를 예외적으로 적법하게 수행할 수 있도록 하는 것이다.

구분	허가	예외적 승인
금지의 내용	예방적 금지(상대적 금지)의 해제	억제적 금지의 해제
재량성 여부	원칙적으로 기속행위	원칙적으로 재량행위
회복되는 자유	자연적 자유의 회복	권리의 범위 확대

예시	건축허가 일반음식점 영업허가 자동차 운전면허 의사면허, 한의사면허 화약제조허가	개발제한구역 내의 건축허가 학교환경정화구역 내에서의 유흥음식점허가 카지노업허가 치료목적의 마약류사용허가
공통점	허가와 예외적 승인은 금지의 해제라는 점에서 공통점을 갖는다.	

(3) 허가의 법적 근거

> ⚖️ **판례**
>
> 행정처분은 원칙적으로 처분시의 법령과 허가기준에 의하여 처리되어야 하고 허가신청 당시의 기준에 따라야 하는 것은 아니며, 허가신청 후 허가기준이 변경되었다 하더라도 변경된 허가기준에 따라서 처분을 하여야 한다(대판 2006.8.25. 2004두2974).

허가의 요건은 법령으로 규정되어야 하며, 법령의 근거 없이 행정권이 독자적으로 허가요건을 추가하는 것은 허용되지 아니한다.

(4) 허가의 성질

> ⚖️ **판례** 　**원칙적 사례(기속행위)**
>
> 1. 식품위생법상 일반음식점영업허가권자는 허가신청이 법에서 정한 요건을 구비한 때에는 허가하여야 하고 관계 법령에서 정하는 제한사유 외에 공공복리 등의 사유를 들어 허가신청을 거부할 수는 없다(대판 2000.3.24. 97누12532).
> 2. 주류판매업 면허는 강학상의 허가로 해석되므로 주세법에 열거된 면허제한사유에 해당하지 아니하는 한 면허를 거부할 수 없다(대판 1995.11.10. 95누5714).
> 3. 허가관청은 특단의 사정이 없는 한 건축허가내용대로 완공된 건축물의 준공을 거부할 수 없다고 하겠으나, 만약 건축허가 자체가 건축관계 법령에 위반되는 하자가 있는 경우에는 그 준공도 거부할 수 있다(대판 1992.4.10. 91누5358).

> ⚖️ **판례** 　**예외적 사례(재량행위)**
>
> 1. 산림훼손은 법령이 규정하는 금지 또는 제한 지역에 해당하지 않더라도 환경의 보전 등 중대한 공익상 필요가 있다고 인정될 때에는 법규에 명문의 근거가 없더라도 거부처분을 할 수 있다(대판 2002.10.25. 2002두6651).
> 2. 산림 내에서의 입목벌채는 중대한 공익상 필요가 있다고 인정될 때에는 허가를 거부할 수 있다(대판 2001.11.30. 2001두5866).
> 3. 형질변경의 허가에 관한 판단 기준을 정하는 것 역시 행정청의 재량에 속한다(대판 1999.2.23. 98두17845).
> 4. 국토의 계획 및 이용에 관한 법률 제56조에 따른 개발행위허가는 행정청의 재량판단의 영역에 속한다(대판 2017.10.12. 2017두48956).

③ 건축허가의 경우

> ⚖️ **판례** 　원칙적 사례(기속행위)
>
> 건축허가권자는 건축법 등 관계 법규에서 정하는 어떠한 제한에 배치되지 않는 이상 건축허가를 하여야 하고, 중대한 공익상의 필요가 없음에도 불구하고, 관계 법령에서 정하는 제한사유 이외의 사유를 들어 거부할 수는 없다(대판 2006.11.9. 2006두1227).

> ⚖️ **판례** 　예외적 사례(재량행위)
>
> 토지의 형질변경행위를 수반하는 건축허가는 결국 재량행위에 속한다(대판 2005.7.14. 2004두6181).

(5) 허가와 신청(출원)

허가는 상대방의 신청에 따라 행하여지는 것이 보통이나, 신청에 의하지 아니하는 허가도 있다 (통행금지해제, 보도관제해제 등). 허가의 상대방은 불특정 다수인이 될 수도 있다.

(6) 허가의 종류 - 대인적 허가, 대물적 허가

> ⚖️ **판례**
>
> 석유판매업은 소위 대물적 허가의 성질을 가지는 것이어서 그 사업의 양도도 가능하고 양도인에게 그 허가를 취소할 법적 사유가 있다면 허가관청은 이를 이유로 양수인에게 응분의 제재조치를 취할 수 있다(대판 1986.7.22. 86누203).

(7) 허가의 대상

허가의 대상은 사실행위(음식점 영업, 건축허가 등)인 경우가 대부분이지만 법률행위(영업양도 금지 등)인 경우도 있다.

(8) 허가의 효과

① 금지의 해제 · 허가이 상대방에게 독점적·배타적 권리를 설정하여주는 것이 아닌 단순한 금지의 해제에 불과하다. 한편 허가의 효과는 당해 허가를 한 행정청의 관할 구역 내에서만 미치는 것이 원칙이나, 법령의 규정이 있는 경우 또는 허가의 성질상 관할구역 외까지 그 효과가 미치는 경우가 있다(예를 들어 서울지방경찰청장이 발급한 운전면허의 효력).

② 기존허가업자의 영업상 이익

– 반사적 이익 : 허가로 인한 영업상 이익은 법률상 이익이 아닌 반사적 이익에 불과하다.

> ⚖️ **판례** 　반사적 이익으로 판시한 사례
>
> 1. 유기장영업허가의 영업상의 이익은 반사적 이익에 불과하다(대판 1986.11.25. 84누147).
> 2. 담배 구내소매인과 일반소매인 사이에서는 과당경쟁으로 인한 경영의 불합리를 방지하는 것을 그 목적으로 할 수 있다고 보기 어려우므로, 일반소매인으로 지정되어 영업을 하고 있는 기존업자의 신규 구내소매인에 대한 이익은 법률상 보호되는 이익이 아니라 단순한 사실상의 반사적 이익이다(대판 2008.4.10. 2008두402).

> **판례** 법률상 이익으로 판시한 사례
>
> 1. 일반적으로 면허나 인·허가 등의 수익적 행정처분의 근거가 되는 법률이 해당 업자들 사이의 과당경쟁으로 인한 경영의 불합리를 방지하는 것도 그 목적으로 하고 있는 경우, 기존의 업자는 경업자에 대하여 이루어진 면허나 인·허가 등 행정처분의 상대방이 아니라 하더라도 당해 행정처분의 취소를 구할 원고적격이 있다. 분뇨와 축산폐수 수집·운반업 및 정화조청소업으로 하여 분뇨 등 관련 영업허가를 받아 영업을 하고 있는 기존 업자의 이익은 법률상 보호되는 이익이며, 기존 업자에게 경업자에 대한 영업허가처분의 취소를 구할 원고적격이 있다(대판 2006.7.28. 2004두6716).
> 2. 담배 일반소매인으로 영업을 하고 있는 기존업자의 신규 일반소매인에 대한 이익은 법률상 보호되는 이익이라고 해석함이 상당하다(대판 2008.3.27. 2007두23811).

③ **무허가 행위의 효과**: 무허가 영업자는 행정상 강제집행이나 행정벌의 대상이 되지만 허가 없이 한 영업의 사법상의 효력은 유효하다.

④ **타법상의 제한**: 허가는 특정 법령상의 금지를 해제하여 주는 효과밖에 없으므로 특별한 규정이 없는 한 다른 법령상의 금지까지 해제하는 것은 아니다. 다만 법령에는 하나의 법령에 의한 허가를 받은 경우 다른 법령에 의한 허가 까지 받은 것으로 보는 제도가 있다(인·허가의제제도).

> **판례**
>
> 도로법과 건축법에서 각 규정하고 있는 건축허가는 그 허가권자의 허가를 받도록 한 목적, 허가의 기준, 허가 후의 감독에 있어서 같지 아니하므로 접도구역으로 지정된 지역 안에 있는 건물에 관하여 도로법에 의하여 개축허가를 받았다고 하더라도 건축법에 의하여 시장 또는 군수의 허가를 다시 받아야 한다(대판 1991.4.12. 91도218).

(9) 인·허가의제제도

① **개념**: 인·허가의제제도란 여러 행정기관에 복수의 인·허가 등을 받아야 하는 경우에 주된 인·허가를 받으면 다른 인·허가는 받은 것으로 의제하는 제도를 말한다.

② **목적**: 인·허가의제제도는 복합민원의 일종으로 민원인에게 편의를 제공하는 원스톱 서비스의 기능을 수행하게 된다. 신속한 심사를 하기 위하여 주된 인·허가의 심사기관으로 창구를 단일화하고 절차를 간소화하며 비용과 시간을 절감함으로써 국민의 권익을 보호하려는 것이다. 민원인은 주된 허가담당관청에만 신청하면 된다.

> **판례**
>
> 1. 실시계획승인에 의해 의제되는 도로공사시행허가 및 도로점용허가는 원칙적으로 당해 택지개발사업을 시행하는 데 필요한 범위 내에서만 그 효력이 유지된다(대판 2010.4.29. 2009두18547).
> 2. 주된 인·허가가 있으면 다른 법률에 의한 인·허가가 있는 것으로 보는 데 그치는 것이고, 거기에서 더 나아가 다른 법률에 의하여 인·허가를 받았음을 전제로 한 다른 법률의 모든 규정들까지 적용되는 것은 아니다(대판 2015.4.23. 2014두2409).

③ 법적 근거: 주된 허가를 담당하는 기관이 의제되는 인·허가에 관한 심사도 담당한다는 점에서 행정기관의 권한에 변경을 가져오는 것이므로 법률의 명시적인 근거가 있어야 한다.

④ 인·허가의제의 절차: 판례는 의제되는 인·허가에 규정된 절차는 거칠 필요가 없고 신청된 주된 허가에 관해 규정된 절차만 거치면 족하다고 본다(절차집중효설).

⑤ 인·허가의제요건의 판단 방법

실체집중 부정설 (多)	주된 허가요건 뿐만 아니라 의제되는 인·허가 요건까지 모두 구비한 경우에 주된 신청에 대한 허가를 할 수 있다고 보는 견해이다. 이 견해에 따르면 의제되는 인·허가의 요건불비를 이유로 한 주된 인·허가 신청에 대한 거부처분은 적법하다.

> ⚖ **판례**
>
> 채광계획인가를 받으면 공유수면 점용허가를 받은 것으로 의제되는 경우 공유수면 점용을 허용하지 않기로 결정하였다면, 채광계획 인가관청은 이를 사유로 하여 채광계획을 인가하지 아니할 수 있는 것이다(대판 2002.10.11. 2001두151).

⑥ 인·허가의제에 대한 불복방법: 불허가처분의 경우 의제되는 행위가 아니라 주된 인·허가를 대상으로 소송을 제기해야 한다.

> ⚖ **판례**
>
> 1. 건축불허가처분을 하면서 그 처분사유로 건축불허가사유뿐만 아니라 형질변경불허가사유나 농지전용불허가사유를 들고 있다고 하여 그 건축물허가처분 외에 별개로 형질변경불허가처분이나 농지전용불허가처분이 존재하는 것이 아니다. 따라서 건축불허가처분을 받은 사람은 그 건축불허가처분에 관한 쟁송에서 건축법상의 건축불허가 사유뿐만 아니라 도시계획법상의 형질변경불허가 사유나 농지법상의 농지전용불허가 사유에 관하여도 다툴 수 있는 것이지, 그 건축불허가처분에 관한 쟁송과는 별개로 형질변경불허가처분이나 농지전용불허가처분에 관한 쟁송을 제기하여 이를 다투어야 하는 것은 아니며, 그러한 쟁송을 제기하지 아니하였어도 형질변경불허가 사유나 농지전용불허가 사유에 관하여 불가쟁력이 생기지 아니한다(대판 2001.1.16. 99두10988).
> 2. 의제된 인·허가는 통상적인 인·허가와 동일한 효력을 가지므로, 적어도 '부분 인·허가의제'가 허용되는 경우에는 그 효력을 제거하기 위한 법적 수단으로 의제된 인·허가의 취소나 철회가 허용될 수 있고, 이러한 직권 취소·철회가 가능한 이상 그 의제된 인·허가에 대한 쟁송취소 역시 허용된다(대판 2018.11.29. 2016두38792).

(10) 허가의 갱신·소멸

① 허가 자체의 존속기간과 허가조건의 존속기간: 장기계속성이 예정되어 있는 허가에 붙은 기한이 그 허가된 사업의 성질상 부당하게 짧은 경우에는 그 기한을 허가'조건'의 존속기간(갱신기간)으로 보아야 하며, 유효기간이 경과하기 전에 당사자의 갱신신청이 있으면 특별한 사정이 없는 한 갱신 내지 연장해주어야 한다. 허가조건의 존속기간 내에 적법한 갱신신청이 있었음에도 갱신 가부의 결정이 없는 경우에는 유효기간이 지나도 주된 행정행위는 효력이 상실되지 않는다. 그러나 갱신신청 없이 유효기간이 지나면 주된 행정행위는 효력이 상실되므로 갱신기간이 지나 신청한 경우에는 새로운 허가신청으로 보아야 한다.

⚖ 판례

행정처분에 효력기간이 정하여져 있는 경우에는 그 기간의 경과로 그 행정처분의 효력은 상실되고, 다만 허가에 붙은 기한이 그 허가된 사업의 성질상 부당하게 짧은 경우에는 이를 그 허가 자체의 존속기간이 아니라 그 허가조건의 존속기간으로 보아 그 기한이 도래함으로써 그 조건의 개정을 고려한다는 뜻으로 해석할 수는 있지만, 그와 같은 경우라 하더라도 그 허가기간이 연장되기 위하여는 그 종기가 도래하기 전에 그 허가기간의 연장에 관한 신청이 있어야 하며, 만일 그러한 연장신청이 없는 상태에서 허가기간이 만료하였다면 그 허가의 효력은 상실된다(대판 2007.10.11. 2005두12404).

허가 자체의 존속기간인 경우에는 종기의 도래로 허가는 당연히 효력을 상실한다.

⚖ 판례

어업에 관한 허가 또는 신고의 경우에는 어업면허와 달리 유효기간연장제도가 마련되어 있지 아니하므로 그 유효기간이 경과하면 그 허가나 신고의 효력이 당연히 소멸한다(대판 2011.7.28. 2011두5728).

② 기한만료 전의 갱신신청

⚖ 판례

종전 허가의 유효기간이 지나서 신청한 이 사건 기간연장신청은 새로운 허가를 내용으로 하는 행정처분을 구하는 것이라고 보아야 할 것이어서, 이경우 허가권자는 적합 여부를 새로이 판단하여 그 허가 여부를 결정하여야 할 것이다(대판 1995.11.10. 94누11866).

③ 갱신허가의 효력

⚖ 판례

허가갱신은 허가취득자에게 종전의 지위를 계속 유지시키는 효과를 갖는 것에 불과하고 갱신이 있은 후에도 갱신 전의 법위반사실을 근거로 허가를 취소할 수 있다(대판 1982.7.27. 81누174).

4. 면제

의무해제라는 점에서 허가와 면제는 같으나 허가는 부작위의무의 해제인데 반하여 면제는 작위, 급부 및 수인의무의 해제라는 점에서 다르다.

02 형성적 행위: 특허, 대리, 인가

1. 의의

형성적 행위란 개인에 대해 개인이 원래부터 가지고 있는 것이 아닌 새로운 권리·법률상의 지위 또는 포괄적 법률관계, 기타 법률상의 힘을 발생·변경·소멸시키는 행정행위를 말한다.

2. 특허

(1) 개념

특허란 특정 상대방을 위하여 새로이 권리 및 법적 지위를 설정하는 행위(공무원 임명)를 말한다. 특허는 강학상의 용어이고, 실정법상으로는 허가, 면허 등의 용어를 사용한다.

(2) 특허와 출원(신청)

특허는 언제나 출원을 요건으로 하며(필요요건), 출원이 없거나 그 취지에 반하는 특허는 완전한 효력을 발생할 수 없다.

(3) 특허의 상대방

특허는 언제나 특정인을 대상으로 하기 때문에 불특정 다수인을 대상으로 할 수 없다. 즉 특허는 일반처분의 형식으로 할 수 없다.

(4) 성질 및 효과

① 특허의 성질: 원칙적으로 특허를 할 것인지 여부는 행정청의 재량에 맡겨져 있는 재량행위이다.

> **⚖ 판례**
>
> 1. 귀화허가는 외국인에게 국민으로서의 법적 지위를 포괄적으로 설정하는 행위에 해당한다. 법무부장관은 귀화신청인이 법률이 정하는 귀화요건을 갖추었다고 하더라도 귀화를 허가할 것인지 여부에 관하여 재량권을 가진다(대판 2010.7.15. 2009두19069).
> 2. 공유수면매립면허는 설권행위인 특허의 성질을 갖는 것이므로 원칙적으로 행정청의 자유재량에 속한다(대판 1989.9.12. 88누9206).
> 3. 자동차운송사업면허는 특정인에게 특정한 권리를 설정하여 주는 행위로서 법령에 특별한 규정이 없는 한 행정청의 재량에 속하는 것이고, 따라서 관할관청이 그 면허를 위하여 필요한 기준을 정하는 것은 물론 정한 기준을 변경하는 것 역시 행정청의 재량에 속한다(대판 1992.4.28. 91누13526).
> 4. 도로점용의 허가는 특정인에게 일정한 내용의 공물사용권을 설정하는 설권행위로서, 재량행위이다(대판 2002.10.25. 2002두5795).
> 5. 체류자격 변경허가는 설권적 처분의 성격을 가지므로, 허가권자는 허가 여부를 결정할 수 있는 재량을 가진다(대판 2016.7.14. 2015두48846).

② 특허의 효과: 특허는 상대방에 대해 새로운 독점적·배타적인 법률상의 힘을 부여하는 행위로서 그에 의하여 상대방이 받는 경영상 이익은 반사적 이익이 아닌 법률상 이익이다. 특허로 인하여 성립하는 권리는 공권(예컨대 공물사용권 등)인 경우도 있지만 사권(예를 들어 어업권, 광업권)인 경우도 있다.

(5) 허가와 특허의 구별

구 분	허 가	특 허
법적 성질	명령적 행위(금지해제행위) 원칙적으로 기속행위	형성적 행위(설권행위) 원칙적으로 재량행위
출원(신청)	원칙적으로 신청을 요하나 신청 없이도 가능(일반처분)	출원(신청)은 필요요건 법규특허는 신청불요
상대방의 특정성	불특정 다수인에 대해서도 이루어짐.	특정인에 대해서만 부여
기존업자의 이익	반사적 이익	법률상 이익

3. 인가

(1) 의의

인가는 제3자의 법률행위를 보충하여 그 법률적 효과를 완성시켜 주는 행정주체의 보충적 의사표시를 말한다.

구 분	인 가	허 가
법적 성질	형성적 행위 재량행위(원칙), 기속행위(예외)	명령적 행위 기속행위(원칙), 재량행위(예외)
대 상	법률행위만을 대상	사실행위와 법률행위
요건의 성격	법률행위의 유효요건	적법요건
무인가 · 무허가의 효력	요인가행위를 인가 없이 한 경우는 무효	요허가행위를 허가 없이 한 경우는 행위자체는 유효
신청의 요부	항상 신청을 요함.	원칙적으로 신청을 요함.

(2) 인가의 종류

비영리법인설립인가, 재단법인의 정관변경허가, 토지거래허가, 학교법인의 임원에 대한 감독청의 취임승인, 주택재건축조합의 사업시행인가, 자동차관리법상 사업자단체조합의 설립인가 등을 들 수 있다.

> ⚖ **판례**
>
> 1. 토지거래허가가 일규제지역 내에서도 토지거래의 자유가 인정되나 다만 위 허가를 허가 전의 유동적 무효 상태에 있는 법률행위의 효력을 완성시켜 주는 인가적 성질을 띤 것이다(대판 1991.12.24. 90다12243 전원합의체).
> 2. 재단법인의 정관변경 허가는 법률상의 표현이 허가로 되어 있기는 하나, 그 법적 성격은 인가로 보아야 할 것이다(대판 1996.5.16. 95누4810 전원합의체).
> 3. 구 사립학교법상 관할청의 임원취임승인행위는 학교법인의 임원선임행위의 법률상 효력을 완성케 하는 보충적 법률행위이다(대판 2007.12.27. 2005두9651).

(3) 인가의 성질 및 대상

인가는 행정청의 인가를 통해서 사인 간의 법률행위의 효력을 완성시켜 준다는 점에서 보충적 성질과 형성적 행위로서의 성질을 가진다. 판례는 재량행위로 판시한 경우(민법상 비영리법인 설립허가)도 있고 기속행위(토지거래허가)로 판시한 경우도 있다. 인가는 기본행위가 효력을 발생하는데 필요한 효력발생요건이다. 인가의 대상은 반드시 법률행위에 한정되고, 사실행위는 인가의 대상이 아니다. 인가의 대상이 되는 법률행위에는 공법적 행위(예를 들어 공공조합의 정관변경인가)와 사법적 행위(예를 들어 특허기업의 사업양도인가)가 모두 포함된다. 또한 법률행위에는 계약도 있으며 합동행위도 존재한다(예컨대 재단법인의 정관변경허가 등).

> ⚖ **판례**
>
> 1. 재단법인의 임원취임을 인가 또는 거부할 것인지 여부는 주무관청의 권한에 속하는 사항이라고 할 것이고, 주무관청이 당연히 승인(인가)하여야 하는 것은 아니다(대판 2000.1.28. 98두16996).
> 2. 구 주택건설촉진법에 의한 주택건설사업계획 승인의 법적 성질은 인가로서 재량행위이다(대판 2007.5.10. 2005두13315).
> 3. 사회복지법인의 정관변경을 허가할 것인지의 여부는 주무관청의 정책적 판단에 따른 재량에 맡겨져 있다(대판 2002.9.24. 2000두5661).
> 4. 관리처분계획에 대한 행정청의 인가는 관리처분계획의 법률상 효력을 완성시키는 보충행위로서의 성질을 갖는데 행정청이 관리처분계획에 도시정비법에 규정된 기준에 부합하는지 여부 등을 심사·확인하여 그 인가 여부를 결정할 수 있을 뿐 기부채납과 같은 다른 조건을 붙일 수는 없다(대판 2012.8.30. 2010두24951).

(4) 인가의 형식

인가는 일반적 형식으로 할 수 없고 언제나 구체적인 처분의 형식으로 이루어진다. 또한 인가는 특정인에 대하여만 가능하며 불특정 다수인에 대한 인가는 있을 수 없다. 인가는 보충적 행위이므로 항상 상대방의 신청을 요건으로 하는 행위이다.

(5) 인가와 기본행위의 효력관계

① 인가의 보충성과 인가의 효력범위: 인가는 제3자의 법률행위에 동의함으로써 그 법률행위의 효력을 완성시키는 보충적 행위에 그치고, 그 법률행위의 하자를 치유하는 효력이 있는 것은 아니다. 따라서 기본행위가 불성립 또는 무효인 경우는 인가가 있어도 그 법률행위가 유효로 되는 것은 아니며, 또한 유효하게 성립된 기본행위가 사후에 실효되면, 인가도 당연히 효력을 상실한다.

② 기본행위에 하자가 있으나 인가는 적법한 경우

ㄱ 기본행위가 불성립 또는 무효인 경우에 인가가 있었다 하더라도 그 기본행위가 유효로 되는 것은 아니며, 인가도 무효로 된다.

ㄴ 인가의 대상인 법률행위에 취소원인이 있는 경우, 인가 후에도 그 기본행위를 취소할 수 있다.

ㄷ 기본행위에 하자가 있다면 다투어야 할 소송의 대상은 기본행위이지 인가가 아니다. 따라서 기본행위의 불성립 또는 무효를 이유로 그에 대한 인가처분의 무효확인이나 취소를 구할 법률상의 이익이 없다.

> **판례**
>
> 기본행위인 학교법인의 임원선임행위가 불성립 또는 무효인 경우에는 비록 그에 대한 감독청의 취임승인이 있었다 하여도 이로써 무효인 그 선임행위가 유효한 것으로 될 수는 없다(대판 1987.8.18. 86누152).

③ **기본행위는 적법하나 인가에 하자가 있는 경우** : 기본행위는 적법하고 인가행위에만 흠이 있을 때는 그 인가의 취소 또는 무효확인을 구할 법률상의 이익이 있다.

> **판례**
>
> 기본행위인 이사선임결의가 적법·유효하고 보충행위인 승인처분 자체에만 하자가 있다면 그 승인처분의 무효확인이나 그 취소를 주장할 수 있지만, 이 사건 임원취임승인처분에 대한 무효확인이나 그 취소의 소처럼 기본행위인 임시이사들에 의한 이사선임결의의 내용 및 그 절차에 하자가 있다는 이유로 민사쟁송으로서 그 기본행위에 해당하는 위 이사선임결의의 무효확인을 구하는 등의 방법으로 분쟁을 해결할 것이지 승인처분만의 무효확인이나 그 취소를 구하는 것은 법률상 이익이 없다(대판 2002.5.24. 2000두3641).

④ **기본행위가 취소·실효된 경우** : 인가 당시에는 유효하게 성립된 인가라 하더라도 기본행위가 취소되거나 실효되면 인가도 효력을 잃게 된다.

(6) 쟁송방법

① 인가 자체에 하자가 있는 경우 인가처분의 무효 또는 취소를 구할 수 있다.

② 기본행위에 하자가 있고 인가 자체에는 아무런 하자가 없는 경우에는 기본행위만을 쟁송의 대상으로 삼아야 한다.

> **판례**
>
> 조합설립인가처분은 단순히 사인들의 조합설립행위에 대한 보충행위로서의 성질을 갖는 것에 그치는 것이 아니라 주택재건축사업을 시행할 수 있는 권한을 갖는 행정주체(공법인)로서의 지위를 부여하는 일종의 설권적 처분의 성격을 갖는다. 조합설립결의에 하자가 있다면 그 하자를 이유로 직접 항고소송의 방법으로 조합설립인가처분의 취소 또는 무효확인을 구하여야 하고, 이와는 별도로 조합설립결의 부분만을 따로 떼어내어 그 효력 유무를 다투는 확인의 소를 제기하는 것은 인정되지 아니한다(대판 2009.9.24. 2008다60568).

4. 대 리

공법상의 대리란 타인이 하여야 할 행위를 행정청이 대신하여 행하고, 그 행위가 본인이 행한 것과 같은 법적 효과를 발생하는 행정행위를 말한다.

감독적 차원에서 하는 경우	공법인의 정관작성, 공공조합의 임원임명 등
타인보호차원	사무관리(행려병자의 유류품 매각)

제2항 준법률행위적 행정행위

01 의의

준법률행위적 행정행위란 행정청의 의사표시를 요소로 하지 않는 것으로서 의사표시 이외의 정신작용(판단·인식)을 요소로 한다.

02 확인

1. 의의

(1) 개념

확인이란 특정한 사실 또는 법률관계의 존재 여부 또는 정당성 여부에 관해 의문이나 다툼이 있는 경우에 행정청이 공적인 권위로서 행하는 판단(인정·확정·선언)의 의사표시를 말한다. 당선인 결정, 시험합격자 결정, 행정심판의 재결, 특허법상의 발명특허, 건축물 준공검사 등을 말한다.

(2) 공증과의 차이점

확인은 의문이나 다툼을 전제로 한다는 점에서 판단표시행위이고, 공증은 의문이나 다툼을 전제로 하지 않는다는 점에서 인식표시행위라고 할 수 있다.

2. 확인의 성질

> **⚖️ 판례**
>
> 친일재산은 친일반민족행위자재산조사위원회가 국가귀속결정을 하여야 비로소 국가의 소유로 되는 것이 아니라 특별법의 시행에 따라 그 취득·증여 등 원인행위시에 소급하여 당연히 국가의 소유로 되고, 위 위원회의 국가귀속결정은 당해 재산이 친일재산에 해당한다는 사실을 확인하는 이른바 준법률행위적 행정행위의 성격을 가진다(대판 2008.11.13. 2008두13491).

03 공증

1. 의의

공증이란 특정 사실 또는 법률관계의 존부를 공적 권위로써 증명하는 행정행위를 말한다. 의료유사업자 자격증 갱신발급행위, 토지대장의 등재와 같은 공적 장부에의 등기·등록·등재하는 경우나 당선증서, 합격증서 등 각종 증명서를 발급하거나 여권 등을 발급하는 경우가 이에 해당된다.

2. 공증의 성질과 형식

확인	공증
의문이나 다툼이 있는 행위를 대상	의문이나 다툼이 없는 행위를 전제
판단표시행위	인식표시행위
발명특허, 당선인 결정, 행정심판 재결	등기부상 등기, 여권발급, 각종대장상 기재

02

3. 공증의 처분성 인정 여부

⚖️ **판례** 처분성을 부정한 경우

1. 토지대장상의 소유자명의변경신청을 거부한 행위는 이를 항고소송의 대상이 되는 행정처분이라고 할 수 없다(대판 2012.1.12. 2010두12354).
2. 무허가 건물관리대장에 등재되어 있다가 그 후 삭제되었다고 하더라도 이주대책에서 정한 무허가건물 소유자의 법률상 지위에 어떠한 영향도 미치지 않는다(대판 2009.3.12. 2008두11525).

⚖️ **판례** 처분성을 긍정한 사례

1. 건축물대장을 직권말소한 행위는 국민의 권리관계에 영향을 미치는 것으로서 항고소송의 대상이 되는 행정처분에 해당한다(대판 2010.5.27. 2008두22655).
2. 토지대장을 직권으로 말소한 행위는 행정처분에 해당한다(대판 2013.10.24. 2011두13286).
3. 지적공부 소관청의 지목변경신청 반려행위는 행정처분에 해당한다(대판 2004.4.22. 2003두9015).
4. 건축물대장 소관청의 용도변경신청 거부행위는 국민의 권리관계에 영향을 미치는 것으로서 항고소송의 대상이 되는 행정처분에 해당한다(대판 2009.1.30. 2007두7277).
5. 행정청이 건축물대장의 작성신청을 거부한 행위는 행정처분에 해당한다(대판 2009.2.12. 2007두17359).
6. 지적 소관청의 토지분할신청 거부행위는 행정처분이다(대판 1992.12.8. 92누7542).

04 통지

1. 의의

통지란 행정청이 특정인 또는 불특정 다수인에게 특정사실을 알리는 행위를 말하는 것으로서 일정한 법적 효과를 발생시키는 것을 의미한다(대집행의 계고, 특허출원의 공고 등).

2. 통지의 처분성 인정 여부

⚖️ **판례**

1. 기간제로 임용되어 임용기간이 만료된 국·공립대학의 조교수는 재임용 여부에 관하여 합리적인 기준에 의한 공정한 심사를 요구할 법규상 또는 조리상 신청권을 가진다고 할 것이니, 임용권자가 임용기간이 만료된 조교수에 대하여 재임용을 거부하는 취지로 한 임용기간만료의 통지는 행정소송의 대상이 되는 처분에 해당한다(대판 2004.4.22. 2000두7735 전원합의체).

2. 대집행의 계고, 대집행영장에 의한 통지, 대집행의 실행, 대집행에 요한 비용의 납부명령 등은 동일한 행정목적을 달성하기 위하여 단계적인 일련의 절차로 연속하여 행하여지는 것이다(대판 1996.2.9. 95누12507).

3. 퇴직연금이 잘못 지급된 경우 과다하게 지급된 급여의 환수를 위한 행정청의 환수통지는 행정처분에 해당한다(대판 2009.5.14. 2007두16202).

⚖️ **판례**

1. 국가공무원법상 당연퇴직은 결격사유가 있을 때 법률상 당연히 퇴직하는 것이지 별도의 행정처분을 요하는 것이 아니며, 당연퇴직의 인사발령은 당연히 발생하는 퇴직사유를 공적으로 알려주는 이른바 관념의 통지에 불과하고 공무원의 신분을 상실시키는 새로운 형성적 행위가 아니므로 행정처분이라고 할 수 없다(대판 1995.11.14. 95누2036).

2. 공무원연금관리공단이 퇴직연금 수급자가 퇴직연금 중 일부 금액의 지급정지대상자가 되었다는 사실을 통보한 것은 항고소송의 대상이 되는 행정처분으로 볼 수 없다(대판 2004.7.8. 2004두244).

3. 공매처분을 하면서 체납자 등에게 공매통지를 하지 않았거나 공매통지를 하였더라도 그것이 적법하지 아니한 경우에는 절차상의 흠이 있어 그 공매처분이 위법하게 되는 것이지만, 공매통지 자체가 그 상대방인 체납자 등의 법적 지위나 권리·의무에 직접적인 영향을 주는 행정처분에 해당한다고 할 것은 아니므로 체납자 등은 공매통지의 결여나 위법을 들어 공매처분의 취소 등을 구할 수 있는 것이지 공매통지 자체를 항고소송의 대상으로 삼아 그 취소 등을 구할 수는 없다(대판 2011.3.24. 2010두25527).

05 수리

자기완결적 신고의 경우 형식적 요건을 갖춘 신고서가 행정기관에 도달한 때에 신고의 효과는 발생하며, 행정청의 별도의 수리행위가 필요한 것은 아니다. 법률에 특별한 규정이 없는 한 법정요건을 갖춘 신고는 수리되어야 하므로 수리는 원칙적으로 기속행위이다.

⚖️ **판례**

수리대상인 사업양도·양수가 존재하지 아니하거나 무효인 때에는 수리를 하였다 하더라도 그 수리는 유효한 대상이 없는 것으로서 당연히 무효라고 할 것이고, 사업의 양도행위가 무효라고 주장하는 양도자는 민사쟁송으로 양도·양수행위의 무효를 구함이 없이 막바로 허가관청을 상대로 하여 행정소송으로 위 신고수리처분의 무효확인을 구할 법률상 이익이 있다(대판 2005.12.23. 2005두3554).

제 3 절 행정행위의 부관

01 부관의 의의

1. 부관의 개념

(1) 종래의 다수설

전통적 견해에서 부관이란 행정행위의 효과를 제한하기 위하여 행정행위의 주된 내용에 부가하는 종된 의사표시를 말한다. 부관을 주된 의사표시에 부가된 종된 의사표시의 일종으로 본 결과 법률행위적 행정행위에는 부관을 붙일 수 있지만 준법률행위적 행정행위에는 부관을 붙일 수 없다고 본다. 이 견해에 의하면 기속행위에는 부관을 붙일 수 없다.

(2) 새로운 견해(최근의 다수설)

최근의 다수설은 부관을 주된 행위에 부가된 종된 규율로 정의한다. 새로운 견해에 의하면 준법률행위적 행정행위에도 부관을 붙일 수 있다. 그리고 기속행위에도 '요건을 보충'하기 위한 부관은 붙일 수 있다.

2. 구별개념

(1) 법정 부관과의 구별

법정부관이란 행정행위의 효과의 제한이 직접 법규에 규정되어 있는 것을 말한다. 예컨대 '어업면허의 기간은 10년으로 한다.'(수산업법 제14조 제1항)는 규정과 같은 것이다. 법정부관은 행정청 스스로의 의사에 의한 경우가 아니므로 부관에 해당하지 않는다. 법정부관은 법령이지 부관이 아니기 때문에 부관의 한계의 문제가 발생하지 않는다.

(2) 행정행위의 내용상의 제한과의 구별

부관이 행정행위의 주된 규율에 대한 부가적인 규율의 문제임에 비하여, 행정행위의 내용상 제한은 행정행위의 내용 그 자체를 이루는 것으로서 주된 규율 내용을 직접 제한하는 규율로서 부관과 구별된다(영업구역의 설정, 영업시간제한, 2종 운전면허 등).

02 부관의 기능과 특성

부관은 주된 행정행위에 부가되는 것이어서 종속적인 지위를 가지므로 주된 행정행위의 존재 여부와 효력 여부에 의존하게 되는데, 이를 부관의 부종성이라고 한다. 따라서 주된 행정행위가 효력이 발생하지 않으면 부관도 효력이 발생하지 않는다. 또한 부관은 주된 행정행위와 실질적 관련성이 있는 경우에만 인정될 수 있다. 부관이 주된 행정행위의 효과를 무의미하게 만드는 경우라면 그러한 부관은 비례원칙에 반하는 하자 있는 부관이 된다.

03 부관의 종류

1. 조건

(1) 조건이란 행정행위의 효력의 발생 또는 소멸을 불확실한 장래의 사실에 의존하게 하는 부관을 말한다.

(2) 조건의 종류

① 정지조건 : 정지조건이란 행정행위의 '효력'을 장래의 조건이 성취될 때까지 정지시켜 놓고 장래의 불확실한 사실이 성취되었을 때부터 행정행위의 효력이 발생하는 것을 말한다. 예컨대 도로확장을 조건으로 하는 여객자동차운수사업면허와 같은 것이다.

② 해제조건 : 해제조건은 일단 행정행위의 효력을 발생시키되 장래의 불확실한 조건이 성취되면 그때부터 행정행위의 효력이 '소멸'되게 하는 조건을 말한다. 예컨대 일정기간 내에 공사에 착공할 것을 조건으로 하는 공유수면매립허가와 같은 것이다.

2. 기한

(1) 기한이란 행정행위의 효력의 발생 또는 소멸을 확실한 장래의 사실에 의존하게 하는 부관을 말한다. 기한은 장래 도래가 확실한 사실이라는 점에서 조건과 구별된다.

(2) 종류

① 시기(始期)와 종기(終期) : 시기란 일정한 사실의 발생에 의해 비로소 행정행위의 효력을 발생시키는 부관을 말하고, 종기란 일정한 사실의 발생에 의해 행정행위의 효력을 소멸하게 하는 부관을 말한다.

② 확정기한과 불확정기한 : 확정기한이란 도래하는 시기까지도 확실한 기한을 말하고, 불확정기한이란 도래할 것은 확실하나 도래하는 시기까지는 확실하지 않은 기한을 말한다. 사망 시까지 연금을 지급한다는 부관은 불확정기한의 예이다.

(3) 종기 도래의 효과

종기인 기한이 도래하면 주된 행정행위는 행정청의 특별한 의사표시 없이도 당연히 효력을 상실(실효)한다.

3. 부담

(1) 의의

부담이란 행정행위의 주된 내용에 부가하여 상대방에게 작위·부작위·수인·급부를 명하는 행정청의 의사표시로서, 그 자체가 독립된 하나의 행정행위로서의 성질을 갖는다.

(2) 부담의 특성

부담은 다른 부관과 달리 그 존속이 본체인 행정행위의 존재를 전제로 하는 것일 뿐 행정행위의 불가분적인 요소는 아니어서 주된 행정행위와 독립하여 별도로 소송제기가 가능하며 부담에 대해서 독자적인 강제집행도 가능하다. 다만 주된 행정행위가 아무런 효력이 발생하지 않는 경우 부담도 효력이 발생하지 않는다.

(3) 부담의 불이행

상대방이 부담을 통해 부과된 의무를 이행하지 않을 때 행정청은 주된 행정행위를 철회할 수 있다. 별도로 부담만을 강제집행할 수 있다.

(4) 조건과 부담의 구별

부담부 행정행위의 효력은 처음부터 발생하고, 부담을 이행하지 않더라도 행정행위의 효력이 소멸되는 것은 아니다. 따라서 당해 부관이 부담이라면 부담의 이행 없이 영업을 하여도 무허가영업이 아니지만, 정지조건이라면 조건의 성취 없이 영업을 하면 무허가영업이 된다. 또한 부담부 행정행위는 부담을 이행하지 않을 경우에 행정청이 철회함으로써 비로소 행정행위의 효력이 소멸되는 데 반하여, 해제조건부 행정행위는 조건의 성취로 인해 당연히 효력이 소멸된다. 행정청의 의사가 불분명한 경우에는 부담으로 추정함이 타당하다는 것이 다수의 견해이다. 그 이유는 부담이 조건에 비해 국민에게 유리하기 때문이다.

(5) 기한과 부담의 구별

기한은 그 도래에 의해 주된 행정행위의 효력을 발생시키거나 실효시키지만, 부담의 경우는 의무기한의 도래로 의무불이행이 되며 철회사유가 될 뿐이다.

(6) 부담의 부가방법 등

> **⚖ 판례**
>
> 수익적 행정처분에 있어서는 법령에 특별한 근거규정이 없다고 하더라도 그 부관으로서 부담을 붙일 수 있고, 그와 같은 부담은 행정청이 행정처분을 하면서 일방적으로 부가할 수도 있지만 부담을 부가하기 이전에 상대방과 협의하여 부담의 내용을 협약의 형식으로 미리 정한 다음 행정처분을 하면서 이를 부가할 수도 있다. 행정청이 부가한 부담의 위법 여부는 처분 당시 법령을 기준으로 판단하여야 하고, 부담이 처분 당시 법령을 기준으로 적법하다면 처분 후 부담의 전제가 된 주된 행정처분의 근거 법령이 개정됨으로써 행정청이 더 이상 부관을 붙일 수 없게 되었다 하더라도 곧바로 위법하게 되거나 그 효력이 소멸하게 되는 것은 아니다. 따라서 부담에 관한 협약을 체결하고 행정청이 수익적 행정처분을 하면서 협약상의 의무를 부담으로 부가하였으나 근거 법령이 개정됨으로써 행정청이 더 이상 부관을 붙일 수 없게 된 경우에도 곧바로 협약의 효력이 소멸하는 것은 아니다(대판 2009.2.12. 2005다65500).

4. 철회권의 유보

(1) 의의

철회권의 유보란 일정한 사유가 발생한 경우에 주된 행정행위를 철회할 수 있는 권한을 유보하는 부관을 말한다. 해제조건은 조건사실이 발생하면 당연히 행정행위의 효력이 소멸되지만 철회권의 유보는 유보된 사실이 발생하더라도 그 효력을 소멸시키려면 행정청의 별도의 의사표시(철회)가 필요하다.

> **⚖ 판례**
>
> 종교단체에 대하여 기본재산전환인가를 함에 있어 인가조건을 부가하고 그 불이행시 인가를 취소할 수 있도록 한 경우, 철회권을 유보한 것이다(대판 2003.5.30. 2003다6422).

(2) 기능

철회권이 유보된 경우 상대방은 철회가능성을 예견하고 있으므로 <u>신뢰보호원칙에 근거하여 철회의 제한을 주장할 수 없고 철회로 인한 손실보상 등을 요구할 수 없다.</u>

(3) 법적근거

법령에 명시적 근거가 없어도 행정청은 철회권을 유보할 수 있다.

(4) 철회권 행사의 한계

철회권을 유보하였다고 하여 항상 행정청이 무제한으로 철회권을 행사할 수 있는 것이 아니고, 철회를 하지 않으면 안 될 공익상의 필요가 있고 행정행위의 목적에 비추어 합리적 이유가 있다고 인정되는 경우에 행사할 수 있는 등 철회의 일반적 요건이 충족되어야 한다.

⚖️ **판례**

취소(철회)권을 유보한 경우에 있어서도 무조건적으로 취소권을 행사할 수 있는 것이 아니고, <u>공익상의 필요가 있는 경우에 한하여 행사할 수 있다</u>(대판 1964.6.9. 64누40).

5. 법률효과의 일부배제

(1) 의의

법률효과의 일부배제란 행정행위의 주된 내용에 부가하여 그 법적 효과 발생의 일부를 배제하는 행정청의 의사표시이다. 예컨대 <u>격일제 운행을 조건으로 하는 택시영업허가</u>가 이에 해당한다.

(2) 법적근거

법률효과의 일부배제는 법령 자체가 인정한 일반적인 효과를 행정청의 행위에 의해 일부배제하는 것이므로 <u>법률에 특별한 근거가 있는 경우에만 이러한 부관을 붙일 수 있다</u>고 보는 것이 다수설이다.

(3) 성질

<u>판례는 법률효과의 일부배제를 행정행위의 내용상 제한이 아니라 부관의 일종으로 본다.</u>

⚖️ **판례**

지방국토관리청장이 <u>일부 공유수면매립지</u>에 대하여 한 국가 또는 직할시 <u>귀속처분</u>은 매립지에 대한 소유권취득을 규정한 공유수면매립법 제14조의 <u>효과 일부를 배제하는 부관을 붙인 것이고, 독립하여 행정소송 대상이 될 수 없다</u>(대판 1993.10.8. 93누2032).

04 부관의 가능성과 한계

1. 부관의 가능성

규정이 있는 경우에 부관을 붙일 수 있음은 당연하다(식품위생법 제37조 제2항).

> **판례**
>
> 수익적 행정행위에 있어서는 법령에 특별한 근거규정이 없다고 하더라도 그 부관으로서 부담을 붙일 수 있으나, 그러한 부담은 비례의 원칙, 부당결부금지의 원칙에 위반되지 않아야만 적법하다(대판 1997.3.11. 96다49650).

2. 법률행위적 행정행위와 준법률행위적 행정행위에 대한 부관의 가능성

(1) 종래의 다수설

부관이란 행정청의 의사에 기해 주된 행정행위의 내용을 제한하기 위한 것이므로, 행정청의 의사표시를 요소로 하는 법률행위적 행정행위에는 부관을 붙일 수 있지만, 행정청의 의사표시를 요소로 하지 않는 준법률행위적 행정행위에는 부관을 붙일 수 없다.

(2) 새로운 견해(최근의 다수설)

준법률행위적 행정행위(공증에 해당하는 여권발급시에 붙인 유효기간)에도 부관을 붙일 수 있는 것이 있다는 견해이다.

3. 재량행위와 기속행위에 대한 부관의 가능성

(1) 재량행위

> **판례**
>
> 재량행위에 있어서는 법령상의 근거가 없다고 하더라도 부관을 붙일 수 있는데, 그 부관의 내용은 적법하고 이행가능하여야 하며 비례의 원칙 및 평등의 원칙에 적합하고 행정처분의 본질적 효력을 해하지 아니하는 한도의 것이어야 한다(대판 1997.3.14. 96누16698).

(2) 기속행위

① 종래의 다수설 : 재량행위에만 부관을 붙일 수 있고 기속행위에는 부관을 붙일 수 없다고 한다.

② 새로운 견해(최근의 다수설) : 기속행위라 할지라도 장래에 있어서의 법률요건의 충족을 확보하는 목적으로 부관을 붙일 수 있고, 또한 법령에 부관을 붙이는 것이 허용되는 경우에는 부관을 붙일 수 있다.

> **판례**
>
> 1. 건축허가를 하면서 일정 토지를 기부채납하도록 하는 내용의 허가조건은 부관을 붙일 수 없는 기속행위 내지 기속적 재량행위인 건축허가에 붙인 부담이거나 또는 법령상 아무런 근거가 없는 부관이어서 무효이다(대판 1995.6.13. 94다56883).
> 2. 주택재건축사업시행인가는 재량행위로서 이에 대하여 법령상의 제한에 근거하지 않더라도 조건(부담)을 부과할 수 있다(대판 2007.7.12. 2007두6663).

4. 사후부관의 문제(부관의 시간적 한계)

> **판례**
>
> 부관의 사후변경은 법률에 명문의 규정이 있거나 그 변경이 미리 유보되어 있는 경우 또는 상대방의 동의가 있는 경우에 한하여 허용되는 것이 원칙이지만, 사정변경으로 인하여 당초에 부담을 부가한 목적을 달성할 수 없게 된 경우에도 그 목적달성에 필요한 범위 내에서 예외적으로 허용된다(대판 1997.5.30. 97누2627).

5. 부관의 한계

> **판례**
>
> 1. 부관의 내용은 적법하고 이행가능하여야 하며 비례의 원칙 및 평등의 원칙에 적합하고 행정처분의 본질적 효력을 해하지 아니하는 한도의 것이어야 한다(대판 1997.3.14. 96누16698).
> 2. 부제소특약에 관한 부분은 당사자가 임의로 처분할 수 없는 공법상의 권리관계를 대상으로 하여 사인의 국가에 대한 공권인 소권을 당사자의 합의로 포기하는 것으로서 허용될 수 없다(대판 1998.8.21. 98두8919).
> 3. 기선선망어업의 허가를 하면서 운반선, 등선 등 부속선을 사용할 수 없도록 제한한 부관은 그 어업허가의 목적달성을 사실상 어렵게 하여 그 본질적 효력을 해하는 것일 뿐만 아니라 위법한 것이다(대판 1990.4.27. 89누6808).
> 4. 행정처분과 부관 사이에 실제적 관련성이 있다고 볼 수 없는 경우 공무원이 위와 같은 공법상의 제한을 회피할 목적으로 행정처분의 상대방과 사이에 사법상 계약을 체결하는 형식을 취하였다면 이는 법치행정의 원리에 반하는 것으로서 위법하다(대판 2009.12.10. 2007다63966).

05 부관의 하자와 행정행위의 효력

부관이 무효인 경우에는 원칙적으로 부관만 무효이지만, 그 부관이 행정행위의 본질적 요소인 경우에는 전체가 무효가 된다.

> **판례**
>
> 도로점용허가의 점용기간은 행정행위의 본질적인 요소에 해당하기 때문에 부관인 점용기간에 위법사유가 있으면 도로점용허가 전부가 위법하게 된다(대판 1985.7.9. 84누604).

06 하자 있는 부관과 행정쟁송

1. 부관의 독립쟁송가능성(대상적격의 문제)

부관이 위법한 경우, 부관 그 자체만에 대한 행정쟁송이 가능한지 여부가 문제된다. 대법원은 일관되게 부담만이 독립하여 항고소송의 대상이 될 수 있으며, 기타 부관의 경우에는 독립하여 항고소송의 대상이 될 수 없다는 입장이다.

판례

1. 부관 그 자체만을 독립된 쟁송의 대상으로 할 수 없는 것이 원칙이나 부담의 경우에는 다른 부관과는 달리 행정행위의 불가분적인 요소가 아니고 그 존속이 본체인 행정행위의 존재를 전제로 하는 것일 뿐이므로 부담 그 자체로서 행정쟁송의 대상이 될 수 있다(대판 1992.1.21. 91누1264).
2. 행정재산에 대한 사용·수익허가에서 공유재산의 관리청이 정한 사용·수익허가의 기간은 그 허가의 효력을 제한하기 위한 행정행위의 부관으로서 독립하여 행정소송을 제기할 수 없다(대판 2001.6.15. 99두509).

2. 부관에 대한 쟁송형태

판례는 부담의 경우에는 진정일부취소소송을 인정하지만, 부담 이외의 부관에 대해서는 진정일부취소소송도 인정하지 아니하고 부진정일부취소소송의 형식을 인정하지 않고 있다. 대법원 판례는 위법한 부담 이외의 부관으로 인하여 권리를 침해당한 자는 결국 부관부 행정행위 전체의 취소를 구하든지 아니면 먼저 행정청에 부관이 없는(또는 부관의 내용을 변경하는) 처분으로 변경해 줄 것을 청구한 다음 그것이 거부된 경우에 거부처분취소소송을 제기하는 수밖에 없다(대판 1990.4.27. 89누6808).

3. 부관의 독립취소가능성(본안요건의 문제)

판례는 부담은 독립하여 소송대상이 되고 본안에서는 부담만이 소송물이므로 부담만 취소판결할 수 있다는 입장이다.

07 부관과 이를 기초로 한 후속조치

1. 후속조치의 성질

판례는 기부채납부담과 기부채납을 별개로 보아 기부채납은 공법관계가 아닌 사법(私法)상의 증여계약이라고 본다.

2. 하자있는 부관의 이행으로 이루어진 사법행위의 효력

판례

1. 기부채납의 부관이 당연무효이거나 취소되지 아니한 이상 토지소유자는 위 부관으로 인하여 증여계약의 중요부분에 착오가 있음을 이유로 증여계약을 취소할 수 없다(대판 1999.5.25. 98다53134).
2. 처분을 받은 사람이 부담의 이행으로 사법상 매매 등의 법률행위를 한 경우에는 그 부관은 특별한 사정이 없는 한 법률행위 자체를 당연히 무효화하는 것은 아니다. 부담의 이행으로서 하게 된 사법상 매매 등의 법률행위는 부담을 붙인 행정처분과는 어디까지나 별개의 법률행위이므로 그 부담의 불가쟁력의 문제와는 별도로 법률행위가 사회질서 위반이나 강행규정에 위반되는지 여부 등을 따져보아 그 법률행위의 유효 여부를 판단하여야 한다(대판 2009.6.25. 2006다18174).

제 4 절 | 행정행위의 요건과 효력

01 행정행위의 성립요건과 효력발생요건

1. 행정행위의 성립요건 - 주체, 절차, 형식, 내용

2. 행정행위의 효력발생요건

(1) 도달주의

상대방이 있는 행정행위는 원칙적으로 상대방에게 발신한 때(발신주의)가 아니라 상대방에게 도달된 때(도달주의)에 그 효력이 발생한다(행정절차법 제15조).

> **⚖ 판례**
>
> 도달이란 상대방이 그 내용을 현실적으로 알 필요는 없고 알 수 있는 상태에 놓여짐으로써 충분하다(대판 1989.9.26. 89누4963).

(2) 통지의 방법

송달은 우편·교부 또는 정보통신망 이용 등의 방법에 의하되 송달받을 자의 주소·거소·영업소·사무소 또는 전자우편주소로 한다. 다만 송달받을 자가 동의하는 경우에는 그를 만나는 장소에서 송달할 수 있다.

① 우편송달

> **⚖ 판례**
>
> 1. 우편물이 등기취급의 방법으로 발송된 경우 반송되는 등의 특별한 사정이 없는 한 그 무렵 수취인에게 배달되었다고 보아야 한다(대판 1992.3.27. 91누3819).
> 2. 수취인이 주민등록지에 실제로 거주하지 아니하는 경우에도 우편물이 수취인에게 도달하였다고 추정할 수는 없고, 따라서 이러한 경우에는 우편물의 도달사실을 과세관청이 입증해야 할 것이다(대판 1998.2.13. 97누8977).
> 3. 보통우편의 방법으로 발송되었다는 사실만으로는 그 우편물이 상당기간 내에 도달하였다고 추정할 수 없다(대판 2002.7.26. 2000다25002).

② 교부송달 : 교부에 의한 송달은 수령확인서를 받고 문서를 교부함으로써 하며, 송달하는 장소에서 송달받을 자를 만나지 못한 경우에는 그 사무원·피용자(피용자) 또는 동거인으로서 사리를 분별할 지능이 있는 사람에게 문서를 교부할 수 있다.

③ 정보통신망 송달 : 정보통신망을 이용한 송달은 송달받을 자가 동의하는 경우에만 한한다. 이 경우 송달받을 자는 송달받을 전자우편주소 등을 지정하여야 한다. 정보통신망을 이용하여 전자문서로 송달하는 경우에는 송달받을 자가 지정한 컴퓨터 등에 입력된 때에 도달된 것으로 본다.

> **⚖️ 판례**
>
> 1. 납세자가 과세처분의 내용을 이미 알고 있는 경우에도 납세고지서의 송달이 불필요하다고 할 수는 없다. 세무공무원이 송달을 받을 자와 보충송달을 받을 자를 만나지 못하여 부득이 사업장에 납세고지서를 두고 왔다고 하더라도 이로써 신의성실의 원칙을 들어 그 납세고지서가 송달되었다고 볼 수는 없다(대판 2004.4.9. 2003두13908).
> 2. 아파트의 주민들은 등기우편물 등의 수령권한을 아파트 경비원에게 묵시적으로 위임한 것이라고 봄이 상당하므로 아파트 경비원이 우편집배원으로부터 납세고지서를 수령한 날이 국세기본법에 정한 처분의 통지를 받은 날에 해당한다(대판 2000.7.4. 2000두1164).

(3) 특별한 송달 − 고시 또는 공고

① **공고방법**: 행정행위의 상대방이 불특정 다수인이거나, 주소 및 거소가 분명하지 않은 경우의 통지는 공고의 방법에 의한다. 즉 송달받을 자의 주소 등을 통상의 방법으로 확인할 수 없는 경우와 송달이 불가능한 경우에는 송달받을 자가 알기 쉽도록 관보·공보·게시판·일간신문 중 하나 이상에 공고하고 인터넷에도 공고하여야 한다(행정절차법 제14조 제4항).

② **효력발생시기**: 공고의 경우에는 다른 법령 등에 특별한 규정이 있는 경우를 제외하고는 공고일부터 14일이 지난 때에 그 효력이 발생한다(행정절차법 제15조 제3항).

> **⚖️ 판례**
>
> 통상 고시 또는 공고에 의하여 행정처분을 하는 경우에는 그 처분의 상대방이 불특정 다수인이고 그 처분의 효력이 불특정 다수인에게 일률적으로 적용되는 것이므로, 고시 또는 공고가 있었다는 사실을 현실적으로 알았는지 여부에 관계없이 고시가 효력을 발생하는 날에 행정처분이 있음을 알았다고 보아야 한다(대판 2001.7.27. 99두9490).

> **⚖️ 판례**
>
> 구 청소년보호법에 따른 청소년유해매체물 결정 및 고시처분은 불특정 다수인을 상대방으로 하는 행정처분으로서, 청소년보호위원회가 효력발생시기를 명시하여 고시함으로써 그 명시된 시점에 효력이 발생하였다고 봄이 상당하고, 정보통신윤리위원회와 청소년보호위원회가 위 처분이 있었음을 위 웹사이트 운영자에게 제대로 통지하지 아니하였다고 하여 그 효력 자체가 발생하지 아니한 것으로 볼 수는 없다(대판 2007.6.14. 2004두619).

(4) 기한 및 기간의 특례

천재지변 기타 당사자 등의 책임 없는 사유로 기간 및 기한을 지킬 수 없는 경우에는 그 사유가 끝나는 날까지 기간의 진행이 정지된다. 외국에 거주 또는 체류하는 자에 대한 기간 및 기한은 행정청이 그 우편이나 통신에 소요되는 일수를 감안하여 정하여야 한다(행정절차법 제16조).

02 행정법령의 적용문제

1. 원칙(처분시법주의)

행정처분은 그 근거법령이 개정된 경우에도 경과규정에서 달리 정함이 없는 한, 처분 당시 시행되는 개정법령과 그에 정한 기준에 의하는 것이 원칙이다. 이미 완성된 법률관계에 소급적용하는 진정소급입법은 원칙적으로 인정되지 않으나, 부진정소급적용은 엄밀한 의미에서 소급적용이 아니므로 가능하다.

2. 예외

(1) 법률관계를 확인하는 처분

장해등급 결정을 하는 경우처럼 행정청이 확정된 법률관계를 확인하는 처분을 하는 경우에는 처분시의 법령을 적용하는 것이 아니라 당해 법률관계의 확정시의 법령을 적용한다.

> **⚖ 판례**
>
> 장해급여 지급을 위한 장해등급 결정은 장해급여 지급청구권을 취득할 당시, 즉 그 지급 사유 발생 당시의 법령에 따르는 것이 원칙이다(대판 2007.2.22. 2004두12957).

(2) 행정제재처분의 경우 : 법령위반행위시의 법에 따라야 한다.

> **⚖ 판례**
>
> 1. 법령이 변경된 경우 명문의 다른 규정이나 특별한 사정이 없는 한 그 변경 전에 발생한 사항에 대하여는 변경 후의 신 법령이 아니라 변경 전의 구 법령이 적용되므로, 건설업자인 원고가 면허수첩을 대여한 것이 그 당시 시행된 건설업법 소정의 건설업면허 취소사유에 해당된다면 그 후 동법시행령이 개정되어 건설업면허 취소사유에 해당하지 아니하게 되었다 하더라도 건설부장관은 동 면허수첩 대여행위 당시 시행된 건설업법을 적용하여 원고의 건설업면허를 취소하여야 할 것이다(대판 1982.12.28. 82누1).
> 2. 건설공사 중 전문공사를 시공할 자격 없는 자에게 하도급한 행위에 대하여 건설산업기본법 시행 이후에 과징금 부과처분을 하는 경우, 행위시의 시행령을 적용하여야 한다(대판 2002.12.10. 2001두3228).

(3) 행정형벌의 문제

> **⚖ 판례**
>
> 종전에 허가를 받거나 신고를 하여야만 할 수 있던 행위를 허가나 신고 없이 할 수 있도록 법령이 개정되었다 하더라도 이는 처벌 자체가 부당하다는 반성적 고려에서 비롯된 것이라기보다는 사정의 변천에 따른 규제 범위의 합리적 조정의 필요에 따른 것이라고 보이므로, 위 개발제한구역의 지정 및 관리에 관한 특별조치법과 같은 법 시행규칙의 신설 조항들이 시행되기 전에 이미 범하여진 개발제한구역 내 비닐하우스 설치행위에 대한 가벌성이 소멸하는 것은 아니다(대판 2007.9.6. 2007도4197).

(4) 예외적 소급적용

법령을 소급적용하더라도 일반국민의 이해에 직접 관계가 없는 경우이거나 오히려 그 이익을 증진하는 경우, 불이익이나 고통을 제거하는 경우 등 특별한 사정이 있는 경우에 한하여 법령의 소급적용이 허용된다.

(5) 신의성실의 원칙 위반이 있는 경우

⚖️ **판례**

허가신청 후 허가기준이 변경되었다 하더라도 그 허가관청이 허가신청을 수리하고도 정당한 이유 없이 그 처리를 늦추어 그 사이에 허가기준이 변경된 것이 아닌 이상 변경된 허가기준에 따라서 처분을 하여야 한다(대판 1996.8.20. 95누10877).

03 행정행위의 효력

1. 구속력(실체법적 효력)

2. 공정력

(1) 의의

공정력이란 행정행위의 성립에 하자가 있는 경우에도 그것이 중대·명백하여 당연무효로 인정되는 경우를 제외하고는, 권한 있는 기관(처분청, 행정심판위원회, 취소소송법원)에 의하여 취소되기까지는 누구도 그 효력을 부인할 수 없어 상대방·이해관계인, 다른 행정청뿐만 아니라 법원에 대하여도 일응 유효한 것으로 통용되는 힘을 말한다.

(2) 인정근거

(3) 공정력(또는 구성요건적 효력)과 선결문제

① 의의 : 선결문제란 민사소송, 형사소송 등에서 본안판단의 전제로서 제기되는 행정행위의 위법성 또는 유효 여부에 관한 문제를 항고소송의 관할법원 이외의 법원이 스스로 심리·판단할 수 있는가의 문제를 말한다. 우리 행정소송법 제11조 제1항은 처분 등의 효력유무 또는 존재 여부가 민사소송의 선결문제인 경우에는 당해 민사소송의 수소법원이 선결문제로 이를 심리·판단하는 것이 가능함을 규정하고 있다. 그러나 위법사유(단순 취소사유)에 관해서는 규정이 없어, 학설과 판례에 맡겨져 있다.

② 민사소송에서의 선결문제

㉠ 행정행위의 위법성 여부가 선결문제인 경우(국가배상청구소송)

⚖️ **판례**

행정처분의 취소판결이 있어야만 그 위법임을 이유로 피고에게 배상을 청구할 수 있는 것은 아니다(대판 1991.1.25. 87다카2569).

ⓒ 행정행위의 효력유무가 선결문제인 경우(부당이득반환청구소송) : 행정행위가 <u>무효 또는 부존재인 경우</u>에는 민사법원이 직접 행정행위의 무효 또는 부존재를 전제로 판단할 수 있다. 행정행위의 하자가 취소사유에 불과한 경우에는 공정력이 발생하므로 민사법원이 독자적으로 심리·판단하여 당해 행정행위의 효력을 부인하는 판결을 할 수 없다.

> ⚖ 판례
>
> 1. 조세의 과오납이 부당이득이 되기 위하여는 과세처분의 하자가 중대하고 명백하여 당연무효이어야 하고, 과세처분의 하자가 단지 취소할 수 있는 정도에 불과할 때에는 과세관청이 이를 스스로 취소하거나 항고소송절차에 의하여 취소되지 않는 한 그로 인한 조세의 납부가 부당이득이 된다고 할 수 없다(대판 1994.11.11. 94다28000).
> 2. 취소소송에 당해 처분과 관련되는 부당이득반환소송을 관련 청구로 병합하는 경우 부당이득반환청구가 인용되기 위해서는 그 소송절차에서 판결에 의해 당해 처분이 취소되면 충분하고 그 처분의 취소가 확정되어야 하는 것은 아니다(대판 2009.4.9. 2008두23153).

③ 형사소송에서의 선결문제

> ⚖ 판례
>
> 1. 행정청으로부터 시정명령을 받고도 이를 위반하였다는 이유로 처벌을 하기 위해서는 그 시정명령이 적법한 것이어야 하고, 그 <u>시정명령이 위법하다고 인정되는 한</u> 시정명령 <u>위반죄는 성립하지 않는다</u>(대판 2009.6.25. 2006도824).
> 2. 허위의 방법으로 <u>연령을 속여 발급받은 운전면허</u>는 비록 위법하다고 하더라도, 취소되지 않는 한 그 효력이 있는 것이라 할 것이므로 그러한 운전면허에 의한 운전행위는 <u>무면허운전이라고 할 수 없다</u>(대판 1982.6.8. 80도2646).
> 3. 세관장의 <u>수입면허가 중대하고도 명백한 하자가 있는 행정행위이어서 당연무효가 아닌 한</u> 관세법 제181조 소정의 <u>무면허수입죄가 성립될 수 없다</u>(대판 1989.3.28. 89도149).

(4) 공정력의 한계 : <u>무효인 행정행위에 대해서는 공정력이 인정되지 않는다.</u>

> ⚖ 판례
>
> 민사소송에 있어서 행정처분의 당연무효 여부가 선결문제로 되는 때에는 당연무효임을 전제로 판결할 수 있고 반드시 행정소송 등의 절차에 의하여 그 취소나 무효확인을 받아야 하는 것은 아니다(대판 2010.4.8. 2009다90092).

(5) 공정력과 구성요건적 효력

구성요건적 효력을 주장하는 학자들에 따르면, 법적 안정성에서 이론적 근거를 찾는 공정력과 달리 구성요건적 효력은 국가기관 상호간의 권한분배체계와 권한 존중의 원칙에서 그 근거를 찾을 수 있다. 공정력은 상대방 또는 이해관계인에 대한 구속력임에 비해, 구성요건적 효력은 다른 국가기관, 지방자치단체기관 그리고 다른 법원이 미치는 구속력이라고 본다.

3. 행정행위의 존속력(불가쟁력과 불가변력)

(1) 불가쟁력(不可爭力, 형식적 존속력)

불가쟁력이란 제소기간의 경과와 같은 일정한 법률사실의 존재로 행정행위의 상대방 기타 관계인이 더 이상 그 효력을 다툴 수 없게 되는 힘을 말한다. 형식적 확정력이라고도 한다. 무효인 행정행위는 제소기간의 제한을 받지 않으므로 불가쟁력이 발생하지 않는다. 그 외의 모든 행정행위에 인정된다. 불가쟁력이 생긴 행정행위라도 위법성이 확인되면 국가배상법에 따른 배상청구가 가능하다. 불가쟁력이 생긴 행정행위라도 위법성이 확인되었을 때 행정청이 직권으로 취소할 수 있다. 국민에게 행정처분의 변경을 구할 신청권은 인정되지 아니한다.

> ⚖️ **판례**
>
> 1. 제소기간이 이미 도과하여 불가쟁력이 생긴 행정처분에 대하여는 개별 법규에서 그 변경을 요구할 신청권을 규정하고 있거나 관계 법령의 해석상 그러한 신청권이 인정될 수 있는 등 특별한 사정이 없는 한 국민에게 그 행정처분의 변경을 구할 신청권이 있다 할 수 없다(대판 2007.4.26. 2005두11104).
>
> 2. 행정처분이나 행정심판 재결이 불복기간의 경과로 인하여 확정될 경우 확정력은 처분으로 인하여 법률상 이익을 침해받은 자가 처분이나 재결의 효력을 더 이상 다툴 수 없다는 의미일 뿐 판결에 있어서와 같은 기판력이 인정되는 것은 아니어서 처분의 기초가 된 사실관계나 법률적 판단이 확정되고 당사자들이나 법원이 이에 기속되어 모순되는 주장이나 판단을 할 수 없게 되는 것은 아니다(대판 1993.4.13. 92누17181).

(2) 불가변력(不可變力, 실질적 존속력)

일정한 행정행위의 경우 행정행위가 행해지면 성질상 행위를 한 행정청 자신도 직권으로 자유로이 취소·변경할 수 없는 효력이 발생하는데 이러한 효력을 불가변력이라고 한다. 불가변력은 당해 행정행위에 대하여서만 인정되는 것이고, 동종의 행정행위라 하더라도 그 대상을 달리할 때에는 이를 인정할 수 없다(대판 1974.12.10. 73누129). 불가변력은 모든 행정행위에 공통되는 것이 아니라 행정심판의 재결 등과 같이 예외적이고 특별한 경우에 처분청 등 행정청에 대한 구속으로 인정되는 실체법적 효력을 의미한다. 이에 비해 불가쟁력은 무효가 아닌 한 모든 행정행위에 인정된다.

불가쟁력이 생긴 행위라도 당연히 불가변력을 발생시키는 것은 아니며, 불가변력이 있는 행위가 당연히 불가쟁력을 가지는 것은 아니다. 따라서 불가쟁력이 발생한 행위라도 불가변력이 없다면 행정청이 직권으로 취소·변경하는 것은 가능하며, 불가변력이 발생한 행위라도 불가쟁력이 발생하지 않는 한 쟁송을 제기하여 그 효력을 다툴 수 있다.

04 행정행위의 결효(缺效)

1. 행정행위의 하자

행정행위의 하자는 위법한 행정행위와 부당한 행정행위를 포함한다(광의의 하자). 하자의 판단시점은 행정행위의 처분시이다. 행정행위 발령 후 그 근거가 된 사실관계나 법령이 변경됨으로써 당해 행정행위가 위법하게 된 경우에는 철회가 문제된다.

2. 행정행위의 부존재

3. 행정행위의 실효

행정행위의 실효는 일단 유효하게 성립되었던 행정행위가 행정청의 의사에 의하지 아니하고 일정한 객관적 사실의 발생에 의하여 당연히 행정행위의 효력이 소멸되는 것을 말한다. 무효는 처음부터 효력이 발생되지 않는 것이고, 실효는 일단 적법하게 발생한 효력이 사후적으로 소멸되는 것이다.

> **⚖ 판례** | 실효를 인정한 사례
>
> 종전의 결혼예식장영업을 자진폐업한 이상 위 예식장영업허가는 자동적으로 소멸하고 위 건물 중 일부에 대하여 다시 예식장영업허가신청을 하였다 하더라도 이는 전혀 새로운 영업허가의 신청임이 명백하므로 일단 소멸한 종전의 영업허가권이 당연히 되살아난다고 할 수는 없는 것이다(대판 1985.7.9. 83누412).

4. 행정행위의 무효와 취소

(1) 의의

무효인 행정행위는 외관상으로는 행정행위로서 존재하나 처음부터 전혀 법적 효력이 발생하지 않는 행위를 말한다. 취소할 수 있는 행정행위란 행정행위에 하자가 있음에도 불구하고, 권한 있는 기관이 취소하기 전까지는 유효한 행위로 통용되는 행정행위를 말한다.

구분	무효	취소
공정력·불가쟁력 등	처음부터 발생하지 않음.	공정력·불가쟁력 발생
선결문제 판단 여부	무효임을 판단, 효력부인 가능	민·형사법원이 효력을 부인할 수 없음.
하자의 치유와 전환	하자치유 부정/하자전환 인정	하자치유 인정/하자전환 부정
하자의 승계	모든 후행행위에 승계	원칙적으로 선행행위와 후행행위가 결합하여 하나의 법률효과를 완성하는 경우에만 승계
신뢰보호원칙	주장할 수 없음.	주장 가능
쟁송제기기간의 차이	불가쟁력 발생하지 않으므로 쟁송제기기간의 제한이 없음.	불가쟁력이 발생하므로 쟁송제기기간 내에만 제기 가능
사정판결 및 사정재결의 인정 여부	사정판결·사정재결 인정되지 않음.	사정판결·사정재결 인정
예외적 행정심판전치	예외적 행심전치주의가 적용되지 않음.	예외적 행심전치주의가 적용됨. (심판을 거쳐 취소소송을 제기)
간접강제	무효확인판결에는 인정되지 않음.	취소판결에는 간접강제가 인정됨.

(2) 무효와 취소의 구별기준 — 중대·명백설(통설·판례)

행정행위의 하자가 중대한 법규의 위반이고 또한 그것이 외관상 명백한 것인 때에는 무효이고, 그에 이르지 않는 것인 때에는 취소할 수 있음에 불과하다는 견해이다.

> ⚖️ **판례** 중대명백설
>
> 1. 하자 있는 행정처분이 당연무효가 되기 위하여는 그 하자가 법규의 중요한 부분을 위반한 중대한 것으로서 객관적으로 명백한 것이어야 하고, 하자가 중대하고 명백한 것인지 여부를 판별함에 있어서는 그 법규의 목적, 의미, 기능 등을 목적론적으로 고찰함과 동시에 구체적 사안 자체의 특수성에 관하여도 합리적으로 고찰함을 요한다(대판 2002.2.8. 2000두4057).
> 2. 행정처분의 대상이 되는 법률관계나 사실관계가 전혀 없는 사람에게 행정처분을 한 때에는 그 하자가 중대하고도 명백하다 할 것이나, 사실관계를 정확히 조사하여야 비로소 밝혀질 수 있는 때에는 비록 이를 오인한 하자가 중대하다고 할지라도 외관상 명백하다고 할 수는 없다(대판 2004.10.15. 2002다68485).
> 3. 사전환경성검토협의 대상이 되는 개발사업이 사전환경성검토협의 대상이 아니라고 보고 그 절차를 생략한 채 이 사건 처분을 하였다고 하더라도, 그 하자가 외형상 객관적으로 명백하다고 할 수는 없다(대판 2009.9.24. 2009두2825).

> ⚖️ **판례** (반대의견) 명백성보충요건설
>
> 명백성은 행정처분의 법적 안정성 확보를 통하여 행정의 원활한 수행을 도모하는 한편 그 행정처분을 유효한 것으로 믿은 제3자나 공공의 신뢰를 보호하여야 할 필요가 있는 경우에 보충적으로 요구되는 것으로서, 중대한 하자를 가진 행정처분은 당연 무효라고 보아야 할 것이다(대판 1995.7.11. 94누4615 전원합의체).

헌법재판소 역시 원칙적으로 중대명백설의 입장을 취하나, 예외를 인정하여 행정처분 자체의 효력이 쟁송기간 경과 후에도 존속중이고 그 근거법규가 위헌으로 선고된 경우, 그 행정처분을 무효로 하더라도 법적 안정성을 해치지 않는 반면, 그 하자가 중대하여 개인의 권리구제필요성이 큰 경우에는 하자가 명백하지 않더라도 무효를 인정한다.

(3) 행정행위 하자의 구체적 내용

① 주체상 하자

- 정당한 권한이 없는 행정기관의 행위: 공무원 아닌 자의 행위는 원칙적으로 무효이다.

> ⚖️ **판례** 무효로 본 사례
>
> 1. 단속 경찰관이 자신의 명의로 행한 운전면허정지처분은 권한 없는 자에 의하여 행하여진 무효의 처분에 해당한다(대판 1997.5.16. 97누2313).
> 2. 규정에 위배하여 전문가를 포함시키지 않은 채 임의로 구성되어 의결을 한 경우, 폐기물처리시설 입지결정처분의 하자는 무효사유에 해당한다(대판 2007.4.12. 2006두20150).
> 3. 권한의 범위를 넘어서는 권한유월의 행위는 무권한 행위로서 원칙적으로 무효이고, 선행행위가 부존재하거나 무효인 경우에는 그 하자는 당연히 후행행위에 승계되어 후행행위도 무효로 된다. 원상복구명령이 당연무효인 이상 후행처분인 계고처분의 효력에 당연히 영향을 미쳐 그 계고처분 역시 무효로 된다(대판 1996.6.28. 96누4374).

> **⚖ 판례** 무효가 아니라고 본 사례

1. 적법한 권한 위임 없이 세관출장소장에 의하여 행하여진 관세부과처분은 그 하자가 중대하기는 하지만 명백하다고 할 수 없어 무효는 아니다(대판 2004.11.26. 2003두2403).
2. 5급 이상의 국가정보원직원에 대한 의원면직처분이 임면권자인 대통령이 아닌 국가정보원장에 의해 행해진 것으로 위법하나, 당연무효는 아니다(대판 2007.7.26. 2005두15748)

> **⚖ 판례** 착오를 무효사유로 본 경우

1. 부동산을 양도한 사실이 없음에도 세무당국이 부동산을 양도한 것으로 오인하여 양도소득세를 부과하였다면 그 부과처분은 착오에 의한 행정처분으로서 당연 무효이다(대판 1983.8.23. 83누179).
2. 행정재산을 관재당국이 모르고 매각처분하였다 할지라도 그 매각처분은 무효이다(대판 1967.6.27. 67다806).
3. 적법한 건물을 무허가 건축물이라고 하여 철거명령을 내리고 건물을 철거한 것이므로 중대하고 명백한 하자가 있어서 당연히 무효이다(대판 1968.11.5. 68다1770).
4. 납부의무자가 아닌 조합원들에 대한 개발부담금 부과처분은 그 처분의 법적 근거가 없는 것으로서 그 하자가 중대하고도 명백하여 무효이다(대판 1998.5.8. 95다30390).

② 절차상 하자: 절차상 하자는 독자적 위법사유를 구성한다. 행정청이 행정행위를 함에 있어 심의·협의를 거치도록 규정한 경우 절차를 결한 행위는 일반적으로 취소원인이 된다.

> **⚖ 판례**

1. 학교환경위생정화위원회의 심의를 누락한 흠이 있다면 이는 행정처분을 위법하게 하는 취소사유가 된다(대판 2007.3.15. 2006두15806).
2. 도시계획법 소정의 공청회를 열지 아니하였더라도 이는 절차상의 위법으로서 취소사유에 불과하다(대판 1990.1.23. 87누947).
3. 관할행정청이 주민등록을 말소하는 처분을 한 경우 공고의 절차를 거치지 아니하였다 하더라도 처분의 당연무효사유에 해당하는 것이라고는 할 수 없다(대판 1994.8.26. 94누3223).
4. 행정청이 침해적 행정처분을 함에 있어서 사전통지를 하거나 의견제출의 기회를 주지 아니하였다면 그 처분은 위법하여 취소를 면할 수 없다(대판 2000.11.14. 99두5870).

> **⚖ 판례**

1. 환경영향평가를 거쳐야 할 대상사업에 대하여 환경영향평가를 거치지 아니하였음에도 승인 등 처분이 이루어진다면, 행정처분은 당연무효이다(대판 2006.6.30. 2005두14363).
2. 환경영향평가를 거쳤다면, 비록 그 내용이 다소 부실하다 하더라도, 처분에 재량권 일탈·남용의 위법이 있는지 여부를 판단하는 하나의 요소로 됨에 그칠 뿐, 당연히 당해 승인 등 처분이 위법하게 되는 것이 아니다(대판 2006.3.16. 2006두330 전원합의체).
3. 사전에 교통영향평가를 거치지 아니한 채 한 처분에 중대하고 명백한 흠이 있다고 할 수 없으므로 이를 무효로 보기는 어렵다(대판 2010.2.25. 2009두102).

4. 과세예고 통지 후 과세전적부심사 청구나 그에 대한 결정이 있기도 전에 과세처분을 하는 것은 절차상 하자가 중대하고도 명백하여 무효이다(대판 2016.12.27. 2016두49228).

5. 도지사의 인사교류안 작성과 그에 따른 인사교류의 권고가 전혀 이루어지지 않은 상태에서 행하여진 시장의 인사교류에 관한 처분은 당연무효이다(대판 2005.6.24. 2004두10968).

6. 환지계획에 대한 공람과정에서 공람절차 등을 밟지 아니한 채 수정된 내용에 따라 한 환지예정지 지정처분은 당연 무효라고 할 것이다(대판 1999.8.20, 97누6889).

③ 내용상 하자 : 원칙적으로 무효

사자(死者)를 대상	존재하지 않는 법인에 대한 조세부과 등 → 무효
명백하게 권리 또는 의무능력 없는 자에 대한 처분	여자에 대한 징집영장의 발부, 과세대상이 되는 법률관계나 소득 또는 행위 등의 사실관계가 없는 사람에게 한 과세처분, 부동산을 양도한 사실이 없음에도 세무당국이 착오로 한 양도소득세 부과 → 무효
명백한 목적상 하자	적법한 건물에 대한 대집행, 체납자 아닌 제3자 소유물건에 대한 압류처분 → 무효

⚖️ **판례**

1. 소멸시효 완성 후에 부과된 부과처분은 납세의무 없는 자에 대하여 부과처분을 한 것으로서 그 처분의 효력은 당연무효이다(대판 1985.5.14. 83누655).

2. 납세자가 아닌 제3자의 재산을 대상으로 한 압류처분은 그 처분의 내용이 법률상 실현될 수 없는 것이어서 당연무효이다(대판 2012.4.12. 2010두4612).

3. 해석에 다툼의 여지가 없음에도 행정청이 위 규정을 적용하여 처분을 한 때에는 그 하자가 중대하고도 명백하다고 할 것이나, 그 해석에 다툼의 여지가 있는 때에는 행정관청이 이를 잘못 해석하여 행정처분을 하였더라도 하자가 명백하다고 할 수 없다(대판 2012.8.23. 2010두13463).

④ 형식에 관한 하자 : 법령상 서면에 의하도록 되어 있는 행정행위를 서면에 의하지 않은 경우는 무효사유이다.

⚖️ **판례**

행정청의 처분의 방식을 규정한 행정절차법 제24조를 위반하여 행해진 행정청의 처분은 원칙적으로 무효이다(대판 2011.11.10. 2011도11109).

(4) 위헌법률에 근거한 행정행위의 효력과 행정행위의 집행력

① 위헌결정 이후 위헌법률을 근거로 행정행위가 행해진 경우 : 법률이 위헌으로 결정된 후 그 법률에 근거하여 발령되는 행정처분은 그 하자가 중대하고 명백하며 당연무효가 된다.

② 위헌결정과 소급효 : 헌법재판소법 제47조 제2항에 따르면 위헌으로 결정된 법률 또는 법률의 조항은 그 결정이 있는 날로부터 효력을 상실한다고 규정하고 있어 법률에 대한 위헌결정은 원칙적으로 장래효를 갖는다. 그러나 장래효를 관철하는 경우 위헌제청을 한 당해사건의 경우 불합리한 결과를 초래하게 되어 해석상 소급효를 인정할 필요가 있다.

> **⚖ 판례**
>
> 1. <u>위헌결정의 효력은 위헌제청을 한 당해사건은 물론 위헌제청신청은 아니하였지만 당해 법률 또는 법률의 조항이 재판의 전제가 되어 법원에 계속 중인 사건뿐만 아니라 위헌결정 이후에 위와 같은 이유로 제소된 일반사건에도 미친다</u>(대판 1993.2.26. 92누12247).
>
> 2. <u>이미 취소소송의 제기기간을 경과하여 확정력이 발생한 행정처분의 경우에는 위헌결정의 소급효가 미치지 않는다</u>(대판 2002.11.08. 2001두3181).
>
> 3. 위헌결정의 효력은 그 미치는 범위가 무한정일 수는 없고 소급효를 제한하는 것은 오히려 법치주의의 원칙상 요청되는 바이다. 금고 이상의 형의 선고유예를 받은 경우에 공무원직에서 당연히 퇴직하는 것으로 규정한 구 지방공무원법에 대한 헌법재판소 위헌결정의 경우, 위 위헌결정 이후 제소된 일반사건에 대하여 위 위헌결정의 소급효가 제한된다(대판 2005.11.10. 2005두5628).

③ 행정행위가 행해진 후 행정행위의 근거법률이 위헌결정 된 경우

> **⚖ 판례**
>
> 일반적으로 법률이 헌법에 위반된다는 사정이 헌법재판소의 위헌결정이 있기 전에는 객관적으로 명백한 것이라고 할 수는 없으므로 헌법재판소의 <u>위헌결정 전에 행정처분의 근거되는 당해 법률이 헌법에 위반된다는 사유는 행정처분의 취소소송의 전제가 될 수 있을 뿐 당연무효사유는 아니라고 봄이 상당하다</u>(대판 1994.10.28. 92누9463).

헌법재판소도 원칙적으로 이러한 행정행위는 취소할 수 있는 행정행위라고 본다. <u>다만 헌법재판소는 행정처분 자체의 효력이 쟁송기간 경과 후에도 존속 중이고 그 행정처분의 근거가 된 법규가 위헌으로 선고되는 경우, 그 행정처분을 무효로 하더라도 법적 안정성을 크게 해치지 않는 반면에, 그 하자가 중대하여 그 구제가 필요한 경우에는 당연무효사유로 보아 무효확인을 구할 수 있다고 결정하였다</u>(헌재 1994.6.30. 92헌바23).

④ 행정행위의 집행력 : 과세처분 이후 부과의 근거가 된 법률에 대해 위헌결정이 내려진 경우, 그 조세채권의 집행을 위한 체납처분은 당연무효이다.

> **⚖ 판례**
>
> 1. 위헌법률에 기한 행정처분의 집행이나 집행력을 유지하기 위한 행위는 위헌결정의 기속력에 위반되어 허용되지 않는다고 보아야 할 것인데, <u>위헌결정 이전에 이미 부담금 부과처분과 압류처분 및 이에 기한 압류등기가 이루어지고 위의 각 처분이 확정되었다고 하여도, 위헌결정 이후에는 후속 체납처분절차를 진행할 수 없는 것은 물론이고, 기존의 압류등기나 교부청구만으로는 다른 사람에 의하여 개시된 경매절차에서 배당을 받을 수 없다</u>(대판 2002.8.23. 2001두2959).
>
> 2. 조세 부과의 근거가 되었던 법률규정이 위헌으로 선언된 경우, 비록 그에 기한 과세처분이 위헌결정 전에 이루어졌고, 과세처분에 대한 제소기간이 이미 경과하여 조세채권이 확정되었으며, 조세채권의 집행을 위한 체납처분의 근거규정 자체에 대하여는 따로 위헌결정이 내려진 바 없다고 하더라도, <u>위헌결정 이후에 조세채권의 집행을 위한 새로운 체납처분에 착수하거나 이를 속행하는 것은 더 이상 허용되지 않고, 위헌결정의 효력에 위배하여 이루어진 체납처분은 당연무효이다</u>(대판 2012.2.16. 2010두10907).

05 행정행위의 하자치유 · 전환

1. 하자의 치유

(1) 의의
하자의 치유란 성립 당시에 하자가 있는 행정행위라 하더라도 그 하자의 원인인 법정요건을 사후에 보완하여 당해 행위를 적법한 행위로 취급하는 것을 말한다.

(2) 인정 여부
하자의 치유는 행정행위의 성질이나 법치주의의 관점에서 원칙적으로 허용될 수 없고, 행정행위의 무용한 반복을 피하고 당사자의 법적 안정성을 보호하기 위하여 국민의 권익을 침해하지 아니하는 범위 내에서 예외적으로만 허용된다.

> **판례** 하자치유를 인정한 사례
>
> 1. 납세고지서에 과세표준과 세액의 계산명세가 기재되어 있지 아니하거나 그 계산명세서를 첨부하지 아니하였다면 그 납세고지는 위법하나, 과세관청이 과세처분에 앞서 납세의무자에게 보낸 과세예고통지서 등에 납세고지서의 필요적 기재사항이 제대로 기재되어 있어 납세의무자가 불복 여부의 결정 및 불복신청에 전혀 지장을 받지 않았음이 명백하다면, 이로써 납세고지서의 하자가 보완되거나 치유될 수 있다(대판 2001.3.27. 99두8039).
> 2. 행정청이 청문절차를 이행함에 있어 청문서 도달기간을 다소 어겼지만 영업자가 이의하지 아니한 채 청문일에 출석하여 의견을 진술하고 변명하는 등 방어의 기회를 충분히 가진 경우 하자는 치유된다(대판 1992.10.23. 92누2844).

> **판례** 하자치유를 부정한 사례
>
> 1. 세액산출근거가 기재되지 아니한 납세고지서의 하자는 부과된 세금을 자진납부하였다거나, 조세채권의 소멸시효기간이 만료되었다 하여 치유되는 것이라고 할 수 없다(대판 1985.4.9. 84누431).
> 2. 납세고지서에 세액산출근거 등의 기재사항이 누락되었거나 과세표준과 세액의 계산명세서가 첨부되지 않았다면 납세의무자가 그 나름대로 산출근거를 알고 있다거나 사실상 이를 알고서 쟁송에 이르렀다 하더라도 치유되지 않는다(대판 2002.11.13. 2001두1543).

(3) 하자치유의 대상
하자의 치유는 취소할 수 있는 절차상 및 형식상의 하자이고, 내용에 관한 하자는 치유의 대상이 아니다.

> **판례**
>
> 1. 징계처분이 중대하고 명백한 흠 때문에 당연무효의 것이라면 징계처분을 받은 자가 이를 용인하였다 하여 치료되는 것은 아니다(대판 1989.12.12. 88누8869).
> 2. 무효인 행정처분이 있은 후 행정청이 관계 법령에서 정한 절차 또는 형식을 갖추어 다시 동일한 행정처분을 하였다면 당해 행정처분은 종전의 무효인 행정처분과 관계없이 새로운 행정처분이라고 보아야 한다(대판 2014.3.13. 2012두1006).

(4) 하자치유의 한계

> **판례**
>
> 하자 있는 행정행위의 치유는 행정행위의 성질이나 법치주의의 관점에서 볼 때 원칙적으로 허용될 수 없는 것이고, 예외적으로 행정행위의 무용한 반복을 피하고 당사자의 법적 안정성을 위해 이를 허용하는 때에도 국민의 권리나 이익을 침해하지 않는 범위에서 구체적 사정에 따라 합목적적으로 인정하여야 한다(대판 2002.7.9. 2001두10684).

하자의 치유는 행정쟁송 제기 이전에만 가능하다.

> **판례**
>
> 1. 항고소송이 계속 중인 단계에서 보정통지를 하였다 하여 그 위법성이 치유된다 할 수 없다(대판 1988.2.9. 83누404).
> 2. 상고심의 계류 중에 세액산출근거의 통지가 있었다고 하여 이로써 위 과세처분의 하자가 치유되었다고는 볼 수 없다(대판 1984.4.10. 83누393).

(5) 하자치유의 효과

행정행위의 하자가 치유되면 당해 행정행위는 치유시가 아니라 처음부터 하자가 없는 적법한 행위로서 그 효력이 발생한다.

2. 하자있는 행정행위의 전환

(1) 의의

하자있는 행정행위의 전환이란 행정행위가 본래의 행정행위로는 무효이지만 그것이 다른 종류의 행정행위로 본다면 그 요건을 완전히 갖추고 있다고 판단된 경우에 행정청의 의도에 반하지 아니하는 한, 그 다른 행위로서 효력이 승인되는 것을 말한다.

(2) 인정 여부와 인정범위

통설과 판례는 무효인 행정행위에 대해서만 인정한다.

(3) 전환의 요건

두 행정행위가 요건, 목적, 효과에 있어 실질적 공통성이 있어야 한다. 하자있는 행정행위는 전환되는 행정행위로서 성립·발효요건을 갖추고 있어야 한다. 그리고 행정청의 의도에 반하지 않아야 하고, 상대방이 전환을 의욕하는 것으로 인정되어야 하며, 원처분보다 불이익을 주지 않아야 한다. 나아가 전환으로 제3자의 이익을 침해하지 않아야 한다.

(4) 전환의 제한

다음과 같은 경우에는 전환이 인정되지 않는다. ① 전환이 처분청의 의도에 명백히 반하는 경우, ② 관계인에게 원래의 행정행위보다 불이익이 되는 경우, ③ 하자있는 행정행위의 취소가 허용되지 않는 경우, ④ 기속행위의 재량행위로의 전환 등은 인정되지 않는다.

(5) 전환의 효과

새로운 행정행위는 종전의 행정행위의 발령당시로 소급하여 효력이 발생한다.

06 행정행위의 하자승계

1. 의의

하자의 승계란 두 개 이상의 행정행위가 서로 연속하여 행해지는 경우, 선행행위에 취소사유에 해당하는 하자가 있음에도 불구하고 제소기간경과로 인한 불가쟁력이 발생한 후에, 후행행위의 취소소송에서 후행행위 자체가 위법하지 아니함에도 불구하고 선행행위의 위법을 이유로 후행행위의 위법을 주장할 수 있는가의 문제이다.

> ⚖️ **판례**
>
> 계고처분의 후속절차인 대집행에 위법이 있다고 하더라도, 그와 같은 후속절차에 위법성이 있다는 점을 들어 선행절차인 계고처분이 부적법하다는 사유로 삼을 수는 없다(대판 1997.2.14. 96누15428).

2. 논의의 전제

(1) 선행행위의 위법은 취소사유일 것

선행행위가 무효인 경우에는 당사자는 선행행위의 무효를 언제나 주장할 수 있고 또한 선행행위의 무효는 후행행위에 당연히 승계되어 후행행위도 무효로 됨으로써 하자의 승계를 논할 실익이 없다.

(2) 선행행위에 불가쟁력이 발생할 것

선행행위에 대한 제소기간이 경과하지 않은 경우에는 선행행위의 위법 여부를 직접 다툴 수 있으므로 하자의 승계를 논할 실익이 없다.

(3) 후행행위에 고유한 위법사유가 없을 것

후행행위에 고유한 위법사유가 있으면 하자의 승계이론을 논의하지 않더라도 후행행위의 위법을 직접 다투면 되어 논의의 실익이 없다.

(4) 선행행위와 후행행위 모두 항고소송의 대상이 될 것

선행행위와 후행행위 모두 항고소송의 대상이 되어야 한다.

3. 하자승계의 인정범위

행정행위 상호 간에는 하자의 승계가 인정되지 않는 것이 원칙이다. 따라서 통설은 선행처분과 후행처분이 서로 결합하여 하나의 법적 효과를 완성하는 경우 승계를 인정한다.

하자 승계 긍정 사례	하자 승계 부정 사례
1. 대집행의 계고·통지·실행·비용 납부명령 2. 강제징수절차인 독촉·압류·매각·청산 3. 표준지공시지가결정과 수용재결(수용보상금) 4. 개별공시지가결정과 과세(개발부담금부과)처분 5. 친일반민족행위자 결정과 「독립유공자 예우에 관한 법률」에 의한 법적용 배제결정	1. 과세처분과 압류 등의 체납처분 2. 표준공시지가결정과 개별공시지가결정 3. 표준공시지가와 과세처분 4. 토지계획결정과 수용재결처분 5. 재개발사업시행인가처분(사업인정)과 토지수용재결처분 6. 공무원의 직위해제처분과 면직처분

> ⚖️ **판례** 　하자의 승계가 긍정된 경우
>
> 대집행의 계고, 통지, 실행, 비용의 납부명령은, 동일한 행정목적을 달성하기 위하여 일련의 절차로 연속하여 행하여지는 것으로서, 서로 결합하여 하나의 법률효과를 발생시키는 것이므로, 후행처분인 대집행영장발부통보처분의 취소를 청구하는 소송에서 선행처분인 계고처분이 위법한 것이기 때문에 대집행영장발부통보처분도 위법하다는 주장을 할 수 있다(대판 1996.2.9. 95누12507).

> ⚖️ **판례** 　예외적인 경우
>
> 1. 선행처분과 후행처분이 서로 독립하여 별개의 효과를 목적으로 하는 경우에도 그로 인하여 불이익을 입게 되는 자에게 수인한도를 넘는 가혹함을 가져오며, 그 결과가 당사자에게 예측가능한 것이 아닌 경우에는 국민의 재판받을 권리를 보장하고 있는 헌법의 이념에 비추어 선행처분의 후행처분에 대한 구속력은 인정될 수 없다. 개별공시지가결정은 이를 기초로 한 과세처분 등과는 서로 독립하여 별개의 법률효과를 목적으로 하는 것이나, 개별공시지가결정에 위법이 있는 경우에는 그 자체를 행정소송의 대상이 되는 행정처분으로 보아 그 위법 여부를 다툴 수 있음은 과세처분 등 행정처분의 취소를 구하는 행정소송에서도 선행처분인 개별공시지가결정의 위법을 독립된 위법사유로 주장할 수 있다(대판 1994.1.25. 93누8542).
> 2. 표준지공시지가결정은 이를 기초로 한 수용재결 등과는 별개의 독립된 처분으로서 서로 독립하여 별개의 법률효과를 목적으로 하지만, 표준지공시지가결정이 위법한 경우에는 그 자체를 행정소송의 대상이 되는 행정처분으로 보아 그 위법 여부를 다툴 수 있음은 물론, 수용보상금의 증액을 구하는 소송에서도 선행처분으로서 그 수용대상 토지 가격 산정의 기초가 된 비교표준지공시지가결정의 위법을 독립한 사유로 주장할 수 있다(대판 2008.8.21. 2007두13845).
> 3. 갑을 친일반민족행위자로 결정한 친일반민족행위진상규명위원회의 최종발표(선행처분)에 따라 독립유공자 예우에 관한 법률 적용 대상자로 보상금 등의 예우를 받던 갑의 유가족 을 등에 대하여 독립유공자법 적용배제자 결정(후행처분)을 한 사안에서, 선행처분의 위법을 이유로 후행처분의 효력을 다툴 수 있다(대판 2013.3.14. 2012두6964).

07 　행정행위의 폐지(廢止)

1. 행정행위의 취소

(1) 의의

행정행위의 취소라 함은 그 성립에 하자가 있음에도 불구하고 일단 유효하게 성립한 행정행위를 그 성립상의 하자를 이유로 권한 있는 기관이 그 효력의 전부 또는 일부를 원칙적으로 소급하여 상실시키는 행위를 말한다. 이는 직권취소와 쟁송취소를 포함하는 개념이다.

(2) 구별개념

행정행위의 취소는 적법한 행정행위에 대해 사정변경을 이유로 장래를 향해 효력을 소멸시키는 철회와 구별된다. 음주로 인한 면허취소는 엄밀한 의미에서 철회에 해당한다.

(3) 직권취소와 쟁송취소

구 별	직권취소	쟁송취소
취소권자	행정청	행정심판위원회 또는 법원
법적 근거	특별한 법적 근거를 요하지 않음.	행정심판법·행정소송법에 근거를 둠.
취소사유	위법·부당한 경우	• 위법한 경우(행정소송) • 위법·부당한 경우(행정심판)
취소기간	기간의 제한이 없음.	쟁송기간의 제한이 있음.
내 용	적극적 변경을 할 수 있음.	• 행정심판: 적극적 변경가능 • 행정소송: 일부취소

(4) 취소권의 근거

처분청은 취소에 관한 별도의 법적 근거가 없더라도 행정행위를 취소할 수 있다. 한편 감독청에 대해서는 학설 대립이 있다.

> ⚖️ **판례**
>
> 권한 없는 행정기관이 한 당연무효인 행정처분을 취소할 수 있는 권한은 당해 행정처분을 한 처분청에게 속하고, 당해 행정처분을 할 수 있는 적법한 권한을 가지는 행정청에게 그 취소권이 귀속되는 것이 아니다(대판 1984.10.10. 84누463).

(5) 취소의 사유

> ⚖️ **판례**
>
> 1. 원래 행정처분을 한 처분청은 그 처분에 하자가 있는 경우에는 원칙적으로 별도의 법적 근거가 없더라도 스스로 이를 직권으로 취소할 수 있지만, 그와 같이 직권취소를 할 수 있다는 사정만으로 이해관계인에게 처분청에 대하여 그 취소를 요구할 신청권이 부여된 것으로 볼 수는 없다(대판 2006.6.30. 2004두701).
> 2. 변상금 부과처분에 대한 취소소송이 진행중이라도 그 부과권자로서는 위법한 처분을 스스로 취소하고 그 하자를 보완하여 다시 적법한 부과처분을 할 수도 있다(대판 2006.2.10. 2003두5686).

(6) 취소권의 제한

직권취소는 신뢰보호원칙의 비교형량에 따르는 제한을 받으며 불가변력이 발생한 행위는 직권으로 취소할 수 없다. 직권취소는 독립한 행정행위이며 행정절차법상 처분절차가 적용된다.

> ⚖️ **판례**
>
> 1. 음주운전으로 인한 운전면허의 취소는 일반의 수익적 행정행위의 취소와는 달리 그 취소로 인하여 입게 될 당사자의 불이익보다는 이를 방지하여야 하는 일반예방적 측면이 더욱 강조되어야 한다(대판 2019.1.17. 2017두59949).
> 2. 취소권 등의 행사는 기득권의 침해를 정당화할 만한 중대한 공익상의 필요 또는 제3자의 이익보호의 필요가 있는 때에 한하여 상대방이 받는 불이익과 비교·교량하여 결정하여야 하고, 공익상의 필요보다 상대방이 받게 되는 불이익 등이 막대한 경우에는 재량권의 한계를 일탈한 것으로서 그 자체가 위법하다(대판 2004.11.26. 2003두10251).

⑺ 취소의 효과

⚖ **판례**

> 1. 연금 지급결정을 취소하는 처분과 잘못 지급된 급여액에 해당하는 금액을 환수하는 처분이 적법한 지를 판단함에 있어 비교·교량할 각 사정이 동일하다고는 할 수 없으므로, 연금 지급결정을 취소하는 처분이 적법하다고 하여 환수처분도 반드시 적법하다고 판단하여야 하는 것은 아니다(대판 2017.3.30. 2015두43971).
>
> 2. 영업의 금지를 명한 영업허가취소처분 자체가 나중에 행정쟁송절차에 의하여 취소되었다면 그 영업 허가취소처분은 그 처분시에 소급하여 효력을 잃게 되며, 영업허가취소처분 이후의 영업행위를 무 허가영업이라고 볼 수는 없다(대판 1993.6.25. 93도277).

⑻ 취소의 취소(하자있는 취소의 효력)

판례는 주로 부담적 행정행위의 취소의 취소에 대해서는 부정설의 입장에서 판시하여 원행정처분을 소생시킬 수 없다고 하고 있고, 수익적 행정행위의 취소의 취소에 있어서는 취소처분을 한 후 새로운 이해관계인이 생기기 전까지는 다시 직권취소하여 수익적 행정행위의 효력을 회복시킬 수 있다는 입장이다.

⚖ **판례**

> 1. 과세관청은 부과의 취소를 다시 취소함으로써 원부과처분을 소생시킬 수는 없고 새로운 처분을 하는 수밖에 없다(대판 1995.3.10. 94누7027).
>
> 2. 과세처분을 직권으로 취소한 이상 그 후 특별한 사유 없이 이를 번복하고 종전 처분을 되풀이하는 것은 허용되지 않는다(대판 2010.9.30. 2009두1020).
>
> 3. 피고가 본건취소처분을 한 후에 원고가 본건 광구에 대하여 선출원을 적법히 함으로써 이해관계인이 생긴 이 사건에 있어서, 피고가 취소처분을 취소하여, 광업권을 복구시키는 조처는, 원고의 선출 원 권리를 침해하는 위법한 처분이다(대판 1967.10.23. 67누126).

2. 행정행위의 철회

행정행위의 철회란 아무런 하자 없이 성립한 행정행위에 대해 그 효력을 존속시킬 수 없는 새로운 사정이 발생하였음을 이유로 장래를 향하여 그 효력의 전부 또는 일부를 상실시키는 행정행위를 말한다. 실정법상으로는 대부분 취소라는 용어가 사용되고 있다.

	직권취소	철 회
주 체	처분청, 감독청(견해대립)	처분청만 가능. 감독청은 불가
사 유	원시적 하자(성립당시의 하자)	후발적인 새로운 사정(하자가 아님)
법적근거	법적 근거 불요	법적 근거 불요
효과	소급효	장래효

⚖ **판례**

> 행정행위의 취소사유는 행정행위의 성립 당시에 존재하였던 하자를 말하고, 철회사유는 행정행위가 성립된 이후에 새로이 발생한 것으로서 행정행위의 효력을 존속시킬 수 없는 사유를 말한다(대판 2003.5.30. 2003다6422).

(1) 철회권자와 법적 근거

행정행위의 <u>철회는 처분을 한 행정청만이 할 수 있으며</u>, 감독청은 법률에 근거 없는 한 직접 철회할 수는 없다.

⚖️ **판례**

처분청은 <u>별도의 법적 근거가 없다 하더라도 원래의 처분을 존속시킬 필요가 없게 된 사정변경이 생겼거나 또는 중대한 공익상의 필요가 발생한 경우에는 그 효력을 상실케 하는 별개의 행정행위로 이를 취소(철회)할 수 있다</u>(대판 1995.6.9. 95누1194).

(2) 철회의 사유

① 철회권의 유보
② 사정변경
③ 부담의 불이행
④ 상대방의 의무위반
⑤ 중대한 공익상의 필요가 있는 경우

(3) 철회권의 제한

부담적 행정행위의 철회는 자유롭게 할 수 있음이 원칙이다. 수익적 행정행위의 철회는 <u>자유로이 철회할 수 있는 것은 아니며 비례원칙 등 일정한 제한을 받는다.</u>

⚖️ **판례**

수익적 행정행위의 철회는, 법령에 명시적인 규정이 있거나 행정행위의 부관으로 그 철회권이 유보되어 있는 등의 경우가 아니라면, 원래의 행정행위를 존속시킬 필요가 없게 된 사정변경이 생겼거나 또는 중대한 공익상의 필요가 발생한 경우 등의 예외적인 경우에만 허용된다(대판 2005.4.29. 2004두11954).

(4) 철회의 절차 및 효과

① **철회의 절차** : <u>철회 역시 하나의 행정행위</u>이므로 수익적 행정행위의 철회는 사전통지절차(행정절차법 제21조)와 이유제시(동법 제23조) 등 행정절차법상의 절차를 거쳐야 한다.
② **철회의 효과** : <u>원칙적으로 장래에 향하여만 발생한다.</u>

⚖️ **판례**

영유아보육법에 따른 평가인증의 취소는 평가인증 당시에 존재하였던 하자가 아니라 그 이후에 새로이 발생한 사유로 평가인증의 효력을 소멸시키는 경우에 해당하므로, 법적 성격은 평가인증의 '철회'에 해당한다. 평가인증을 <u>철회하는</u> 처분을 하면서도, 평가인증의 효력을 과거로 소급하여 상실시키기 위해서는, 특별한 사정이 없는 한 영유아보육법 제30조 제5항과는 <u>별도의 법적 근거가 필요하다</u>(대판 2018.6.28. 2015두58195).

3. 행정행위의 실효

행정행위의 실효란 일정한 사유의 발생에 따라 장래를 향하여 당연히 기존의 행정행위의 효력이 소멸되는 것을 말한다. 취소와 철회는 행정청의 별도의 의사표시가 필요하나 실효는 행정청의 의사표시와는 무관하게 당연히 효력이 소멸한다는 점에서 차이가 있다.

> ⚖️ **판례**
>
> 영업장소에 설치되어 있던 유기시설이 모두 철거되어 허가를 받은 영업상의 기능을 더 이상 수행할 수 없는 경우에는, 당초의 영업허가는 그 효력이 당연히 소멸되는 것이고, 허가를 받은 자가 영업을 폐업할 경우에는 그 효력이 당연히 소멸되는 것이니, 허가행정청의 허가취소처분은 허가가 실효되었음을 확인하는 것에 지나지 않는다고 보아야 할 것이므로, 유기장의 영업허가를 받은 자가 유기장업을 폐업하였다면 영업허가취소처분의 취소를 청구할 소의 이익이 없다(대판 1990.7.13. 90누2284).

제 5 절 │ 그 밖의 행정의 행위형식

01 행정상의 확약

1. 확약의 의의

행정청이 자기구속을 할 의도로 국민에게 일정한 행정작용을 하거나 행정작용을 하지 않을 것을 약속하는 의사표시 중 그 약속의 대상이 행정행위인 경우를 확약이라고 한다.

2. 확약의 법적성질

> ⚖️ **판례**
>
> 어업권면허에 선행하는 우선순위결정은 강학상 확약에 불과하고 행정처분이 아니므로, 우선순위결정에 공정력이나 불가쟁력과 같은 효력이 인정되지 아니한다(대판 1995.1.20. 94누6529).

3. 확약의 허용 여부

행정절차법은 확약에 관한 규정을 두고 있지 않아 허용 여부에 대한 다툼이 있으나, 별도의 근거를 요하지 않는다고 보는 견해가 다수설의 입장이다.

4. 확약의 발생요건과 효과

확약은 본 행정행위에 대해 정당한 권한을 가진 행정청만이 할 수 있고, 당해 행정청의 행위권한의 범위 내에 있어야 한다. 상대방은 행정기관에 대해 확약의 내용을 이행할 것을 청구할 수 있는 권리가 인정된다.

5. 확약의 실효

> ⚖️ **판례**
>
> 확약 또는 공적인 의사표명이 있은 후에 사실적·법률적 상태가 변경되었다면, 그와 같은 확약 또는 공적인 의사표명은 행정청의 별다른 의사표시를 기다리지 않고 실효된다(대판 1996.8.20. 95누10877).

02 가행정행위 · 예비결정 · 부분허가

1. 가행정행위

가행정행위란 종국적인 행정행위가 있기 전에 당해 행정법관계를 잠정적으로 규율하는 행정행위를 말한다. 예컨대 국가공무원법상 직위를 해제하는 경우와 같이 행정법 관계를 잠정적으로 규율하는 결정을 말한다. 가행정행위도 비록 잠정적이긴 하지만 행정행위로서의 성격을 가지나 후에 종국적 행정행위가 발령되면 대체되어 효력이 상실된다. 따라서 가행정행위에 대해서는 신뢰보호 원칙을 주장할 수 없다.

> ⚖️ **헌재판례**
>
> 직위해제를 한 후 동일한 사유를 이유로 공무원의 신분관계를 박탈하는 파면처분을 하였을 경우에는 뒤에 이루어진 파면처분에 의하여 그전에 있었던 직위해제처분의 효력은 상실하게 된다(헌재 2005.12.22. 2003헌바76).

> ⚖️ **판례**
>
> 자진신고 등을 이유로 한 과징금 감면처분(이하 '후행처분'이라 한다)을 하였다면, 후행처분은 최종적인 과징금액을 결정하는 종국적 처분이고, 후행처분이 있을 경우 선행처분은 후행처분에 흡수되어 소멸한다. 따라서 위와 같은 경우에 선행처분의 취소를 구하는 소는 이미 효력을 잃은 처분의 취소를 구하는 것으로 부적법하다(대판 2015.2.12. 2013두987).

2. 예비결정(예비허가, 사전결정)

(1) 의의

예비결정이란 종국적인 행정행위를 하기 전 단계에서 여러 요건 중 개별적인 몇 가지 요건에 대한 종국적인 판단으로서 내려지는 결정을 말한다. 폐기물 처리사업계획서의 적정·부적정 통보, 건축에 관한 입지 및 규모의 사전결정 등이 이에 해당한다.

(2) 법적성질

예비결정은 그 자체가 하나의 완결적·종국적·구속적인 행위로서 처분성이 인정된다.

> ⚖️ **판례**
>
> 1. 폐기물처리업의 허가를 받기 위하여는 먼저 사업계획서를 제출하여 허가권자로부터 사업계획에 대한 적정통보를 받아야 하고, 부적정통보는 법률상의 이익을 개별적이고 구체적으로 규제하고 있어 행정처분에 해당한다. 나중에 허가단계에서는 나머지 허가요건만을 심사하여 신속하게 허가업무를 처리하는 데 그 취지가 있다(대판 1998.4.28. 97누21086).
> 2. 주택건설사업에 대한 사전결정을 하였다고 하더라도 사업승인 단계에서 그 사전결정에 기속되지 않고 다시 사익과 공익을 비교형량하여 그 승인 여부를 결정할 수 있다(대판 1999.5.25. 선고 99두1052).

(3) 효과

예비결정은 후행결정에 구속력을 가지므로 행정청은 합리적 사유 없이 종국적 결정에서 예비결정의 내용과 모순되는 결정을 할 수 없다. 한편 폐기물처리업의 사업계획에 대한 적정통보가 있는 경우 폐기물사업의 허가단계에서는 나머지 요건만 심사하면 족하다. 예비결정은 본래의 처분인 후행처분이 있게 되면 그 처분에 흡수되어 독립된 존재가치를 상실한다.

3. 부분허가(부분인허, 부분승인)

부분허가란 단계적 행정행위의 일부에 대하여 행하는 허가를 말하는 것으로서, 하나의 대단위사업을 위한 건축허가, 시설허가, 영업허가 신청의 경우에 우선 건축이나 시설의 설치만을 허가하는 경우 등이 있다. 부분허가는 중간 단계에 대하여 이루어지는 결정이나, 그 단계 자체에 대하여는 종국적인 행정행위의 성격을 가진다. 본허가의 근거 이외에 별도의 법적 근거를 필요로 하는 것은 아니다.

> ⚖️ **판례**
>
> 원자로 및 관계시설의 부지사전승인처분은 그 자체로서 건설부지를 확정하고 사전공사를 허용하는 법률효과를 지닌 독립한 행정처분이기는 하지만, 나중에 건설허가처분이 있게 되면 그 건설허가처분에 흡수되어 독립된 존재가치를 상실함으로써 그 건설허가처분만이 쟁송의 대상이 되는 것이므로, 부지사전승인처분의 위법성은 나중에 내려진 건설허가처분의 취소를 구하는 소송에서 이를 다투면 된다(대판 1998.9.4. 97누19588).

03 행정계획

1. 행정계획의 의의

행정계획은 특정한 행정목표를 달성하기 위하여 서로 관련되는 행정수단을 종합·조정함으로써 장래의 일정한 시점에 있어서 일정한 질서를 실현하기 위한 활동기준을 말한다.

2. 행정계획의 등장배경 및 기능

사회국가 원리는 국가에 대해 사회 전반에 적극적으로 개입하여 질서를 형성할 수 있는 광범위한 권한을 부여하고 있기에 행정계획은 행정의 주요한 행위형식이 되고 있다.

3. 행정계획의 종류

🔨 헌재판례

도시설계는 도시계획의 한 종류로서 도시설계지구 내의 모든 건축물에 대하여 구속력을 가지는 구속적 행정계획의 법적 성격을 갖는다(헌재 2003.6.26. 2002헌마402).

⚖ 판례

도시기본계획은 도시의 기본적인 공간구조와 장기발전방향을 제시하는 종합계획으로서 그 계획에는 장래의 도시개발의 일반적인 방향이 제시되지만, 도시계획입안의 지침이 되는 것에 불과하여 일반 국민에 대한 직접적인 구속력은 없다(대판 2002.10.11. 2000두8226).

4. 행정계획의 법적 성질

⚖ 판례　처분성을 긍정한 사례

1. 도시계획법 소정의 도시계획결정은 개인의 법률상의 이익을 개별적·구체적으로 규제하는 효과를 가져오게 하는 행정청의 처분이라 할 것이다(대판 1982.3.9. 80누105).
2. 주택재건축정비사업조합은 행정주체의 지위를 갖는다. 재건축조합이 행정주체의 지위에서 수립하는 관리처분계획은 구속적 행정계획으로서 재건축조합이 행하는 독립된 행정처분에 해당한다. 관리처분계획안에 대한 총회결의의 효력 등을 다투는 소송은 공법상 법률관계에 관한 것이므로, 당사자소송에 해당한다(대판 2009.9.17. 2007다2428 전원합의체).
3. 사업시행계획은 행정처분에 해당한다(대결 2009.11.2. 2009마596).

⚖ 판례　처분성을 부정한 사례

1. 환지예정지 지정이나 환지처분은 항고소송의 대상이 되는 처분이라고 볼 수 있으나, 환지계획은 법률효과를 수반하는 것이 아니어서 처분에 해당한다고 할 수가 없다(대판 1999.8.20. 97누6889).
2. 도시기본계획은 도시계획 입안의 지침이 되는 개발계획으로서 행정청에 대한 직접적인 구속력은 없다(대판 2007.4.12. 2005두1893).
3. '4대강 살리기 마스터플랜' 등은 행정기관 내부에서 사업의 기본방향을 제시하는 것일 뿐, 행정처분에 해당하지 않는다(대판 2011.4.21. 2010무111 전원합의체).

5. 행정계획의 법적 근거와 절차

(1) 행정계획의 법적 근거

구속적 계획은 일반국민의 권리·의무에 영향을 미치거나 행정기관에 대해 법적인 구속력을 가지므로 이를 수립함에 있어서는 작용법적 근거가 필요하다고 할 것이다.

⚖ 판례

권한 있는 행정청이 수립한 후행 도시계획에 선행 도시계획과 서로 양립할 수 없는 내용이 포함되어 있다면 특별한 사정이 없는 한 선행 도시계획은 후행 도시계획과 같은 내용으로 변경된 것으로 볼 수 있다. 후행 도시계획의 결정을 하는 행정청이 선행 도시계획의 결정·변경 등에 관한 권한을 가지고 있지 아니한 경우 선행 도시계획과 양립할 수 없는 내용이 포함된 후행 도시계획 결정은 무효이다(대판 2000.9.8. 99두11257).

(2) 행정계획의 절차

행정계획은 그 파급효과가 매우 광범위한 반면 광범위한 재량이 인정되기 때문에 사후적인 구제가 어렵다. 따라서 계획수립과정에서 절차적 통제가 더욱 중요한 의미를 갖는다. 행정계획의 절차에 관한 일반적인 규정은 없고, 개별법에서 다양하게 규정되어 있다. 행정절차법상 행정계획의 절차에 대해서는 명시적 규정이 없으나 일정한 행정계획은 행정예고의 대상이 되며, 행정계획이 행정입법의 형식인 경우에는 행정절차법상의 행정입법예고절차가, 처분의 형식인 경우에는 행정절차법상의 처분절차가 적용된다.

> ⚖️ **판례**
>
> 1. 공람공고절차를 위배한 도시계획변경결정신청은 위법하다고 아니할 수 없고 행정처분에 위와 같은 법률이 보장한 절차의 흠결이 있는 위법사유가 존재하는 이상 그 행정처분은 위법하다(대판 1988.5.24. 87누388).
> 2. 도시계획의 수립에 있어서 공청회를 열지 아니하였더라도 이는 절차상의 위법으로서 취소사유에 불과하고 그 쟁송기간이 이미 도과한 후인 수용재결단계에 있어서는 도시계획수립 행위의 위와 같은 위법을 들어 재결처분의 취소를 구할 수는 없다(대판 1990.1.23. 87누947).

6. 행정계획의 효력발생요건과 효력 – 공포 또는 고시, 집중효

7. 행정계획과 계획재량

(1) 계획재량의 의의

행정계획은 장래목표를 설정하는 기능을 담당하고 있기에, 광범위한 재량이 인정된다. 이처럼 행정기관이 갖는 구체적 형성의 자유로서 법적으로 미리 결정할 수 없는 고유한 결정 여지를 계획재량이라 한다. 일반적인 행정행위에 비하여 행정청에 폭넓은 재량권이 부여된다. 보통의 행정재량과 계획재량은 동일한 성질의 것인지 아니면 별개의 성질을 가지는 것인지에 관해 학설이 대립한다.

질적 차이설(多)	행정재량은 요건과 효과라는 조건프로그램적인 성질을 가지고 있다면, 계획재량은 목적과 수단의 관계에 근거한 목적프로그램적 성질을 지녔다는 것이다.
양적 차이설	행정재량은 전통적 행정재량과 양적인 부분에 차이가 있다고 본다.

(2) 계획재량에 대한 통제 – 형량명령

형량명령이란 행정계획수립주체가 계획재량권을 행사함에 있어서 공익 상호 간, 사익 상호 간 및 공익과 사익 상호 간의 정당한 형량을 하여야 한다는 원리를 말한다. 이러한 형량명령은 계획결정에 있어 비례의 원칙을 고려한 것으로 볼 수 있다. 계획재량도 법률로부터 자유로운 행위는 아니다.

형량의 해태	관계이익을 형량함에 있어서 형량을 전혀 하지 않은 경우
형량의 흠결	형량을 함에 있어서 반드시 고려하여야 할 이익을 누락시킨 경우
오형량	형량에 있어 평가가 정당성과 객관성을 결한 경우

> **⚖️ 판례**
>
> 행정주체는 구체적인 행정계획을 입안·결정함에 있어서 비교적 광범위한 형성의 자유를 가지는 것이지만, 행정주체가 행정계획을 입안·결정하면서 이익형량을 전혀 행하지 않거나 이익형량의 고려 대상에 마땅히 포함시켜야 할 사항을 빠뜨린 경우 또는 이익형량을 하였으나 정당성과 객관성이 결여된 경우에는 행정계획결정은 형량에 하자가 있어 위법하게 된다(대판 2012.1.12. 2010두5806).

8. 계획보장청구권(행정계획과 신뢰보호)

(1) 의의

계획보장의 문제는 법적 안정성 내지 신뢰보호라는 이념과 계획의 신축성 내지 계획변경의 필요성이라는 상충적인 요청사이에 위치한다.

(2) 내용

일반적으로는 계획보장청구권은 인정되기 어렵다. 계획존속청구권 역시 인정되지 않는다. 판례는 원칙적으로 계획변경청구권을 인정하고 있지 않으며 계획변경청구에 대한 행정청의 거부처분에 대해 원칙적으로 취소소송으로 다툴 수 없다는 입장이다. 다만 예외적으로 인정한 사례가 있다.

> **⚖️ 판례** 계획변경청구권 부정(원칙) 사례
>
> 행정계획이 일단 확정된 후 어떤 사정의 변동이 있다 하여 그 주장과 같은 사유만으로는 이 사건 도시계획의 변경을 신청할 조리상의 권리가 있다고 볼 수 없다. 따라서 도시계획시설 변경신청거부행위를 항고소송의 대상이 되는 행정처분이라고 할 수 없다(대판 1994.1.28. 93누22029).

> **⚖️ 판례** 계획변경청구권 인정(예외) 사례
>
> 1. 국토이용계획은 장기성, 종합성이 요구되는 행정계획이어서 원칙적으로는 그 계획이 일단 확정된 후에 어떤 사정의 변동이 있다고 하여 그러한 사유만으로는 지역주민이나 일반 이해관계인에게 일일이 그 계획의 변경을 신청할 권리를 인정하여 줄 수는 없을 것이지만, 장래 일정한 기간 내에 관계 법령이 규정하는 시설 등을 갖추어 일정한 행정처분을 구하는 신청을 할 수 있는 법률상 지위에 있는 자의 국토이용계획변경신청을 거부하는 것이 실질적으로 당해 행정처분 자체를 거부하는 결과가 되는 경우에는 예외적으로 그 신청인에게 국토이용계획변경을 신청할 권리가 인정된다고 봄이 상당하므로, 이러한 신청에 대한 거부행위는 항고소송의 대상이 되는 행정처분에 해당한다(대판 2003.9.23. 2001두10936).
> 2. 도시계획구역 내 토지 등을 소유하고 있는 사람과 같이 당해 도시계획시설결정에 이해관계가 있는 주민으로서는 도시시설계획의 입안 내지 변경을 요구할 수 있는 법규상 또는 조리상의 신청권이 있고, 이러한 신청에 대한 거부행위는 항고소송의 대상이 되는 행정처분에 해당한다(대판 2015.3.26. 2014두42742).
> 3. 문화재보호구역 내에 있는 토지소유자 등으로서는 위 보호구역의 지정해제를 요구할 수 있는 법규상 또는 조리상의 신청권이 있다고 할 것이고, 이러한 신청에 대한 거부행위는 항고소송의 대상이 되는 행정처분에 해당한다(대판 2004.4.27. 2003두8821).

9. 행정계획과 권리구제

헌법재판소는 비구속적 행정계획에 대해서 원칙적으로 헌법소원을 인정하지 아니한다. 다만 예외적으로 비구속적 행정계획도 국민의 기본권에 직접적으로 영향을 끼치고, 앞으로 법령의 뒷받침에 의하여 그대로 실시될 것이 틀림없을 것으로 예상될 수 있을 때에는, 공권력행위로서 예외적으로 헌법소원의 대상이 될 수 있다(헌재 1992.10.1. 92헌마68등).

04 공법상 계약

1. 공법상 계약의 의의

공법상 계약이란 공법적 효과의 발생을 목적으로 하는 복수당사자 간의 서로 반대방향의 의사표시의 합치에 의하여 성립하는 공법행위를 말한다. 공법상 계약은 법률의 근거 없이 가능하다. 공법상 계약도 행정작용인 이상, 법률우위의 원칙에 위반될 수 없음은 다른 행정작용과 마찬가지이다. 공법상 계약은 행정주체 상호 간에도 이루어진다.

> ⚖️ **판례** | **공법상 계약으로 본 사례**
>
> 1. 서울특별시립무용단 단원의 위촉은 공법상의 계약이고, 단원의 해촉에 대하여는 공법상의 당사자소송으로 그 무효확인을 청구할 수 있다(대판 1995.12.22. 95누4636).
> 2. 전문직공무원인 공중보건의사의 채용계약의 해지의 의사표시에 대하여는 공법상 당사자소송으로 무효확인을 청구할 수 있다(대판 1993.9.14. 92누4611).

> ⚖️ **판례**
>
> 1. 창덕궁관리소장이 채용한 비원안내원들 채용계약은 단순한 사법상의 고용계약이다(대판 1996.1.23. 95다5809).
> 2. 국립의료원 부설주차장에 관한 위탁관리용역운영계약은 행정재산인 위 부설주차장에 대한 사용·수익허가로서 이루어진 것이므로, 행정처분으로서 특성인에게 행정재산을 사용할 수 있는 권리를 설정하여 주는 강학상 특허에 해당한다(대판 2006.3.9. 2004다31074).

2. 공법상 계약의 특성

공법상 계약은 문서뿐만 아니라 구두에 의한 것도 가능하며, 공법상 계약의 해지는 처분이 아니므로 행정절차법 규정이 적용되지 않는다.

> ⚖️ **판례**
>
> 계약직공무원 채용계약해지의 의사표시는 행정처분과 같이 행정절차법에 의하여 근거와 이유를 제시하여야 하는 것은 아니다(대판 2002.11.26. 2002두5948).

공법상의 계약은 비권력적 작용이기 때문에 원칙적으로 행정행위에 인정되는 공정력·자력집행력·불가쟁력·불가변력 등과 같은 효력이 인정되지 않는다. 또한 법률의 근거가 없으면 행정상의 강제집행을 할 수 없다. 판례는 법령상의 요건과 절차를 거치지 않고 체결한 지방자치단체와 사인 사이에 사법상 계약은 무효로 본다.

> ⚖️ **판례**
>
> 1. 광주광역시문화예술회관장의 단원 위촉은 항고소송의 대상이 되는 불합격처분이라고 할 수는 없다(대판 2001.12.11. 2001두7794).
> 2. 지방계약직공무원에 대하여 지방공무원법, 지방공무원징계 및 소청규정에 정한 징계절차에 의하지 않고서는 보수를 삭감할 수 없다(대판 2008.6.12. 2006두16328).
> 3. 중소기업 정보화지원사업에 따른 지원금 출연을 위하여 중소기업청장이 체결하는 협약은 공법상 계약에 해당하므로, 협약의 해지 및 그에 따른 환수통보는 대등한 당사자의 지위에서 하는 의사표시로 보아야 하고, 행정처분에 해당한다고 볼 수는 없다(대판 2015.8.27. 2015두41449).

05 공법상 합동행위 및 행정상의 사실행위

권력적 사실행위란 행정주체가 우월적 지위를 가지고 하는 행위로서 공권력 행사의 실체를 가지는 사실행위를 말한다. 불법건축물의 강제철거 등 대집행의 실행행위, 전염병 환자의 강제격리 등의 행정상 즉시강제가 이에 해당한다. 비권력적 사실행위란 공권력행사의 실체를 가지지 않는 사실행위를 말한다. 도로건설, 여론조사, 폐기물 수거, 행정지도 등이 이에 해당한다. 권력적 사실행위는 행정쟁송법상의 처분에 해당한다. 따라서 권력적 사실행위에 대해서는 취소소송 등 항고소송을 제기해서 권리구제를 받을 수 있는 가능성은 있다. 하지만 무허가건물의 강제철거와 같은 권력적 사실행위는 단기간에 종료하는 것이 보통이므로 협의의 소의 이익이 없어 취소쟁송을 통해 구제받기는 사실상 어렵다.

> ⚖️ **판례** 권력적 사실행위에 대한 사례
>
> 1. 단수처분은 항고소송의 대상이 되는 행정처분에 해당한다(대판 1979.12.28. 79누218).
> 2. 미결수용자의 교도소 이송조치는 행정처분이다(대판 1992.8.7. 92두30).

> ⚖️ **판례** 비권력적 사실행위에 대한 사례
>
> 1. 수도사업자가 급수공사 신청자에 대하여 한 납부통지는 강제성이 없는 의사 또는 사실상의 통지행위라고 풀이함이 상당하고, 이를 가리켜 항고소송의 대상이 되는 행정처분이라고 볼 수 없다(대판 1993.10.26. 93누6331).
> 2. 추첨방식에 의하여 운수사업 면허대상자를 선정하는 경우 추첨 자체는 행정처분을 위한 사전 준비절차로서의 사실행위에 불과한 것이다(대판 1993.5.11. 92누15987).

헌법재판소는 권력적 사실행위로서 처분성이 인정되는 경우라고 하더라도 보충성의 원칙의 예외로서 헌법소원 대상성을 긍정한 바 있다.

> ⚖️ **헌재판례**
>
> 수형자의 서신검열은 권력적 사실행위로서 행정심판이나 행정소송의 대상이 되는 행정처분이지만 보충성 원칙의 예외로 헌법소원의 대상이 된다(헌재 1998.8.27. 96헌마398).

06 행정지도

1. 행정지도의 의의

행정지도란 행정기관이 특정인에게 행위를 하거나 하지 않도록 지도, 권고, 조언 등을 하는 행정작용을 말한다. 행정지도는 상대방의 임의적 협력을 전제로 하는 비권력적 사실행위이다. 행정지도는 그 자체로는 아무런 법적 효과도 발생하지 않는다.

2. 행정지도의 법적 근거와 한계

행정지도는 조직법적 근거규범이 필요하나, 비권력적 사실행위이므로 작용법적 근거는 필요 없다.

> **행정절차법 제48조(행정지도의 원칙)** ① 행정지도는 그 목적 달성에 필요한 최소한도에 그쳐야 하며, 행정지도의 상대방의 의사에 반하여 부당하게 강요하여서는 아니 된다.
> ② 행정기관은 행정지도의 상대방이 행정지도에 따르지 아니하였다는 것을 이유로 불이익한 조치를 하여서는 아니 된다.
> **제49조(행정지도의 방식)** ① 행정지도를 하는 자는 그 상대방에게 그 행정지도의 취지 및 내용과 신분을 밝혀야 한다.
> ② 행정지도가 말로 이루어지는 경우에 상대방이 제1항의 사항을 적은 서면의 교부를 요구하면 그 행정지도를 하는 자는 직무 수행에 특별한 지장이 없으면 이를 교부하여야 한다.
> **제50조(의견제출)** 행정지도의 상대방은 해당 행정지도의 방식·내용 등에 관하여 행정기관에 의견제출을 할 수 있다.
> **제51조(다수인을 대상으로 하는 행정지도)** 행정기관이 같은 행정목적을 실현하기 위하여 많은 상대방에게 행정지도를 하려는 경우에는 특별한 사정이 없으면 행정지도에 공통적인 내용이 되는 사항을 공표하여야 한다.

3. 행정지도와 권리구제

(1) 행정쟁송

> ⚖ **판례** │ 행정지도로서 처분성을 부정한 사례(원칙)
>
> 1. 공무원이 소속 장관으로부터 받은 "직상급자와 다투고 폭언하는 행위 등에 대하여 엄중 경고하니 차후 이러한 사례가 없도록 각별히 유념하기 바람"이라는 내용의 서면에 의한 경고가 행정처분이라고 할 수 없다(대판 1991.11.12. 91누2700).
> 2. 세무당국이 회사에 대하여 원고와의 주류거래를 일정기간 중지하여 줄 것을 요청한 행위는 권고적 성격의 행위로서 항고소송의 대상이 될 수 없다(대판 1980.10.27. 80누395).
> 3. 유흥전문음식점업의 소관관서인 시장이 한 허가에 부쳐진 영업시간의 준수지시는 행정처분이라고 할 수 없으므로 행정소송의 대상이 되지 아니한다(대판 1982.12.28. 82누366).

> ⚖ **판례** │ 처분성을 인정한 사례(예외)
>
> 1. 행정규칙에 의한 '불문경고조치'가 비록 법률상의 징계처분은 아니지만 위 처분을 받지 아니하였다면 차후 다른 징계처분이나 경고를 받게 될 경우 징계감경사유로 사용될 수 있었던 표창공적의 사용가능성을 소멸시키는 효과와 1년 동안 인사기록카드에 등재됨으로써 그 동안은 장관표창이나 도지사표창 대상자에서 제외시키는 효과 등이 있다는 이유로 항고소송의 대상이 되는 행정처분에 해당한다(대판 2002.7.26. 2001두3532).
> 2. 금융기관의 임원에 대한 금융감독원장의 문책경고는 그 상대방에 대한 직업선택의 자유를 직접 제한하는 효과를 발생하게 하는 등 상대방의 권리의무에 직접 영향을 미치는 행위로서 행정처분에 해당한다(대판 2005.2.17. 2003두14765).

(2) 손해전보

> ⚖️ **판례**
>
> 1. 행정지도가 강제성을 띠지 않은 비권력적 작용으로서 행정지도의 한계를 일탈하지 아니하였다면, 상대방에게 어떤 손해가 발생하였다 하더라도 행정기관은 <u>손해배상책임이 없다</u>(대판 2008.9.25. 2006다18228).
> 2. 국가배상법이 정한 배상청구의 요건인 '공무원의 직무'에는 권력적 작용만이 아니라 행정지도와 같은 비권력적 작용도 포함되며 단지 행정주체가 사경제주체로서 하는 활동만 제외되는 것이다(대판 1998.7.10. 96다38971).

(3) 헌법소원

> ⚖️ **헌재판례**
>
> <u>교육인적자원부장관의 대학총장들에 대한 이 사건 학칙시정요구는 행정지도의 일종이지만</u>, 따르지 않을 경우 일정한 불이익조치를 예정하고 있어 단순한 행정지도로서의 한계를 넘어 <u>규제적·구속적 성격</u>을 상당히 강하게 갖는 것으로서 <u>헌법소원의 대상이 되는 공권력의 행사라고 볼 수 있다</u>(헌재 2003.6.26. 2002헌마337).

4. 행정지도와 위법성조각

<u>위법한 행정지도에 따라 행한 사인의 행위는 법령에 명시적으로 정함이 없는 한 위법성이 조각된다고 할 수 없다.</u>

> ⚖️ **판례**
>
> 행정관청이 국토이용관리법 소정의 토지거래계약신고에 관하여 공시된 기준시가를 기준으로 매매가격을 신고하도록 행정지도를 하여 그에 따라 허위신고를 한 것이라 하더라도 이와 같은 행정지도는 <u>법에 어긋나는 것으로서 그와 같은 행정지도나 관행에 따라 허위신고행위에 이르렀다고 하여도 이것만 가지고서는 그 범법행위가 정당화될 수 없다</u>(대판 1994.6.14. 93도3247).

07 기타 행정작용

1. 비공식 행정작용

2. 행정의 자동결정

행정의 자동결정이란 일반적으로 행정과정에서 컴퓨터 등 전자처리정보를 투입하여 행정업무를 자동화하여 수행하는 것을 말한다. 신호등에 의한 교통신호, 컴퓨터를 통한 중·고등학생의 학교배정 등을 들 수 있다. <u>행정자동결정</u>은 자동시설의 도움을 빌어 발하여지는 행정처분으로서 일반적으로 <u>행정행위</u>라는 것이 통설의 입장이다. 행정의 자동결정도 행정작용의 하나이므로 행정의 법률적합성과 행정법의 일반원칙에 의한 법적 한계를 준수하여야 한다.

3. 사법형식의 행정작용(행정사법)

행정사법이란 행정기관이 사법(*私法*)형식에 의하여 직접적으로 공행정임무를 수행하는 것으로 일정한 공법적 규율을 받는 것을 의미한다. 행정사법은 사적자치가 전면적으로 적용되는 것이 아니라 공법적 구속을 받는다는 점이 본질적 속성이다. 행정사법이 공법적 규율을 받더라도 그 본질은 사법작용이므로 행정사법에 관한 법적분쟁은 민사소송에 의한다.

> ⚖️ **판례**
>
> 전화가입계약은 사법상의 계약관계에 불과하다고 할 것이므로, 전화가입계약의 해지를 항고소송의 대상이 되는 행정처분으로 볼 수 없다(대판 1982.12.28. 82누441).

4. 협의의 국고작용

행정주체가 재산권의 주체로서 일반사인과 같은 지위에서 사법상 행위를 하는 것을 협의의 국고작용이라고 한다. 관공서비품구매계약이나 관공서청사건설계약 등 조달행정이 대표적이다. 협의의 국고작용은 민사소송을 통해서 권리구제를 도모해야 한다.

5. 국가를 당사자로 하는 계약에 관한 법률

> ⚖️ **판례**
>
> 1. '국가를 당사자로 하는 계약에 관한 법률'에 따라 지방자치단체가 당사자가 되는 이른바 공공계약은 사경제의 주체로서 상대방과 대등한 위치에서 체결하는 사법상의 계약으로서 그 본질적인 내용은 사인 간의 계약과 다를 바가 없으므로, 그에 관한 법령에 특별한 정함이 있는 경우를 제외하고는 사적자치와 계약자유의 원칙 등 사법의 원리가 그대로 적용된다(대결 2006.6.19. 자2006마117).
> 2. 국가와 사인 사이에 계약이 체결되었더라도 법령상 요건과 절차를 거치지 아니한 계약은 효력이 없다(대판 2015.1.15. 2013다215133).

김태성
행정법총론 압축정리

PART

03

행정절차·정보공개·
개인정보보호

CHAPTER

01 행정절차

PART 3 행정절차 · 정보공개 · 개인정보보호

제1절 행정절차 일반론

협의의 행정절차는 행정청이 <u>행정작용을 할 때</u> 대외적으로 거쳐야 하는 <u>사전절차만을</u> 의미하며, 여기에는 처분절차, 행정조사절차, 행정입법절차 및 행정집행절차가 포함된다.

<u>법치주의의 보장</u>	행정절차의 법제화는 행정의 투명성, 예측가능성을 부여하고 행정권 발동의 남용을 방지함으로써 실질적 법치주의에 기여한다.
<u>사전적 권리구제</u>	미리 상대방 등 이해관계인의 의견을 수렴하여 행정작용을 함으로써 분쟁을 회피할 수 있고, 이에 따라 부담을 완화하는 기능을 한다.

🔨 헌재판례

<u>적법절차원리는 형사절차상의 영역에 한정되지 않고 입법, 행정 등 국가의 모든 공권력의 작용에 적용된다</u>(헌재 1992.12.24. 92헌가78).

⚖ 판례

개별 세법에 납세고지에 관한 별도의 규정이 없더라도 국세징수법이 정한 것과 같은 납세고지의 요건을 갖추지 않으면 안 된다는 것이고, 이는 <u>적법절차의 원칙이 과세처분에도 적용됨에 따른 당연한 귀결이다.</u> 복수의 과세처분을 함께 하는 경우에는 과세처분별로 그 세액과 산출근거 등을 구분하여 기재함으로써 납세의무자가 각 과세처분의 내용을 알 수 있도록 해야 하는 것 역시 당연하다(대판 2012.10.18. 2010두12347 전원합의체).

공법 · 일반법	행정절차법은 공법으로 행정절차에 관한 일반법이며, <u>사법작용과는 무관하다.</u>
절차법 (실체법적 내용 존재)	행정절차법은 주로 <u>절차적 규정으로</u> 구성되나 신뢰보호의 원칙이나 신의성실의 원칙 같은 <u>실체적 규정도 포함하고 있다.</u>
규율대상	행정절차법은 처분절차 외에도 행정상 입법예고, 행정예고 및 행정지도 등에 관한 것도 <u>규정하고 있으나, 확약·공법상 계약·행정계획의 확정절차·행정조사절차 등에 대해서는 규정하지 않고 있다.</u> 또한 행정행위의 하자치유와 절차하자의 효과 등에 대해서도 규정하지 않고 있다.

제 2 절 행정절차법의 주요 내용

01 행정절차법의 통칙(通則)규정

1. 입법목적

행정절차법은 행정절차에 관한 공통적인 사항을 규정하여 국민의 행정참여를 도모함으로써 행정의 공정성·투명성 및 신뢰성을 확보하고 국민의 권익을 보호함을 목적으로 한다(행정절차법 제1조).

2. 용어정의(행정절차법 제2조)

행정청	1. "행정청"이란 다음 각 목의 자를 말한다. 가. 행정에 관한 의사를 결정하여 표시하는 국가 또는 지방자치단체의 기관 나. 그 밖에 법령 또는 자치법규(이하 "법령 등"이라 한다)에 따라 행정권한을 가지고 있거나 위임 또는 위탁받은 공공단체 또는 그 기관이나 사인(私人)
처분	2. "처분"이란 행정청이 행하는 구체적 사실에 관한 법 집행으로서의 공권력의 행사 또는 그 거부와 그 밖에 이에 준하는 행정작용(行政作用)을 말한다.
행정지도	3. "행정지도"란 행정기관이 그 소관 사무의 범위에서 일정한 행정목적을 실현하기 위하여 특정인에게 일정한 행위를 하거나 하지 아니하도록 지도, 권고, 조언 등을 하는 행정작용을 말한다.
당사자 등	4. "당사자 등"이란 다음 각 목의 자를 말한다. 가. 행정청의 처분에 대하여 직접 그 상대가 되는 당사자 나. 행정청이 직권으로 또는 신청에 따라 행정절차에 참여하게 한 이해관계인
청문	5. "청문"이란 행정청이 어떠한 처분을 하기 전에 당사자 등의 의견을 직접 듣고 증거를 조사하는 절차를 말한다.
공청회	6. "공청회"란 행정청이 공개적인 토론을 통하여 어떠한 행정작용에 대하여 당사자 등, 전문지식과 경험을 가진 사람, 그 밖의 일반인으로부터 의견을 널리 수렴하는 절차를 말한다.
의견제출	7. "의견제출"이란 행정청이 어떠한 행정작용을 하기 전에 당사자 등이 의견을 제시하는 절차로서 청문이나 공청회에 해당하지 아니하는 절차를 말한다.

3. 행정절차법의 적용제외대상

<table>
<tr>
<td>

행정절차법 제3조(적용 범위) ② 이 법은 다음 각 호의 어느 하나에 해당하는 사항에 대하여는 적용하지 아니한다.

1. 국회 또는 지방의회의 의결을 거치거나 동의 또는 승인을 받아 행하는 사항
2. 법원 또는 군사법원의 재판에 의하거나 그 집행으로 행하는 사항
3. 헌법재판소의 심판을 거쳐 행하는 사항
4. 각급 선거관리위원회의 의결을 거쳐 행하는 사항
5. 감사원이 감사위원회의의 결정을 거쳐 행하는 사항
6. 형사(刑事), 행형(行刑) 및 보안처분 관계 법령에 따라 행하는 사항
7. 국가안전보장·국방·외교 또는 통일에 관한 사항 중 행정절차를 거칠 경우 국가의 중대한 이익을 현저히 해칠 우려가 있는 사항
8. 심사청구, 해양안전심판, 조세심판, 특허심판, 행정심판, 그 밖의 불복절차에 따른 사항
9. 「병역법」에 따른 징집·소집, 외국인의 출입국·난민인정·귀화, 공무원 인사 관계 법령에 따른 징계와 그 밖의 처분, 이해 조정을 목적으로 하는 법령에 따른 알선·조정·중재(仲裁)·재정(裁定) 또는 그 밖의 처분 등 해당 행정작용의 성질상 행정절차를 거치기 곤란하거나 거칠 필요가 없다고 인정되는 사항과 행정절차에 준하는 절차를 거친 사항으로서 대통령령으로 정하는 사항

</td>
<td>

행정절차법시행령 제2조(적용제외) 법 제3조 제2항 제9호에서 "대통령령으로 정하는 사항"이라 함은 다음 각 호의 어느 하나에 해당하는 사항을 말한다.

1. 「병역법」, 「예비군법」, 「민방위기본법」, 「비상대비자원 관리법」, 「대체역의 편입 및 복무 등에 관한 법률」에 따른 징집·소집·동원·훈련에 관한 사항
2. 외국인의 출입국·난민인정·귀화·국적회복에 관한 사항
3. 공무원 인사관계법령에 의한 징계 기타 처분에 관한 사항
4. 이해조정을 목적으로 법령에 의한 알선·조정·중재·재정 기타 처분에 관한 사항
5. 조세관계법령에 의한 조세의 부과·징수에 관한 사항
6. 「독점규제 및 공정거래에 관한 법률」, 「하도급거래 공정화에 관한 법률」, 「약관의 규제에 관한 법률」에 따라 공정거래위원회의 의결·결정을 거쳐 행하는 사항
7. 「국가배상법」, 「공익사업을 위한 토지 등의 취득 및 보상에 관한 법률」에 따른 재결·결정에 관한 사항
8. 학교·연수원등에서 교육·훈련의 목적을 달성하기 위하여 학생·연수생등을 대상으로 행하는 사항
9. 사람의 학식·기능에 관한 시험·검정의 결과에 따라 행하는 사항

</td>
</tr>
</table>

대통령령으로 정하는 사항 전부에 대해 행정절차법의 적용이 배제되는 것이 아니라 성질상 행정절차를 거치기 곤란하거나 불필요 또는 행정절차에 준하는 절차를 거치는 사항의 경우에만 행정절차법의 적용이 배제된다.

⚖ 판례

1. 진급예정자명단에 포함된 자에 대하여 의견제출의 기회를 부여하지 아니한 채 진급선발을 취소하는 처분을 한 것은 행정절차법상 절차상 하자가 있어 위법하다(대판 2007.9.21. 2006두20631).
2. 국가공무원법상 직위해제처분은 행정절차법의 규정이 별도로 적용되지 않는다(대판 2014.5.16. 2012두26180).
3. 군인사법상 보직해임처분은 행정절차법의 규정이 별도로 적용되지 아니한다(대판 2014. 10. 15. 2012두5756).
4. 공정거래위원회의 의결·결정을 거쳐 행하는 사항에는 행정절차법의 적용이 제외되게 되어 있으므로, 공정거래위원회는 행정절차법을 적용하여 의견청취절차를 생략할 수는 없다(대판 2001.5.8. 2000두10212).
5. 대통령이 한국방송공사 사장인 갑의 해임처분을 하는 과정에서 행정절차법에 위배되어 위법하지만, 당연무효가 아닌 취소 사유에 해당한다(대판 2012.2.23. 2011두5001).

4. 행정절차법의 일반원칙

> **행정절차법 제4조(신의성실 및 신뢰보호)** ① 행정청은 직무를 수행할 때 신의(信義)에 따라 성실히 하여야 한다.
> ② 행정청은 법령등의 해석 또는 행정청의 관행이 일반적으로 국민들에게 받아들여졌을 때에는 공익 또는 제3자의 정당한 이익을 현저히 해칠 우려가 있는 경우를 제외하고는 새로운 해석 또는 관행에 따라 소급하여 불리하게 처리하여서는 아니 된다.
> **제5조(투명성)** ① 행정청이 행하는 행정작용은 그 내용이 구체적이고 명확하여야 한다.
> ② 행정작용의 근거가 되는 법령등의 내용이 명확하지 아니한 경우 상대방은 해당 행정청에 그 해석을 요청할 수 있으며, 해당 행정청은 특별한 사유가 없으면 그 요청에 따라야 한다.
> ③ 행정청은 상대방에게 행정작용과 관련된 정보를 충분히 제공하여야 한다.

5. 행정청의 관할·협조·행정응원

> **행정절차법 제6조(관할)** ① 행정청이 그 관할에 속하지 아니하는 사안을 접수하였거나 이송받은 경우에는 지체 없이 이를 관할 행정청에 이송하여야 하고 그 사실을 신청인에게 통지하여야 한다. 행정청이 접수하거나 이송받은 후 관할이 변경된 경우에도 또한 같다.
> ② 행정청의 관할이 분명하지 아니한 경우에는 해당 행정청을 공통으로 감독하는 상급 행정청이 그 관할을 결정하며, 공통으로 감독하는 상급 행정청이 없는 경우에는 각 상급 행정청이 협의하여 그 관할을 결정한다.
> **행정절차법 제7조(행정청 간의 협조)** 행정청은 행정의 원활한 수행을 위하여 서로 협조하여야 한다.
> **행정절차법 제8조(행정응원)** ⑥ 행정응원에 드는 비용은 응원을 요청한 행정청이 부담하며, 그 부담금액 및 부담방법은 응원을 요청한 행정청과 응원을 하는 행정청이 협의하여 결정한다.

6. 행정절차의 당사자

(1) 당사자 등의 자격

> **행정절차법 제9조(당사자등의 자격)** 다음 각 호의 어느 하나에 해당하는 자는 행정절차에서 당사자등이 될 수 있다.
> 1. 자연인
> 2. 법인, 법인이 아닌 사단 또는 재단(이하 "법인등"이라 한다)
> 3. 그 밖에 다른 법령등에 따라 권리·의무의 주체가 될 수 있는 자

(2) 당사자 등의 지위승계

> **행정절차법 제10조(지위의 승계)** ① 당사자등이 사망하였을 때의 상속인과 다른 법령등에 따라 당사자등의 권리 또는 이익을 승계한 자는 당사자등의 지위를 승계한다.
> ② 당사자등인 법인등이 합병하였을 때에는 합병 후 존속하는 법인등이나 합병 후 새로 설립된 법인등이 당사자등의 지위를 승계한다.
> ③ 제1항 및 제2항에 따라 당사자등의 지위를 승계한 자는 행정청에 그 사실을 통지하여야 한다.
> ④ 처분에 관한 권리 또는 이익을 사실상 양수한 자는 행정청의 승인을 받아 당사자등의 지위를 승계할 수 있다.
> ⑤ 제3항에 따른 통지가 있을 때까지 사망자 또는 합병 전의 법인등에 대하여 행정청이 한 통지는 제1항 또는 제2항에 따라 당사자등의 지위를 승계한 자에게도 효력이 있다.

(3) 대표자 선정·변경 및 권한

> **행정절차법 제11조(대표자)** ① 다수의 당사자등이 공동으로 행정절차에 관한 행위를 할 때에는 <u>대표자를 선정할 수 있다.</u>
> ② 행정청은 제1항에 따라 당사자등이 대표자를 선정하지 아니하거나 대표자가 지나치게 많아 행정절차가 지연될 우려가 있는 경우에는 그 이유를 들어 상당한 기간 내에 3인 이내의 대표자를 선정할 것을 요청할 수 있다. 이 경우 당사자등이 그 요청에 따르지 아니하였을 때에는 행정청이 직접 대표자를 선정할 수 있다.
> ③ 당사자등은 대표자를 변경하거나 해임할 수 있다.
> ④ <u>대표자는 각자 그를 대표자로 선정한 당사자등을 위하여 행정절차에 관한 모든 행위를 할 수 있다. 다만, 행정절차를 끝맺는 행위에 대하여는 당사자등의 동의를 받아야 한다.</u>
> ⑤ <u>대표자가 있는 경우에는 당사자등은 그 대표자를 통하여서만 행정절차에 관한 행위를 할 수 있다.</u>
> ⑥ <u>다수의 대표자가 있는 경우 그중 1인에 대한 행정청의 행위는 모든 당사자등에게 효력이 있다. 다만, 행정청의 통지는 대표자 모두에게 하여야 그 효력이 있다.</u>

(4) 대리인의 선임·변경 및 권한

> **행정절차법 제12조(대리인)** ① 당사자등은 다음 각 호의 어느 하나에 해당하는 자를 <u>대리인으로 선임할 수 있다.</u>
> 1. 당사자등의 배우자, 직계 존속·비속 또는 <u>형제자매</u>
> 2. 당사자등이 법인등인 경우 그 임원 또는 직원
> 3. 변호사
> 4. 행정청 또는 청문 주재자(청문의 경우만 해당한다)의 허가를 받은 자
> 5. 법령등에 따라 해당 사안에 대하여 대리인이 될 수 있는 자
> **행정절차법 제13조(대표자·대리인의 통지)** ① 당사자등이 대표자 또는 대리인을 선정하거나 선임하였을 때에는 지체 없이 그 사실을 행정청에 통지하여야 한다. 대표자 또는 대리인을 변경하거나 해임하였을 때에도 또한 같다.

(5) 이해관계인의 참여

> **행정절차법 시행령 제3조(이해관계인의 참여)** ① 행정절차에 참여하고자 하는 이해관계인은 행정청에게 참여대상인 절차와 참여이유를 기재한 문서(전자문서를 포함한다. 이하 같다)로 참여를 신청하여야 한다.
> ② 행정청은 제1항의 규정에 의한 신청을 받은 때에는 지체없이 참여 여부를 결정하여 신청인에게 통지하여야 한다.

7. 송달 및 기간·기한의 특례

> **행정절차법 제14조(송달)** ① 송달은 <u>우편, 교부 또는 정보통신망 이용 등의 방법으로 하되, 송달받을 자(대표자 또는 대리인을 포함한다. 이하 같다)의 주소·거소(居所)·영업소·사무소 또는 전자우편주소(이하 "주소 등"이라 한다)로 한다.</u> 다만 송달받을 자가 동의하는 경우에는 그를 만나는 장소에서 송달할 수 있다.
> ② <u>교부에 의한 송달은 수령확인서를 받고 문서를 교부함으로써 하며, 송달하는 장소에서 송달받을 자를 만나지 못한 경우에는 그 사무원·피용자(被傭者) 또는 동거인으로서 사리를 분별할 지능이 있는 사람(이하 이 조에서 "사무원 등"이라 한다)에게 문서를 교부할 수 있다.</u> 다만 문서를 송달받을 자 또는 그 사무원등이 정당한 사유 없이 송달받기를 거부하는 때에는 그 사실을 수령확인서에 적고, 문서를 송달할 장소에 놓아둘 수 있다.
> ③ <u>정보통신망을 이용한 송달은 송달받을 자가 동의하는 경우에만 한다.</u> 이 경우 송달받을 자는 송달받을 전자우편주소 등을 지정하여야 한다.
> ④ <u>다음 각 호의 어느 하나에 해당하는 경우에는 송달받을 자가 알기 쉽도록 관보, 공보, 게시판, 일간신문 중 하나 이상에 공고하고 인터넷에도 공고하여야 한다.</u>
> 1. 송달받을 자의 주소 등을 통상적인 방법으로 확인할 수 없는 경우
> 2. 송달이 불가능한 경우
> ⑤ 행정청은 송달하는 문서의 명칭, 송달받는 자의 성명 또는 명칭, 발송방법 및 발송 연월일을 확인할 수 있는 기록을 보존하여야 한다.

> **행정절차법 제15조(송달의 효력 발생)** ① 송달은 다른 법령 등에 특별한 규정이 있는 경우를 제외하고는 해당 문서가 송달 받을 자에게 도달됨으로써 그 효력이 발생한다.
> ② 제14조 제3항에 따라 정보통신망을 이용하여 전자문서로 송달하는 경우에는 송달받을 자가 지정한 컴퓨터 등에 입력 된 때에 도달된 것으로 본다.
> ③ 제14조 제4항의 경우에는 다른 법령 등에 특별한 규정이 있는 경우를 제외하고는 공고일부터 14일이 지난 때에 그 효력이 발생한다. 다만 긴급히 시행하여야 할 특별한 사유가 있어 효력 발생 시기를 달리 정하여 공고한 경우에는 그에 따른다.
>
> **행정절차법 제16조(기간 및 기한의 특례)** ① 천재지변이나 그 밖에 당사자 등에게 책임이 없는 사유로 기간 및 기한을 지킬 수 없는 경우에는 그 사유가 끝나는 날까지 기간의 진행이 정지된다.
> ② 외국에 거주하거나 체류하는 자에 대한 기간 및 기한은 행정청이 그 우편이나 통신에 걸리는 일수(日數)를 고려하여 정하여야 한다.

03

02 행정처분절차

1. 공통절차

(1) 처분기준의 설정·공표

> **행정절차법 제20조(처분기준의 설정·공표)** ① 행정청은 필요한 처분기준을 해당 처분의 성질에 비추어 되도록 구체적으로 정하여 공표하여야 한다. 처분기준을 변경하는 경우에도 또한 같다.
> ② 제1항에 따른 처분기준을 공표하는 것이 해당 처분의 성질상 현저히 곤란하거나 공공의 안전 또는 복리를 현저히 해치는 것으로 인정될 만한 상당한 이유가 있는 경우에는 처분기준을 공표하지 아니할 수 있다.
> ③ 당사자등은 공표된 처분기준이 명확하지 아니한 경우 해당 행정청에 그 해석 또는 설명을 요청할 수 있다. 이 경우 해당 행정청은 특별한 사정이 없으면 그 요청에 따라야 한다.

(2) 처분의 이유 제시

① 의의 및 기능 : 이유 제시 의무는 처분이 수익적인지 침익적인지를 불문하고 모든 행정행위에 인정되는 것이 원칙이나, 예외적으로 이유 제시의무가 면제되는 경우도 있다.

> **행정절차법 제23조(처분의 이유 제시)** ① 행정청은 처분을 할 때에는 다음 각 호의 어느 하나에 해당하는 경우를 제외하고는 당사자에게 그 근거와 이유를 제시하여야 한다.
> 1. 신청 내용을 모두 그대로 인정하는 처분인 경우
> 2. 단순·반복적인 처분 또는 경미한 처분으로서 당사자가 그 이유를 명백히 알 수 있는 경우
> 3. 긴급히 처분을 할 필요가 있는 경우
> ② 행정청은 제1항제2호 및 제3호의 경우에 처분 후 당사자가 요청하는 경우에는 그 근거와 이유를 제시하여야 한다.

② 이유 제시의 방식과 시기 : 이유 제시는 원칙적으로 처분시에 이루어져야 하며 처분시에 이유 제시가 없거나 미비한 경우에는 그러한 처분은 하자가 있는 것으로 위법하게 된다. 이유 제시는 당시지기 처분의 근거를 알 수 있을 징도로 싱딩한 이유이어아 하고 구체적이고 넝확하여야 한다.

> **판례**
>
> 1. 변상금 부과처분을 함에 있어서 <u>산출근거를 밝히지 아니하였다면 위법한 것이고,</u> 사용료의 산정 방법에 관한 규정이 마련되어 있다고 하여 산출근거를 명시할 필요가 없다거나, 간접적으로 <u>산 출근거를 명시하였다고는 볼 수 없다</u>(대판 2001.12.14. 2000두86).
> 2. 당사자가 그 근거를 알 수 있을 정도로 상당한 이유를 제시한 경우에는 당해 처분의 근거 및 이유를 구체적 조항 및 내용까지 명시하지 않았더라도 그로 말미암아 그 처분이 위법한 것이 된다고 할 수 없다(대판 2002.5.17. 2000두8912).

③ 이유 제시의 하자 : 처분의 내용에는 하자가 없더라도 처분시 <u>이유를 제시하지 않은 경우 그 것만으로도 처분이 위법하게 된다.</u> 판례는 이유 제시가 누락된 처분의 경우 <u>취소대상</u>으로 보고 있다.

> **판례**
>
> 1. 세액산출근거가 기재되지 아니한 납세고지서에 의한 부과처분은 강행법규에 위반하여 <u>취소대 상</u>이 된다고 할 것이므로 이와 같은 하자는 납세의무자가 전심절차에서 이를 주장하지 아니하 였거나, 그 후 <u>부과된 세금을 자진납부하였다거나,</u> 또는 조세채권의 소멸시효기간이 만료되었다 하여 치유되는 것이라고는 할 수 없다(대판 1985.4.9. 선고 84누431).
> 2. <u>수 개의 처분사유 중 일부가 적법하지 않다고 하더라도 다른 처분사유로써 그 처분의 정당성이 인정되는 경우에는 그 처분을 위법하다고 할 수 없다</u>(대판 2004.3.25. 2003두1264).

(3) <u>처분의 방식 – 원칙적 문서주의,</u> 처분실명제

> **행정절차법 제24조(처분의 방식)** ① 행정청이 처분을 할 때에는 다른 법령등에 <u>특별한 규정이 있는 경우를 제외하고는 문서로 하여야 하며,</u> 전자문서로 하는 경우에는 당사자등의 동의가 있어야 한다. 다만, 신속히 처리할 필요가 있거나 사안이 경미한 경우에는 <u>말 또는 그 밖의 방법으로 할 수 있다.</u> 이 경우 당사자가 요청하면 지체 없이 처분에 관한 문서를 주어야 한다.
> ② 처분을 하는 문서에는 그 처분 행정청과 담당자의 소속·성명 및 연락처(전화번호, 팩스번호, 전자우편주소 등을 말한다)를 적어야 한다.

> **판례**
>
> 운전면허정지처분을 하면서 통지서에 의하여 <u>면허정지사실을 통지하지 아니하거나 처분집행예정일 7일 전까지 이를 발송하지 아니한 경우에는 절차·형식을 갖추지 아니한 조치로서 그 효력이 없고,</u> 이와 같은 법리는 면허관청이 임의로 출석한 상대방의 편의를 위하여 구두로 면허정지사실을 알렸다고 하더라도 마찬가지이다(대판 1996.6.14. 95누17823).

(4) 처분의 정정 및 고지

> **행정절차법 제25조(처분의 정정)** 행정청은 처분에 오기(誤記), 오산(誤算) 또는 그 밖에 이에 준하는 명백한 잘못이 있을 때에는 직권으로 또는 신청에 따라 지체 없이 정정하고 그 사실을 당사자에게 통지하여야 한다.
> **행정절차법 제26조(고지)** 행정청이 처분을 할 때에는 당사자에게 그 처분에 관하여 행정심판 및 행정소송을 제기할 수 있는지 여부, 그 밖에 불복을 할 수 있는지 여부, 청구절차 및 청구기간, 그 밖에 필요한 사항을 알려야 한다.

2. 수익적 처분절차(신청에 의한 처분절차)

(1) 처분의 신청

> **행정절차법 제17조(처분의 신청)** ① 행정청에 처분을 구하는 신청은 문서로 하여야 한다. 다만, 다른 법령등에 특별한 규정이 있는 경우와 행정청이 미리 다른 방법을 정하여 공시한 경우에는 그러하지 아니하다.
> ② 제1항에 따라 처분을 신청할 때 전자문서로 하는 경우에는 행정청의 컴퓨터 등에 입력된 때에 신청한 것으로 본다.
> ③ 행정청은 신청에 필요한 구비서류, 접수기관, 처리기간, 그 밖에 필요한 사항을 게시(인터넷 등을 통한 게시를 포함한다)하거나 이에 대한 편람을 갖추어 두고 누구나 열람할 수 있도록 하여야 한다.
> ④ 행정청은 신청을 받았을 때에는 다른 법령등에 특별한 규정이 있는 경우를 제외하고는 그 접수를 보류 또는 거부하거나 부당하게 되돌려 보내서는 아니 되며, 신청을 접수한 경우에는 신청인에게 접수증을 주어야 한다. 다만, 대통령령으로 정하는 경우에는 접수증을 주지 아니할 수 있다.
> ⑤ 행정청은 신청에 구비서류의 미비 등 흠이 있는 경우에는 보완에 필요한 상당한 기간을 정하여 지체 없이 신청인에게 보완을 요구하여야 한다.
> ⑥ 행정청은 신청인이 제5항에 따른 기간 내에 보완을 하지 아니하였을 때에는 그 이유를 구체적으로 밝혀 접수된 신청을 되돌려 보낼 수 있다.
> ⑦ 행정청은 신청인의 편의를 위하여 다른 행정청에 신청을 접수하게 할 수 있다. 이 경우 행정청은 다른 행정청에 접수할 수 있는 신청의 종류를 미리 정하여 공시하여야 한다.
> ⑧ 신청인은 처분이 있기 전에는 그 신청의 내용을 보완·변경하거나 취하(取下)할 수 있다. 다만, 다른 법령등에 특별한 규정이 있거나 그 신청의 성질상 보완·변경하거나 취하할 수 없는 경우에는 그러하지 아니하다.

⚖ 판례

행정청의 허가업무 담당자에게 신청서의 내용에 대한 검토를 요청한 것만으로는 명시적이고 확정적인 신청의 의사표시가 있었다고 하기 어렵다(대판 2004.9.24. 2003두13236).

(2) 처리 기간의 설정·공표

> **행정절차법 제19조(처리기간의 설정·공표)** ① 행정청은 신청인의 편의를 위하여 처분의 처리기간을 종류별로 미리 정하여 공표하여야 한다.
> ② 행정청은 부득이한 사유로 제1항에 따른 처리기간 내에 처분을 처리하기 곤란한 경우에는 해당 처분의 처리기간의 범위에서 한 번만 그 기간을 연장할 수 있다.

3. 침익적 처분절차 – 처분의 사전통지

> **행정절차법 제21조(처분의 사전 통지)** ① 행정청은 당사자에게 의무를 부과하거나 권익을 제한하는 처분을 하는 경우에는 미리 다음 각 호의 사항을 당사자등에게 통지하여야 한다.
> 1. 처분의 제목
> 2. 당사자의 성명 또는 명칭과 주소
> 3. 처분하려는 원인이 되는 사실과 처분의 내용 및 법적 근거
> 4. 제3호에 대하여 의견을 제출할 수 있다는 뜻과 의견을 제출하지 아니하는 경우의 처리방법
> 5. 의견제출기관의 명칭과 주소
> 6. 의견제출기한
> 7. 그 밖에 필요한 사항
> ② 행정청은 청문을 하려면 청문이 시작되는 날부터 10일 전까지 제1항 각 호의 사항을 당사자등에게 통지하여야 한다. 이 경우 제1항 제4호부터 제6호까지의 사항은 청문 주재자의 소속·직위 및 성명, 청문의 일시 및 장소, 청문에 응하지 아니하는 경우의 처리방법 등 청문에 필요한 사항으로 갈음한다.
> ③ 제1항 제6호에 따른 기한은 의견제출에 필요한 기간을 10일 이상으로 고려하여 정하여야 한다.

www.pmg.co.kr

④ 다음 각 호의 어느 하나에 해당하는 경우에는 제1항에 따른 통지를 하지 아니할 수 있다.
1. 공공의 안전 또는 복리를 위하여 긴급히 처분을 할 필요가 있는 경우
2. 법령 등에서 요구된 자격이 없거나 없어지게 되면 반드시 일정한 처분을 하여야 하는 경우에 그 자격이 없거나 없어지게 된 사실이 법원의 재판 등에 의하여 객관적으로 증명된 경우
3. 해당 처분의 성질상 의견청취가 현저히 곤란하거나 명백히 불필요하다고 인정될 만한 상당한 이유가 있는 경우

(1) 의의

행정청은 당사자에게 의무를 부과하거나 권익을 제한하는 처분을 하는 경우 미리 처분의 제목, 당사자의 성명 또는 명칭과 주소 등을 당사자 등에게 통지하여야 한다. 예외사유에 해당하지 아니하는 한 상대방의 귀책사유가 있는 경우라 하더라고, 사전통지를 하여야 한다.

(2) 사전통지의 생략 등

사전통지는 의견청취의 전치절차로서 사전통지의무가 면제되는 경우에는 의견청취의무도 면제된다(동법 제22조 제4항).

(3) 사전통지대상인지가 문제되는 경우

① 거부처분 : 거부처분은 당사자의 권익을 침해하는 처분이 아니라고 보아 사전통지의 대상이 아니다. 단 수익적 행위의 신청에 대한 거부처분도 이유 제시는 필요하다.

> **판례**
>
> 신청에 따른 처분이 이루어지지 아니한 경우에는 아직 당사자에게 권익이 부과되지 아니하였으므로 신청에 대한 거부처분이 직접 당사자의 권익을 제한하는 것은 아니어서 거부처분을 사전통지대상이 된다고 할 수 없다(대판 2003.11.28. 2003두674).

② 수리를 요하는 신고(특히 지위승계신고)

> **판례**
>
> 1. 행정청이 영업자지위승계신고를 수리하는 처분은 종전의 영업자의 권익을 제한하는 처분이라 할 것이고, 행정청으로서는 신고를 수리하는 처분을 함에 있어 종전의 영업자에 대하여 위 규정 소정의 행정절차를 실시하여야 한다(대판 2003.2.14. 2001두7015).
> 2. 행정절차법에 의하면, 행정청이 당사자에게 의무를 과하거나 권익을 제한하는 처분을 할 때에는 당사자 등에게 처분의 사전통지를 하고 의견제출의 기회를 주어야 하며, 여기서 당사자란 행정청의 처분에 대하여 직접 그 상대가 되는 자를 의미한다. 체육시설업자 지위승계신고를 수리하는 처분은 종전 유원시설업자 또는 체육시설업자의 권익을 제한하는 처분이고, 행정청은 종전 유원시설업자 또는 체육시설업자에 대하여 위 규정에서 정한 행정절차를 실시하고 처분을 하여야 한다(대판 2012.12.13. 2011두29144).

③ 일반처분

⚖️ **판례**

1. '고시'의 방법으로 불특정 다수인을 상대로 의무를 부과하거나 권익을 제한하는 처분은 상대방을 특정할 수 없으므로, 행정절차법 제22조 제3항에 의하여 그 상대방에게 의견제출의 기회를 주어야 한다고 해석할 것은 아니다(대판 2014.10.27. 2012두7745).

2. 도로법 제25조 제3항이 도로구역을 결정하거나 변경할 경우 이를 고시에 의하도록 하면서, 그 도면을 일반인이 열람할 수 있도록 한 점 등을 종합하여 보면, 도로구역을 변경한 이 사건 처분은 행정절차법 제21조 제1항의 사전통지나 제22조 제3항의 의견청취의 대상이 되는 처분은 아니라고 할 것이다(대판 2008. 6. 12. 2007두1767).

⑷ 사전통지를 하지 않은 경우

⚖️ **판례**

1. 행정청이 침해적 행정처분을 함에 있어서 당사자에게 위와 같은 사전통지를 하거나 의견제출의 기회를 주지 아니하였다면 사전통지를 하지 않거나 의견제출의 기회를 주지 아니하여도 되는 예외적인 경우에 해당하지 아니하는 한 그 처분은 위법하여 취소를 면할 수 없다. 건축법상의 공사중지명령에 대한 사전통지를 하고 의견제출의 기회를 준다면 많은 액수의 손실보상금을 기대하여 공사를 강행할 우려가 있다는 사정이 사전통지 및 의견제출절차의 예외사유에 해당하지 아니한다(대판 2004.5.28. 2004두1254).

2. '의견청취가 현저히 곤란하거나 명백히 불필요하다고 인정될 만한 상당한 이유가 있는 경우'에 해당하는지는 해당 행정처분의 성질에 비추어 판단하여야 하며, 처분상대방이 이미 행정청에 위반사실을 시인하였다거나 처분의 사전통지 이전에 의견을 진술할 기회가 있었다는 사정을 고려하여 판단할 것은 아니다(대판 2016.10.27. 2016두41811).

3. 시보임용처분 당시 공무원임용 결격사유가 있어 시보임용처분을 취소하고 그에 따라 정규임용처분을 취소한 사안에서, 정규임용처분을 취소하는 처분은 성질상 행정절차를 거치는 것이 불필요하여 행정절차법의 적용이 배제되는 경우에 해당하지 않으므로, 사전통지를 하거나 의견제출의 기회를 부여하지 않은 것은 위법하다(대판 2009.1.30. 2008두16155).

03 의견청취절차(의견제출, 청문, 공청회)

> **행정절차법 제22조(의견청취)** ① 행정청이 처분을 할 때 다음 각 호의 어느 하나에 해당하는 경우에는 청문을 한다.
> 1. 다른 법령등에서 청문을 하도록 규정하고 있는 경우
> 2. 행정청이 필요하다고 인정하는 경우
> 3. 다음 각 목의 처분 시 제21조 제1항 제6호에 따른 의견제출기한 내에 당사자등의 신청이 있는 경우
>   가. 인허가 등의 취소
>   나. 신분·자격의 박탈
>   다. 법인이나 조합 등의 설립허가의 취소
> ② 행정청이 처분을 할 때 다음 각 호의 어느 하나에 해당하는 경우에는 공청회를 개최한다.
> 1. 다른 법령등에서 공청회를 개최하도록 규정하고 있는 경우
> 2. 해당 처분의 영향이 광범위하여 널리 의견을 수렴할 필요가 있다고 행정청이 인정하는 경우
> 3. 국민생활에 큰 영향을 미치는 처분으로서 대통령령으로 정하는 처분에 대하여 대통령령으로 정하는 수 이상의 당사자등이 공청회 개최를 요구하는 경우
> ③ 행정청이 당사자에게 의무를 부과하거나 권익을 제한하는 처분을 할 때 제1항 또는 제2항의 경우 외에는 <u>당사자등에게 의견제출의 기회를 주어야 한다.</u>
> ④ 제1항부터 제3항까지의 규정에도 불구하고 <u>제21조 제4항 각 호의 어느 하나에 해당하는 경우와 당사자가 의견진술의 기회를 포기한다는 뜻을 명백히 표시한 경우에는 의견청취를 하지 아니할 수 있다.</u>

1. 의의

행정절차법상 의견청취절차에는 의견제출, 청문, 공청회가 규정되어 있다.

2. 적용제외

(1) 일반론

① 공공의 안전 또는 복리를 위하여 <u>긴급히</u> 처분을 할 필요가 있는 경우, ② <u>법령 등에서 요구된</u> 자격이 없거나 없어지게 되면 반드시 일정한 처분을 하여야 하는 경우에 그 자격이 없거나 없어지게 된 사실이 법원의 재판 등에 의하여 객관적으로 증명된 경우, ③ 해당 처분의 성질상 <u>의견청취가 현저히 곤란하거나 명백히 불필요</u>하다고 인정될 만한 상당한 이유가 있는 경우 그리고 ④ 당사자가 의견진술의 기회를 포기한다는 뜻을 명백히 표시한 경우에는 의견청취를 하지 아니할 수 있다(행정절차법 제22조 제4항).

(2) 의견청취의 예외인지가 문제되는 경우

> ⚖️ **판례**
>
> 1. 협약이 체결되었다고 하여 청문의 실시에 관한 규정의 적용이 배제된다거나 청문을 실시하지 않아도 되는 예외적인 경우에 해당한다고 할 수 없다(대판 2004.7.8. 2002두8350).
> 2. 청문통지서가 반송되었다거나, 행정처분의 상대방이 청문일시에 불출석하였다는 이유로 청문을 실시하지 아니하고 한 침해적 행정처분은 위법하다(대판 2001.4.13. 2000두3337).
> 3. 퇴직연금의 환수결정은 관련 법령에 따라 당연히 환수금액이 정하여지는 것이므로, 퇴직연금의 환수결정에 앞서 당사자에게 <u>의견진술의 기회를 주지 아니하여도 행정절차법 제22조 제3항이나 신의칙에 어긋나지 아니한다</u>(대판 2000.11.28. 99두5443).

3. 의견제출(약식청문)

(1) 의견제출의 의의

의견제출이란 당사자 등이 의견을 제시하는 절차로서 청문이나 공청회에 해당하지 아니하는 절차를 말한다. 청문·공청회에 대한 명시적인 규정이 없는 경우에도 의견제출절차는 거쳐야 한다는 점에서 의견청취의 일반절차로서 성격을 지닌다.

(2) 의견제출의 기회제공

> **⚖ 판례**
>
> 침해적 행정처분을 함에 있어서 당사자에게 위와 같은 사전통지를 하거나 의견제출의 기회를 주지 아니하였다면 사전통지를 하지 않거나 의견제출의 기회를 주지 아니하여도 되는 예외적인 경우에 해당하지 아니하는 한 그 처분은 위법하여 취소를 면할 수 없다(대판 2000.11.14. 99두5870).

(3) 의견제출의 방법

> **행정절차법 제27조(의견제출)** ① 당사자 등은 처분 전에 그 처분의 관할 행정청에 서면이나 말로 또는 정보통신망을 이용하여 의견제출을 할 수 있다.
> ② 당사자 등은 제1항에 따라 의견제출을 하는 경우 그 주장을 입증하기 위한 증거자료 등을 첨부할 수 있다.
> ③ 행정청은 당사자 등이 말로 의견제출을 하였을 때에는 서면으로 그 진술의 요지와 진술자를 기록하여야 한다.
> ④ 당사자 등이 정당한 이유 없이 의견제출기한까지 의견제출을 하지 아니한 경우에는 의견이 없는 것으로 본다.

(4) 제출의견의 반영

> **행정절차법 제27조의2(제출 의견의 반영 등)** ① 행정청은 처분을 할 때에 당사자등이 제출한 의견이 상당한 이유가 있다고 인정하는 경우에는 이를 반영하여야 한다.
> ② 행정청은 당사자등이 제출한 의견을 반영하지 아니하고 처분을 한 경우 당사자등이 처분이 있음을 안 날부터 90일 이내에 그 이유의 설명을 요청하면 서면으로 그 이유를 알려야 한다. 다만, 당사자등이 동의하면 말, 정보통신망 또는 그 밖의 방법으로 알릴 수 있다.

4. 청문

(1) 청문의 의의

청문이란 행정청이 어떠한 처분을 하기 전에 당사자 등의 의견을 직접 듣고 증거를 조사하는 절차를 말한다(행정절차법 제2조 제5호).

(2) 청문의 실시

> **행정절차법 제22조(의견청취)** ① 행정청이 처분을 할 때 다음 각 호의 어느 하나에 해당하는 경우에는 청문을 한다.
> 1. 다른 법령등에서 청문을 하도록 규정하고 있는 경우
> 2. 행정청이 필요하다고 인정하는 경우
> 3. 다음 각 목의 처분 시 제21조 제1항 제6호에 따른 의견제출기한 내에 당사자 등의 신청이 있는 경우
>   가. 인허가 등의 취소
>   나. 신분·자격의 박탈
>   다. 법인이나 조합 등의 설립허가의 취소

(3) 청문의 통지

행정청은 청문을 하려면 <u>청문이 시작되는 날부터 10일 전까지 처분하고자 하는 원인이 되는 사실과 처분의 내용 및 법적 근거 등을 당사자 등에게 통지하여야 한다.</u>

(4) 청문의 주재자

> **행정절차법 제28조(청문 주재자)** ① 행정청은 <u>소속 직원 또는 대통령령으로 정하는 자격을 가진 사람 중에서 청문 주재자를 공정하게 선정하여야 한다.</u>
> ② 행정청은 청문이 시작되는 날부터 <u>7일 전까지 청문 주재자에게 청문과 관련한 필요한 자료를 미리 통지하여야 한다.</u>
> ③ 청문 주재자는 독립하여 공정하게 직무를 수행하며, 그 직무 수행을 이유로 본인의 의사에 반하여 신분상 어떠한 불이익도 받지 아니한다.
> ④ 제1항에 따라 대통령령으로 정하는 사람 중에서 선정된 청문 주재자는 「형법」이나 그 밖의 다른 법률에 따른 벌칙을 적용할 때에는 공무원으로 본다.
>
> **행정절차법 제29조(청문 주재자의 제척 · 기피 · 회피)** ① 청문 주재자가 다음 각 호의 어느 하나에 해당하는 경우에는 청문을 주재할 수 없다.
> 1. 자신이 당사자 등이거나 당사자 등과 「민법」 제777조 각 호의 어느 하나에 해당하는 친족관계에 있거나 있었던 경우
> 2. 자신이 해당 처분과 관련하여 증언이나 감정(鑑定)을 한 경우
> 3. 자신이 해당 처분의 당사자 등의 대리인으로 관여하거나 관여하였던 경우
> 4. 자신이 해당 처분업무를 직접 처리하거나 처리하였던 경우
> 5. 자신이 해당 처분업무를 처리하는 부서에 근무하는 경우. 이 경우 부서의 구체적인 범위는 대통령령으로 정한다.
> ② 청문 주재자에게 공정한 청문 진행을 할 수 없는 사정이 있는 경우 당사자 등은 행정청에 기피신청을 할 수 있다. 이 경우 행정청은 청문을 정지하고 그 신청이 이유가 있다고 인정할 때에는 해당 청문 주재자를 지체 없이 교체하여야 한다.
> ③ 청문 주재자는 제1항 또는 제2항의 사유에 해당하는 경우에는 행정청의 승인을 받아 스스로 청문의 주재를 회피할 수 있다.

(5) 청문의 진행 및 내용

① 청문의 공개 - <u>비공개 원칙</u>

> **행정절차법 제30조(청문의 공개)** <u>청문은 당사자가 공개를 신청하거나 청문 주재자가 필요하다고 인정하는 경우 공개할 수 있다.</u> 다만, 공익 또는 제3자의 정당한 이익을 현저히 해칠 우려가 있는 경우에는 공개하여서는 아니 된다.

② 질문 및 증거조사

> **행정절차법 제31조(청문의 진행)** ① 청문 주재자가 청문을 시작할 때에는 먼저 예정된 처분의 내용, 그 원인이 되는 사실 및 법적 근거 등을 설명하여야 한다.
> ② 당사자등은 의견을 진술하고 <u>증거를 제출할 수 있으며, 참고인이나 감정인 등에게 질문할 수 있다.</u>
>
> **행정절차법 제33조(증거조사)** ① <u>청문 주재자는 직권으로 또는 당사자의 신청에 따라 필요한 조사를 할 수 있으며, 당사자등이 주장하지 아니한 사실에 대하여도 조사할 수 있다.</u>
> ③ 청문 주재자는 필요하다고 인정할 때에는 관계 행정청에 필요한 문서의 제출 또는 의견의 진술을 요구할 수 있다. 이 경우 관계 행정청은 직무 수행에 특별한 지장이 없으면 그 요구에 따라야 한다.

③ 청문의 종결

> **행정절차법 제35조(청문의 종결)** ① 청문 주재자는 해당 사안에 대하여 당사자등의 의견진술, 증거조사가 충분히 이루어졌다고 인정하는 경우에는 청문을 마칠 수 있다.
> ② 청문 주재자는 당사자등의 전부 또는 일부가 정당한 사유 없이 청문기일에 출석하지 아니하거나 제31조 제3항에 따른 의견서를 제출하지 아니한 경우에는 이들에게 다시 의견진술 및 증거제출의 기회를 주지 아니하고 청문을 마칠 수 있다.
> ③ 청문 주재자는 당사자등의 전부 또는 일부가 정당한 사유로 청문기일에 출석하지 못하거나 제31조 제3항에 따른 의견서를 제출하지 못한 경우에는 10일 이상의 기간을 정하여 이들에게 의견진술 및 증거제출을 요구하여야 하며, 해당 기간이 지났을 때에 청문을 마칠 수 있다.
> ④ 청문 주재자는 청문을 마쳤을 때에는 청문조서, 청문 주재자의 의견서, 그 밖의 관계 서류 등을 행정청에 지체 없이 제출하여야 한다.

④ 청문결과의 반영

> **행정절차법 제35조의2(청문결과의 반영)** 행정청은 처분을 할 때에 제35조 제4항에 따라 받은 청문조서, 청문 주재자의 의견서, 그 밖의 관계 서류 등을 충분히 검토하고 상당한 이유가 있다고 인정하는 경우에는 청문결과를 반영하여야 한다.

⑤ 문서의 열람 및 비밀누설금지·목적 외 사용금지

> **행정절차법 제34조(청문조서)** ② 당사자등은 청문조서의 내용을 열람·확인할 수 있으며, 이의가 있을 때에는 그 정정을 요구할 수 있다.
> **행정절차법 제37조(문서의 열람 및 비밀유지)** ① 당사자등은 청문의 통지가 있는 날부터 청문이 끝날 때까지 행정청에 해당 사안의 조사결과에 관한 문서와 그 밖에 해당 처분과 관련되는 문서의 열람 또는 복사를 요청할 수 있다. 이 경우 행정청은 다른 법령에 따라 공개가 제한되는 경우를 제외하고는 그 요청을 거부할 수 없다.
> ⑤ 행정청은 제1항에 따른 복사에 드는 비용을 복사를 요청한 자에게 부담시킬 수 있다.
> ⑥ 누구든지 청문을 통하여 알게 된 사생활이나 경영상 또는 거래상의 비밀을 정당한 이유 없이 누설하거나 다른 목적으로 사용하여서는 아니 된다.

5. 공청회

(1) 공청회의 개최

> **행정절차법 제22조(의견청취)** ② 행정청이 처분을 할 때 다음 각 호의 어느 하나에 해당하는 경우에는 공청회를 개최한다.
> 1. 다른 법령등에서 공청회를 개최하도록 규정하고 있는 경우
> 2. 해당 처분의 영향이 광범위하여 널리 의견을 수렴할 필요가 있다고 행정청이 인정하는 경우
> 3. 국민생활에 큰 영향을 미치는 처분으로서 대통령령으로 정하는 처분에 대하여 대통령령으로 정하는 수 이상의 당사자등이 공청회 개최를 요구하는 경우

① 개최사유: 행정청이 개최한 공청회가 아닌 경우 행정절차법의 공청회에 관한 규정이 적용되지 않는다.

> **⚖️ 판례**
>
> 묘지공원과 화장장의 후보지를 선정하는 과정에서 서울특별시, 비영리법인, 일반 기업 등이 공동 발족한 협의체인 추모공원건립추진협의회가 그 명의로 개최한 공청회는 행정청이 도시계획시설결정을 하면서 개최한 공청회가 아니므로, 위 공청회의 개최에 관하여 행정절차법에서 정한 절차를 준수하여야 하는 것은 아니다(대판 2007.4.12. 2005두1893).

② 공고

> **행정절차법 제38조(공청회 개최의 알림)** 행정청은 공청회를 개최하려는 경우에는 공청회 개최 <u>14일 전까지</u> 다음 각 호의 사항을 당사자등에게 <u>통지</u>하고 관보, 공보, 인터넷 홈페이지 또는 일간신문 등에 공고하는 등의 방법으로 널리 알려야 한다. 다만, 공청회 개최를 알린 후 예정대로 개최하지 못하여 새로 일시 및 장소 등을 정한 경우에는 공청회 개최 7일 전까지 알려야 한다.

③ 전자공청회

> **행정절차법 제38조의2(전자공청회)** ① <u>행정청은 제38조에 따른 공청회와 병행하여서만 정보통신망을 이용한 공청회(이하 "전자공청회"라 한다)를 실시할 수 있다.</u>
> ② 행정청은 전자공청회를 실시하는 경우 의견제출 및 토론 참여가 가능하도록 적절한 전자적 처리능력을 갖춘 정보통신망을 구축·운영하여야 한다.
> ③ 전자공청회를 실시하는 경우에는 누구든지 정보통신망을 이용하여 의견을 제출하거나 제출된 의견 등에 대한 토론에 참여할 수 있다.
> ④ 제1항부터 제3항까지에서 규정한 사항 외에 전자공청회의 실시 방법 및 절차에 관하여 필요한 사항은 대통령령으로 정한다.

(2) 공청회의 주재자 및 발표자

> **행정절차법 제38조의3(공청회의 주재자 및 발표자의 선정)** ① 행정청은 해당 공청회의 사안과 관련된 분야에 <u>전문적 지식이 있거나 그 분야에 종사한 경험이 있는 사람으로서 대통령령으로 정하는 자격을 가진 사람 중에서 공청회의 주재자</u>를 선정한다.
> ② <u>공청회의 발표자는 발표를 신청한 사람 중에서 행정청이 선정한다.</u> 다만, 발표를 신청한 사람이 없거나 공청회의 공정성을 확보하기 위하여 필요하다고 인정하는 경우에는 다음 각 호의 사람 중에서 지명하거나 위촉할 수 있다.
> 1. 해당 공청회의 사안과 관련된 당사자등
> 2. 해당 공청회의 사안과 관련된 분야에 전문적 지식이 있는 사람
> 3. 해당 공청회의 사안과 관련된 분야에 종사한 경험이 있는 사람

04 신고

<u>행정절차법상의 신고는 수리를 요하지 않는 신고(자기완결적 신고)만 규정하고 있고, 수리를 요하는 신고에 대해서는 규정하고 있지 않다</u>는 점을 유의하여야 한다.

> **행정절차법 제40조(신고)** ① 법령 등에서 행정청에 일정한 사항을 통지함으로써 의무가 끝나는 신고를 규정하고 있는 경우 신고를 관장하는 행정청은 신고에 필요한 구비서류, 접수기관, 그 밖에 법령 등에 따른 신고에 필요한 사항을 게시(인터넷 등을 통한 게시를 포함한다)하거나 이에 대한 편람을 갖추어 두고 누구나 열람할 수 있도록 하여야 한다.
> ② 제1항에 따른 신고가 다음 각 호의 요건을 갖춘 경우에는 <u>신고서가 접수기관에 도달된 때에 신고 의무가 이행된 것으로 본다.</u>
> 1. 신고서의 기재사항에 흠이 없을 것
> 2. 필요한 구비서류가 첨부되어 있을 것
> 3. 그 밖에 법령 등에 규정된 형식상의 요건에 적합할 것
> ③ 행정청은 제2항 각 호의 요건을 갖추지 못한 신고서가 제출된 경우에는 지체 없이 상당한 기간을 정하여 신고인에게 보완을 요구하여야 한다.
> ④ 행정청은 신고인이 제3항에 따른 기간 내에 보완을 하지 아니하였을 때에는 그 이유를 구체적으로 밝혀 해당 신고서를 되돌려 보내야 한다.

05 행정상 입법예고, 행정예고

1. 행정상 입법예고

행정절차법 제41조(행정상 입법예고) ① 법령등을 제정·개정 또는 폐지(이하 "입법"이라 한다)하려는 경우에는 해당 입법안을 마련한 행정청은 이를 예고하여야 한다. 다만 다음 각 호의 어느 하나에 해당하는 경우에는 예고를 하지 아니할 수 있다.
1. 신속한 국민의 권리 보호 또는 예측 곤란한 특별한 사정의 발생 등으로 입법이 긴급을 요하는 경우
2. 상위 법령등의 단순한 집행을 위한 경우
3. 입법내용이 국민의 권리·의무 또는 일상생활과 관련이 없는 경우
4. 단순한 표현·자구를 변경하는 경우 등 입법내용의 성질상 예고의 필요가 없거나 곤란하다고 판단되는 경우
5. 예고함이 공공의 안전 또는 복리를 현저히 해칠 우려가 있는 경우

행정절차법 제43조(예고기간) 입법예고기간은 예고할 때 정하되, 특별한 사정이 없으면 40일(자치법규는 20일) 이상으로 한다.

행정절차법 제44조(의견제출 및 처리) ① 누구든지 예고된 입법안에 대하여 의견을 제출할 수 있다.
② 행정청은 의견접수기관, 의견제출기간, 그 밖에 필요한 사항을 해당 입법안을 예고할 때 함께 공고하여야 한다.
③ 행정청은 해당 입법안에 대한 의견이 제출된 경우 특별한 사유가 없으면 이를 존중하여 처리하여야 한다.
④ 행정청은 의견을 제출한 자에게 그 제출된 의견의 처리결과를 통지하여야 한다.

2. 행정예고

행정절차법 제46조(행정예고) ① 행정청은 정책, 제도 및 계획(이하 "정책등"이라 한다)을 수립·시행하거나 변경하려는 경우에는 이를 예고하여야 한다. 다만, 다음 각 호의 어느 하나에 해당하는 경우에는 예고를 하지 아니할 수 있다.
1. 신속하게 국민의 권리를 보호하여야 하거나 예측이 어려운 특별한 사정이 발생하는 등 긴급한 사유로 예고가 현저히 곤란한 경우
2. 법령등의 단순한 집행을 위한 경우
3. 정책등의 내용이 국민의 권리·의무 또는 일상생활과 관련이 없는 경우
4. 정책등의 예고가 공공의 안전 또는 복리를 현저히 해칠 우려가 상당한 경우
② 제1항에도 불구하고 법령 등의 입법을 포함하는 행정예고는 입법예고로 갈음할 수 있다.
③ 행정예고기간은 예고 내용의 성격 등을 고려하여 정하되, 특별한 사정이 없으면 20일 이상으로 한다.

06 행정지도

행정절차법 제48조(행정지도의 원칙) ① 행정지도는 그 목적 달성에 필요한 최소한도에 그쳐야 하며, 행정지도의 상대방의 의사에 반하여 부당하게 강요하여서는 아니 된다.
② 행정기관은 행정지도의 상대방이 행정지도에 따르지 아니하였다는 것을 이유로 불이익한 조치를 하여서는 아니 된다.

행정절차법 제49조(행정지도의 방식) ① 행정지도를 하는 자는 그 상대방에게 그 행정지도의 취지 및 내용과 신분을 밝혀야 한다.
② 행정지도가 말로 이루어지는 경우에 상대방이 제1항의 사항을 적은 서면의 교부를 요구하면 그 행정지도를 하는 자는 직무 수행에 특별한 지장이 없으면 이를 교부하여야 한다.

행정절차법 제50조(의견제출) 행정지도의 상대방은 해당 행정지도의 방식·내용 등에 관하여 행정기관에 의견제출을 할 수 있다.

행정절차법 제51조(다수인을 대상으로 하는 행정지도) 행정기관이 같은 행정목적을 실현하기 위하여 많은 상대방에게 행정지도를 하려는 경우에는 특별한 사정이 없으면 행정지도에 공통적인 내용이 되는 사항을 공표하여야 한다.

제 3 절 │ 행정절차의 하자

01 절차하자의 독자성 여부

1. 명문의 규정이 있는 경우

국가공무원법 제13조는 소청 사건을 심사할 때에는 소청인 또는 대리인에게 진술 기회를 주어야 하고, 의견 진술 기회를 주지 아니한 결정은 무효로 한다고 규정하고 있다.

2. 명문의 규정이 없는 경우

재량행위뿐만 아니라 조세부과처분과 같은 기속행위의 경우에도 절차하자를 독자적 위법사유로 인정한다.

> ⚖️ **판례**
>
> 1. 식품위생법 소정의 청문절차를 전혀 거치지 아니하거나 거쳤다고 하여도 그 절차적 요건을 제대로 준수하지 아니한 경우에는 영업정지사유가 인정된다고 하더라도 그 처분은 위법하여 취소를 면할 수 없다(대판 1991.7.9. 91누971).
> 2. 예비타당성조사를 실시하지 아니한 하자는 원칙적으로 예산 자체의 하자일 뿐, 그로써 곧바로 각 처분의 하자가 된다고 할 수 없다(대판 2015.12.10. 2011두32515).

02 절차상 하자 있는 행정행위의 효력

중대·명백설에 따라 절차하자가 중대하고 명백하면 무효가 되고, 그에 이르지 아니한 경우에는 취소사유가 된다.

03 절차하자와 취소판결의 기속력

> ⚖️ **판례**
>
> 과세의 절차 내지 형식에 위법이 있어 과세처분을 취소하는 판결이 확정되었을 때는 그 확정판결의 기판력은 거기에 적시된 절차 내지 형식의 위법사유에 한하여 미치는 것이므로 과세관청은 그 위법사유를 보완하여 다시 새로운 과세처분을 할 수 있고 그 새로운 과세처분은 확정판결에 의하여 취소된 종전의 과세처분과는 별개의 처분이라 할 것이어서 확정판결의 기판력(기속력)에 저촉되는 것이 아니다(대판 1987.2.10. 86누91).

제1절   행정정보공개제도

01 의의

「공공기관의 정보공개에 관한 법률」상의 정보공개청구권은 일반적 정보공개청구권을 포함하는 권리이다.

02 정보공개의 법적 근거

1. 헌법적 근거

정보공개청구권은 이를 인정하는 법률규정이 존재하지 않는 경우에도 알권리에 근거하여 인정된다. 한편 대법원도 알권리를 헌법 제21조에 의하여 직접 보장되는 권리로 보고 있다.

> **⚖ 헌재판례**
>
> 정보에의 접근 · 수집 · 처리의 자유 즉 "알 권리"는 표현의 자유에 당연히 포함되는 것으로 보아야 하는 것이다(헌재 1989.9.4. 88헌마22).

> **⚖ 판례**
>
> 국민의 '알권리', 즉 정보에의 접근 · 수집 · 처리의 자유는 자유권적 성질과 청구권적 성질을 공유하는 것으로서 헌법 제21조에 의하여 직접 보장되는 권리이다(대판 2009.12.10. 2009두12785).

2. 법률상 근거

공공기관의 정보공개에 관한 법률(이하 정보공개법)은 행정정보공개에 대한 일반법으로서 헌법상 알권리를 구체화한 법률이라고 볼 수 있다.

3. 조례

정보공개법 제4조 제2항에서는 지방자치단체는 법령의 범위에서 정보공개에 관한 조례를 정할 수 있다고 규정하고 있다. 한편 대법원은 정보공개법이 제정되기 이전에도 정보공개를 규정하고 있는 조례에 대해 법률의 개별적 위임이 없더라도 가능하다고 판시하였다.

> ⚖️ **판례**
>
> 청주시의회에서 의결한 청주시 행정정보공개 조례안은 주민의 권리를 제한하거나 의무를 부과하는 조례라고는 단정할 수 없고 따라서 그 제정에 있어서 반드시 법률의 개별적 위임이 따로 필요한 것은 아니다(대판 1992.6.23. 92추17).

03 「공공기관의 정보공개에 관한 법률」의 주요 내용

1. 용어의 정의

> **정보공개법 제2조(정의)** 이 법에서 사용하는 용어의 뜻은 다음과 같다.
> 1. "정보"란 공공기관이 직무상 작성 또는 취득하여 관리하고 있는 문서(전자문서를 포함한다. 이하 같다) 및 전자매체를 비롯한 모든 형태의 매체 등에 기록된 사항을 말한다.
> 2. "공개"란 공공기관이 이 법에 따라 정보를 열람하게 하거나 그 사본·복제물을 제공하는 것 또는 「전자정부법」 제2조 제10호에 따른 정보통신망(이하 "정보통신망"이라 한다)을 통하여 정보를 제공하는 것 등을 말한다.
> 3. "공공기관"이란 다음 각 목의 기관을 말한다.
>   가. 국가기관
>   1) 국회, 법원, 헌법재판소, 중앙선거관리위원회
>   2) 중앙행정기관(대통령 소속 기관과 국무총리 소속 기관을 포함한다) 및 그 소속 기관
>   3) 「행정기관 소속 위원회의 설치·운영에 관한 법률」에 따른 위원회
>   나. 지방자치단체
>   다. 「공공기관의 운영에 관한 법률」 제2조에 따른 공공기관
>   라. 「지방공기업법」에 따른 지방공사 및 지방공단
>   마. 그 밖에 대통령령으로 정하는 기관

> **정보공개법 시행령 제2조(공공기관의 범위)** 「공공기관의 정보공개에 관한 법률」(이하 "법"이라 한다) 제2조 제3호 라목에서 "대통령령으로 정하는 기관"이란 다음 각 호의 기관 또는 단체를 말한다.
> 1. 「유아교육법」, 「초·중등교육법」, 「고등교육법」에 따른 각급 학교 또는 그 밖의 다른 법률에 따라 설치된 학교
> 2. 삭제
> 3. 「지방자치단체 출자·출연 기관의 운영에 관한 법률」 제2조 제1항에 따른 출자기관 및 출연기관
> 4. 특별법에 따라 설립된 특수법인
> 5. 「사회복지사업법」 제42조 제1항에 따라 국가나 지방자치단체로부터 보조금을 받는 사회복지법인과 사회복지사업을 하는 비영리법인
> 6. 제5호 외에 「보조금 관리에 관한 법률」 제9조 또는 「지방재정법」 제17조 제1항 각 호 외의 부분 단서에 따라 국가나 지방자치단체로부터 연간 5천만원 이상의 보조금을 받는 기관 또는 단체. 다만, 정보공개 대상 정보는 해당 연도에 보조를 받은 사업으로 한정한다.

> ⚖️ **판례** 공공기관에 해당한다고 본 사례
>
> 1. 공공기관은 국가기관에 한정되는 것이 아니라 같은 법 시행령 제2조 제1호가 정보공개의무를 지는 공공기관의 하나로 사립대학교를 들고 있는 것이 모법인 구 공공기관의 정보공개에 관한 법률의 위임 범위를 벗어났다거나 사립대학교가 국비의 지원을 받는 범위 내에서만 공공기관의 성격을 가진다고 볼 수 없다(대판 2006.8.24. 2004두2783).
> 2. 한국방송공사(KBS)는 정보공개의무가 있는 공공기관의 정보공개에 관한 법률 제2조 제3호의 '공공기관'에 해당한다(대판 2010.12.23. 2008두13101).

> ⚖️ **판례**   공공기관에 해당하지 않는다고 본 사례
>
> '한국증권업협회(현 금융투자협회)'는 공공기관의 정보공개에 관한 법률 시행령의 '특별법에 의하여 설립된 특수법인'에 해당한다고 보기 어렵다(대판 2010.4.29. 2008두5643).

2. 적용범위

> **정보공개법 제4조(적용 범위)** ① 정보의 공개에 관하여는 다른 법률에 특별한 규정이 있는 경우를 제외하고는 이 법에서 정하는 바에 따른다.

> ⚖️ **판례**
>
> 1. 정보공개법의 적용을 배제하기 위해서는, 그 특별한 규정이 '법률'이어야 하고, 나아가 그 내용이 정보공개의 대상 및 범위, 정보공개의 절차, 비공개대상정보 등에 관하여 정보공개법과 달리 규정하고 있는 것이어야 할 것이다(대판 2007.6.1. 2007두2555).
> 2. 형사소송법 제59조의2는 '정보의 공개에 관하여 다른 법률에 특별한 규정이 있는 경우'에 해당한다. 따라서 형사재판확정기록의 공개에 관하여는 정보공개법에 의한 공개청구가 허용되지 아니한다(대판 2016.12.15. 2013두20882).

3. 정보공개청구권자

> **정보공개법 제5조(정보공개 청구권자)** ① 모든 국민은 정보의 공개를 청구할 권리를 가진다.
> ② 외국인의 정보공개 청구에 관하여는 대통령령으로 정한다.
>
> **정보공개법 시행령 제3조(외국인의 정보공개 청구)** 법 제5조 제2항에 따라 정보공개를 청구할 수 있는 외국인은 다음 각 호의 어느 하나에 해당하는 자로 한다.
> 1. 국내에 일정한 주소를 두고 거주하거나 학술·연구를 위하여 일시적으로 체류하는 사람
> 2. 국내에 사무소를 두고 있는 법인 또는 단체

국민에는 자연인뿐만 아니라 법인, 권리능력 없는 사단·재단도 포함된다. 나아가 해당 정보와의 이해관계 유무를 불문하므로 시민단체의 정보공개청구와 같이 개인적인 이해관계가 없는 공익을 위한 경우에도 인정된다. 한편 지방자치단체는 정보공개의무자에 해당할 뿐 정보공개청구권자인 국민에 해당하지 않는다.

> ⚖️ **판례**
>
> 국민에는 자연인은 물론 법인, 권리능력 없는 사단·재단도 포함되고, 법인, 권리능력 없는 사단·재단 등의 경우에는 설립목적을 불문하며, 한편 정보공개청구권은 법률상 보호되는 구체적인 권리이므로 청구인이 공공기관에 대하여 정보공개를 청구하였다가 거부처분을 받은 것 자체가 법률상 이익의 침해에 해당한다(대판 2003.12.12. 2003두8050).

4. 공공기관의 의무

(1) 정보공개의 원칙

> **정보공개법 제3조(정보공개의 원칙)** 공공기관이 보유·관리하는 정보는 국민의 알권리 보장 등을 위하여 이 법에서 정하는 바에 따라 적극적으로 공개하여야 한다.

> **⚖ 헌재판례**
>
> 정부의 공개의무는 특별한 사정이 없는 한 국민의 적극적인 정보수집행위, 특히 특정의 정보에 대한 공개청구가 있는 경우에야 비로소 존재하므로, 정보공개청구가 없었던 경우 사전에 공개할 정부의 의무는 인정되지 아니한다(헌재 2004.12.16. 2002헌마579).

> **⚖ 판례**
>
> 공개청구의 대상이 되는 정보란 공공기관이 직무상 작성 또는 취득하여 현재 보유·관리하고 있는 문서에 한정되는 것이기는 하나, 그 문서가 반드시 원본일 필요는 없다(대판 2006.5.25. 2006두3049).

(2) 행정정보의 공표

> **정보공개법 제7조(행정정보의 공표 등)** ① 공공기관은 다음 각 호의 어느 하나에 해당하는 정보에 대해서는 공개의 구체적 범위와 공개의 주기·시기 및 방법 등을 미리 정하여 공표하고, 이에 따라 정기적으로 공개하여야 한다. 다만 제9조 제1항 각 호의 어느 하나에 해당하는 정보에 대해서는 그러하지 아니하다.
> 1. 국민생활에 매우 큰 영향을 미치는 정책에 관한 정보
> 2. 국가의 시책으로 시행하는 공사(工事) 등 대규모 예산이 투입되는 사업에 관한 정보
> 3. 예산집행의 내용과 사업평가 결과 등 행정감시를 위하여 필요한 정보
> 4. 그 밖에 공공기관의 장이 정하는 정보
> ② 공공기관은 제1항에 규정된 사항 외에도 국민이 알아야 할 필요가 있는 정보를 국민에게 공개하도록 적극적으로 노력하여야 한다.

5. 공개대상정보 및 비공개대상정보

> **정보공개법 제9조(비공개 대상 정보)** ① 공공기관이 보유·관리하는 정보는 공개 대상이 된다. 다만, 다음 각 호의 어느 하나에 해당하는 정보는 공개하지 아니할 수 있다.
> 1. 다른 법률 또는 법률에서 위임한 명령(국회규칙·대법원규칙·헌법재판소규칙·중앙선거관리위원회규칙·대통령령 및 조례로 한정한다)에 따라 비밀이나 비공개 사항으로 규정된 정보
> 2. 국가안전보장·국방·통일·외교관계 등에 관한 사항으로서 공개될 경우 국가의 중대한 이익을 현저히 해칠 우려가 있다고 인정되는 정보
> 3. 공개될 경우 국민의 생명·신체 및 재산의 보호에 현저한 지장을 초래할 우려가 있다고 인정되는 정보
> 4. 진행 중인 재판에 관련된 정보와 범죄의 예방, 수사, 공소의 제기 및 유지, 형의 집행, 교정(矯正), 보안처분에 관한 사항으로서 공개될 경우 그 직무수행을 현저히 곤란하게 하거나 형사피고인의 공정한 재판을 받을 권리를 침해한다고 인정할 만한 상당한 이유가 있는 정보
> 5. 감사·감독·검사·시험·규제·입찰계약·기술개발·인사관리에 관한 사항이나 의사결정 과정 또는 내부검토 과정에 있는 사항 등으로서 공개될 경우 업무의 공정한 수행이나 연구·개발에 현저한 지장을 초래한다고 인정할 만한 상당한 이유가 있는 정보. 다만, 의사결정 과정 또는 내부검토 과정을 이유로 비공개할 경우에는 제13조 제5항에 따라 통지를 할 때 의사결정 과정 또는 내부검토 과정의 단계 및 종료 예정일을 함께 안내하여야 하며, 의사결정 과정 및 내부검토 과정이 종료되면 제10조에 따른 청구인에게 이를 통지하여야 한다.

6. 해당 정보에 포함되어 있는 <u>성명·주민등록번호 등</u> 「개인정보 보호법」 제2조 제1호에 따른 개인정보로서 <u>공개될 경우</u> <u>사생활의 비밀 또는 자유를 침해할 우려가 있다고 인정되는 정보.</u> 다만, 다음 각 목에 열거한 사항은 제외한다.
   가. 법령에서 정하는 바에 따라 열람할 수 있는 정보
   나. 공공기관이 공표를 목적으로 작성하거나 취득한 정보로서 사생활의 비밀 또는 자유를 부당하게 침해하지 아니하는 정보
   다. 공공기관이 작성하거나 취득한 정보로서 공개하는 것이 공익이나 개인의 권리 구제를 위하여 필요하다고 인정되는 정보
   라. <u>직무를 수행한 공무원의 성명·직위</u>
   마. 공개하는 것이 공익을 위하여 필요한 경우로서 법령에 따라 국가 또는 지방자치단체가 업무의 일부를 <u>위탁 또는</u> <u>위촉한 개인의 성명·직업</u>
7. 법인·단체 또는 개인(이하 "법인등"이라 한다)의 <u>경영상·영업상 비밀</u>에 관한 사항으로서 공개될 경우 법인등의 정당한 이익을 현저히 해칠 우려가 있다고 인정되는 정보. 다만, 다음 각 목에 열거한 정보는 제외한다.
   가. 사업활동에 의하여 발생하는 위해(危害)로부터 사람의 생명·신체 또는 건강을 보호하기 위하여 공개할 필요가 있는 정보
   나. 위법·부당한 사업활동으로부터 국민의 재산 또는 생활을 보호하기 위하여 공개할 필요가 있는 정보
8. 공개될 경우 <u>부동산 투기, 매점매석 등으로 특정인에게 이익 또는 불이익을 줄 우려가 있다고 인정되는 정보</u>

(1) **공개대상정보**: 공공기관이 보유·관리하는 정보는 공개 대상이 된다.

(2) **비공개대상정보**

> **⚖ 판례**
>
> 공공기관이 보유·관리하는 정보는 <u>원칙적으로 공개</u>하도록 하고 있으므로, 비공개사유에 해당하지 않는 한 이를 공개하여야 할 것이고, 만일 이를 거부하는 경우라 할지라도 법 제7조 제1항 몇 호에서 정하고 있는 비공개사유에 해당하는지를 주장·입증하여야만 할 것이며, 그에 이르지 아니한 채 <u>개괄적인 사유만을 들어 공개를 거부하는 것은 허용되지 아니한다</u>(대판 2003.12.11. 2001두8827).

① 비밀 또는 비공개 사항으로 규정된 정보(정보공개법 제9조 제1항 제1호)

> **⚖ 판례**
>
> 1. 공공기관의 정보공개에 관한 법률 소정의 '법률에 의한 명령'은 법률의 <u>위임규정에 의하여 제정</u>된 대통령령, 총리령, 부령 전부를 의미한다기보다는 정보의 공개에 관하여 <u>법률의 구체적인 위임 아래 제정된 법규명령을 의미한다</u>(대판 2003.12.11. 2003두8395).
> 2. <u>교육공무원승진규정</u>은 정보공개에 관한 사항에 관하여 구체적인 법률의 위임에 따라 제정된 명령이라고 할 수 없고, 위 규정을 근거로 정보공개청구를 거부하는 것은 잘못이다(대판 2006.10.26. 2006두11910).
> 3. 법무부령인 <u>검찰보존사무규칙</u>상의 열람·등사의 제한을 <u>비공개사항으로 규정된 경우</u>'에 해당한다고 볼 수 없다(대판 2006.5.25. 2006두3049).
> 4. 국방부의 한국형 다목적 헬기(KMH) 도입사업에 대한 감사원장의 감사결과보고서는 공공기관의 정보공개에 관한 법률 제9조 제1항 제1호에 의하여 <u>공개하지 아니할 수 있다</u>(대판 2006.11.10. 2006두9351).
> 5. <u>학교폭력대책자치위원회의 회의록</u>은 '다른 법률 또는 법률이 위임한 명령에 의하여 비밀 또는 비공개 사항으로 규정된 정보'에 해당한다(대판 2010.6.10. 2010두2913).
> 6. <u>국가정보원</u>이 직원에게 지급하는 현금급여 및 월초수당에 관한 정보는 '다른 법률에 의하여 <u>비공개 사항으로 규정된 정보</u>'에 해당한다(대판 2010.12.23. 2010두14800).

7. 국가정보원의 조직·소재지 및 정원에 관한 정보는 비공개 사항으로 규정된 정보'에 해당한다 (대판 2013.1.24. 2010두18918).

8. 공직자윤리법상의 등록의무자가 제출한 '자신의 재산등록사항의 고지를 거부한 직계존비속의 본인과의 관계, 성명, 고지거부사유, 서명(날인)'이 기재되어 있는 문서는 비공개정보에 해당하지 않는다(대판 2007.12.13. 2005두13117).

② 국가이익이나 공공안전 관련 정보(동항 제2호, 제3호)

⚖ 판례

보안관찰 관련 통계자료는 공개될 경우 국민의 생명·신체 및 재산의 보호 기타 공공의 안전과 이익을 현저히 해할 우려가 있다고 인정되는 정보에 해당한다(대판 2004.3.18, 2001두8254 전원합의체).

③ 형사절차 관련 정보(동항 제4호)

⚖ 판례

1. '재판에 관련된 정보'에 해당한다는 사유로 정보공개를 거부하기 위하여는 반드시 그 정보가 진행 중인 재판의 소송기록 자체에 포함된 내용일 필요는 없다. 그러나 재판에 관련된 일체의 정보가 그에 해당하는 것은 아니고 재판에 구체적으로 영향을 미칠 위험이 있는 정보에 한정된다 (대판 2011.11.24. 2009두19021).

2. 재소자가 교도관의 가혹행위를 이유로 형사고소 및 민사소송을 제기하면서 그 증명자료 확보를 위해 '근무보고서'와 '징벌위원회 회의록' 등의 정보공개를 요청하였으나 교도소장이 이를 거부한 사안에서, 근무보고서는 비공개대상정보에 해당한다고 볼 수 없다(대판 2009.12.10. 2009두12785).

④ 감사·감독·검사·시험 등 관련 정보(동항 제5호)

⚖ 판례

1. '학교폭력대책자치위원회 회의록'은 '공개될 경우 업무의 공정한 수행에 현저한 지장을 초래한다고 인정할 만한 상당한 이유가 있는 정보'에 해당한다(대판 2010.6.10. 2010두2913).

2. 학교환경위생구역 내 금지행위(숙박시설) 해제결정에 관한 학교환경위생정화위원회의 회의록에 기재된 발언내용에 대한 해당 발언자의 인적사항 부분에 관한 정보는 제5호 소정의 비공개대상에 해당한다(대판 2003.8.22. 2002두12946).

3. 사법시험 제2차 시험의 답안지 열람은 시험문항에 대한 채점위원별 채점 결과의 열람과 달리 사법시험업무의 수행에 현저한 지장을 초래한다고 볼 수 없다(대판 2003.3.14. 2000두6114).

4. 치과의사 국가시험에서 채택하고 있는 문제은행 출제방식의 문제지와 그 정답지를 공개하는 것은 시험업무의 공정한 수행이나 연구·개발에 현저한 지장을 초래한다고 인정할 만한 상당한 이유가 있는 경우에 해당한다(대판 2007.6.15. 2006두15936).

5. '2002년도 및 2003년도 국가 수준 학업성취도평가 자료'는 학교식별정보 등도 포함되어 있어서 공개될 경우 학업성취도평가 업무의 공정한 수행이 객관적으로 현저하게 지장을 받을 것이라는 고도의 개연성이 존재한다고 볼 여지가 있어 비공개대상정보에 해당하는 부분이 있으나, '2002 학년도부터 2005학년도까지의 대학수학능력시험 원데이터'는 비공개대상정보에 해당하지 않는다 (대판 2010.2.25. 2007두9877).

6. 외국 또는 외국 기관으로부터 비공개를 전제로 정보를 입수하였다는 이유만으로 이를 공개할 경우 업무의 공정한 수행에 현저한 지장을 받을 것이라고 단정할 수는 없다(대판 2018.9.28. 2017두69892).

⑤ 개인 관련 정보(동항 제6호)

> **⚖ 판례**
>
> 1. 공무원이 직무와 관련 없이 개인적인 자격으로 간담회·연찬회 등 행사에 참석하고 금품을 수령한 정보는 '공개하는 것이 공익을 위하여 필요하다고 인정되는 정보'에 해당하지 않는다(대판 2003.12.12. 2003두8050).
> 2. 사면대상자들의 사면실시건의서와 그와 관련된 국무회의 안건자료에 관한 정보는 비공개사유에 해당하지 않는다(대판 2006.12.7. 2005두241).
> 3. 지방자치단체의 업무추진비 세부항목별 집행내역 및 그에 관한 증빙서류에 포함된 개인에 관한 정보는 '공개하는 것이 공익을 위하여 필요하다고 인정되는 정보'에 해당하지 않는다(대판 2003.3.11. 2001두6425).
> 4. 비공개대상이 되는 정보에는 '개인식별정보'뿐만 아니라 '개인에 관한 사항의 공개로 개인의 비밀 등이 알려지게 되고, 자유로운 사생활을 영위할 수 없게 될 위험성이 있는 정보'도 포함된다. 불기소처분 기록 중 피의자신문조서 등에 기재된 피의자 등의 인적사항 이외의 진술내용 역시 개인의 사생활의 비밀 또는 자유를 침해할 우려가 인정되는 경우 비공개대상에 해당한다(대판 2012.6.18. 2011두2361 전원합의체).

⑥ 영업비밀 관련 정보(동항 제7호)

> **⚖ 판례**
>
> 1. '법인 등의 경영·영업상 비밀'은 부정경쟁방지법 제2조 제2호 소정의 '영업비밀'에 한하지 않고, '타인에게 알려지지 아니함이 유리한 사업활동에 관한 일체의 정보' 또는 '사업활동에 관한 일체의 비밀사항'으로 해석함이 상당하다(대판 2008.10.23. 2007두1798).
> 2. 법인 등이 거래하는 금융기관의 계좌번호에 관한 정보는 법인 등의 영업상 비밀에 관한 사항으로서 공개될 경우 법인 등의 정당한 이익을 현저히 해할 우려가 있다고 인정되는 정보에 해당한다고 할 것이다(대판 2004.8.20. 2003두8302).
> 3. 한국방송공사의 수시집행 접대성 경비의 건별 집행서류 일체는 비공개대상정보에 해당하지 않는다(대판 2008.10.23. 2007두1798).
> 4. 대한주택공사의 아파트 분양원가 산출내역에 관한 정보는, 비공개대상정보에 해당하지 않는다(대판 2007.6.1. 2006두20587).

⑦ 특정인의 이익 관련 정보(동항 제8호) : 공개될 경우 부동산 투기, 매점매석 등으로 특정인에게 이익 또는 불이익을 줄 우려가 있다고 인정되는 정보는 비공개대상정보에 해당한다.

(3) 비공개 대상 정보의 예외

> **정보공개법 제9조(비공개 대상 정보)** ② 공공기관은 제1항 각 호의 어느 하나에 해당하는 정보가 기간의 경과 등으로 인하여 비공개의 필요성이 없어진 경우에는 그 정보를 공개 대상으로 하여야 한다.

(4) 권리남용

> ⚖️ **판례**
>
> 1. 실제로 해당 정보를 취득 또는 활용할 의사가 전혀 없이 정보공개 제도를 이용하여 사회통념상 용인될 수 없는 부당한 이득을 얻으려 하거나, 오로지 공공기관의 담당공무원을 괴롭힐 목적으로 정보공개청구를 하는 경우처럼 권리의 남용에 해당하는 것이 명백한 경우에는 정보공개청구권의 행사를 허용하지 아니한다(대판 2014.12.24. 2014두9349).
> 2. 정보공개를 청구한 목적이 이 사건 손해배상소송에 제출할 증거자료를 획득하기 위한 것이었고 위 소송이 이미 종결되었다고 하더라도, 권리남용에 해당한다고 볼 수 없다(대판 2004.9.23. 2003두1370).

(5) 공지(共知)의 정보

> ⚖️ **판례**
>
> 공개청구의 대상이 되는 정보가 이미 다른 사람에게 공개하여 널리 알려져 있다거나 인터넷 등을 통하여 공개되어 인터넷검색 등을 통하여 쉽게 알 수 있다는 사정만으로는 소의 이익이 없다거나 비공개결정이 정당화될 수 없다(대판 2007.7.13. 2005두8733).

(6) 청구권자의 권리구제 가능성

> ⚖️ **판례**
>
> 정보공개 청구권자의 권리구제 가능성 등은 정보의 공개 여부 결정에 아무런 영향을 미치지 못한다(대판 2017.9.7. 2017두44558).

6. 정보공개절차

(1) 정보공개의 청구

① 정보공개의 청구방법

> **정보공개법 제10조(정보공개의 청구방법)** ① 정보의 공개를 청구하는 자(이하 "청구인"이라 한다)는 해당 정보를 보유하거나 관리하고 있는 공공기관에 다음 각 호의 사항을 적은 정보공개 청구서를 제출하거나 말로써 정보의 공개를 청구할 수 있다.
> 1. 청구인의 성명·생년월일·주소 및 연락처(전화번호·전자우편주소 등을 말한다. 이하 이 조에서 같다). 다만, 청구인이 법인 또는 단체인 경우에는 그 명칭, 대표자의 성명, 사업자등록번호 또는 이에 준하는 번호, 주된 사무소의 소재지 및 연락처를 말한다.
> 2. 청구인의 주민등록번호(본인임을 확인하고 공개 여부를 결정할 필요가 있는 정보를 청구하는 경우로 한정한다)
> ② 제1항에 따라 청구인이 말로써 정보의 공개를 청구할 때에는 담당 공무원 또는 담당 임직원(이하 "담당공무원 등"이라 한다)의 앞에서 진술하여야 하고, 담당공무원등은 정보공개 청구조서를 작성하여 이에 청구인과 함께 기명날인하거나 서명하여야 한다.

> ⚖️ **판례**
>
> 청구대상정보를 기재함에 있어서는 사회일반인의 관점에서 청구대상정보의 내용과 범위를 확정할 수 있을 정도로 특정함을 요한다(대판 2007.6.1. 2007두2555).

② 공개 여부의 결정기간

> **정보공개법 제11조(정보공개 여부의 결정)** ① 공공기관은 제10조에 따라 정보공개의 청구를 받으면 그 청구를 받은 날부터 10일 이내에 공개 여부를 결정하여야 한다.
> ② 공공기관은 부득이한 사유로 제1항에 따른 기간 이내에 공개 여부를 결정할 수 없을 때에는 그 기간이 끝나는 날의 다음 날부터 기산(起算)하여 10일의 범위에서 공개 여부 결정기간을 연장할 수 있다. 이 경우 공공기관은 연장된 사실과 연장 사유를 청구인에게 지체 없이 문서로 통지하여야 한다.

③ 제3자에 대한 통지 : 공공기관은 공개 청구된 공개 대상 정보의 전부 또는 일부가 제3자와 관련이 있다고 인정할 때에는 그 사실을 제3자에게 지체 없이 통지하여야 하며, 필요한 경우에는 그의 의견을 들을 수 있다(동조 제3항).

(2) 정보공개 여부 결정의 통지

> **정보공개법 제13조(정보공개 여부 결정의 통지)** ① 공공기관은 제11조에 따라 정보의 공개를 결정한 경우에는 공개의 일시 및 장소 등을 분명히 밝혀 청구인에게 통지하여야 한다.
> ② 공공기관은 청구인이 사본 또는 복제물의 교부를 원하는 경우에는 이를 교부하여야 한다.
> ③ 공공기관은 공개 대상 정보의 양이 너무 많아 정상적인 업무수행에 현저한 지장을 초래할 우려가 있는 경우에는 해당 정보를 일정 기간별로 나누어 제공하거나 사본·복제물의 교부 또는 열람과 병행하여 제공할 수 있다.
> ⑤ 공공기관은 제11조에 따라 정보의 비공개 결정을 한 경우에는 그 사실을 청구인에게 지체 없이 문서로 통지하여야 한다. 이 경우 제9조 제1항 각 호 중 어느 규정에 해당하는 비공개 대상 정보인지를 포함한 비공개 이유와 불복(不服)의 방법 및 절차를 구체적으로 밝혀야 한다.

⚖ 판례

1. '문서'에 '전자문서'를 포함한다고 규정한 구 공공기관의 정보공개에 관한 법률 제2조와 정보의 비공개결정을 '문서'로 통지하도록 정한 정보공개법 제13조 제4항의 규정들은 행정절차법의 적용이 제외되는 것으로 정한 '다른 법률'에 특별한 규정이 있는 경우에 해당하므로, 정보의 비공개결정은 정보공개법 제13조 제4항에 의하여 전자문서로 통지할 수 있다(대판 2014.4.10. 2012두17384).

2. 정보공개를 청구하는 자가 공개방법을 선택하여 정보공개청구를 한 경우 정보공개청구자가 선택한 공개방법에 따라 정보를 공개하여야 하므로 그 공개방법을 선택할 재량권이 없다고 해석함이 상당하다(대판 2003.12.12. 2003두8050).

3. 청구인이 신청한 공개방법 이외의 방법으로 공개하기로 하는 결정을 하였다면, 이는 정보공개청구 중 정보공개방법에 관한 부분에 대하여 일부 거부처분을 한 것이고, 청구인은 그에 대하여 항고소송으로 다툴 수 있다(대판 2016.11.10. 2016두44674).

4. 청구인이 정보공개거부처분의 취소를 구하는 소송에서 공공기관이 청구정보를 증거 등으로 법원에 제출하여 법원을 통하여 그 사본을 청구인에게 교부 또는 송달되게 하여 결과적으로 청구인에게 정보를 공개하는 셈이 되었다고 하더라도, 정보공개법에 의한 공개라고 볼 수는 없으므로, 당해 정보의 비공개결정의 취소를 구할 소의 이익은 소멸되지 않는다(대판 2016.12.15. 2012두11409).

(3) 정보공개의 방법

① 부분공개

> **정보공개법 제14조(부분 공개)** 공개 청구한 정보가 제9조 제1항 각 호의 어느 하나에 해당하는 부분과 공개 가능한 부분이 혼합되어 있는 경우로서 공개 청구의 취지에 어긋나지 아니하는 범위에서 두 부분을 분리할 수 있는 경우에는 제9조 제1항 각 호의 어느 하나에 해당하는 부분을 제외하고 공개하여야 한다.

> ⚖️ **판례**
>
> 1. 공개를 거부한 정보에 비공개대상정보에 해당하는 부분과 공개가 가능한 부분이 혼합되어 있고 두 부분을 분리할 수 있음을 인정할 수 있을 때에는, 위 정보 중 공개가 가능한 부분을 특정하고 판결의 주문에 행정청의 위 거부처분 중 공개가 가능한 정보에 관한 부분만을 취소한다고 표시하여야 한다(대판 2003.3.11. 2001두6425).
> 2. 한·일 군사정보보호협정 및 한·일 상호군수지원협정과 관련하여 각종 회의자료 및 회의록 등의 정보는 부분공개도 가능하지 않다(대판 2019.1.17. 2015두46512).

② 정보의 전자적 공개

> **정보공개법 제15조(정보의 전자적 공개)** ① 공공기관은 전자적 형태로 보유·관리하는 정보에 대하여 청구인이 전자적 형태로 공개하여 줄 것을 요청하는 경우에는 그 정보의 성질상 현저히 곤란한 경우를 제외하고는 청구인의 요청에 따라야 한다.
> ② 공공기관은 전자적 형태로 보유·관리하지 아니하는 정보에 대하여 청구인이 전자적 형태로 공개하여 줄 것을 요청한 경우에는 정상적인 업무수행에 현저한 지장을 초래하거나 그 정보의 성질이 훼손될 우려가 없으면 그 정보를 전자적 형태로 변환하여 공개할 수 있다.

③ 즉시 또는 말로 처리가 가능한 정보의 공개

> **정보공개법 제16조(즉시 처리가 가능한 정보의 공개)** 다음 각 호의 어느 하나에 해당하는 정보로서 즉시 또는 말로 처리가 가능한 정보에 대해서는 제11조에 따른 절차를 거치지 아니하고 공개하여야 한다.
> 1. 법령 등에 따라 공개를 목적으로 작성된 정보
> 2. 일반국민에게 알리기 위하여 작성된 각종 홍보자료
> 3. 공개하기로 결정된 정보로서 공개에 오랜 시간이 걸리지 아니하는 정보
> 4. 그 밖에 공공기관의 장이 정하는 정보

(4) 비용부담

> **정보공개법 제17조(비용 부담)** ① 정보의 공개 및 우송 등에 드는 비용은 실비(實費)의 범위에서 청구인이 부담한다.
> ② 공개를 청구하는 정보의 사용 복석이 공공복리의 유지·증진을 위하여 필요하다고 인정되는 경우에는 제1항에 따른 비용을 감면할 수 있다.

7. 청구인의 불복구제절차

(1) 이의신청

> **정보공개법 제18조(이의신청)** ① 청구인이 정보공개와 관련한 공공기관의 비공개 결정 또는 부분 공개 결정에 대하여 불복이 있거나 정보공개 청구 후 20일이 경과하도록 정보공개 결정이 없는 때에는 공공기관으로부터 정보공개 여부의 결정 통지를 받은 날 또는 정보공개 청구 후 20일이 경과한 날부터 30일 이내에 해당 공공기관에 문서로 이의신청을 할 수 있다.
> ② 국가기관등은 제1항에 따른 이의신청이 있는 경우에는 심의회를 개최하여야 한다. 다만, 다음 각 호의 어느 하나에 해당하는 경우에는 개최하지 아니할 수 있다.
> 1. 심의회의 심의를 이미 거친 사항
> 2. 단순·반복적인 청구
> 3. 법령에 따라 비밀로 규정된 정보에 대한 청구
> ③ 공공기관은 이의신청을 받은 날부터 7일 이내에 그 이의신청에 대하여 결정하고 그 결과를 청구인에게 지체 없이 문서로 통지하여야 한다. 다만, 부득이한 사유로 정하여진 기간 이내에 결정할 수 없을 때에는 그 기간이 끝나는 날의 다음 날부터 기산하여 7일의 범위에서 연장할 수 있으며, 연장 사유를 청구인에게 통지하여야 한다.

(2) 행정심판

> **정보공개법 제19조(행정심판)** ① 청구인이 정보공개와 관련한 공공기관의 결정에 대하여 불복이 있거나 정보공개 청구 후 20일이 경과하도록 정보공개 결정이 없는 때에는 「행정심판법」에서 정하는 바에 따라 행정심판을 청구할 수 있다. 이 경우 국가기관 및 지방자치단체 외의 공공기관의 결정에 대한 감독행정기관은 관계 중앙행정기관의 장 또는 지방자치단체의 장으로 한다.
> ② 청구인은 제18조에 따른 <u>이의신청 절차를 거치지 아니하고 행정심판을 청구할 수 있다.</u>

(3) 행정소송

> **정보공개법 제20조(행정소송)** ① 청구인이 정보공개와 관련한 공공기관의 결정에 대하여 불복이 있거나 정보공개 청구 후 20일이 경과하도록 정보공개 결정이 없는 때에는 「행정소송법」에서 정하는 바에 따라 행정소송을 제기할 수 있다.
> ② 재판장은 필요하다고 인정하면 당사자를 참여시키지 아니하고 제출된 공개 청구 정보를 비공개로 열람·심사할 수 있다.

⚖️ 판례

1. <u>정보공개청구권은 법률상 보호되는 구체적인 권리이므로</u> 청구인이 공공기관에 대하여 <u>정보공개를 청구하였다가 거부처분을 받은 것 자체가 법률상 이익의 침해에 해당한다</u>(대판 2004.8.20. 2003두8302).
2. <u>공공기관이 그 정보를 보유·관리하고 있지 아니한 경우에는 정보공개거부처분의 취소를 구할 법률상의 이익이 없다</u>(대판 2006.1.13. 2003두9459).

정보공개거부처분취소소송의 피고도 일반적인 항고소송과 동일하게 <u>행정청이 피고적격을 가지며 정보공개심의회가 피고가 되는 것은 아니다.</u>

⚖️ 판례

<u>공개를 구하는 정보를 공공기관이 보유·관리하고 있을 상당한 개연성이 있다는 점에 대하여 원칙적으로 공개청구자에게 증명책임이 있다고 할 것이지만, 공개를 구하는 정보를 공공기관이 한 때 보유·관리하였으나 후에 그 정보가 담긴 문서등이 폐기되어 존재하지 않게 된 것이라면 그 정보를 더 이상 보유·관리하고 있지 아니하다는 점에 대한 증명책임은 공공기관에게 있다</u>(대판 2004.12.9. 2003두12707).

8. 제3자의 불복구제절차

(1) 제3자의 비공개 요청

> **정보공개법 제11조(정보공개 여부의 결정)** ③ 공공기관은 공개 청구된 공개 대상 정보의 전부 또는 일부가 제3자와 관련이 있다고 인정할 때에는 그 사실을 제3자에게 지체 없이 통지하여야 하며, 필요한 경우에는 그의 의견을 들을 수 있다.
>
> **정보공개법 제21조(제3자의 비공개 요청 등)** ① 제11조 제3항에 따라 공개 청구된 사실을 통지받은 제3자는 그 통지를 받은 날부터 3일 이내에 해당 공공기관에 대하여 자신과 관련된 정보를 공개하지 아니할 것을 요청할 수 있다.
> ② 제1항에 따른 비공개 요청에도 불구하고 공공기관이 공개 결정을 할 때에는 공개 결정 이유와 공개 실시일을 분명히 밝혀 지체 없이 문서로 통지하여야 하며, 제3자는 해당 공공기관에 문서로 이의신청을 하거나 행정심판 또는 행정소송을 제기할 수 있다. 이 경우 이의신청은 통지를 받은 날부터 7일 이내에 하여야 한다.
> ③ 공공기관은 제2항에 따른 공개 결정일과 공개 실시일 사이에 최소한 30일의 간격을 두어야 한다.

⚖️ 판례

<u>제3자의 비공개요청이 있다는 사유만으로 정보공개법상 정보의 비공개사유에 해당한다고 볼 수 없다</u>(대판 2008.9.25. 2008두8680).

9. 정보공개심의회, 정보공개위원회

(1) 정보공개심의회

> **정보공개법 제12조(정보공개심의회)** ① <u>국가기관, 지방자치단체,</u> 「공공기관의 운영에 관한 법률」 제5조에 따른 공기업
> 및 준정부기관, 「지방공기업법」에 따른 지방공사 및 지방공단(이하 "국가기관등"이라 한다)은 제11조에 따른 정보공
> 개 여부 등을 심의하기 위하여 정보공개심의회(이하 "심의회"라 한다)를 설치·운영한다. 이 경우 국가기관등의 규모
> 와 업무성격, 지리적 여건, 청구인의 편의 등을 고려하여 소속 상급기관(지방공사·지방공단의 경우에는 해당 지방
> 공사·지방공단을 설립한 지방자치단체를 말한다)에서 협의를 거쳐 심의회를 통합하여 설치·운영할 수 있다.

(2) 정보공개위원회

> **정보공개법 제22조(정보공개위원회의 설치)** 다음 각 호의 사항을 심의·조정하기 위하여 <u>국무총리 소속으로 정보공개</u>
> <u>위원회(이하 "위원회"라 한다)를 둔다.</u>
> 1. 정보공개에 관한 <u>정책 수립 및 제도 개선</u>에 관한 사항
> 2. 정보공개에 관한 기준 수립에 관한 사항
> 3. 제12조에 따른 심의회 심의결과의 조사·분석 및 심의기준 개선 관련 의견제시에 관한 사항
> 4. 제24조 제2항 및 제3항에 따른 공공기관의 정보공개 운영실태 평가 및 그 결과 처리에 관한 사항
> 5. 정보공개와 관련된 불합리한 제도·법령 및 그 운영에 대한 조사 및 개선권고에 관한 사항
>
> **정보공개법 제23조(위원회의 구성 등)** ① 위원회는 위원장과 부위원장 각 1명을 포함한 9명의 위원으로 구성한다.
> 6. 그 밖에 정보공개에 관하여 대통령령으로 정하는 사항

제 2 절 개인정보보호제도

01 의의

개인은 누구나 자신에 관한 정보를 관리하고 외부로 공개함에 있어 스스로 결정할 수 있는 권리인 개
인정보자기결정권을 갖는다.

02 법적 근거

1. 헌법적 근거

> ⚖ **헌재판례**
>
> 개인정보자기결정권은 독자적 기본권으로서 헌법에 명시되지 아니한 기본권이라고 보아야 할 것이다
> (헌재 2005.5.26. 99헌마513).

2. 법률적 근거

공공부문과 민간부문을 망라하여 적용되는 일반법으로서 「개인정보 보호법」이 있고, 이외에도 개
별법으로 「정보통신망이용촉진 및 정보보호 등에 관한 법률」 등이 있다.

03 개인정보 보호법의 주요내용

1. 총칙

(1) 용어의 정의(동법 제2조)

개인정보	살아 있는 개인에 관한 정보로서 성명, 주민등록번호 및 영상 등을 통하여 개인을 알아볼 수 있는 정보(해당 정보만으로는 특정 개인을 알아볼 수 없더라도 다른 정보와 쉽게 결합하여 알아볼 수 있는 것을 포함)를 말한다.
개인정보처리자	업무를 목적으로 개인정보파일을 운용하기 위하여 스스로 또는 다른 사람을 통하여 개인정보를 처리하는 공공기관, 법인, 단체 및 개인 등을 말한다.

⚖ 헌재판례

개인정보자기결정권은 정보주체가 개인정보의 공개와 이용에 관하여 스스로 결정할 권리를 말한다. 개인정보는 개인의 신체, 신념, 사회적 지위, 신분 등과 같이 개인의 인격주체성을 특징짓는 사항으로서 그 개인의 동일성을 식별할 수 있게 하는 일체의 정보라고 할 수 있고, 반드시 개인의 내밀한 영역이나 사사(私事)의 영역에 속하는 정보에 국한되지 않고 공적 생활에서 형성되었거나 이미 공개된 개인정보까지 포함한다. 시장·군수 또는 구청장이 개인의 지문정보를 수집하고, 경찰청장이 이를 보관·전산화하여 범죄수사목적에 이용하는 것은 모두 개인정보자기결정권을 제한하는 것이다(헌재 2005.5.26. 99헌마513).

⚖ 판례

일반 국민의 알 권리와는 무관하게 국가기관이 평소의 동향을 감시할 목적으로 개인의 정보를 비밀리에 수집한 경우에는 대상자가 공적 인물이라는 이유만으로 면책될 수 없다(대판 1998.7.24. 96다42789).

(2) 개인정보 보호원칙

개인정보 보호법 제3조(개인정보 보호 원칙) ① 개인정보처리자는 개인정보의 처리 목적을 명확하게 하여야 하고 그 목적에 필요한 범위에서 최소한의 개인정보만을 적법하고 정당하게 수집하여야 한다.
⑥ 개인정보처리자는 정보주체의 사생활 침해를 최소화하는 방법으로 개인정보를 처리하여야 한다.
⑦ 개인정보처리자는 개인정보를 익명 또는 가명으로 처리하여도 개인정보 수집목적을 달성할 수 있는 경우 익명처리가 가능한 경우에는 익명에 의하여, 익명처리로 목적을 달성할 수 없는 경우에는 가명에 의하여 처리될 수 있도록 하여야 한다.

(3) 정보주체의 권리

개인정보 보호법 제4조(정보주체의 권리) 정보주체는 자신의 개인정보 처리와 관련하여 다음 각 호의 권리를 가진다.
1. 개인정보의 처리에 관한 정보를 제공받을 권리
2. 개인정보의 처리에 관한 동의 여부, 동의 범위 등을 선택하고 결정할 권리
3. 개인정보의 처리 여부를 확인하고 개인정보에 대하여 열람(사본의 발급을 포함한다. 이하 같다)을 요구할 권리
4. 개인정보의 처리 정지, 정정·삭제 및 파기를 요구할 권리
5. 개인정보의 처리로 인하여 발생한 피해를 신속하고 공정한 절차에 따라 구제받을 권리

2. 개인정보 보호정책의 수립 등

> **개인정보 보호법 제7조(개인정보 보호위원회)** ① 개인정보 보호에 관한 사무를 독립적으로 수행하기 위하여 <u>국무총리 소속</u>으로 개인정보 보호위원회(이하 "보호위원회"라 한다)를 둔다.
>
> **개인정보 보호법 제7조의8(보호위원회의 소관 사무)** 보호위원회는 다음 각 호의 소관 사무를 수행한다.
> 1. 개인정보의 보호와 관련된 <u>법령의 개선</u>에 관한 사항
> 2. 개인정보 보호와 관련된 <u>정책·제도·계획 수립·집행</u>에 관한 사항
> 3. 정보주체의 권리침해에 대한 조사 및 이에 따른 처분에 관한 사항
> 4. 개인정보의 처리와 관련한 고충처리·권리구제 및 개인정보에 관한 분쟁의 조정
> 5. 개인정보 보호를 위한 국제기구 및 외국의 개인정보 보호기구와의 교류·협력
> 6. 개인정보 보호에 관한 법령·정책·제도·실태 등의 조사·연구, 교육 및 홍보에 관한 사항
> 7. 개인정보 보호에 관한 기술개발의 지원·보급 및 전문인력의 양성에 관한 사항
> 8. 이 법 및 다른 법령에 따라 보호위원회의 사무로 규정된 사항

3. 개인정보의 수집, 이용, 제공 등

(1) 개인정보의 수집·이용

> **개인정보 보호법 제15조(개인정보의 수집·이용)** ① 개인정보처리자는 다음 각 호의 어느 하나에 해당하는 경우에는 개인정보를 수집할 수 있으며 그 수집 목적의 범위에서 이용할 수 있다.
> 1. 정보주체의 <u>동의를 받은 경우</u>
> 2. <u>법률에 특별한 규정이 있거나 법령상 의무를 준수하기 위하여 불가피한 경우</u>
> 3. 공공기관이 법령 등에서 정하는 <u>소관 업무의 수행</u>을 위하여 불가피한 경우
> 4. 정보주체와의 계약의 체결 및 이행을 위하여 불가피하게 필요한 경우
> 5. 정보주체 또는 그 법정대리인이 의사표시를 할 수 없는 상태에 있거나 주소불명 등으로 사전 동의를 받을 수 없는 경우로서 명백히 정보주체 또는 제3자의 급박한 생명, 신체, 재산의 이익을 위하여 필요하다고 인정되는 경우
> 6. 개인정보처리자의 정당한 이익을 달성하기 위하여 필요한 경우로서 명백하게 정보주체의 권리보다 우선하는 경우. 이 경우 개인정보처리자의 정당한 이익과 상당한 관련이 있고 합리적인 범위를 초과하지 아니하는 경우에 한한다.

판례

이미 공개된 개인정보를 정보주체의 동의가 있었다고 객관적으로 인정되는 범위 내에서 수집·이용·제공 등 처리를 할 때는 정보주체의 별도의 동의는 불필요하다고 보아야 하고, 별도의 동의를 받지 아니하였다고 하여 개인정보 보호법 제15조나 제17조를 위반한 것으로 볼 수 없다(대판 2016. 8. 17. 2014다235080).

(2) 개인정보의 수집 제한

> **개인정보 보호법 제16조(개인정보의 수집 제한)** ① 개인정보처리자는 제15조 제1항 각 호의 어느 하나에 해당하여 개인정보를 수집하는 경우에는 그 목적에 필요한 <u>최소한의 개인정보를 수집하여야 한다. 이 경우 최소한의 개인정보 수집이라는 입증책임은 개인정보처리자가 부담한다.</u>
> ② 개인정보처리자는 정보주체의 동의를 받아 개인정보를 수집하는 경우 필요한 최소한의 정보 외의 개인정보 수집에는 동의하지 아니할 수 있다는 사실을 구체적으로 알리고 개인정보를 수집하여야 한다.
> ③ 개인정보처리자는 정보주체가 필요한 최소한의 정보 외의 개인정보 수집에 동의하지 아니한다는 이유로 정보주체에게 재화 또는 서비스의 제공을 거부하여서는 아니 된다.

(3) 개인정보의 제공

> **개인정보 보호법 제17조(개인정보의 제공)** ① 개인정보처리자는 다음 각 호의 어느 하나에 해당되는 경우에는 정보주체의 개인정보를 제3자에게 제공(공유를 포함한다. 이하 같다)할 수 있다.
> 1. 정보주체의 동의를 받은 경우
> 2. 제15조 제1항 제2호·제3호·제5호 및 제39조의3 제2항 제2호·제3호에 따라 개인정보를 수집한 목적 범위에서 개인정보를 제공하는 경우

⚖️ 판례

개인정보 처리위탁에 있어 수탁자는 '제3자'에 해당하지 않는다(대판 2017.4.7. 2016도13263).

(4) 개인정보의 파기

> **개인정보 보호법 제21조(개인정보의 파기)** ① 개인정보처리자는 보유기간의 경과, 개인정보의 처리 목적 달성 등 그 개인정보가 불필요하게 되었을 때에는 지체 없이 그 개인정보를 파기하여야 한다. 다만, 다른 법령에 따라 보존하여야 하는 경우에는 그러하지 아니하다.

(5) 동의를 받는 방법

> **개인정보 보호법 제22조(동의를 받는 방법)** ① 개인정보처리자는 이 법에 따른 개인정보의 처리에 대하여 정보주체(제6항에 따른 법정대리인을 포함한다. 이하 이 조에서 같다)의 동의를 받을 때에는 각각의 동의 사항을 구분하여 정보주체가 이를 명확하게 인지할 수 있도록 알리고 각각 동의를 받아야 한다.
> ③ 개인정보처리자는 제15조 제1항 제1호, 제17조 제1항 제1호, 제23조 제1항 제1호 및 제24조 제1항 제1호에 따라 개인정보의 처리에 대하여 정보주체의 동의를 받을 때에는 정보주체와의 계약 체결 등을 위하여 정보주체의 동의 없이 처리할 수 있는 개인정보와 정보주체의 동의가 필요한 개인정보를 구분하여야 한다. 이 경우 동의 없이 처리할 수 있는 개인정보라는 입증책임은 개인정보처리자가 부담한다.

4. 개인정보의 처리 제한

(1) 민감정보의 처리 제한

> **개인정보 보호법 제23조(민감정보의 처리 제한)** ① 개인정보처리자는 사상·신념, 노동조합·정당의 가입·탈퇴, 정치적 견해, 건강, 성생활 등에 관한 정보, 그 밖에 정보주체의 사생활을 현저히 침해할 우려가 있는 개인정보로서 대통령령으로 정하는 정보(이하 "민감정보"라 한다)를 처리하여서는 아니 된다.다만, 다음 각 호의 어느 하나에 해당하는 경우에는 그러하지 아니하다.
> 1. 정보주체에게 제15조 제2항 각 호 또는 제17조 제2항 각 호의 사항을 알리고 다른 개인정보의 처리에 대한 동의와 별도로 동의를 받은 경우
> 2. 법령에서 민감정보의 처리를 요구하거나 허용하는 경우
> ② 개인정보처리자가 제1항 각 호에 따라 민감정보를 처리하는 경우에는 그 민감정보가 분실·도난·유출·위조·변조 또는 훼손되지 아니하도록 제29조에 따른 안전성 확보에 필요한 조치를 하여야 한다.

(2) 주민등록번호 처리의 제한

> **개인정보 보호법 제24조의2(주민등록번호 처리의 제한)** ① 제24조 제1항에도 불구하고 개인정보처리자는 다음 각 호의 어느 하나에 해당하는 경우를 제외하고는 주민등록번호를 처리할 수 없다.
> 1. 법률·대통령령·국회규칙·대법원규칙·헌법재판소규칙·중앙선거관리위원회규칙 및 감사원규칙에서 구체적으로 주민등록번호의 처리를 요구하거나 허용한 경우
> 2. 정보주체 또는 제3자의 급박한 생명, 신체, 재산의 이익을 위하여 명백히 필요하다고 인정되는 경우
> 3. 제1호 및 제2호에 준하여 주민등록번호 처리가 불가피한 경우로서 보호위원회가 고시로 정하는 경우

(3) 영상정보처리기기의 설치·운영 제한

> **개인정보 보호법 제25조(영상정보처리기기의 설치·운영 제한)** ① 누구든지 다음 각 호의 경우를 제외하고는 공개된 장소에 영상정보처리기기를 설치·운영하여서는 아니 된다.
> 1. 법령에서 구체적으로 허용하고 있는 경우
> 2. 범죄의 예방 및 수사를 위하여 필요한 경우
> 3. 시설안전 및 화재 예방을 위하여 필요한 경우
> 4. 교통단속을 위하여 필요한 경우
> 5. 교통정보의 수집·분석 및 제공을 위하여 필요한 경우
> ② 누구든지 불특정 다수가 이용하는 목욕실, 화장실, 발한실(發汗室), 탈의실 등 개인의 사생활을 현저히 침해할 우려가 있는 장소의 내부를 볼 수 있도록 영상정보처리기기를 설치·운영하여서는 아니 된다. 다만 교도소, 정신보건 시설 등 법령에 근거하여 사람을 구금하거나 보호하는 시설로서 대통령령으로 정하는 시설에 대하여는 그러하지 아니하다.
> ⑤ 영상정보처리기기운영자는 영상정보처리기기의 설치 목적과 다른 목적으로 영상정보처리기기를 임의로 조작하거나 다른 곳을 비춰서는 아니 되며, 녹음기능은 사용할 수 없다.

(4) 가명정보의 처리에 관한 특례 〈신설 2020. 2. 4.〉

> **개인정보 보호법 제28조의2(가명정보의 처리 등)** ① 개인정보처리자는 통계작성, 과학적 연구, 공익적 기록보존 등을 위하여 정보주체의 동의 없이 가명정보를 처리할 수 있다.
> ② 개인정보처리자는 제1항에 따라 가명정보를 제3자에게 제공하는 경우에는 특정 개인을 알아보기 위하여 사용될 수 있는 정보를 포함해서는 아니 된다.

5. 개인정보의 안전한 관리

(1) 개인정보 보호 책임자의 지정

> **개인정보 보호법 제31조(개인정보 보호책임자의 지정)** ① 개인정보처리자는 개인정보의 처리에 관한 업무를 총괄해서 책임질 개인정보 보호책임자를 지정하여야 한다.

(2) 개인정보파일의 등록 및 공개

> **개인정보 보호법 제32조(개인정보파일의 등록 및 공개)** ① 공공기관의 장이 개인정보파일을 운용하는 경우에는 다음 각 호의 사항을 보호위원회에 등록하여야 한다. 등록한 사항이 변경된 경우에도 또한 같다.
> 1. 개인정보파일의 명칭
> 2. 개인정보파일의 운영 근거 및 목적
> 3. 개인정보파일에 기록되는 개인정보의 항목
> 4. 개인정보의 처리방법
> 5. 개인정보의 보유기간
> 6. 개인정보를 통상적 또는 반복적으로 제공하는 경우에는 그 제공받는 자
> 7. 그 밖에 대통령령으로 정하는 사항

(3) 개인정보영향평가

> **개인정보 보호법 제33조(개인정보 영향평가)** ① 공공기관의 장은 대통령령으로 정하는 기준에 해당하는 개인정보파일의 운용으로 인하여 정보주체의 개인정보 침해가 우려되는 경우에는 그 위험요인의 분석과 개선 사항 도출을 위한 평가(이하 "영향평가"라 한다)를 하고 그 결과를 보호위원회에 제출하여야 한다. 이 경우 공공기관의 장은 영향평가를 보호위원회가 지정하는 기관(이하 "평가기관"이라 한다) 중에서 의뢰하여야 한다.

6. 정보주체의 권리 보장

(1) 권리행사의 방법 및 절차

> **개인정보 보호법 제38조(권리행사의 방법 및 절차)** ① 정보주체는 제35조에 따른 열람, 제36조에 따른 정정·삭제, 제37조에 따른 처리정지, 제39조의7에 따른 동의 철회 등의 요구(이하 "열람등요구"라 한다)를 문서 등 대통령령으로 정하는 방법·절차에 따라 대리인에게 하게 할 수 있다.

(2) 손해배상책임

> **개인정보 보호법 제39조(손해배상책임)** ① 정보주체는 개인정보처리자가 이 법을 위반한 행위로 손해를 입으면 개인정보처리자에게 손해배상을 청구할 수 있다. 이 경우 그 개인정보처리자는 고의 또는 과실이 없음을 입증하지 아니하면 책임을 면할 수 없다.
> ② 삭제
> ③ 개인정보처리자의 고의 또는 중대한 과실로 인하여 개인정보가 분실·도난·유출·위조·변조 또는 훼손된 경우로서 정보주체에게 손해가 발생한 때에는 법원은 그 손해액의 3배를 넘지 아니하는 범위에서 손해배상액을 정할 수 있다. 다만 개인정보처리자가 고의 또는 중대한 과실이 없음을 증명한 경우에는 그러하지 아니하다.
>
> **개인정보 보호법 제39조의2(법정손해배상의 청구)** ① 제39조 제1항에도 불구하고 정보주체는 개인정보처리자의 고의 또는 과실로 인하여 개인정보가 분실·도난·유출·위조·변조 또는 훼손된 경우에는 300만원 이하의 범위에서 상당한 금액을 손해액으로 하여 배상을 청구할 수 있다. 이 경우 해당 개인정보처리자는 고의 또는 과실이 없음을 입증하지 아니하면 책임을 면할 수 없다.
> ② 법원은 제1항에 따른 청구가 있는 경우에 변론 전체의 취지와 증거조사의 결과를 고려하여 제1항의 범위에서 상당한 손해액을 인정할 수 있다.
> ③ 제39조에 따라 손해배상을 청구한 정보주체는 사실심(事實審)의 변론이 종결되기 전까지 그 청구를 제1항에 따른 청구로 변경할 수 있다.

7. 개인정보 분쟁조정위원회

(1) 설치 및 구성

> **개인정보 보호법 제40조(설치 및 구성)** ① 개인정보에 관한 분쟁의 조정(調停)을 위하여 개인정보 분쟁조정위원회(이하 "분쟁조정위원회"라 한다)를 둔다.
> ② 분쟁조정위원회는 위원장 1명을 포함한 20명 이내의 위원으로 구성하며, 위원은 당연직위원과 위촉위원으로 구성한다.
> ③ 위촉위원은 다음 각 호의 어느 하나에 해당하는 사람 중에서 보호위원회 위원장이 위촉하고, 대통령령으로 정하는 국가기관 소속 공무원은 당연직위원이 된다.

(2) 조정의 신청

> **개인정보 보호법 제43조(조정의 신청 등)** ① 개인정보와 관련한 분쟁의 조정을 원하는 자는 분쟁조정위원회에 <u>분쟁조정을 신청</u>할 수 있다.
> ② 분쟁조정위원회는 당사자 일방으로부터 분쟁조정 신청을 받았을 때에는 그 신청내용을 상대방에게 알려야 한다.
> ③ 공공기관이 제2항에 따른 분쟁조정의 통지를 받은 경우에는 특별한 사유가 없으면 분쟁조정에 응하여야 한다.
> **개인정보 보호법 제46조(조정 전 합의 권고)** 분쟁조정위원회는 제43조 제1항에 따라 분쟁조정 신청을 받았을 때에는 당사자에게 그 내용을 제시하고 조정 전 합의를 권고할 수 있다.

(3) 분쟁의 조정

> **개인정보 보호법 제47조(분쟁의 조정)** ① 분쟁조정위원회는 다음 각 호의 어느 하나의 사항을 포함하여 조정안을 작성할 수 있다.
> 1. 조사 대상 침해행위의 중지
> 2. <u>원상회복, 손해배상, 그 밖에 필요한 구제조치</u>
> 3. 같거나 비슷한 침해의 재발을 방지하기 위하여 필요한 조치
> ② 분쟁조정위원회는 제1항에 따라 조정안을 작성하면 지체 없이 각 당사자에게 제시하여야 한다.
> ③ 제1항에 따라 조정안을 제시받은 당사자가 제시받은 날부터 <u>15일 이내에 수락 여부를 알리지 아니하면 조정을 거부한 것으로 본다.</u>
> ④ <u>당사자가 조정내용을 수락한 경우</u> 분쟁조정위원회는 조정서를 작성하고, 분쟁조정위원회의 위원장과 각 당사자가 기명날인하여야 한다.
> ⑤ 제4항에 따른 <u>조정의 내용은 재판상 화해와 동일한 효력을 갖는다.</u>

(4) 집단분쟁조정

> **개인정보 보호법 제49조(집단분쟁조정)** ① 국가 및 지방자치단체, 개인정보 보호단체 및 기관, 정보주체, 개인정보처리자는 정보주체의 피해 또는 권리침해가 다수의 정보주체에게 같거나 비슷한 유형으로 발생하는 경우로서 대통령령으로 정하는 사건에 대하여는 분쟁조정위원회에 일괄적인 분쟁조정(이하 "집단분쟁조정"이라 한다)을 의뢰 또는 신청할 수 있다.

(5) 개인정보단체소송

> **개인정보 보호법 제51조(단체소송의 대상 등)** 다음 각 호의 어느 하나에 해당하는 단체는 개인정보처리자가 제49조에 따른 <u>집단분쟁조정을 거부하거나 집단분쟁조정의 결과를 수락하지 아니한 경우에는 법원에 권리침해 행위의 금지·중지를 구하는 소송(이하 "단체소송"이라 한다)을 제기</u>할 수 있다.
> 1. 「소비자기본법」 제29조에 따라 공정거래위원회에 등록한 <u>소비자단체</u>로서 다음 각 목의 요건을 모두 갖춘 단체
>   가. 정관에 따라 상시적으로 정보주체의 권익증진을 주된 목적으로 하는 단체일 것
>   나. 단체의 정회원수가 <u>1천명 이상일 것</u>
>   다. 「소비자기본법」 제29조에 따른 등록 후 3년이 경과하였을 것
> 2. 「비영리민간단체 지원법」 제2조에 따른 <u>비영리민간단체</u>로서 다음 각 목의 요건을 모두 갖춘 단체
>   가. 법률상 또는 사실상 동일한 침해를 입은 <u>100명 이상</u>의 정보주체로부터 단체소송의 제기를 요청받을 것
>   나. 정관에 개인정보 보호를 단체의 목적으로 명시한 후 최근 3년 이상 이를 위한 활동실적이 있을 것
>   다. 단체의 상시 구성원수가 5천명 이상일 것
>   라. 중앙행정기관에 등록되어 있을 것
> **개인정보 보호법 제55조(소송허가요건 등)** ① 법원은 다음 각 호의 요건을 모두 갖춘 경우에 한하여 결정으로 단체소송을 허가한다.
> 1. 개인정보처리자가 분쟁조정위원회의 조정을 거부하거나 조정결과를 수락하지 아니하였을 것
> 2. 제54조에 따른 소송허가신청서의 기재사항에 흠결이 없을 것
> ② <u>단체소송을 허가하거나 불허가하는 결정에 대하여는 즉시항고할 수 있다.</u>
> **개인정보 보호법 제57조(「민사소송법」의 적용 등)** ① <u>단체소송에 관하여 이 법에 특별한 규정이 없는 경우에는 「민사소송법」을 적용한다.</u>

김태성
행정법총론 압축정리

행정의 실효성
확보수단

CHAPTER 01 행정상의 강제집행

PART 4 행정의 실효성 확보수단

제1절 행정상 강제집행

			대집행	대체적 작위의무 불이행의 경우
직접적 강제수단	행정강제	행정상 강제집행	이행강제금	비대체적 작위의무 및 부작위의무 불이행의 경우
			직접강제	일체의 의무 불이행의 경우
			행정상 강제징수	금전지급의무 불이행의 경우
		행정상 즉시강제		
		행정조사		
간접적 강제수단	행정벌	행정형벌		
		행정질서벌(과태료)		
	새로운 의무이행확보수단	경제적 부담, 공급거부, 공표, 관허사업의 제한 등		

01 행정상 강제집행의 의의

행정상 강제집행(强制執行)이란 행정법상의 의무불이행에 대하여 행정권이 의무자의 신체·재산에 실력을 가하여, 장래에 향하여 그 의무를 이행시키거나, 이행된 것과 같은 상태를 실현하는 작용을 말한다.

02 유사제도와의 구별

1. 행정상 즉시강제와의 구별

행정상의 강제집행은 의무의 존재 및 의무의 불이행을 전제로 하는 점에서, 이것을 전제함이 없이 행하여지는 행정상 즉시강제와 구별된다.

2. 행정벌과의 구별

행정상의 강제집행은 장래에 향하여 의무이행을 강제하기 위한 수단인 점에서, 과거의 의무위반에 대한 제재인 행정벌과 구별된다.

3. 민사상 강제집행과의 구별

> **⚖️ 판례**
>
> 1. 행정대집행을 할 수 있음에도 민사소송의 방법으로 그 시설물의 철거를 구하는 것은 허용되지 않는다. 다만 관리권자인 행정청이 행정대집행을 실시하지 않는 경우, 그 국유재산에 대한 사용청구권을 가지고 있는 자가 국가를 대위하여 민사소송으로 그 시설물의 철거를 구할 수 있다(대판 2009.6.11. 2009다1122).
> 2. 변상금 부과·징수권은 민사상 부당이득반환청구권과 법적 성질을 달리하므로, 국가는 무단점유자를 상대로 변상금 부과·징수권의 행사와 별도로 국유재산의 소유자로서 민사상 부당이득반환청구의 소를 제기할 수 있다(대판 2014.7.16. 2011다76402 전원합의체).

03 행정상 강제집행의 근거

의무를 명한 법규와는 별도로 강제집행에 관한 법규의 근거가 필요하다는 것이 통설이다. 행정상 강제집행에 관한 일반법으로 행정대집행법과 국세징수법이 있다.

04 행정상 강제집행의 수단

현행법에서는 대집행과 행정상 강제징수만이 일반적으로 인정되고 있고, 이행강제금·직접강제와 같은 강력한 강제집행수단은 몇몇의 개별법률에서 예외적으로 인정하고 있다.

제 2 절 ｜ 대집행(代執行)

01 대집행의 의의

대집행이란 대체적 작위의무위반이 있는 경우 행정청이 의무자가 해야 할 일을 스스로 행하거나 또는 제3자로 하여금 행하게 함으로써 의무의 이행이 있었던 것과 같은 상태를 실현하고 그 비용을 의무자로부터 징수하는 행정작용을 말한다.

02 대집행의 주체

1. 당해 행정청 및 수임청

대집행의 주체는 당해 행정청이다. 행정청은 대집행을 다른 행정청에 위탁하거나 제3자(공공단체 또는 사인)에게 위탁할 수도 있다. 이 경우 위임을 받은 다른 행정청은 대집행의 주체가 될 수 있다.

2. 제3자(공공단체 또는 사인)

(1) 당해 행정청의 임의의 위탁을 받은 경우

당해 행정청의 임의의 위탁을 받은 경우에는 제3자도 대집행의 실행행위를 할 수 있다. 그러나 대집행을 실행하는 제3자는 대집행의 주체는 아니다. 제3자는 독립된 주체로서 대집행을 하는 것이 아니라 사실상의 집행자로서 행정보조자로 본다.

(2) 법령에 의하여 대집행의 권한을 위탁받은 경우

법령에 의하여 대집행 권한을 위탁받은 경우에는 대집행의 주체로서 행정주체에 해당한다.

> ⚖ **판례**
>
> 한국토지공사는 법령의 위탁에 의하여 대집행을 수권받은 자로서 행정주체의 지위에 있다고 볼 것이지 국가배상법 제2조 소정의 공무원에 해당한다고 볼 것은 아니다(대판 2010.1.28. 2007다82950).

03 대집행의 요건

대집행을 하기 위한 요건으로는 ① 공법상의 의무불이행이 있을 것, ② 대체적 작위의무의 불이행이 있을 것, ③ 다른 수단으로는 그 이행을 확보하기 곤란할 것, ④ 그 불이행을 방치함이 심히 공익을 해칠 것이 있다.

1. 공법상 의무의 불이행

대집행의 대상이 되는 의무는 공법상의 의무에 한정된다. 공법상의 의무는 법령에서 직접 부여될 수도 있고, 법령에 의거한 행정청의 처분에 의해 부여될 수도 있다. 조례도 행정대집행의 대상이 될 의무부과의 근거가 되는 법령에 해당한다. 한편 위법한 행정처분에 의해 부과된 대체적 작위의무도 당해 행정처분이 취소되지 않는 한 대집행의 대상이 된다.

> ⚖ **판례**
>
> 토지 등의 협의취득은 사법상 매매 내지 사법상 계약의 실질을 가지는 것이므로, 그 협의취득시 건물소유자가 매매대상 건물에 대한 철거의무를 부담하겠다는 취지의 약정을 하였다고 하더라도 이러한 철거의무는 공법상의 의무가 될 수 없고, 대집행의 대상이 되지 않는다(대판 2006.10.13. 2006두7096).

2. 대체적 작위의무의 불이행

(1) 작위의무

① 대상의무: 대집행의 대상이 될 수 있는 의무는 작위의무에 한한다. 따라서 부작위의무 및 수인의무를 위반한 경우에는 원칙적으로 대집행의 대상이 되지 않는다.

> **⚖️ 판례**
>
> 1. 장례식장 사용중지의무는 부작위의무로서 대집행의 대상이 되지 <u>않는다</u>(대판 2005.9.28. 2005두 7464).
> 2. 하천유수인용행위를 <u>중단</u>할 것과 대집행하겠다는 내용의 이 사건 계고처분은 부작위의무에 대한 대집행계고처분으로서 위법하다(대판 1998.10.2. 96누5445).

② 부작위의무의 경우 : <u>부작위의무는 그 자체로는 대집행의 대상이 되지 않지만 작위의무로 전환된 후에는 그 불이행시 대집행을 할 수 있다. 부작위의무를 작위의무로 전환시켜 대집행을 하기 위해서는 전환을 명할 수 있는 별도의 법적 근거가 필요하다.</u>

> **⚖️ 판례**
>
> <u>부작위의무로부터 그 의무를 위반함으로써 생긴 결과를 시정하기 위한 작위의무를 당연히 끌어낼 수는 없으며, 금지규정으로부터 작위의무, 즉 위반결과의 시정을 명하는 권한이 당연히 추론되는 것도 아니다</u>(대판 1996.6.28. 96누4374).

(2) 의무의 대체성

대집행의 대상이 되는 의무는 <u>대체적인 의무에 한정된다.</u> 비대체적 작위의무(병역의무, 증인의 출석의무 등)의 경우에는 대집행을 할 수 없다. 토지·건물을 점유하고 있는 사람의 <u>퇴거를</u> 전제로 하는 <u>인도(명도)의무는 대집행의 대상이 될 수 없다.</u>

> **⚖️ 판례**
>
> 토지나 건물 등의 <u>인도나 명도의무</u>는 원칙적으로 <u>대집행의 대상이 되지 아니한다.</u> 매점으로부터 <u>퇴거</u>하고 대집행하겠다는 내용의 계고처분은 대체적 작위의무에 해당하는 것은 아니어서 직접강제의 방법에 의하는 것은 별론으로 하고 행정대집행법에 의한 대집행의 대상이 되는 것은 아니다(대판 1998.10.23. 97누157).

3. 다른 수단으로는 그 이행확보가 곤란할 것(보충성)

> **행정대집행법 제2조(대집행과 그 비용징수)** 법률(법률의 위임에 의한 명령, 지방자치단체의 조례를 포함한다. 이하 같다) 에 의하여 직접 명령되었거나 또는 법률에 의거한 행정청의 명령에 의한 행위로서 타인이 대신하여 할 수 있는 행위를 의무자가 이행하지 아니하는 경우 <u>다른 수단으로써 그 이행을 확보하기 곤란하고 또한 그 불이행을 방치함이 심히 공익</u> 을 해할 것으로 인정될 때에는 당해 행정청은 스스로 의무자가 하여야 할 행위를 하거나 또는 제삼자로 하여금 이를 하게 하여 그 비용을 의무자로부터 징수할 수 있다.

4. 불이행을 방치함이 심히 공익을 해칠 것

> **⚖️ 판례**
>
> 1. 다른 수단으로서 그 이행을 확보하기 곤란하고 또한 그 불이행을 방치함이 심히 공익을 해할 것으로 인정될 때라는 요건은 같은 법 제3조의 <u>계고를 하는 요건</u>으로 해석할 것이다(대판 1964.11.30. 64누94).
> 2. 대집행하기 위한 요건의 주장입증책임은 처분 행정청에 있다(대판 1993.9.14. 92누16690).

5. 기타

의무를 명한 행정처분이 아직 다툴 수 있는 상태에 있더라도, 즉 불가쟁력이 발생되기 전이라도 대집행을 할 수 있다. 요건이 충족된 경우에도 대집행을 할 것인지 여부와 관련하여 규정상 재량행위로 봄이 타당하다(다수설, 판례).

04 대집행의 절차

일반적으로 대집행의 절차는 '대집행의 계고 → 대집행영장에 의한 통지 → 대집행실행 → 비용징수'의 단계를 거치게 된다.

1. 계고

(1) 개념

> **행정대집행법 제3조(대집행의 절차)** ① 전조의 규정에 의한 처분(이하 대집행이라 한다)을 하려함에 있어서는 상당한 이행기한을 정하여 그 기한까지 이행되지 아니할 때에는 대집행을 한다는 뜻을 미리 문서로써 계고하여야 한다. 이 경우 행정청은 상당한 이행기한을 정함에 있어 의무의 성질·내용 등을 고려하여 사회통념상 해당 의무를 이행하는 데 필요한 기간이 확보되도록 하여야 한다.

(2) 성질

계고는 준법률행위적 행정행위 중 의사의 통지라는 것이 통설·판례이다.

(3) 반복된 계고

> ⚖️ **판례**
>
> 제2차, 제3차의 계고처분은 새로운 철거의무를 부과한 것이 아니고 다만 대집행기한의 연기통지에 불과하므로 행정처분이 아니다(대판 1994.10.28. 94누5144).

(4) 계고의 요건

① 상당한 이행기간의 부여 : 이행기간이 상당하지 않은 계고는 위법하다. 상당하지 않은 이행기간을 통지단계에서 대집행의 시기를 늦추었다 해도 위법하다.

② 계고의 방식 : 계고는 문서로 하여야 한다.

> ⚖️ **판례**
>
> 위법한 건물의 공유자 1인에 대한 계고처분은 다른 공유자에 대하여는 그 효력이 없다(대판 1994.10.28. 94누5144).

③ 의무내용의 특정시기

> **판례**
>
> 대집행계고를 함에 있어 대집행할 행위의 내용 및 범위가 구체적으로 특정되어야 하나, 그 행위의 내용 및 범위는 반드시 대집행계고서에 의하여서만 특정되어야 하는 것이 아니고, 계고처분 전후에 송달된 문서나 기타 사정을 종합하여 대집행의무자가 그 이행의무의 범위를 알 수 있을 정도로 하면 족하다(대판 1996.10.11. 96누8086).

(5) 의무부과와 계고의 결합가능성

> **판례**
>
> 계고서라는 명칭의 1장의 문서로서 위법건축물의 자진철거를 명함과 동시에 대집행할 뜻을 미리 계고한 경우라도 각 그 요건이 충족되었다고 볼 것이다. 이 경우, 철거명령에서 주어진 일정기간이 자진철거에 필요한 상당한 기간이라면 그 기간 속에는 계고시에 필요한 '상당한 이행기간'도 포함되어 있다(대판 1992.6.12. 91누13564).

(6) 계고의 생략

> **행정대집행법 제3조(대집행의 절차)** ③ 비상시 또는 위험이 절박한 경우에 있어서 당해 행위의 급속한 실시를 요하여 전2항에 규정한 수속을 취할 여유가 없을 때에는 그 수속을 거치지 아니하고 대집행을 할 수 있다.

2. 대집행 영장에 의한 통지

> **행정대집행법 제3조(대집행의 절차)** ② 의무자가 전항의 계고를 받고 지정기한까지 그 의무를 이행하지 아니할 때에는 당해 행정청은 대집행영장으로써 대집행을 할 시기, 대집행을 시키기 위하여 파견하는 집행책임자의 성명과 대집행에 요하는 비용의 개산에 의한 견적액을 의무자에게 통지하여야 한다.

대집행영장에 의한 통지는 준법률행위적 행정행위로서의 통지이고 처분성이 인정되며, 항고소송의 대상이 된다. 통지도 계고와 마찬가지로 비상시 또는 위험이 절박한 경우에 있어서 당해 행위의 급속한 실시를 요하여 통지 절차를 취할 여유가 없을 때는 통지를 생략하고 대집행을 할 수 있다.

3. 대집행의 실행

(1) 의의

> **행정대집행법 제4조(대집행의 실행 등)** ① 행정청(제2조에 따라 대집행을 실행하는 제3자를 포함한다. 이하 이 조에서 같다)은 해가 뜨기 전이나 해가 진 후에는 대집행을 하여서는 아니 된다. 다만, 다음 각 호의 어느 하나에 해당하는 경우에는 그러하지 아니하다.
> 1. 의무자가 동의한 경우
> 2. 해가 지기 전에 대집행을 착수한 경우
> 3. 해가 뜬 후부터 해가 지기 전까지 대집행을 하는 경우에는 대집행의 목적 달성이 불가능한 경우
> 4. 그 밖에 비상시 또는 위험이 절박한 경우
> ② 행정청은 대집행을 할 때 대집행 과정에서의 안전 확보를 위하여 필요하다고 인정하는 경우 현장에 긴급 의료장비나 시설을 갖추는 등 필요한 조치를 하여야 한다.

(2) 성질

대집행의 실행은 수인하명과 사실행위가 결합된 합성행위의 성질을 가지는 <u>권력적 사실행위이므로 처분성이 인정되어 항고소송을 제기할 수 있다.</u>

(3) 증표의 휴대

> **행정대집행법 제4조(대집행의 실행 등)** ③ 대집행을 하기 위하여 현장에 파견되는 집행책임자는 그가 <u>집행책임자라는 것을 표시한 증표를 휴대하여 대집행시에 이해관계인에게 제시하여야 한다.</u>

(4) 실력행사의 허용 여부

명문의 규정이 없어서 학설이 대립하나 명시적으로 설시한 판례는 없다.

> ⚖️ **판례**
>
> <u>건물의 점유자가 철거의무자일 때에는 건물철거의무에 퇴거의무도 포함되어 있는 것이어서 별도로 퇴거를 명하는 집행권원이 필요하지 않다.</u> 원고가 피고들에 대하여 <u>건물퇴거를 구하는</u> 이 사건 소가 부적법하다고 판단한 것은 정당하다. <u>행정청이 행정대집행의 방법으로 건물철거의무의 이행을 실현할 수 있는 경우에는 건물철거 대집행 과정에서 부수적으로 건물의 점유자들에 대한 퇴거 조치를 할 수 있고</u>, 점유자들이 적법한 행정대집행을 위력을 행사하여 방해하는 경우 '<u>경찰관 직무집행법</u>'에 근거한 <u>위험발생 방지조치 또는 형법상 공무집행방해죄의 범행방지 내지 현행범체포의 차원에서 경찰의 도움을 받을 수도 있다</u>(대판 2017.4.28. 2016다213916).

4. 비용납부명령

대집행의 비용은 의무자가 부담한다. 비용징수의 성질은 급부하명으로서 <u>처분성이 인정되며, 항고소송의 대상이 된다.</u>

> **행정대집행법 제5조(비용납부명령서)** 대집행에 요한 비용의 징수에 있어서는 실제에 요한 비용액과 그 납기일을 정하여 <u>의무자에게 문서로써 그 납부를 명하여야 한다.</u>
> **행정대집행법 제6조(비용징수)** ① 대집행에 요한 비용은 <u>국세징수법의 예에 의하여 징수할 수 있다.</u>
> ③ 대집행에 요한 비용을 징수하였을 때에는 그 징수금은 사무비의 소속에 따라 국고 또는 지방자치단체의 수입으로 한다.

> ⚖️ **판례**
>
> 대집행을 실시하기 위하여 지출한 비용을 민사소송절차에 의하여 그 비용의 상환을 청구한 경우에는 소의 이익이 없어 부적법하다(대판 2011.9.8. 2010다48240).

05 대집행에 대한 권리구제

1. 항고소송

대집행의 각 단계의 행위는 모두 행정쟁송의 대상인 처분에 속한다. 다만 대집행은 단기간에 종료되는 것이 보통이므로 대집행의 실행이 완료된 경우에는 소의 이익을 상실하여 원칙적으로 항고소송의 제기가 허용되지 않는다.

> ⚖ **판례**
>
> 대집행요건을 구비하였는지에 관한 주장 및 입증책임은 처분행정청에 있다(대판 1996.10.11. 96누8086).

2. 손해배상

> ⚖ **판례**
>
> 행정대집행이 완료되면 그 처분의 무효 확인 또는 취소를 구할 소의 이익은 없다 하더라도, 미리 그 행정처분의 취소판결이 있어야만, 그 행정처분의 위법임을 이유로 한 손해배상 청구를 할 수 있는 것은 아니다(대판 1972.4.28. 72다337).

3. 관련문제 - 국유재산법 등의 경우

> ⚖ **판례**
>
> 1. 이 사건 토지는 잡종재산(현 일반재산)인 국유재산으로서, 국유재산법 제52조는 "정당한 사유 없이 국유재산을 점유하거나 이에 시설물을 설치한 때에는 행정대집행법을 준용하여 철거 기타 필요한 조치를 할 수 있다."고 규정하고 있으므로, 행정대집행의 방법으로 이 사건 시설물을 철거할 수 있다(대판 2009.6.11. 2009다1122).
> 2. 공유재산 대부계약의 해지에 따른 원상회복으로 행정대집행의 방법에 의하여 그 지상물을 철거시킬 수 있다(대판 2001.10.12. 2001두4078).

제 3 절 이행강제금(집행벌)

01 이행강제금의 의의

이행강제금은 작위의무 또는 부작위의무를 불이행한 경우에 그 의무를 간접적으로 강제이행시키는 수단으로서 집행벌이라고도 한다.

02 이행강제금과 행정벌의 구별

1. 목적에 의한 구별

이행강제금은 행정상 강제집행 수단으로서 장래를 향한 의무이행을 확보하는 것임에 반해, 행정벌은 과거의 위반에 대한 제재를 주된 목적으로 한다는 점에서 구별된다. 이행강제금과 행정벌은 그 목적을 달리하므로 양자는 병과될 수 있다.

> **헌재판례**
>
> 이행강제금은 대체적 작위의무의 위반에 대하여도 부과될 수 있다. 건축법 제78조에 의한 무허가 건축행위에 대한 형사처벌과 시정명령 위반에 대한 이행강제금의 부과는 행위를 달리하며, 이중처벌에 해당한다고 할 수 없다(헌재 2004.2.26. 2002헌바26).

2. 반복부과 여부

이행강제금은 처벌이 아니므로 의무이행이 있기 전까지는 반복적으로 부과할 수 있다.

3. 명령을 이행한 이후 이행강제금의 부과 가부

> **판례**
>
> 1. 국토의 계획 및 이용에 관한 법률이 이행명령을 받은 자가 그 명령을 이행하는 경우에 새로운 이행강제금의 부과를 즉시 중지하도록 규정한 것에 의하여 부과가 중지되는 '새로운 이행강제금'에는 반복 부과되는 이행강제금뿐만 아니라 이행명령 불이행에 따른 최초의 이행강제금도 포함된다. 따라서 이행명령을 받은 의무자가 그 명령을 이행한 경우에는 이행명령에서 정한 기간을 지나서 이행한 경우라도 최초의 이행강제금을 부과할 수 없다(대판 2014.12.11. 2013두15750).
> 2. 시정명령에서 정한 기간을 지나서 이행한 경우라도 이행강제금을 부과할 수 없다(대판 2018.1.25. 2015두35116).

03 이행강제금의 근거 및 대상

1. 법적 근거

이행강제금에 관한 일반법으로서의 성질을 가지는 법은 없고, 건축법, 농지법, 독점규제 및 공정거래에 관한 법률 등 일부 개별법에 이행강제금이 규정되어 있다.

2. 이행강제금의 대상

> **헌재판례**
>
> 전통적으로 행정대집행은 대체적 작위의무에 대한 강제집행수단으로, 이행강제금은 부작위의무나 비대체적 작위의무에 대한 강제집행수단으로 이해되어 왔으나, 이행강제금은 대체적 작위의무의 위반에 대하여도 부과될 수 있다. 대집행과 이행강제금은 선택적으로 활용될 수 있으며, 중첩적인 제재에 해당한다고 볼 수 없다(헌재 2004.2.26. 2001헌바80).

04

04 이행강제금의 부과절차

이행강제금의 부과행위에는 행정절차법이 적용되므로, 행정절차상 의견청취를 거쳐야 한다.

1. 이행강제금의 계고

행정청은 이행강제금을 부과하기 전에 상당한 이행기간을 정하여 이행강제금을 부과·징수한다는 뜻을 미리 문서로써 계고하여야 한다.

> **판례**
>
> 1. 시정명령의 이행에 필요한 상당한 이행기한을 정하여 시정명령을 이행할 수 있는 기회를 준 후가 아니면 이행강제금을 부과할 수 없다(대판 2010.6.24. 2010두3978).
> 2. 이행강제금을 부과·징수할 때마다 그에 앞서 시정명령 절차를 다시 거쳐야 할 필요는 없다고 보아야 한다(대판 2013.12.12. 2012두19137).
> 3. 이행 기회가 제공되지 아니한 과거의 기간에 대한 이행강제금까지 한꺼번에 부과할 수는 없다. 그리고 이를 위반하여 이루어진 이행강제금 부과처분의 하자는 중대할 뿐만 아니라 객관적으로도 명백하다(대판 2016.7.14. 2015두46598).
> 4. 행정법상 의무의 내용을 초과하는 것을 이유로 이행강제금을 부과하였다면 위법하다(대판 2015.6.24. 2011두2170).

2. 이행강제금의 부과

이행강제금의 부과는 하명 처분이며 침익적 강제수단이므로 법적 근거를 요한다. 이행강제금의 부과는 해당 의무가 이행될 때까지 수회 반복하여 부과·징수할 수 있다.

3. 강제징수

> ⚖️ **판례**
>
> 이행강제금을 납부하지 않으면 체납절차에 의하여 이행강제금을 징수할 수 있고, 이때 이행강제금 납부의 최초 독촉은 징수처분으로서 항고소송의 대상이 되는 행정처분이 될 수 있다(대판 2009.12.24. 2009두14507).

05 이행강제금에 대한 구제

1. 개별법에 특별한 규정을 두고 있는 경우

이행강제금에 불복하는 자는 이의를 제기할 수 있으며, 이의를 제기한 경우에는 비송사건절차법에 의해 이행강제금을 결정하도록 특별한 규정을 두고 있는 경우가 있다. 이 경우에는 특별한 절차에 따라 권리를 구제받을 수 있을 뿐 항고소송을 제기할 수 없다(농지법 제62조).

2. 개별법에 특별한 규정을 두고 있지 않은 경우

이행강제금의 부과처분에 대한 불복방법에 관하여 아무런 규정을 두고 있지 않은 경우에는 이행강제금 부과처분은 행정행위이므로 행정심판 또는 행정소송을 제기할 수 있다.

3. 건축법상 이행강제금의 경우

과거 건축법상 이행강제금에 대해서도 비송사건절차법에 의하도록 하는 특별한 규정이 있었으나 2006년 5월 8일부터 시행된 개정 건축법에서는 그러한 규정을 삭제하였다. 따라서 현행 건축법에 따르면 이행강제금에 대하여 불복하고자 하는 때에는 항고소송을 제기하면 된다.

06 관련문제

1. 일신전속성 여부

> ⚖️ **판례**
>
> 이행강제금 납부의무는 일신전속적인 성질의 것이므로 이미 사망한 사람에게 이행강제금을 부과하는 내용의 처분이나 결정은 당연무효이고, 이행강제금을 부과받은 사람이 사망한 때에는 사건 자체가 목적을 잃고 절차가 종료한다(대결 2006.12.8. 2006마470).

2. 건물완공 후의 이행강제금 부과

> ⚖️ **판례**
>
> 공무원들이 위법건축물임을 알지 못하여 공사 도중에 시정명령이 내려지지 않아 위법건축물이 완공되었다 하더라도, 공공복리의 증진이라는 위 목적의 달성을 위해서는 완공 후에라도 위법건축물임을 알게 된 이상 시정명령을 할 수 있다(대결 2002.8.16. 2002마1022).

제 4 절 〔 직접강제 〕

01 직접강제의 의의

직접강제란 행정법상 의무불이행에 대하여 행정기관이 직접 의무자의 신체·재산에 실력을 가하여 의무의 이행이 있었던 것과 동일한 상태를 실현하는 작용을 말한다. 식품위생법상의 영업소 폐쇄조치, 출입국관리법상의 외국인 강제퇴거 등이 대표적이다.

02 구별개념

직접강제는 대체적 작위의무·비대체적 작위의무·부작위의무·수인의무 등 일체의 의무불이행에 대하여 할 수 있다는 점에서 대체적 작위의무에 대한 강제수단인 대집행과 구별되며, 의무불이행을 전제로 하는 점에서 의무이행을 전제로 하지 않는 즉시강제와 구별된다.

03 직접강제의 근거 및 대상

직접강제에 관한 일반법으로서의 성질을 가지는 법은 없고 일부 개별법에 직접강제가 규정되어 있다.

식품위생법 제79조(폐쇄조치 등) ① 식품의약품안전처장, 시·도지사 또는 시장·군수·구청장은 제37조 제1항, 제4항 또는 제5항을 위반하여 허가받지 아니하거나 신고 또는 등록하지 아니하고 영업을 하는 경우 또는 제75조 제1항 또는 제2항에 따라 허가 또는 등록이 취소되거나 영업소 폐쇄명령을 받은 후에도 계속하여 영업을 하는 경우에는 해당 영업소를 폐쇄하기 위하여 관계 공무원에게 다음 각 호의 조치를 하게 할 수 있다.
1. 해당 영업소의 간판 등 영업 표지물의 제거나 삭제
2. 해당 영업소가 적법한 영업소가 아님을 알리는 게시문 등의 부착
3. 해당 영업소의 시설물과 영업에 사용하는 기구 등을 사용할 수 없게 하는 봉인(封印)
④ 제1항에 따른 조치는 그 영업을 할 수 없게 하는 데에 필요한 최소한의 범위에 그쳐야 한다.

---

04 직접강제에 대한 구제

직접강제는 권력적 사실행위로서 처분성이 인정되므로 항고소송의 대상이 된다. 그러나 직접강제는 그 성질상 단기에 종료되므로 소의 이익이 없게 되는 경우가 많다.

제5절 행정상 강제징수

01 행정상 강제징수의 의의

행정상 강제징수란 공법상의 금전납부의무를 불이행한 경우에 행정청이 의무자의 재산에 실력을 가하여 이를 징수하는 작용을 말한다.

> **판례**
>
> 국유 일반재산의 대부료 등의 징수에 관하여는 국세징수법 규정을 준용한 간이하고 경제적인 특별구제절차가 마련되어 있으므로, 민사소송의 방법으로 대부료 등의 지급을 구하는 것은 허용되지 아니한다(대판 2014.9.4. 2014다203588).

02 법적 근거

행정상의 강제징수는 법적 근거가 있어야 할 수 있으며, 국세징수법이 일반법으로 기능하고 있다.

03 국세징수법상의 강제징수의 절차

강제징수 절차는 세금의 과세처분을 전제로 하여 독촉 → 압류 → 매각 → 청산의 순으로 진행된다. 그 중에서 압류·매각·청산을 체납처분이라고 한다.

1. 독촉

(1) 개념 및 효과

독촉이란 납세의무자에게 일정기간 내에 그 이행을 최고하고 불이행시에는 체납처분 할 것을 예고하는 준법률행위적 행정행위로서 강학상 통지이다. 따라서 처분성이 긍정된다. 한편 독촉은 국세징수권의 소멸시효를 중단시키는 시효중단사유이다.

> **판례**
>
> 최초의 독촉만이 징수처분으로서 항고소송의 대상이 되는 행정처분이 되고 그 후에 한 동일한 내용의 독촉은 소멸시효 중단사유가 되는 독촉이 아니라 민법상의 단순한 최고에 불과하여 항고소송의 대상이 되는 행정처분이라 할 수 없다(대판 1999.7.13. 97누119).

(2) 방식 및 독촉생략의 경우

독촉은 반드시 문서로 하여야 하며 원칙적으로 납부기한 경과 후 10일 내에 독촉장을 발부하여야 한다. 독촉절차를 결여한 체납처분의 효력을 다수설은 무효로 보지만, 판례는 무효가 아닌 취소사유로 보고 있다(대판 1987.9.22. 87누383).

2. 체납처분

(1) 재산압류

① **개념**: 압류란 처분을 금지하고 확보하는 강제행위를 말한다. <u>압류는 권력적 사실행위로서 처분성이 인정되며, 항고소송의 대상이 된다.</u>

② **압류의 요건**

> **⚖ 판례**
>
> 압류요건이 흠결된 경우 압류처분은 위법한 것이기는 하나 당연무효는 아니다(대판 1982.7.13. 81 누360).

③ **압류대상재산**: 압류대상재산은 <u>채무자의 소유로서</u> 금전적 가치가 있고, 양도성 있는 모든 재산이며 동산·부동산·무체재산권을 불문한다.

> **⚖ 판례**
>
> 1. 체납자가 아닌 제3자의 소유물건을 대상으로 한 압류처분은 <u>법률상 실현될 수 없는 것이어서 당연무효이다</u>(대판 1993.4.27. 92누12117).
> 2. 세무공무원이 국세의 징수를 위해 납세자의 재산을 압류하는 경우 그 재산의 가액이 징수할 국 세액을 초과한다 하여 위 압류가 당연무효의 처분이라고는 할 수 없다(대판 1986.11.11. 86누 479).

④ **압류금지재산**: <u>압류금지재산에 대해서는 체납자의 동의가 있어도 압류할 수 없다</u>(국세징수 법 제31조). 압류금지재산으로는 의복·침구·가구 등 <u>생활필수품</u> 등이 있고, <u>급여채권에 대 하여는 그 총액의 2분의 1에 해당하는 금액은 압류하지 못한다.</u>

⑤ **압류의 효력**: 압류에는 <u>시효중단의 효과</u>가 인정되며, <u>압류의 하자는 매각·청산에 승계된다.</u>

> **⚖ 판례**
>
> 세무공무원이 체납자의 재산을 압류하기 위해 수색을 하였으나 압류할 목적물이 없어 압류를 실행 하지 못한 경우에도 시효중단의 효력이 발생한다(대판 2001.8.21. 2000다12419).

⑥ **압류의 해제**: 압류의 해제는 유효한 압류에 의하여 발생한 처분금지의 효력을 장래에 향해 서 상실시키는 처분이다. 한편 국세징수법 제53조 제1항 제1호의 그 밖의 사유로 압류가 필 요 없게 된 때에는 근거법령이 위헌결정을 받은 경우도 포함된다.

> **⚖ 판례**
>
> <u>압류 후 부과처분의 근거 법률이 위헌으로 결정된 경우에 압류처분은 취소사유가 있는 경우에 해 당되어 압류를 해제하여야 한다</u>(대판 2002.7.12. 2002두3317).

⑦ **상속 또는 합병의 경우**: <u>체납자가 사망한 후 체납자 명의의 재산에 대하여 한 압류는 그 재산 을 상속한 상속인에 대하여 한 것으로 본다.</u>

(2) 압류재산의 매각

① **개념 및 방법**: 압류재산의 매각은 <u>입찰 또는 경매 등 공매에 의하여 하는 것이 원칙이나, 예외적으로 수의계약으로 하는 경우도 있다.</u>

② **공매의 성질**: <u>공매는</u> 항고소송의 대상이 되는 <u>행정처분인 반면, 수의계약은 사법상의 매매계약이다.</u>

> **⚖ 판례**
>
> <u>공매는 처분이며 공매에 의하여 재산을 매수한 자는 공매처분이 취소된 경우에 그 취소처분의 위법을 주장하여 행정소송을 제기할 법률상 이익이 있다</u>(대판 1984.9.25. 84누201).

③ 공매의 결정과 통지

> **⚖ 판례**
>
> 1. 한국자산공사가 <u>공매(입찰)하기로 한 결정 자체는 내부적인 의사결정에 불과하여 행정처분이라고 볼 수 없다</u>(대판 2007.7.27. 2006두8464).
>
> 2. 공매처분을 하면서 체납자 등에게 <u>공매통지를 하지 않았거나 공매통지를 하였더라도 그것이 적법하지 아니한 경우에는 절차상의 흠이 있어 그 공매처분이 위법하게 되는 것이지만, 공매통지 자체가 행정처분에 해당한다고 할 것은 아니므로 공매통지 자체를 항고소송의 대상으로 삼아 그 취소 등을 구할 수는 없다</u>(대판 2011.3.24. 2010두25527).
>
> 3. <u>공매통지를 하지 아니한 채 공매처분을 하였다 하여도 그 공매처분이 당연무효로 되는 것은 아니다</u>(대판 2012.7.26. 2010다50625).

④ 공매재산평가의 하자

> **⚖ 판례**
>
> <u>공매재산에 대한 감정평가나 매각예정가격의 결정이 잘못되었다 하더라도, 매수인이 공매절차에서 취득한 공매재산의 시가와 감정평가액과의 차액 상당을 법률상의 원인 없이 부당이득한 것이라고는 볼 수 없다</u>(대판 1997.4.8. 96다52915).

(3) 청산

청산이란 압류금전, 체납자·제3채무자로부터 받은 금전, 매각대금 등으로 받은 금전을 국세·가산금·체납처분비, 기타의 채권에 배분하는 것을 말한다. 배분 후 잔액이 있으면 체납자에게 반환한다.

04 행정상 강제징수에 대한 구제수단

1. 행정쟁송

행정상 강제징수에 불복이 있으면 개별법에 특별한 규정이 없는 한 국세기본법에 따라 불복을 제기할 수 있다. 다만 국세기본법상의 심사청구 또는 심판청구와 그에 대한 결정을 거치지 아니하면 소송을 제기할 수 없다. 행정소송은 심사청구 또는 심판청구에 대한 결정의 통지를 받은 날부터 90일 이내에 제기하도록 하여 조세심판전치주의를 취하고 있다.

2. 하자의 승계

강제징수절차는 독촉과 체납처분으로서 압류·매각·청산 등의 일련의 절차로 이루어지고 이들 절차는 모두 결합하여 하나의 법률효과를 완성하는 관계이므로 하자의 승계가 인정된다. 그러나 조세부과처분에 하자가 있는 경우, 조세부과처분의 하자는 독촉에 승계되지 않는다.

05 가산금(납부지연가산세)

국세를 납부기한까지 완납하지 아니한 때에는 그 납부기한이 지난 날로 부터 체납된 세액에 대하여 대통령령으로 정하는 이자율에 상당하는 납부지연가산세를 징수한다.

> ⚖ **판례**
>
> 가산금 또는 중가산금은 국세를 납부기한까지 납부하지 아니하면 과세청의 확정절차 없이도 법률 규정에 의하여 당연히 발생하는 것이므로 가산금 또는 중가산금의 고지가 항고소송의 대상이 되는 처분이라고 볼 수 없다(대판 2005.6.10. 2005다15482).

행정상 즉시강제와 행정조사

PART 4 행정의 실효성 확보수단

제1절 | 행정상 즉시강제

01 행정상 즉시강제의 의의

행정상 즉시강제란 급박한 위험 또는 장해를 제거하기 위하여 미리 의무를 명할 시간적 여유가 없거나, 그 성질상 의무를 명하여서는 목적 달성이 곤란한 경우에 직접 국민의 신체 또는 재산에 실력을 가하여 행정상 필요한 상태를 실현하는 작용을 말한다. 전염병환자의 강제입원조치, 불량식품 또는 청소년 유해물품의 수거·폐기 등이 이에 해당한다.

02 구별개념

행정상 즉시강제는 의무의 존재와 불이행을 전제로 하지 않는다는 점에서, 의무의 존재 및 그 불이행을 전제로 하는 행정상 강제집행과 구별된다.

03 행정상 즉시강제의 근거

행정상 즉시강제는 실정법상 근거가 없는 경우에는 허용될 수 없다. 행정상 즉시강제에 관한 일반법은 없고 개별법에서 규정을 두고 있다.

04 행정상 즉시강제의 한계

1. 실체법적 한계

(1) 급박성에 의한 한계

행정상 즉시강제는 현존하는 명백한 위험의 장애를 예방하기 위하여 발동되어야 한다. 단순히 장래 위험발생의 가능성만으로는 행해질 수가 없다.

(2) 보충성에 의한 한계

행정상 즉시강제는 그 본질상 행정목적 달성을 위하여 불가피한 한도 내에서 예외적으로 허용된다. 행정상 즉시강제는 다른 수단으로는 그 목적달성이 불가능하거나 시간적 여유가 없는 경우여야 하며 행정상 강제집행이 가능한 경우에는 행정상 즉시강제는 허용되지 않는다.

(3) 비례성 원칙에 의한 한계

행정상 즉시강제는 적합성의 원칙, 필요성의 원칙, 상당성의 원칙 등 비례원칙을 지켜야 한다.

(4) 소극성 원칙에 의한 한계

행정상 즉시강제는 소극적으로 공공의 안녕질서를 유지하기 위한 것이어야 하고, 적극적으로 공공복리의 달성이라는 목적으로 행사되어서는 안 된다.

2. 영장주의 적용 여부

영장필요설	형사작용에만 적용된다는 명문의 제한이 없는 한 그것은 행정상 즉시강제에도 일반적으로 적용된다.
절충설(多)	즉시강제 중에서 행정목적 달성을 위하여 불가피하다고 인정할 만한 합리적인 이유가 있는 특별한 경우에 한하여 영장주의가 적용되지 않는다.

> **헌재판례**
>
> 행정상 즉시강제는 상대방의 임의이행을 기다릴 시간적 여유가 없을 때 하명 없이 바로 실력을 행사하는 것으로서, 그 본질상 급박성을 요건으로 하고 있어 법관의 영장을 기다려서는 그 목적을 달성할 수 없다고 할 것이므로, 원칙적으로 영장주의가 적용되지 않는다. 불법게임물에 대하여 영장 없는 수거를 인정한다고 하더라도 이를 두고 헌법상 영장주의에 위배되는 것으로는 볼 수 없다(헌재 2002.10.31. 2000헌가12).

05 행정상 즉시강제에 대한 구제

1. 적법한 즉시강제에 대한 구제

적법한 행정상 즉시강제로 인하여 특정인에게 귀책사유 없이 특별한 손실이 발생한 경우에 그에 대한 보상은 손실보상청구를 통하여 이루어져야 한다.

2. 위법한 즉시강제에 대한 구제

(1) 행정쟁송

행정상 즉시강제는 권력적 사실행위로서 행정쟁송의 대상인 처분에 해당하고 항고소송이 가능하다. 일반적으로 즉시강제는 단시간 내에 종료되므로 소의 이익이 없는 경우가 많지만 전염병환자의 강제격리, 정신질환자의 강제입원 등과 같이 계속적 성질을 가지는 경우 취소소송·취소심판으로 다툴 소의 이익이 있다.

(2) 손해배상

> **판례**
>
> 타인의 집대문 앞에 은신하고 있다가 경찰관의 명령에 따라 순순히 손을 들고 나오면서 그대로 도주하는 범인을 경찰관이 뒤따라 추격하면서 등 부위에 권총을 발사하여 사망케 한 경우는 위법한 행위로 손해배상책임이 있다(대판 1991.5.28. 91다10084).

(3) 정당방위

공무원의 즉시강제가 위법하게 행해진 경우 정당방위가 인정된다. 즉 위법한 즉시강제에 저항하는 것은 공무집행방해죄를 구성하지 않는다(대판 2006.11.23. 2006도2732).

제 2 절 | 행정조사

01 행정조사의 의의

행정조사란 행정기관이 정책을 결정하거나 직무를 수행하는 데 필요한 정보나 자료를 수집하기 위하여 현장조사·문서열람·시료채취 등을 하거나 조사대상자에게 보고요구·자료제출요구 및 출석·진술요구를 행하는 활동을 말한다. 일반적으로 행정조사 그 자체는 법적 효과를 가져오지 않는 사실행위에 해당한다.

02 행정조사의 법적 근거 및 적용범위

1. 법적 근거

> **행정조사기본법 제5조(행정조사의 근거)** 행정기관은 법령등에서 행정조사를 규정하고 있는 경우에 한하여 행정조사를 실시할 수 있다. 다만 조사대상자의 자발적인 협조를 얻어 실시하는 행정조사의 경우에는 그러하지 아니하다.

2. 적용범위

> **행정조사기본법 제3조(적용범위)** ① 행정조사에 관하여 다른 법률에 특별한 규정이 있는 경우를 제외하고는 이 법으로 정하는 바에 따른다.
> ② 다음 각 호의 어느 하나에 해당하는 사항에 대하여는 이 법을 적용하지 아니한다.
> 1. 행정조사를 한다는 사실이나 조사내용이 공개될 경우 국가의 존립을 위태롭게 하거나 국가의 중대한 이익을 현저히 해칠 우려가 있는 국가안전보장·통일 및 외교에 관한 사항
> 2. 국방 및 안전에 관한 사항 중 다음 각 목의 어느 하나에 해당하는 사항
>   가. 군사시설·군사기밀보호 또는 방위사업에 관한 사항
>   나. 「병역법」·「예비군법」·「민방위기본법」·「비상대비자원 관리법」에 따른 징집·소집·동원 및 훈련에 관한 사항
> 3. 「공공기관의 정보공개에 관한 법률」 제4조 제3항의 정보에 관한 사항
> 4. 「근로기준법」 제101조에 따른 근로감독관의 직무에 관한 사항
> 5. 조세·형사·행형 및 보안처분에 관한 사항
> 6. 금융감독기관의 감독·검사·조사 및 감리에 관한 사항
> 7. 「독점규제 및 공정거래에 관한 법률」, 「표시·광고의 공정화에 관한 법률」, 「하도급거래 공정화에 관한 법률」, 「가맹사업거래의 공정화에 관한 법률」, 「방문판매 등에 관한 법률」, 「전자상거래 등에서의 소비자보호에 관한 법률」, 「약관의 규제에 관한 법률」 및 「할부거래에 관한 법률」에 따른 공정거래위원회의 법률위반행위 조사에 관한 사항
> ③ 제2항에도 불구하고 제4조(행정조사의 기본원칙), 제5조(행정조사의 근거) 및 제28조(정보통신수단을 통한 행정조사)는 제2항 각 호의 사항에 대하여 적용한다.

03 행정조사의 법적 한계

1. 실체법적 한계 – 행정조사의 기본원칙(행정조사기본법 제4조)

조사범위의 최소화 (비례의 원칙)	행정조사는 조사목적을 달성하는 데 필요한 <u>최소한의 범위</u> 안에서 실시하여야 하며, 다른 목적 등을 위하여 조사권을 남용하여서는 아니 된다(동조 제1항).
목적적합성	행정기관은 조사목적에 적합하도록 조사대상자를 선정하여 행정조사를 실시하여야 한다(동조 제2항).
행정조사중복금지	행정기관은 유사하거나 동일한 사안에 대하여는 <u>공동조사</u> 등을 실시함으로써 행정조사가 <u>중복되지 아니하도록</u> 하여야 한다(동조 제3항).
법령준수유도중점	행정조사는 법령등의 <u>위반</u>에 대한 처벌보다는 법령등을 준수하도록 유도하는 데 중점을 두어야 한다(제4조 제4항).
비밀준수	다른 법률에 따르지 아니하고는 행정조사의 대상자 또는 행정조사의 내용을 공표하거나 직무상 알게 된 <u>비밀을 누설하여서는 아니 된다</u>(동조 제5항).
조사목적 외 이용 금지	행정기관은 행정조사를 통하여 알게 된 정보를 다른 법률에 따라 내부에서 이용하거나 다른 기관에 제공하는 경우를 제외하고는 원래의 <u>조사목적 이외의 용도로 이용하거나 타인에게 제공하여서는 아니 된다</u>(동조 제6항).

2. 절차법적 한계

(1) 행정조사와 영장주의

권력적 행정조사의 경우 영장주의가 적용되는지에 대해 학설은 적극설·소극설·절충설 등이 대립하나, 통설은 원칙적으로 영장주의가 적용되어야 하며 긴급을 요하는 경우에는 영장주의의 적용이 없다고 보는 절충설의 입장이다. 한편 판례도 원칙적으로 영장이 필요하다는 취지로 판시한 적이 있다(대판 1976.11.9. 76도2703).

(2) 실력행사의 가능성

권력적 행정조사에 상대방이 저항하는 경우, <u>명문 규정이 없어서</u> 실력을 행사하여 필요한 조사를 할 수 있는가가 문제된다.

04 행정조사기본법의 주요 내용

1. 목적

> **행정조사기본법 제1조(목적)** 이 법은 행정조사에 관한 기본원칙·행정조사의 방법 및 절차 등에 관한 공통적인 사항을 규정함으로써 행정의 공정성·투명성 및 효율성을 높이고, 국민의 권익을 보호함을 목적으로 한다.

2. 조사대상의 선정

> **행정조사기본법 제7조(조사의 주기)** 행정조사는 법령 등 또는 행정조사운영계획으로 정하는 바에 따라 <u>정기적으로 실시함을 원칙으로 한다.</u> 다만 다음 각 호 중 어느 하나에 해당하는 경우에는 <u>수시조사를 할 수 있다.</u>
> 1. 법률에서 수시조사를 규정하고 있는 경우
> 2. 법령 등의 위반에 대하여 혐의가 있는 경우
> 3. 다른 행정기관으로부터 법령 등의 위반에 관한 혐의를 통보 또는 이첩받은 경우
> 4. 법령 등의 위반에 대한 신고를 받거나 민원이 접수된 경우
> 5. 그 밖에 행정조사의 필요성이 인정되는 사항으로서 대통령령으로 정하는 경우
>
> **행정조사기본법 제8조(조사대상의 선정)** ① 행정기관의 장은 행정조사의 목적, <u>법령준수의 실적, 자율적인 준수를 위한 노력, 규모와 업종 등을 고려하여 명백하고 객관적인 기준에 따라 행정조사의 대상을 선정하여야 한다.</u>
> ② 조사대상자는 <u>조사대상 선정기준에 대한 열람을 행정기관의 장에게 신청할 수 있다.</u>
> ③ 행정기관의 장이 제2항에 따라 열람신청을 받은 때에는 다음 각 호의 어느 하나에 해당하는 경우를 제외하고 신청인이 조사대상 선정기준을 열람할 수 있도록 하여야 한다.
> 1. <u>행정기관이 당해 행정조사업무를 수행할 수 없을 정도로 조사활동에 지장을 초래하는 경우</u>
> 2. 내부고발자 등 제3자에 대한 보호가 필요한 경우

3. 조사방법

(1) 출석·진술 요구

> **행정조사기본법 제9조(출석·진술 요구)** ① 행정기관의 장이 조사대상자의 출석·진술을 요구하는 때에는 다음 각 호의 사항이 기재된 출석요구서를 발송하여야 한다.
> 1. 일시와 장소
> 2. 출석요구의 취지
> 3. 출석하여 진술하여야 하는 내용
> 4. 제출자료
> 5. 출석거부에 대한 제재(근거 법령 및 조항 포함)
> 6. 그 밖에 당해 행정조사와 관련하여 필요한 사항

(2) 보고요구와 자료제출의 요구

> **행정조사기본법 제10조(보고요구와 자료제출의 요구)** ① 행정기관의 장은 조사대상자에게 조사사항에 대하여 보고를 요구하는 때에는 다음 각 호의 사항이 포함된 보고요구서를 발송하여야 한다.
> 1. 일시와 장소
> 2. 조사의 목적과 범위
> 3. 보고하여야 하는 내용
> 4. 보고거부에 대한 제재(근거법령 및 조항 포함)
> 5. 그 밖에 당해 행정조사와 관련하여 필요한 사항

(3) 현장조사

> **행정조사기본법 제11조(현장조사)** ① 조사원이 가택·사무실 또는 사업장 등에 출입하여 현장조사를 실시하는 경우에는 행정기관의 장은 다음 각 호의 사항이 기재된 현장출입조사서 또는 법령 등에서 현장조사시 제시하도록 규정하고 있는 문서를 조사대상자에게 발송하여야 한다.
> 1. 조사목적
> 2. 조사기간과 장소
> 3. 조사원의 성명과 직위
> 4. 조사범위와 내용
> 5. 제출자료
> 6. 조사거부에 대한 제재(근거 법령 및 조항 포함)
> 7. 그 밖에 당해 행정조사와 관련하여 필요한 사항
> ② 제1항에 따른 현장조사는 해가 뜨기 전이나 해가 진 뒤에는 할 수 없다. 다만 다음 각 호의 어느 하나에 해당하는 경우에는 그러하지 아니하다.
> 1. 조사대상자(대리인 및 관리책임이 있는 자를 포함한다)가 동의한 경우
> 2. 사무실 또는 사업장 등의 업무시간에 행정조사를 실시하는 경우
> 3. 해가 뜬 후부터 해가 지기 전까지 행정조사를 실시하는 경우에는 조사목적의 달성이 불가능하거나 증거인멸로 인하여 조사대상자의 법령 등의 위반 여부를 확인할 수 없는 경우
> ③ 제1항 및 제2항에 따라 현장조사를 하는 조사원은 그 권한을 나타내는 증표를 지니고 이를 조사대상자에게 내보여야 한다.
>
> **행정조사기본법 제13조(자료등의 영치)** ① 조사원이 현장조사 중에 자료·서류·물건 등(이하 이 조에서 "자료등"이라 한다)을 영치하는 때에는 조사대상자 또는 그 대리인을 입회시켜야 한다.
> ② 조사원이 제1항에 따라 자료등을 영치하는 경우에 조사대상자의 생활이나 영업이 사실상 불가능하게 될 우려가 있는 때에는 조사원은 자료등을 사진으로 촬영하거나 사본을 작성하는 등의 방법으로 영치에 갈음할 수 있다. 다만, 증거인멸의 우려가 있는 자료등을 영치하는 경우에는 그러하지 아니하다.

(4) 시료채취

> **행정조사기본법 제12조(시료채취)** ① 조사원이 조사목적의 달성을 위하여 시료채취를 하는 경우에는 그 시료의 소유자 및 관리자의 정상적인 경제활동을 방해하지 아니하는 범위 안에서 최소한도로 하여야 한다.
> ② 행정기관의 장은 제1항에 따른 시료채취로 조사대상자에게 손실을 입힌 때에는 대통령령으로 정하는 절차와 방법에 따라 그 손실을 보상하여야 한다.

⚖ 판례

> 우편물의 개봉, 시료채취, 성분분석 등의 검사는 행정조사의 성격을 가지는 것으로서 수사기관의 강제처분이라고 할 수 없으므로, 압수·수색영장 없이 우편물의 개봉, 시료채취, 성분분석 등 검사가 진행되었다 하더라도 특별한 사정이 없는 한 위법하다고 볼 수 없다(대판 2013.9.26. 2013도7718).

(5) 공동조사

> **행정조사기본법 제14조(공동조사)** ① 행정기관의 장은 다음 각 호의 어느 하나에 해당하는 행정조사를 하는 경우에는 공동조사를 하여야 한다.
> 1. 당해 행정기관 내의 2 이상의 부서가 동일하거나 유사한 업무분야에 대하여 동일한 조사대상자에게 행정조사를 실시하는 경우
> 2. 서로 다른 행정기관이 대통령령으로 정하는 분야에 대하여 동일한 조사대상자에게 행정조사를 실시하는 경우

(6) 중복조사의 제한

> **행정조사기본법 제15조(중복조사의 제한)** ① 제7조에 따라 정기조사 또는 수시조사를 실시한 행정기관의 장은 <u>동일한 사안에 대하여 동일한 조사대상자를 재조사 하여서는 아니 된다.</u> 다만 당해 행정기관이 이미 조사를 받은 조사대상자에 대하여 위법행위가 의심되는 새로운 증거를 확보한 경우에는 그러하지 아니하다.

4. 조사의 실시

> **행정조사기본법 제5조(행정조사의 근거)** 행정기관은 <u>법령등에서 행정조사를 규정하고 있는 경우</u>에 한하여 행정조사를 실시할 수 있다. 다만, 조사대상자의 <u>자발적인 협조를 얻어 실시하는 행정조사의 경우</u>에는 그러하지 아니하다.

(1) 법령에 근거한 행정조사

> **행정조사기본법 제17조(조사의 사전통지)** ① 행정조사를 실시하고자 하는 행정기관의 장은 제9조에 따른 출석요구서, 제10조에 따른 보고요구서 · 자료제출요구서 및 제11조에 따른 현장출입조사서(이하 "출석요구서등"이라 한다)를 <u>조사개시 7일 전까지 조사대상자에게 서면으로 통지하여야 한다.</u> 다만 다음 각 호의 어느 하나에 해당하는 경우에는 행정조사의 개시와 동시에 출석요구서등을 조사대상자에게 제시하거나 행정조사의 목적 등을 조사대상자에게 <u>구두로 통지할 수 있다.</u>
> 1. 행정조사를 실시하기 전에 관련 사항을 미리 통지하는 때에는 증거인멸 등으로 행정조사의 목적을 달성할 수 없다고 판단되는 경우
> 2. 「통계법」 제3조 제2호에 따른 지정통계의 작성을 위하여 조사하는 경우
> 3. 제5조 단서에 따라 조사대상자의 <u>자발적인 협조를 얻어 실시하는 행정조사의 경우</u>
> ② 행정기관의 장이 출석요구서등을 조사대상자에게 발송하는 경우 출석요구서등의 내용이 외부에 공개되지 아니하도록 필요한 조치를 하여야 한다.

(2) 자발적인 협조에 따른 행정조사

> **행정조사기본법 제20조(자발적인 협조에 따라 실시하는 행정조사)** ① 행정기관의 장이 제5조 단서에 따라 조사대상자의 자발적인 협조를 얻어 행정조사를 실시하고자 하는 경우 <u>조사대상자는 문서 · 전화 · 구두 등의 방법으로 당해 행정조사를 거부할 수 있디.</u>
> ② 제1항에 따른 행정조사에 대하여 조사대상자가 조사에 응할 것인지에 대한 <u>응답을 하지 아니하는 경우에는 법령 등에 특별한 규정이 없는 한 그 조사를 거부한 것으로 본다.</u>

(3) 조사원 교체신청

> **행정조사기본법 제22조(조사원 교체신청)** ① 조사대상자는 조사원에게 공정한 행정조사를 기대하기 어려운 사정이 있다고 판단되는 경우에는 행정기관의 장에게 당해 <u>조사원의 교체를 신청할 수 있다.</u>
> ② 제1항에 따른 <u>교체신청은</u> 그 이유를 명시한 <u>서면으로</u> 행정기관의 장에게 하여야 한다.
> ③ 제1항에 따른 교체신청을 받은 행정기관의 장은 즉시 이를 심사하여야 한다.
> ④ 행정기관의 장은 제1항에 따른 교체신청이 타당하다고 인정되는 경우에는 다른 조사원으로 하여금 행정조사를 하게 하여야 한다.
> ⑤ 행정기관의 장은 제1항에 따른 교체신청이 조사를 지연할 목적으로 한 것이거나 그 밖에 교체신청에 타당한 이유가 없다고 인정되는 때에는 그 신청을 기각하고 그 취지를 신청인에게 통지하여야 한다.

(4) 조사권 행사의 제한

> **행정조사기본법 제23조(조사권 행사의 제한)** ① 조사원은 제9조부터 제11조까지에 따라 사전에 발송된 사항에 한하여 조사대상자를 조사하되, 사전통지한 사항과 관련된 추가적인 행정조사가 필요할 경우에는 조사대상자에게 추가조사의 필요성과 조사내용 등에 관한 사항을 서면이나 구두로 통보한 후 추가조사를 실시할 수 있다.
> ② 조사대상자는 법률·회계 등에 대하여 전문지식이 있는 관계 전문가로 하여금 행정조사를 받는 과정에 입회하게 하거나 의견을 진술하게 할 수 있다.
> ③ 조사대상자와 조사원은 조사과정을 방해하지 아니하는 범위 안에서 행정조사의 과정을 녹음하거나 녹화할 수 있다. 이 경우 녹음·녹화의 범위 등은 상호 협의하여 정하여야 한다.
> ④ 조사대상자와 조사원이 제3항에 따라 녹음이나 녹화를 하는 경우에는 사전에 이를 당해 행정기관의 장에게 통지하여야 한다.

(5) 정보통신수단을 통한 행정조사

> **행정조사기본법 제28조(정보통신수단을 통한 행정조사)** ① 행정기관의 장은 인터넷 등 정보통신망을 통하여 조사대상자로 하여금 자료의 제출 등을 하게 할 수 있다.
> ② 행정기관의 장은 정보통신망을 통하여 자료의 제출 등을 받은 경우에는 조사대상자의 신상이나 사업비밀 등이 유출되지 아니하도록 제도적·기술적 보안조치를 강구하여야 한다.

(6) 조사결과의 통지

> **행정조사기본법 제24조(조사결과의 통지)** 행정기관의 장은 법령등에 특별한 규정이 있는 경우를 제외하고는 행정조사의 결과를 확정한 날부터 7일 이내에 그 결과를 조사대상자에게 통지하여야 한다.

5. 자율신고제도

> **행정조사기본법 제25조(자율신고제도)** ① 행정기관의 장은 법령등에서 규정하고 있는 조사사항을 조사대상자로 하여금 스스로 신고하도록 하는 제도를 운영할 수 있다.
> ② 행정기관의 장은 조사대상자가 제1항에 따라 신고한 내용이 거짓의 신고라고 인정할 만한 근거가 있거나 신고내용을 신뢰할 수 없는 경우를 제외하고는 그 신고내용을 행정조사에 갈음할 수 있다.

---

05 행정조사에 대한 구제

1. 적법한 행정조사에 대한 구제

행정조사로 인하여 자신의 귀책사유 없이 특별한 손실을 입은 국민은 그 손실보상을 청구할 수 있다. 행정조사기본법도 일정한 경우 손실보상을 청구할 수 있음을 규정하고 있다.

2. 위법한 행정조사에 대한 구제

> ⚖️ **판례**
>
> 1. 세무조사결정이 있는 경우 검사를 수인하여야 할 법적 의무를 부담하게 되는 점 등을 종합하면, 세무조사결정은 항고소송의 대상이 된다(대판 2011.3.10. 2009두23617).
> 2. 부가가치세부과처분이, 중복하여 실시된 위법한 세무조사에 기초하여 이루어진 것이어서 위법하다(대판 2006.6.2. 2004두12070).
> 3. 세무조사에 중대한 위법사유가 있는 경우 이러한 세무조사에 의하여 수집된 과세자료를 기초로 한 과세처분 역시 위법하다(대판 2016.12.15. 2016두47659).

제1절 행정벌의 의의

01 개념 및 특성

행정벌은 과거의 의무위반에 대하여 제재를 가하는 것이지만 그 의무자에게 심리적 압박을 가하여 간접적으로 행정법규의 실효성을 확보하는 수단으로 기능한다.

02 구별개념

행정벌	이행강제금
과거의 의무위반에 대한 제재	장래에 대한 의무이행 확보수단
일사부재리 원칙이 적용되어 반복부과 불가	반복부과 가능, 처벌이 아니므로 일사부재리 원칙이 적용되지 않음.
고의·과실 필요	고의·과실 불요
양자는 목적이 다르므로 병과하여 부과할 수 있다.	

03 행정벌의 근거 – 죄형법정주의 적용

헌법재판소는 행정형벌에는 죄형법정주의가 적용되나, 행정질서벌인 과태료부과에는 죄형법정주의가 적용되지 않는다고 판시한바 있다(헌재 1998.5.28. 96헌바83).

04 행정벌의 종류

1. 행정형벌

행정형벌이란 형법에 정해져 있는 형벌(사형·징역·금고·자격상실·자격정지·벌금·구류·과료·몰수)이 과하여지는 것을 말한다. 행정형벌에는 형법총칙이 적용되고, 과벌절차는 원칙적으로 형사소송절차에 의한다.

2. 행정질서벌

행정질서벌이란 행정목적의 달성에 장애를 미칠 위험성이 있는 행위에 부과되는 제재로 과태료가 과하여지는 것을 말한다. 형법총칙이 적용되지 않으며, 원칙적으로 질서위반행위규제법이 적용된다.

3. 양자의 관계

행정형벌과 행정질서벌의 병과는 일사부재리 원칙에 위반되지 않는다.

🔨 헌재판례

어떤 행정법규 위반행위에 대하여 행정질서벌인 과태료를 과할 것인가 행정형벌을 과할 것인가는 기본적으로 입법재량에 속하는 문제다(헌재 1994.4.28. 91헌바14).

4. 행정형벌의 행정질서벌화

제 2 절   행정형벌

01 행정형벌의 특수성

⚖ 판례

죄형법정주의의 원칙은 행정법규의 규정을 해석하는 데에도 마찬가지로 적용된다(대판 2007.6.29. 2006도4582).

02 행정형벌의 성립요건

1. 고의 또는 과실

형법에 의하면 형사범의 성립에는 원칙적으로 고의가 있어야 하며 과실이 있는 행위는 법률의 특별한 규정이 있는 경우에 처벌한다. 명문의 규정이 없더라도 행정형벌 법규의 해석에 의해 과실행위도 처벌한다는 뜻이 도출되는 경우에는 과실행위도 처벌할 수 있다고 본다.

⚖ 판례

대기환경보전법 규정은 고의범은 물론이고, 과실로 인하여 그러한 내용을 인식하지 못하고 위 시설을 설치하지 아니하거나 필요한 조치를 하지 아니한 자도 함께 처벌하는 규정이라고 해석함이 상당하다(대판 2008.11.27. 2008도7438).

2. 위법성의 인식

형법 제16조는 "자기의 행위가 법령에 의하여 죄가 되지 아니하는 것으로 오인한 행위는 그 오인에 정당한 이유가 있는 때에 한하여 벌하지 아니한다."라고 규정하고 있다.

> **판례**
>
> 허가를 담당하는 공무원이 허가를 요하지 않는 것으로 잘못 알려 주어 이를 믿었기 때문에 허가를 받지 아니한 것이라면 정당한 이유가 있는 경우에 해당하여 처벌할 수 없다(대판 1992.5.22. 91도2525).

3. 양벌규정

(1) 의의

범죄행위자와 행위자 이외의 자를 함께 처벌하는 법규정을 양벌규정이라 한다. 특히 종업원의 위반행위에 대하여 사업주도 처벌하는 것으로 규정하는 경우가 대표적이다.

(2) 책임주의

종래의 양벌규정은 종업원의 행위에 대한 사업주의 고의·과실 여부와 관계없이 처벌하는 것이 많아 헌법재판소에서 책임주의 원칙에 위배된다는 이유로 위헌결정을 하였고 그 후 종업원의 행위에 대한 사업주의 고의·과실이 있는 경우에만 처벌된다.

> **헌재판례**
>
> 영업주가 고용한 종업원 등이 업무에 관하여 범죄행위를 하였다는 이유만으로 영업주 개인에 대하여 형사처벌을 과하는 것은 법치국가의 원리 및 죄형법정주의로부터 도출되는 책임주의원칙에 반하여 헌법에 위반된다(헌재 2010.12.28. 2010헌가94).

(3) 행위자 이외의 자의 책임

사업주의 책임은 주의·감독의무를 태만히 한 것에 대한 과실책임의 성질을 가진다. 따라서 종업원이 처벌되지 않는 경우라 하더라도 사업주는 독자적으로 처벌될 수 있다.

> **판례**
>
> 양벌규정에 의한 영업주의 처벌은 금지위반행위자인 종업원의 처벌에 종속하는 것이 아니라 독립하여 그 자신의 종업원에 대한 선임감독상의 과실로 인하여 처벌되는 것이므로 종업원의 범죄성립이나 처벌이 영업주 처벌의 전제조건이 될 필요는 없다(대판 2006.2.24. 2005도7673).

(4) 법인의 책임

종업원이 행정법상의 의무를 위반한 경우에는 그 행위를 벌하는 외에 법인에 대하여도 재산형(벌금·과료·몰수)을 과할 것을 규정하는 경우가 많다.

> **판례**
>
> 1. 지방자치단체 소속 공무원이 지방자치단체 고유의 자치사무를 수행하던 중 도로법 위반행위를 한 경우에는 지방자치단체는 도로법 제86조의 양벌규정에 따라 처벌대상이 되는 법인에 해당한다(대판 2005.11.10. 2004도2657).

2. 지방자치단체 소속 공무원이 지정항만순찰 등의 업무를 위해 관할관청의 승인 없이 개조한 승합차를 운행함으로써 구 자동차관리법을 위반한 사안에서, 항만순찰 등의 업무가 지방자치단체의 장이 국가로부터 위임받은 기관위임사무에 해당하여, 해당 지방자치단체가 양벌규정에 따른 처벌대상이 될 수 없다(대판 2009.6.11. 2008도6530).

03 행정형벌의 과벌절차

1. 일반절차

행정형벌도 형벌과 마찬가지로 형사소송법에 따라 법원이 부과하는 것이 원칙이다.

2. 특별절차 - 통고처분

(1) 통고처분의 의의

통고처분이란 일정한 행정범 등에 대해 정식재판에 대신하여 벌금 또는 과료에 상당하는 금액의 납부 등을 통고하는 준사법적 행위를 말한다.

(2) 통고처분의 대상

통고처분은 현행법상 조세범, 관세범, 교통사범, 출입국관리사범, 경범죄사범 등에 인정되고 있다. 한편 통고처분권자는 세무서장, 국세청장, 관세청장, 세관장, 경찰서장 등이며, 검사나 법원이 되는 것은 아니다.

🔨 헌재판례

도로교통법상의 통고처분은 처분을 받은 당사자의 임의의 승복을 발효요건으로 하고 있으며, 행정공무원에 의하여 발하여 지는 형벌의 비범죄화 정신에 접근하는 제도이다(헌재 2003.10.30. 2002헌마275).

(3) 통고처분의 법적 성질

⚖️ 판례

1. 통고처분은 행정소송의 대상이 되는 행정처분이 아니므로 그 처분의 취소를 구하는 소송은 부적법하고, 도로교통법상의 통고처분을 받은 자가 그 처분에 대하여 이의가 있는 경우에는 통고처분에 따른 범칙금의 납부를 이행하지 아니함으로써 경찰서장의 즉결심판청구에 의하여 법원의 심판을 받을 수 있게 될 뿐이다(대판 1995.6.29. 95누4674).
2. 통고처분을 할 것인지의 여부는 관세청장 또는 세관장의 재량에 맡겨져 있고, 따라서 관세청장 또는 세관장이 관세범에 대하여 통고처분을 하지 아니한 채 고발하였다는 것만으로는 그 고발 및 이에 기한 공소의 제기가 부적법하게 되는 것은 아니다(대판 2007.5.11. 2006도1993).

(4) 통고처분의 효과

통고처분에 따른 이행은 확정판결에 준하는 효력이 발생하며, 통고처분을 이행한 자에 대하여는 범칙행위의 동일성이 인정되는 한 이중처벌금지의 원칙 및 일사부재리의 원칙이 적용되어 다시 소추하지 못한다. 한편 통고처분은 일반적으로 공소시효를 중단시킨다는 특별규정을 두고 있다 (조세범처벌절차법 제16조 등).

> ⚖️ **판례**
>
> 1. 통고처분에 범칙금의 납부에 따라 확정판결에 준하는 효력이 인정되는 범위는 범칙금 통고의 이유에 기재된 당해 범칙행위 자체 및 범칙행위와 동일성이 인정되는 범칙행위에 한정된다(대판 2012.9.13. 2012도6612).
>
> 2. 경찰서장이 범칙행위에 대하여 통고처분을 한 이상, 범칙자의 위와 같은 절차적 지위를 보장하기 위하여 통고처분에서 정한 범칙금 납부기간까지는 원칙적으로 경찰서장은 즉결심판을 청구할 수 없고, 검사도 동일한 범칙행위에 대하여 공소를 제기할 수 없다(대판 2020.4.29. 2017도13409).
>
> 3. 지방국세청장 또는 세무서장이 조세범칙행위에 대하여 고발을 한 후에 동일한 조세범칙행위에 대하여 통고처분을 하였더라도, 이는 법적 권한 소멸 후에 이루어진 것으로서 특별한 사정이 없는 한 효력이 없고, 조세범칙행위자가 이러한 통고처분을 이행하였더라도 조세범 처벌절차법 제15조 제3항에서 정한 일사부재리의 원칙이 적용될 수 없다(대판 2016.9.28. 2014도10748).

(5) 통고처분에 대한 권리구제

통고처분에 대해 불복이 있는 경우 통고처분에 따른 범칙금을 납부하지 않으면 통고처분은 그 효력을 상실하며 행정청의 고발에 의한 정식의 형사소송절차가 개시되어 통고처분은 항고소송의 대상인 처분이 아니다.

제 3 절 ▌ 행정질서벌

01 행정질서벌의 의의

행정질서벌이란 행정법규 위반에 대한 제재로서 과태료가 과하여지는 행정벌을 말한다. 행정벌은 과거의 의무위반에 대한 재제로서의 성격을 지닌 점에서 장래의 의무이행 확보를 위한 강제집행과 즉시강제와 구별되고, 과태료를 부과하는 점에서 형을 부과하는 행정형벌과 구별된다.

02 법적 근거

행정질서벌에 관한 일반법으로 질서위반행위규제법이 있고, 지방자치법 제27조 제1항은 '조례를 위반한 행위에 대하여 조례로써 1천만원 이하의 과태료를 정할 수 있다.'고 규정하고 있다.

03 과태료 부과처분의 처분성 여부

질서위반행위규제법상의 과태료 부과처분은 취소소송의 대상인 행정처분이 아니다. 과태료 부과처분에 대해 이의를 제기하면 과태료 부과처분은 효력을 상실하기 때문에 항고소송의 대상적격으로서 처분성을 인정할 수 없다.

04 행정질서벌의 특성

1. 고의 · 과실의 필요 여부

질서위반행위규제법이 제정되기 전 판례는 행정질서벌을 부과함에 있어서는 원칙적으로 행위자의 주관적인 고의 · 과실을 요하지 않는다고 보았으나, 질서위반행위규제법은 고의 또는 과실이 없는 질서위반행위는 과태료를 부과하지 아니한다고 규정하고 있다. 현행법상 행정질서벌인 과태료를 부과하기 위해서는 고의 또는 과실이 있어야 한다.

> **⚖️ 판례**
>
> 질서위반행위규제법은 "고의 또는 과실이 없는 질서위반행위는 과태료를 부과하지 아니한다."고 규정하고 있으므로, 법원으로서는 행위자에게 고의나 과실이 있는지를 따져보아야 한다(대결 2011.7.14. 2011마364).

2. 죄형법정주의 적용 여부

헌법재판소는 "과태료는 행정상의 질서유지를 위한 행정질서벌에 해당할 뿐 형벌이라고 할 수 없어 죄형법정주의의 규율대상에 해당하지 아니한다."라고 판시를 하였다.

3. 행정질서벌과 이중처벌의 문제

> **⚖️ 판례**
>
> 행정법상의 질서벌인 과태료의 부과처분과 형사처벌은 그 성질이나 목적을 달리하는 별개의 것이므로 행정법상의 질서벌인 과태료를 납부한 후에 형사처벌을 한다고 하여 이를 일사부재리의 원칙에 반하는 것이라고 할 수는 없다(대판 1996.4.12. 96도158).

> **🔎 헌재판례**
>
> "처벌"은 원칙으로 범죄에 대한 국가의 형벌권 실행으로서의 과벌을 의미하는 것이고, 국가가 행하는 일체의 제재나 불이익처분을 모두 그 "처벌"에 포함시킬 수는 없다 할 것이다. 다만 동일한 행위를 대상으로 하여 형벌을 부과하면서 아울러 행정질서벌로서의 과태료까지 부과한다면 그것은 이중처벌금지의 기본정신에 배치되어 국가 입법권의 남용으로 인정될 여지가 있음을 부정할 수 없다. 무허가 건축행위에 대한 형사처벌과 과태료의 부과는 이중처벌에 해당한다고 할 수 없다(헌재 1994.6.30. 92헌바38).

05 질서위반행위규제법의 주요내용

1. 총칙규정

(1) 목적

> **질서위반행위규제법 제1조(목적)** 이 법은 법률상 의무의 효율적인 이행을 확보하고 국민의 권리와 이익을 보호하기
> 위하여 질서위반행위의 성립요건과 과태료의 부과·징수 및 재판 등에 관한 사항을 규정하는 것을 목적으로 한다.

(2) 용어의 정의

> **질서위반행위규제법 제2조(정의)** 이 법에서 사용하는 용어의 뜻은 다음과 같다.
> 1. "질서위반행위"란 법률(지방자치단체의 조례를 포함한다. 이하 같다)상의 의무를 위반하여 과태료를 부과하는 행
>   위를 말한다. 다만 다음 각 목의 어느 하나에 해당하는 행위를 제외한다.
>   가. 대통령령으로 정하는 사법(私法)상·소송법상 의무를 위반하여 과태료를 부과하는 행위
>   나. 대통령령으로 정하는 법률에 따른 징계사유에 해당하여 과태료를 부과하는 행위
> 2. "행정청"이란 행정에 관한 의사를 결정하여 표시하는 국가 또는 지방자치단체의 기관, 그 밖의 법령 또는 자치법규
>   에 따라 행정권한을 가지고 있거나 위임 또는 위탁받은 공공단체나 그 기관 또는 사인(私人)을 말한다.
> 3. "당사자"란 질서위반행위를 한 자연인 또는 법인(법인이 아닌 사단 또는 재단으로서 대표자 또는 관리인이 있는
>   것을 포함한다. 이하 같다)을 말한다.

> **질서위반행위규제법 시행령 제2조(질서위반행위에서 제외되는 행위)** ① 「질서위반행위규제법」(이하 "법"이라 한다) 제2
> 조 제1호 가목에서 "대통령령으로 정하는 사법(私法)상·소송법상 의무를 위반하여 과태료를 부과하는 행위"란 「민법」,
> 「상법」 등 사인(私人) 간의 법률관계를 규율하는 법 또는 「민사소송법」, 「가사소송법」, 「민사집행법」, 「형사소송법」,
> 「민사조정법」 등 분쟁 해결에 관한 절차를 규율하는 법률상의 의무를 위반하여 과태료를 부과하는 행위를 말한다.
> ② 법 제2조 제1호 나목에서 "대통령령으로 정하는 법률에 따른 징계사유에 해당하여 과태료를 부과하는 행위"란
> 「공증인법」·「법무사법」·「변리사법」·「변호사법」 등 기관·단체 등이 질서 유지를 목적으로 구성원의 의무 위반
> 에 대하여 제재를 할 수 있도록 규정하는 법률에 따른 징계사유에 해당하여 과태료를 부과하는 행위를 말한다.

(3) 법적용의 범위

> **질서위반행위규제법 제3조(법 적용의 시간적 범위)** ① 질서위반행위의 성립과 과태료 처분은 행위 시의 법률에 따른다.
> ② 질서위반행위 후 법률이 변경되어 그 행위가 질서위반행위에 해당하지 아니하게 되거나 과태료가 변경되기 전의
> 법률보다 가볍게 된 때에는 법률에 특별한 규정이 없는 한 변경된 법률을 적용한다.
> ③ 행정청의 과태료 처분이나 법원의 과태료 재판이 확정된 후 법률이 변경되어 그 행위가 질서위반행위에 해당하지
> 아니하게 된 때에는 변경된 법률에 특별한 규정이 없는 한 과태료의 징수 또는 집행을 면제한다.

> **질서위반행위규제법 제4조(법 적용의 장소적 범위)** ① 이 법은 대한민국 영역 안에서 질서위반행위를 한 자에게 적용
> 한다.
> ② 이 법은 대한민국 영역 밖에서 질서위반행위를 한 대한민국의 국민에게 적용한다.
> ③ 이 법은 대한민국 영역 밖에 있는 대한민국의 선박 또는 항공기 안에서 질서위반행위를 한 외국인에게 적용한다.

(4) 다른 법률과의 관계

> **질서위반행위규제법 제5조(다른 법률과의 관계)** 과태료의 부과·징수, 재판 및 집행 등의 절차에 관한 다른 법률의
> 규정 중 이 법의 규정에 저촉되는 것은 이 법으로 정하는 바에 따른다.

2. 질서위반행위의 성립요건 등

(1) 질서위반행위 법정주의

> **질서위반행위규제법 제6조(질서위반행위 법정주의)** 법률에 따르지 아니하고는 어떤 행위도 질서위반행위로 과태료를 부과하지 아니한다.

(2) 고의 또는 과실, 위법성의 인식

> **질서위반행위규제법 제7조(고의 또는 과실)** 고의 또는 과실이 없는 질서위반행위는 과태료를 부과하지 아니한다.
>
> **제8조(위법성의 착오)** 자신의 행위가 위법하지 아니한 것으로 오인하고 행한 질서위반행위는 그 오인에 정당한 이유가 있는 때에 한하여 과태료를 부과하지 아니한다.

(3) 책임능력

> **질서위반행위규제법 제9조(책임연령)** 14세가 되지 아니한 자의 질서위반행위는 과태료를 부과하지 아니한다. 다만 다른 법률에 특별한 규정이 있는 경우에는 그러하지 아니하다.
>
> **질서위반행위규제법 제10조(심신장애)** ① 심신(心神)장애로 인하여 행위의 옳고 그름을 판단할 능력이 없거나 그 판단에 따른 행위를 할 능력이 없는 자의 질서위반행위는 과태료를 부과하지 아니한다.
> ② 심신장애로 인하여 제1항에 따른 능력이 미약한 자의 질서위반행위는 과태료를 감경한다.
> ③ 스스로 심신장애 상태를 일으켜 질서위반행위를 한 자에 대하여는 제1항 및 제2항을 적용하지 아니한다.

(4) 양벌규정

> **질서위반행위규제법 제11조(법인의 처리 등)** ① 법인의 대표자, 법인 또는 개인의 대리인 · 사용인 및 그 밖의 종업원이 업무에 관하여 법인 또는 그 개인에게 부과된 법률상의 의무를 위반한 때에는 법인 또는 그 개인에게 과태료를 부과한다.
> ② 제7조부터 제10조까지의 규정은 「도로교통법」 제56조 제1항에 따른 고용주등을 같은 법 제160조 제3항에 따라 과태료를 부과하는 경우에는 적용하지 아니한다.

(5) 공범과 신분

> **질서위반행위규제법 제12조(다수인의 질서위반행위 가담)** ① 2인 이상이 질서위반행위에 가담한 때에는 각자가 질서위반행위를 한 것으로 본다.
> ② 신분에 의하여 성립하는 질서위반행위에 신분이 없는 자가 가담한 때에는 신분이 없는 자에 대하여도 질서위반행위가 성립한다.
> ③ 신분에 의하여 과태료를 감경 또는 가중하거나 과태료를 부과하지 아니하는 때에는 그 신분의 효과는 신분이 없는 자에게는 미치지 아니한다.

(6) 상상적 · 실체적 경합

> **질서위반행위규제법 제13조(수개의 질서위반행위의 처리)** ① 하나의 행위가 2 이상의 질서위반행위에 해당하는 경우에는 각 질서위반행위에 대하여 정한 과태류 중 가장 중한 과태료를 부과한다.
> ② 제1항의 경우를 제외하고 2 이상의 질서위반행위가 경합하는 경우에는 각 질서위반행위에 대하여 정한 과태료를 각각 부과한다. 다만 다른 법령(지방자치단체의 조례를 포함한다. 이하 같다)에 특별한 규정이 있는 경우에는 그 법령으로 정하는 바에 따른다.

3. 행정청의 과태료 부과 및 징수

(1) 과태료의 시효

> **질서위반행위규제법 제15조(과태료의 시효)** ① 과태료는 행정청의 과태료 부과처분이나 법원의 과태료 재판이 확정된 후 5년간 징수하지 아니하거나 집행하지 아니하면 시효로 인하여 소멸한다.

(2) 사전통지 및 의견제출

> **질서위반행위규제법 제16조(사전통지 및 의견 제출 등)** ① 행정청이 질서위반행위에 대하여 과태료를 부과하고자 하는 때에는 미리 당사자(제11조 제2항에 따른 고용주등을 포함한다. 이하 같다)에게 대통령령으로 정하는 사항을 통지하고, 10일 이상의 기간을 정하여 의견을 제출할 기회를 주어야 한다. 이 경우 지정된 기일까지 의견 제출이 없는 경우에는 의견이 없는 것으로 본다.

(3) 부과 및 납부

> **질서위반행위규제법 제17조(과태료의 부과)** ① 행정청은 제16조의 의견 제출 절차를 마친 후에 서면(당사자가 동의하는 경우에는 전자문서를 포함한다. 이하 이 조에서 같다)으로 과태료를 부과하여야 한다.
> ② 제1항에 따른 서면에는 질서위반행위, 과태료 금액, 그 밖에 대통령령으로 정하는 사항을 명시하여야 한다.
>
> **질서위반행위규제법 제17조의2(신용카드 등에 의한 과태료의 납부)** ① 당사자는 과태료, 제24조에 따른 가산금, 중가산금 및 체납처분비를 대통령령으로 정하는 과태료 납부대행기관을 통하여 신용카드, 직불카드 등(이하 "신용카드 등"이라 한다)으로 낼 수 있다.

(4) 제척기간

> **질서위반행위규제법 제19조(과태료 부과의 제척기간)** ① 행정청은 질서위반행위가 종료된 날(다수인이 질서위반행위에 가담한 경우에는 최종행위가 종료된 날을 말한다)부터 5년이 경과한 경우에는 해당 질서위반행위에 대하여 과태료를 부과할 수 없다.

(5) 이의제기

> **질서위반행위규제법 제20조(이의제기)** ① 행정청의 과태료 부과에 불복하는 당사자는 제17조 제1항에 따른 과태료 부과 통지를 받은 날부터 60일 이내에 해당 행정청에 서면으로 이의제기를 할 수 있다.
> ② 제1항에 따른 이의제기가 있는 경우에는 행정청의 과태료 부과처분은 그 효력을 상실한다.
>
> **질서위반행위규제법 제21조(법원에의 통보)** ① 제20조 제1항에 따른 이의제기를 받은 행정청은 이의제기를 받은 날부터 14일 이내에 이에 대한 의견 및 증빙서류를 첨부하여 관할 법원에 통보하여야 한다.

4. 질서위반행위의 재판 및 집행

(1) 관할법원

> **질서위반행위규제법 제25조(관할 법원)** 과태료 사건은 다른 법령에 특별한 규정이 있는 경우를 제외하고는 <u>당사자의 주소지의 지방법원</u> 또는 그 지원의 관할로 한다.

(2) 재판과 항고

> **질서위반행위규제법 제36조(재판)** ① <u>과태료 재판은 이유를 붙인 결정으로써 한다.</u>
>
> **질서위반행위규제법 제38조(항고)** ① <u>당사자와 검사는 과태료 재판에 대하여 즉시항고를 할 수 있다. 이 경우 항고는 집행정지의 효력이 있다.</u>

⚖️ 판례

과태료재판의 경우, 법원으로서는 <u>기록상 현출되어 있는 사항에 관하여 직권으로 증거조사를 하고 이를 기초로 하여 판단할 수 있는 것이나, 그 경우 행정청의 과태료부과처분사유와 기본적 사실관계에서 동일성이 인정되는 한도 내에서만 과태료를 부과할 수 있다</u>(대결 2012.10.19. 2012마1163).

(3) 재판의 집행

> **질서위반행위규제법 제42조(과태료 재판의 집행)** ① <u>과태료 재판은 검사의 명령으로써 집행한다.</u> 이 경우 그 명령은 집행력 있는 집행권원과 동일한 효력이 있다.
>
> ② 과태료 재판의 집행절차는 「민사집행법」에 따르거나 국세 또는 지방세 체납처분의 예에 따른다. 다만 「민사집행법」에 따를 경우에는 집행을 하기 전에 과태료 재판의 송달은 하지 아니한다.
>
> **질서위반행위규제법 제43조(과태료 재판 집행의 위탁)** ① <u>검사는 과태료를 최초 부과한 행정청에 대하여 과태료 재판의 집행을 위탁할 수 있고,</u> 위탁을 받은 행정청은 국세 또는 지방세 체납처분의 예에 따라 집행한다.
>
> ② 지방자치단체의 장이 제1항에 따라 집행을 위탁받은 경우에는 그 <u>집행한 금원(金員)은 당해 지방자치단체의 수입으로 한다.</u>

(4) 약식재판

> **질서위반행위규제법 제44조(약식재판)** 법원은 상당하다고 인정하는 때에는 제31조 제1항에 따른 심문 없이 과태료 재판을 할 수 있다.
>
> **질서위반행위규제법 제45조(이의신청)** ① 당사자와 검사는 제44조에 따른 약식재판의 고지를 받은 날부터 7일 이내에 이의신청을 할 수 있다.

5. 과태료 징수의 효율을 높이기 위한 수단

(1) 고액 · 상습체납자에 대한 제재

> **질서위반행위규제법 제54조(고액 · 상습체납자에 대한 제재)** ① 법원은 검사의 청구에 따라 결정으로 30일의 범위 이내에서 과태료의 납부가 있을 때까지 다음 각 호의 사유에 모두 해당하는 경우 <u>체납자(법인인 경우에는 대표자를 말한다. 이하 이 조에서 같다)를 감치(監置)에 처할 수 있다.</u>
> 1. 과태료를 3회 이상 체납하고 있고, 체납발생일부터 각 1년이 경과하였으며, 체납금액의 합계가 1천만원 이상인 체납자 중 대통령령으로 정하는 횟수와 금액 이상을 체납한 경우
> 2. 과태료 납부능력이 있음에도 불구하고 정당한 사유 없이 체납한 경우

(2) 행정청의 과태료 감경과 징수

> **질서위반행위규제법 제18조(자진납부자에 대한 과태료 감경)** ① 행정청은 당사자가 제16조에 따른 의견 제출 기한 이내에 과태료를 <u>자진하여 납부하고자 하는 경우에는 대통령령으로 정하는 바에 따라 과태료를 감경할 수 있다.</u>
> **질서위반행위규제법 제24조(가산금 징수 및 체납처분 등)** ① 행정청은 당사자가 납부기한까지 과태료를 납부하지 아니한 때에는 납부기한을 경과한 날부터 <u>체납된 과태료에 대하여 100분의 3에 상당하는 가산금을 징수한다.</u>
> ② 체납된 과태료를 납부하지 아니한 때에는 납부기한이 경과한 날부터 매 1개월이 경과할 때마다 체납된 과태료의 <u>1천분의 12에 상당하는 가산금(이하 이 조에서 "중가산금"이라 한다)을 제1항에 따른 가산금에 가산하여 징수한다.</u> 이 경우 중가산금을 가산하여 징수하는 기간은 60개월을 초과하지 못한다.
> ③ 행정청은 당사자가 제20조 제1항에 따른 기한 이내에 이의를 제기하지 아니하고 제1항에 따른 가산금을 납부하지 아니한 때에는 국세 또는 지방세 <u>체납처분의 예에 따라 징수한다.</u>
> **질서위반행위규제법 제24조의3(과태료의 징수유예 등)** ① 행정청은 당사자가 다음 각 호의 어느 하나에 해당하여 과태료(체납된 과태료와 가산금, 중가산금 및 체납처분비를 포함한다. 이하 이 조에서 같다)를 납부하기가 곤란하다고 인정되면 1년의 범위에서 대통령령으로 정하는 바에 따라 <u>과태료의 분할납부나 납부기일의 연기(이하 "징수유예등"이라 한다)를 결정할 수 있다.</u>

(3) 상속재산 등에 대한 집행

> **질서위반행위규제법 제24조의2(상속재산 등에 대한 집행)** ① 과태료는 당사자가 과태료 부과처분에 대하여 <u>이의를 제기하지 아니한 채</u> 제20조 제1항에 따른 기한이 종료한 후 <u>사망한 경우에는 그 상속재산에 대하여 집행할 수 있다.</u>

6. 조례에 의한 과태료

> **지방자치법 제27조(조례위반에 대한 과태료)** ① <u>지방자치단체는 조례를 위반한 행위에 대하여 조례로써 1천만원 이하의 과태료를 정할 수 있다.</u>

새로운 의무이행확보수단

PART 4 행정의 실효성 확보수단

제1절 새로운 의무이행확보수단의 등장

전통적인 행정의 실효성 확보수단만으로는 행정상 의무이행을 확보하는 데 한계가 있다. 이에 전통적 실효성 확보수단을 보완하기 위해 새로운 수단들이 등장하고 있는데, 과징금, 부과금, 가산세, 가산금·중가산금, 명단의 공표, 공급거부, 관허사업의 제한 등이 그것이다. 이러한 수단들은 모두 간접적 강제수단으로서의 성질을 갖는다.

제2절 금전상의 제재

01 과징금

1. 의의 및 법적 근거

과징금이란 행정법상의 의무를 위반하거나 이행하지 않은 데 대하여 행정청이 그 의무자에게 부과·징수하는 금전적 제재를 말한다.

> ⚖ **판례**
>
> 과징금부과처분은 반드시 현실적인 행위자가 아니라도 법령상 책임자로 규정된 자에게 부과되고 원칙적으로 위반자의 고의·과실을 요하지 아니하나, 위반자의 의무 해태를 탓할 수 없는 정당한 사유가 있는 등의 특별한 사정이 있는 경우에는 이를 부과할 수 없다(대판 2014.10.15. 2013두5005).

2. 종류

(1) 본래적 과징금(전형적 과징금)

본래의 과징금은 원칙적으로 행정법상의 의무를 위반한 자에 대하여 당해 위반행위로 얻게 된 경제적 이익을 박탈하기 위한 목적으로 부과하는 금전적인 제재이다.

(2) 변형된 과징금

변형된 과징금은 인·허가사업에 관한 법률상의 의무위반이 있음에도 불구하고 공익상 필요하여 그 인·허가사업을 취소·정지시키지 않고 사업을 계속하되, 이에 갈음하여 사업을 계속함으로써 얻은 이익을 박탈하는 금전적인 제재이다.

> ⚖️ **판례**
>
> 자동차운수사업면허조건 등을 위반한 사업자에 대하여 행정청이 행정제재수단으로 사업 정지를 명할 것인지, 과징금을 부과할 것인지, 과징금을 부과키로 한다면 그 금액은 얼마로 할 것인지에 관하여 재량권이 부여되었다 할 것이다(대판 1998.4.10. 98두2270).

3. 과징금의 법적 성질

(1) 처분성

과징금부과행위는 <u>침익적 행정행위로서 과징금을 부과함에는 행정절차법이 적용되며 과징금부과처분은 행정소송의 대상이 되는 처분이다.</u>

(2) 재량행위 여부

> ⚖️ **판례**
>
> 1. <u>공정거래위원회의 법 위반행위자에 대한 과징금 부과처분은 재량행위라 할 것이다(대판 2010.3.11. 2008두15176).</u>
> 2. <u>부동산 실권리자명의 등기에 관한 법률의 명의신탁자에 대하여 과징금을 부과할 것인지 여부는 기속행위에 해당한다(대판 2007.7.12. 2005두17287).</u>
> 3. 과징금은 법이 규정한 범위 내에서 그 부과처분 당시까지 부과관청이 확인한 사실을 기초로 일의적으로 확정되어야 할 것이고, 부과관청이 <u>과징금을 부과하면서 추후에 부과금 산정 기준이 되는 새로운 자료가 나올 경우에는 과징금액이 변경될 수도 있다고 유보한다든지, 실제로 추후에 새로운 자료가 나왔다고 하여 새로운 부과처분을 할 수는 없다</u>(대판 1999.5.28. 99두1571).

(3) 법규명령에 규정된 과징금 수액의 의미

> ⚖️ **판례**
>
> 1. <u>청소년보호법 시행령의 위반행위의 종별에 따른 과징금처분기준은 법규명령이기는 하나 그 수액은 정액이 아니라 최고한도액이다</u>(대판 2001.3.9. 99두5207).
> 2. <u>국토계획법 및 국토의 계획 및 이용에 관한 법률 시행령이 정한 이행강제금의 부과기준은 단지 상한을 정한 것에 불과한 것이 아니라, 위반행위 유형별로 계산된 특정 금액을 규정한 것이므로 행정청에 이와 다른 이행강제금액을 결정할 재량권이 없다</u>(대판 2014.11.27. 2013두8653).

4. 과징금 납부의무의 불이행

과징금납부의무를 불이행한 경우에는 국세징수법 또는 지방세체납처분의 예에 의하여 강제징수한다.

> ⚖️ **판례**
>
> 과징금 채무는 대체적 급부가 가능한 의무이므로 위 과징금을 부과받은 자가 사망한 경우 그 상속인에게 포괄승계된다(대판 1999.5.14. 99두35).

5. 한도액을 초과한 과징금부과의 경우

> **⚖ 판례**
>
> 자동차운수사업면허조건 등을 위반한 사업자에 대하여 행정청이 과징금을 부과키로 한다면 그 금액은 얼마로 할 것인지에 관하여 재량권이 부여되었다 할 것이므로 과징금부과처분이 법이 정한 한도액을 초과하여 위법할 경우 법원으로서는 그 전부를 취소할 수밖에 없고, 그 한도액을 초과한 부분이나 법원이 적정하다고 인정되는 부분을 초과한 부분만을 취소할 수 없다(대판 1998.4.10. 98두2270).

6. 행정형벌과 과징금의 병과

> **⚖ 헌재판례**
>
> 형사처벌과 아울러 과징금의 병과를 예정하고 있더라도 이중처벌금지원칙에 위반된다고 볼 수 없다(헌재 2003.7.24. 2001헌가25).

7. 과징금과 권리구제

과징금 부과처분은 행정행위이므로 그에 대해 행정쟁송을 제기할 수 있다. 한편 위법한 과징금부과처분으로 손해를 입은 자는 국가를 상대로 손해배상을 청구할 수 있다.

02 가산세

가산세란 세법에서 규정하는 의무의 성실한 이행을 확보하기 위하여 세법에 따라 산출한 세액에 가산하여 징수하는 금액을 말한다(국세기본법 제2조 제4호). 예컨대 소득세 신고에서 신고하여야 할 소득금액에 미달하여 신고한 때에 일정금액을 가산하여 세금을 부과하는 것을 말한다. 가산세 부과처분은 본세의 부과처분과 별개의 과세처분이다. 가산세의 부과에는 법률적 근거가 필요하다. 국세기본법, 소득세법 등에 근거규정이 있다.

> **⚖ 판례**
>
> 1. 세법상 가산세는 그 의무해태를 탓할 수 없는 정당한 사유가 있는 경우에는 그 부과를 면할 수 있다(대판 2005.4.15. 2003두4089).
> 2. 세법상 가산세는 납세자의 고의·과실은 고려되지 아니하고 법령의 부지·착오 등은 정당한 사유에 해당하지 아니한다(대판 2004.6.24. 2002두10780).
> 3. 납세의무자가 세무공무원의 잘못된 설명을 믿고 그 신고납부의무를 이행하지 아니하였다 하더라도 그것이 관계 법령에 어긋나는 것임이 명백한 때에는 그러한 사유만으로 정당한 사유가 있다고 볼 수 없다(대판 1997.8.22. 96누15404).

03 가산금 · 중가산금

1. 가산금

가산금이란 국세를 납부기한까지 납부하지 아니한 경우에 국세징수법에 따라 고지세액에 가산하여 징수하는 금액을 말한다(국세기본법 제2조 제5호 현재 삭제).

> **⚖ 판례**
>
> 가산금과 중가산금은 위 사용료가 납부기한까지 납부되지 않은 경우 미납분에 관한 지연이자의 의미로 부과되는 부대세의 일종이다(대판 2006.3.9. 2004다31074).

2. 중가산금

중가산금은 가산금의 납부고지를 받고도 금전채무를 이행하지 않는 자에 대하여 그 이행을 강제하기 위하여 부과하는 것으로, 당초의 가산금에 일정비율에 의한 가산금을 더하는 방식으로 부과한다. 국세기본법의 경우 가산금, 중가산금 규정을 삭제하고 납부지연가산세로 개정하여 가산세 개념으로 일원화하였다(1일 10만분의 25).

제 3 절 | 비금전적 제재

01 명단공표

1. 의의

명단공표란 행정법상 의무위반 또는 의무불이행이 있는 경우에, 그 의무위반자 또는 불이행자의 성명, 위반사실 등을 일반에게 공개하여 명예 또는 신용의 침해를 위협함으로써 심리적 압박을 가하여 행정법상의 의무이행을 간접적으로 확보하는 강제수단을 말한다. 국세기본법에는 고액체납자의 명단공개제도에 대하여 규정하고 있다.

2. 법적 근거

공표는 관계자의 명예 · 신용 · 프라이버시를 침해하거나 사실상 심각한 불이익을 초래할 수 있다는 점에서 법적 근거를 요한다. 공표에 관해 명시적으로 규정하는 일반법은 없으나, 개별법상으로는 독점규제 및 공정거래에 관한 법률, 식품위생법, 공직자윤리법, 국세기본법, 아동 · 청소년의 성보호에 관한 법률 등을 들 수 있다.

3. 공표의 한계

> **헌재판례**
>
> 청소년 성매수자에 대한 신상공개를 규정한 청소년의 성보호에 관한 법률은 이중처벌금지원칙, 과잉금지원칙, 적법절차원칙에 위반되지 않는다(헌재 2003.6.26. 2002헌가14).

> **판례**
>
> 인격권으로서의 개인의 명예의 보호와 표현의 자유의 보장이라는 두 법익이 충돌하였을 때 가치를 형량하여 그 규제의 폭과 방법을 정하여야 한다(대판 1998.7.14. 96다17257).

4. 공표에 대한 권리구제

(1) 공표에 대한 항고소송

공표는 비권력적 사실행위에 해당하며, 이는 그 자체로서 아무런 법적 효과도 발생하지 않기 때문에 행정소송법상 처분에 해당하지 않는다고 보는 견해가 다수설이다.

(2) 국가배상

위법한 공표에 의해 명예·신용 등이 침해된 경우에는 행정상 손해배상을 청구할 수 있다.

> **판례**
>
> 국가기관이 행정목적달성을 위하여 언론에 보도자료를 제공하는 등 이른바 행정상 공표의 방법으로 실명을 공개함으로써 타인의 명예를 훼손한 경우, 그 공표된 사람에 관하여 적시된 사실의 내용이 진실이라는 증명이 없더라도 국가기관이 공표 당시 이를 진실이라고 믿었고 또 그렇게 믿을 만한 상당한 이유가 있다면 위법성이 없는 것이다. 지방국세청 소속 공무원들이 통상적인 조사를 다하여 의심스러운 점을 밝혀 보지 아니한 채 막연한 의구심에 근거하여 원고가 위장증여자로서 국토이용관리법을 위반하였다는 요지의 조사결과를 보고한 것이라면 국세청장이 이에 근거한 보도자료의 내용이 진실하다고 믿은 데에는 상당한 이유가 없다(대판 1993.11.26. 93다18389).

02 공급거부

1. 의의

공급거부라 함은 행정법상의 의무를 위반하거나 불이행한 자에 대하여 행정상의 서비스나 재화의 공급을 거부하는 행위를 말한다.

2. 법적 성질

> **판례**
>
> 1. 행정청이 위법 건축물에 대한 시정명령을 하고 나서 위반자가 이를 이행하지 아니하여 전기·전화의 공급자에게 그 위법 건축물에 대한 전기·전화공급을 하지 말아 줄 것을 요청한 행위는 권고적 성격의 행위에 불과
> 2. 단수처분은 항고소송의 대상이 되는 행정처분에 해당한다(대판 1979.12.28. 79누218).

3. 법적 근거

구 건축법 제69조에는 위법 건축물에 대하여는 전기·전화·수도의 공급자, 도시가스사업자 또는 관계행정기관의 장에게 전기·전화·수도 또는 도시가스공급시설의 설치 또는 공급의 중지를 요청할 수 있다는 규정을 두고 있었으나 부당결부금지원칙에 위배된다는 비판이 있었다. 현행 건축법에서는 공급거부에 관한 위 규정을 삭제하였다.

03 관허사업의 제한

1. 의의

관허사업의 제한이란 행정법상의 의무위반행위가 있는 경우 이를 이유로 각종 인·허가를 거부·정지·철회할 수 있도록 함으로써 행정법상 의무의 준수 또는 의무의 이행을 간접적으로 강제하는 것을 말한다. 관허사업의 제한은 행정법상 의무위반을 발생시킨 당해 사업에 대해서만 할 수 있는 것이 아니라 관련이 없는 사업에 대해서도 할 수 있다.

2. 법적 근거 및 종류

(1) 국세징수법상 세금체납자의 관허사업 제한

> **국세징수법 제7조(관허사업의 제한)** ① 세무서장(지방국세청장을 포함한다. 이하 이 조 및 제7조의2 제1항에서 같다)은 납세자가 허가·인가·면허 및 등록(이하 "허가등"이라 한다)을 받은 사업과 관련된 소득세, 법인세 및 부가가치세를 대통령령으로 정하는 사유 없이 체납하였을 때에는 해당 사업의 주무관서에 그 납세자에 대하여 허가등의 갱신과 그 허가등의 근거 법률에 따른 신규 허가등을 하지 아니할 것을 요구할 수 있다.
> ② 세무서장은 허가등을 받아 사업을 경영하는 자가 해당 사업과 관련된 소득세, 법인세 및 부가가치세를 3회 이상 체납한 경우로서 그 체납액이 500만원 이상일 때에는 대통령령으로 정하는 경우를 제외하고 그 주무관서에 사업의 정지 또는 허가등의 취소를 요구할 수 있다.
> ③ 세무서장은 제1항 또는 제2항의 요구를 한 후 해당 국세를 징수하였을 때에는 지체 없이 그 요구를 철회하여야 한다.
> ④ 제1항 또는 제2항에 따른 세무서장의 요구가 있을 때에는 해당 주무관서는 정당한 사유가 없으면 요구에 따라야 하며, 그 조치결과를 즉시 해당 세무서장에게 알려야 한다.

(2) 질서위반행위규제법의 관허사업 제한

> **질서위반행위규제법 제52조(관허사업의 제한)** ① 행정청은 허가·인가·면허·등록 및 갱신(이하 "허가 등"이라 한다)을 요하는 사업을 경영하는 자로서 다음 각 호의 사유에 모두 해당하는 체납자에 대하여는 사업의 정지 또는 허가 등의 취소를 할 수 있다.
> 1. 해당 사업과 관련된 질서위반행위로 부과받은 과태료를 3회 이상 체납하고 있고, 체납발생일부터 각 1년이 경과하였으며, 체납금액의 합계가 500만원 이상인 체납자 중 대통령령으로 정하는 횟수와 금액 이상을 체납한 자
> 2. 천재지변이나 그 밖의 중대한 재난 등 대통령령으로 정하는 특별한 사유 없이 과태료를 체납한 자
> ② 허가 등을 요하는 사업의 주무관청이 따로 있는 경우에는 행정청은 당해 주무관청에 대하여 사업의 정지 또는 허가 등의 취소를 요구할 수 있다.
> ③ 행정청은 제1항 또는 제2항에 따라 사업의 정지 또는 허가 등을 취소하거나 주무관청에 대하여 그 요구를 한 후 당해 과태료를 징수한 때에는 지체 없이 사업의 정지 또는 허가 등의 취소나 그 요구를 철회하여야 한다.
> ④ 제2항에 따른 행정청의 요구가 있는 때에는 당해 주무관청은 정당한 사유가 없는 한 이에 응하여야 한다.

3. 관허사업제한의 한계

관허사업의 제한은 부당결부금지에 위반되는지가 문제된다. 이에 대해 위헌설과 합헌설의 대립이 있으며, 관허사업제한이 부당결부에 해당하는지에 대한 명시적인 판례는 없다.

04 기타

⚖️ **판례**

행정법규 위반에 대하여 가하는 제재조치는 반드시 현실적인 행위자가 아니라도 법령상 책임자로 규정된 자에게 부과되고 특별한 사정이 없는 한 위반자에게 고의나 과실이 없더라도 부과할 수 있다(대판 2012.5.10. 2012두1297).

김태성
행정법총론 압축정리

PART

05

행정구제법

01 행정구제 일반론

CHAPTER

PART 5 행정구제법

제1절 행정구제의 의의와 종류

사전적 권리구제제도로는 행정절차제도를 들 수 있고, 사후적 권리구제제도로는 <u>행정상 손해전보(손해배상·손실보상)와 행정쟁송(행정심판·행정소송)을 들 수 있다.</u> 한편 이외에도 청원, 옴부즈만제도, 민원처리제도 등이 있다.

제2절 행정상 손해전보

<u>손해전보</u>란 국가 등이 사인에게 발생한 손해 또는 손실을 보전하는 제도를 의미하는 것으로서, <u>손해배상과 손실보상</u>으로 구분할 수 있다.

구분	손해배상	손실보상
개념	<u>위법</u>한 행정작용으로 인한 손해	<u>적법</u>한 행정작용으로 인한 손실
전보의 대상	재산적·비재산적(생명·신체 등) 손해	재산적 손실
책임의 성질	과실책임주의(국가배상법 제2조)	무과실책임주의
양도·압류	생명·신체의 침해로 인한 국가배상을 받을 권리는 양도 및 압류 금지	양도 및 압류 가능

제3절 행정쟁송의 의의와 종류

<u>주관적 쟁송</u>이란 쟁송제기자의 권리·이익의 구제를 직접 목적으로 하는 쟁송을 말하며, <u>객관적 쟁송</u>이란 적법성의 확보 또는 공익실현을 직접 목적으로 하는 쟁송을 말한다. 항고쟁송과 당사자쟁송은 주관적 쟁송에 해당하며, 민중쟁송과 기관쟁송은 객관적 쟁송에 해당한다.

제 4 절 | 기타의 권리구제제도

01 청원

1. 청원의 의의

청원이란 국민이 국가의 공권력행사와 관련하여 자신의 의견·불만 또는 희망을 국가 또는 공공단체의 기관에 대하여 문서로 개진하거나 시정을 요구하는 헌법상의 기본권의 하나이다(헌법 제26조 제1항).

2. 법적 근거

헌법 제26조 제1항은 "모든 국민은 법률이 정하는 바에 의하여 국가기관에 문서로 청원할 권리를 가진다."고 규정하고 있고 이에 근거하여 청원에 관한 일반법으로 청원법이 제정되어 있다.

3. 청원인·청원기관

국민은 누구나 모든 국가기관에 대하여 청원할 수 있다. 청원인에는 외국인도 포함되며, 법인도 청원권의 주체가 된다. 청원을 제기하기 위해서는 개인의 권익침해 등을 요구하지 않으므로 이해관계 없는 자도 청원을 제기할 수 있다. 청원을 제출할 수 있는 기관은 국가기관, 지방자치단체와 그 소속기관, 법령에 의하여 행정권한을 가지고 있거나 행정권한을 위임 또는 위탁받은 법인·단체 또는 그 기관이나 개인이다(청원법 제3조).

4. 청원사항 및 청원의 제한

> **청원법 제4조(청원사항)** 청원은 다음 각 호의 어느 하나에 해당하는 경우에 한하여 할 수 있다.
> 1. 피해의 구제
> 2. 공무원의 위법·부당한 행위에 대한 시정이나 징계의 요구
> 3. 법률·명령·조례·규칙 등의 제정·개정 또는 폐지
> 4. 공공의 제도 또는 시설의 운영
> 5. 그 밖에 국가기관 등의 권한에 속하는 사항
>
> **청원법 제5조(청원의 불수리)** ① 청원이 다음 각 호의 어느 하나에 해당하는 때에는 이를 수리하지 아니한다.
> 1. 감사·수사·재판·행정심판·조정·중재 등 다른 법령에 의한 조사·불복 또는 구제절차가 진행중인 때
> 2. 허위의 사실로 타인으로 하여금 형사처분 또는 징계처분을 받게 하거나 국가기관 등을 중상모략하는 사항인 때
> 3. 사인간의 권리관계 또는 개인의 사생활에 관한 사항인 때
> 4. 청원인의 성명·주소 등이 불분명하거나 청원내용이 불명확한 때
>
> **청원법 제8조(반복청원 및 이중청원의 처리)** 동일인이 동일한 내용의 청원서를 동일한 기관에 2건 이상 제출하거나 2 이상의 기관에 제출한 때에는 나중에 접수된 청원서는 이를 반려할 수 있다.
>
> **청원법 제11조(모해의 금지)** 누구든지 타인을 모해(謀害)할 목적으로 허위의 사실을 적시한 청원을 하여서는 아니 된다.

5. 청원의 방식

청원은 청원인의 성명(법인인 경우에는 명칭 및 대표자의 성명을 말한다)과 주소 또는 거소를 기재하고 서명한 문서(「전자정부법」에 의한 전자문서를 포함한다)로 하여야 한다(청원법 제6조 제1항).

6. 청원의 효과

> **청원법 제9조(청원의 심사)** ① 청원을 수리한 기관은 성실하고 공정하게 청원을 심사·처리하여야 한다.
> ③ 청원을 관장하는 기관이 청원을 접수한 때에는 특별한 사유가 없는 한 90일 이내에 그 처리결과를 청원인에게 통지하여야 한다.

헌법에서는 청원의 수리·심사의무만 규정하고 있으나(헌법 제26조 제2항), 청원법에서는 모든 관서는 "청원을 수리하여 이를 성실·공정·신속히 심사처리하고 그 결과를 청원인에게 통지하여야 한다"고 규정하고 있어, 행정구제적 성질을 강화하고 있다.

> ⚖️ **판례**
>
> 청원에 대한 심사처리결과의 통지 유무는 행정소송의 대상이 되는 행정처분이 아니다(대판 1990.5.25. 90누1458).

02 민원처리제도 등

1. 민원처리제도의 의의

민원처리제도란 법령에 의한 민원처리기관이 행정작용으로 인하여 불이익을 받은 개인으로부터의 신청을 받아 관계기관에 구제조치를 권고·알선함으로써 행정운영의 적정과 합리적인 민원해소를 도모하는 절차를 말한다. 민원처리기관으로는 국민권익위원회와 시민고충처리위원회가 대표적이다. 한편 이외에도 행정기관에 직접 민원을 제기하는 경우에 민원사무처리에 관한 일반법으로 민원처리에 관한 법률이 시행 중이며, 불필요한 행정규제로 국민의 권익이 침해되는 것을 미리 방지하기 위한 행정규제기본법이 시행 중이다.

2. 국민권익위원회

(1) 설치

고충민원의 처리와 이에 관련된 불합리한 행정제도를 개선하고, 부패의 발생을 예방하며 부패행위를 효율적으로 규제하도록 하기 위하여 국무총리 소속으로 국민권익위원회를 둔다(부패방지권익위법 제11조).

(2) 구성

> **부패방지권익위법 제13조(위원회의 구성)** ① 위원회는 위원장 1명을 포함한 15명의 위원(부위원장 3명과 상임위원 3명을 포함한다)으로 구성한다. 이 경우 부위원장은 각각 고충민원, 부패방지 업무 및 중앙행정심판위원회의 운영업무로 분장하여 위원장을 보좌한다. 다만 중앙행정심판위원회의 구성에 관한 사항은 「행정심판법」에서 정하는 바에 따른다.
> **부패방지권익위법 제16조(직무상 독립과 신분보장)** ① 위원회는 그 권한에 속하는 업무를 독립적으로 수행한다.
> ② 위원장과 위원의 임기는 각각 3년으로 하되 1차에 한하여 연임할 수 있다.

(3) 고충민원의 처리

> **부패방지권익위법 제39조(고충민원의 신청 및 접수)** ① 누구든지(국내에 거주하는 외국인을 포함한다) 위원회 또는 시민고충처리위원회(이하 이 장에서 "권익위원회"라 한다)에 고충민원을 신청할 수 있다. 이 경우 하나의 권익위원회에 대하여 고충민원을 제기한 신청인은 다른 권익위원회에 대하여도 고충민원을 신청할 수 있다.
> ② 권익위원회에 고충민원을 신청하고자 하는 자는 다음 각 호의 사항을 기재하여 문서(전자문서를 포함한다. 이하 같다)로 이를 신청하여야 한다. 다만 문서에 의할 수 없는 특별한 사정이 있는 경우에는 구술로 신청할 수 있다.
>
> **부패방지권익위법 제44조(합의의 권고)** 권익위원회는 조사 중이거나 조사가 끝난 고충민원에 대한 공정한 해결을 위하여 필요한 조치를 당사자에게 제시하고 합의를 권고할 수 있다.
>
> **부패방지권익위법 제45조(조정)** ① 권익위원회는 다수인이 관련되거나 사회적 파급효과가 크다고 인정되는 고충민원의 신속하고 공정한 해결을 위하여 필요하다고 인정하는 경우에는 당사자의 신청 또는 직권에 의하여 조정을 할 수 있다.
> ② 조정은 당사자가 합의한 사항을 조정서에 기재한 후 당사자가 기명날인하고 권익위원회가 이를 확인함으로써 성립한다.
> ③ 제2항에 따른 조정은 「민법」상의 화해와 같은 효력이 있다.
>
> **부패방지권익위법 제46조(시정의 권고 및 의견의 표명)** ① 권익위원회는 고충민원에 대한 조사결과 처분 등이 위법·부당하다고 인정할 만한 상당한 이유가 있는 경우에는 관계 행정기관 등의 장에게 적절한 시정을 권고할 수 있다.
> ② 권익위원회는 고충민원에 대한 조사결과 신청인의 주장이 상당한 이유가 있다고 인정되는 사안에 대하여는 관계 행정기관 등의 장에게 의견을 표명할 수 있다.
>
> **부패방지권익위법 제50조(처리결과의 통보 등)** ① 제46조 또는 제47조에 따른 권고 또는 의견을 받은 관계 행정기관 등의 장은 이를 존중하여야 하며, 그 권고 또는 의견을 받은 날부터 30일 이내에 그 처리결과를 권익위원회에 통보하여야 한다.
> ② 제1항에 따른 권고를 받은 관계 행정기관 등의 장이 그 권고내용을 이행하지 아니하는 경우에는 그 이유를 권익위원회에 문서로 통보하여야 한다.
>
> **부패방지권익위법 제49조(결정의 통지)** 권익위원회는 고충민원의 결정내용을 지체 없이 신청인 및 관계 행정기관 등의 장에게 통지하여야 한다.
>
> **부패방지권익위법 제53조(공표)** 권익위원회는 다음 각 호의 사항을 공표할 수 있다. 다만 다른 법률의 규정에 따라 공표가 제한되거나 개인의 사생활의 비밀이 침해될 우려가 있는 경우에는 그러하지 아니하다.
> 1. 제46조 및 제47조에 따른 권고 또는 의견표명의 내용
> 2. 제50조 제1항에 따른 처리결과
> 3. 제50조 제2항에 따른 권고내용의 불이행사유

3. 시민고충처리위원회

지방자치단체 및 그 소속 기관에 관한 고충민원의 처리와 행정제도의 개선 등을 위하여 각 지방자치단체에 시민고충처리위원회를 둘 수 있다(부패방지권익위법 제32조 제1항).

4. 민원 처리에 관한 법률(이하 민원처리법)

(1) 목적

> **민원처리법 제1조(목적)** 이 법은 민원 처리에 관한 기본적인 사항을 규정하여 민원의 공정하고 적법한 처리와 민원행정제도의 합리적 개선을 도모함으로써 국민의 권익을 보호함을 목적으로 한다.

(2) 용어의 정의

> **민원처리법 제2조(정의)** 이 법에서 사용하는 용어의 뜻은 다음과 같다.
> 3. "행정기관"이란 다음 각 목의 자를 말한다.
> 　가. 국회·법원·헌법재판소·중앙선거관리위원회의 행정사무를 처리하는 기관, 중앙행정기관(대통령 소속 기관과 국무총리 소속 기관을 포함한다. 이하 같다)과 그 소속 기관, 지방자치단체와 그 소속 기관
> 　나. 공공기관
> 　　1) 「공공기관의 운영에 관한 법률」 제4조에 따른 법인·단체 또는 기관
> 　　2) 「지방공기업법」에 따른 지방공사 및 지방공단
> 　　3) 특별법에 따라 설립된 특수법인
> 　　4) 「초·중등교육법」·「고등교육법」 및 그 밖의 다른 법률에 따라 설치된 각급 학교
> 　　5) 그 밖에 대통령령으로 정하는 법인·단체 또는 기관
> 　다. 법령 또는 자치법규에 따라 행정권한이 있거나 행정권한을 위임 또는 위탁받은 법인·단체 또는 그 기관이나 개인
> 5. "복합민원"이란 하나의 민원 목적을 실현하기 위하여 관계법령등에 따라 여러 관계 기관(민원과 관련된 단체·협회 등을 포함한다. 이하 같다) 또는 관계 부서의 인가·허가·승인·추천·협의 또는 확인 등을 거쳐 처리되는 법정민원을 말한다.
> 6. "다수인관련민원"이란 5세대(世帶) 이상의 공동이해와 관련되어 5명 이상이 연명으로 제출하는 민원을 말한다.
> 7. "전자민원창구"란 「전자정부법」 제9조에 따라 설치된 전자민원창구를 말한다.
> 8. "무인민원발급창구"란 행정기관의 장이 행정기관 또는 공공장소 등에 설치하여 민원인이 직접 민원문서를 발급받을 수 있도록 하는 전자장비를 말한다.

(3) 민원사무처리원칙

> **민원처리법 제5조(민원인의 권리와 의무)** ① 민원인은 행정기관에 민원을 신청하고 신속·공정·친절·적법한 응답을 받을 권리가 있다.
>
> **민원처리법 제6조(민원 처리의 원칙)** ① 행정기관의 장은 관계법령등에서 정한 처리기간이 남아 있다거나 그 민원과 관련 없는 공과금 등을 미납하였다는 이유로 민원 처리를 지연시켜서는 아니 된다. 다만 다른 법령에 특별한 규정이 있는 경우에는 그에 따른다.
>
> **민원처리법 제19조(처리기간의 계산)** ① 민원의 처리기간을 5일 이하로 정한 경우에는 민원의 접수시각부터 "시간" 단위로 계산하되, 공휴일과 토요일은 산입(算入)하지 아니한다. 이 경우 1일은 8시간의 근무시간을 기준으로 한다.
> ② 민원의 처리기간을 6일 이상으로 정한 경우에는 "일" 단위로 계산하고 첫날을 산입하되, 공휴일과 토요일은 산입하지 아니한다.

(4) 민원사무처리절차

> **민원처리법 제8조(민원의 신청)** 민원의 신청은 문서(「전자정부법」 제2조 제7호에 따른 전자문서를 포함한다. 이하 같다)로 하여야 한다. 다만, 기타민원은 구술(口述) 또는 전화로 할 수 있다.
>
> **민원처리법 제10조(불필요한 서류 요구의 금지)** ① 행정기관의 장은 민원을 접수·처리할 때에 민원인에게 관계법령 등에서 정한 구비서류 외의 서류를 추가로 요구하여서는 아니 된다.
>
> **민원처리법 제27조(처리결과의 통지)** ① 행정기관의 장은 접수된 민원에 대한 처리를 완료한 때에는 그 결과를 민원인에게 문서로 통지하여야 한다. 다만, 기타민원의 경우와 통지에 신속을 요하거나 민원인이 요청하는 등 대통령령으로 정하는 경우에는 구술 또는 전화로 통지할 수 있다.
>
> **민원처리법 제28조(무인민원발급창구를 이용한 민원문서의 발급)** ① 행정기관의 장은 무인민원발급창구를 통하여 민원문서(다른 행정기관 소관의 민원문서를 포함한다)를 발급할 수 있다.
>
> **민원처리법 제36조(민원처리기준표의 고시 등)** ① 행정안전부장관은 민원인의 편의를 위하여 관계법령등에 규정되어 있는 민원의 처리기관, 처리기간, 구비서류, 처리절차, 신청방법 등에 관한 사항을 종합한 민원처리기준표를 작성하여 관보에 고시하고 「전자정부법」 제9조 제3항에 따른 통합전자민원창구(이하 "통합전자민원창구"라 한다)에 게시하여야 한다.

> **민원처리법 제32조(민원 1회방문 처리제의 시행)** ① 행정기관의 장은 복합민원을 처리할 때에 그 행정기관의 내부에서 할 수 있는 자료의 확인, 관계 기관·부서와의 협조 등에 따른 모든 절차를 담당 직원이 직접 진행하도록 하는 민원 1회방문 처리제를 확립함으로써 불필요한 사유로 민원인이 행정기관을 다시 방문하지 아니하도록 하여야 한다.
> ② 행정기관의 장은 제1항에 따른 민원 1회방문 처리에 관한 안내와 상담의 편의를 제공하기 위하여 민원 1회방문 상담창구를 설치하여야 한다.

⚖ 판례

행정기관이 민원 1회방문 처리제를 시행하는 절차의 일환으로 민원조정위원회를 개최하면서 민원인에게 회의일정 등을 사전에 통지하지 아니하였다 하더라도, 이러한 사정만으로 곧바로 민원사항에 대한 행정기관의 장의 거부처분에 취소사유에 이를 정도의 흠이 존재한다고 보기는 어렵다(대판 2015.8.27. 2013두1560).

(5) 민원사무처리의 불복절차

> **민원처리법 제35조(거부처분에 대한 이의신청)** ① 법정민원에 대한 행정기관의 장의 거부처분에 불복하는 민원인은 그 거부처분을 받은 날부터 60일 이내에 그 행정기관의 장에게 문서로 이의신청을 할 수 있다.
>
> **민원처리법 제30조(사전심사의 청구 등)** ① 민원인은 법정민원 중 신청에 경제적으로 많은 비용이 수반되는 민원 등 대통령령으로 정하는 민원에 대하여는 행정기관의 장에게 정식으로 민원을 신청하기 전에 미리 약식의 사전심사를 청구할 수 있다.

05

5. 행정규제기본법

> **행정규제기본법 제3조(적용 범위)** ① 규제에 관하여 다른 법률에 특별한 규정이 있는 경우를 제외하고는 이 법에서 정하는 바에 따른다.
> ② 다음 각 호의 어느 하나에 해당하는 사항에 대하여는 이 법을 적용하지 아니한다.
> 1. 국회, 법원, 헌법재판소, 선거관리위원회 및 감사원이 하는 사무
> 2. 형사(刑事), 행형(行刑) 및 보안처분에 관한 사무
> 2의2. 과징금, 과태료의 부과 및 징수에 관한 사항
> 3. 「국가정보원법」에 따른 정보·보안 업무에 관한 사항
> 4. 「병역법」, 「통합방위법」, 「예비군법」, 「민방위기본법」, 「비상대비자원 관리법」 및 「재난 및 안전관리기본법」에 규정된 징집·소집·동원·훈련에 관한 사항
> 5. 군사시설, 군사기밀 보호 및 방위사업에 관한 사항
> 6. 조세(租稅)의 종목·세율·부과 및 징수에 관한 사항
>
> **행정규제기본법 제4조(규제 법정주의)** ① 규제는 법률에 근거하여야 하며, 그 내용은 알기 쉬운 용어로 구체적이고 명확하게 규정되어야 한다.
>
> **행정규제기본법 제5조의2(우선허용·사후규제 원칙)** ① 국가나 지방자치단체가 신기술을 활용한 새로운 서비스 또는 제품(이하 "신기술 서비스·제품"이라 한다)과 관련된 규제를 법령등이나 조례·규칙에 규정할 때에는 다음 각 호의 어느 하나의 규정 방식을 우선적으로 고려하여야 한다.
> 1. 규제로 인하여 제한되는 권리나 부과되는 의무는 한정적으로 열거하고 그 밖의 사항은 원칙적으로 허용하는 규정 방식
> 2. 서비스와 제품의 인정 요건·개념 등을 장래의 신기술 발전에 따른 새로운 서비스와 제품도 포섭될 수 있도록 하는 규정 방식
> 3. 서비스와 제품에 관한 분류기준을 장래의 신기술 발전에 따른 서비스와 제품도 포섭될 수 있도록 유연하게 정하는 규정 방식
> 4. 그 밖에 신기술 서비스·제품과 관련하여 출시 전에 권리를 제한하거나 의무를 부과하지 아니하고 필요에 따라 출시 후에 권리를 제한하거나 의무를 부과하는 규정 방식
>
> **행정규제기본법 제8조(규제의 존속기한 및 재검토기한 명시)** ① 중앙행정기관의 장은 규제를 신설하거나 강화하려는 경우에 존속시켜야 할 명백한 사유가 없는 규제는 존속기한 또는 재검토기한(일정기간마다 그 규제의 시행상황에 관한 점검 결과에 따라 폐지 또는 완화 등의 조치를 할 필요성이 인정되는 규제에 한정하여 적용되는 기한을 말한다. 이하 같다)을 설정하여 그 법령 등에 규정하여야 한다.
> ② 규제의 존속기한 또는 재검토기한은 규제의 목적을 달성하기 위하여 필요한 최소한의 기간 내에서 설정되어야 하며, 그 기간은 원칙적으로 5년을 초과할 수 없다.
>
> **행정규제기본법 제23조(설치)** 정부의 규제정책을 심의·조정하고 규제의 심사·정비 등에 관한 사항을 종합적으로 추진하기 위하여 대통령 소속으로 규제개혁위원회를 둔다.

CHAPTER 02 행정상 손해전보

PART 5 행정구제법

제1절 행정상 손해배상제도

01 행정상 손해배상제도의 의의

행정상 손해배상이란 공무원의 위법한 직무행위 또는 영조물의 하자로 인하여 국민 등에게 손해가 발생한 경우 국가 또는 지방자치단체 등이 책임을 지는 제도를 말한다.

02 손해배상제도의 법적 근거(국가배상법)

1. 일반법의 지위

헌법 제29조의 취지에 따라 국가배상의 기준·절차 등을 규정한 법으로서 국가배상법이 존재한다. 이는 행정상 손해배상청구권에 관한 일반법의 지위를 갖는다.

2. 법적성격

판례는 국가배상법을 민법의 특별법으로 보고, 국가배상청구소송을 민사소송으로 본다.

> ⚖️ **판례**
>
> 공무원의 직무상 불법행위로 손해를 입은 국민이 국가 또는 지방자치단체에 대하여 그의 불법행위를 이유로 배상을 청구함은 국가배상법이 정한 바에 따른다 하여도 이 역시 민사상의 손해배상책임을 특별법인 국가배상법이 정한 데 불과하다(대판 1981.2.10. 80누317).

3. 국가배상법의 유형

국가배상법은 국가배상의 유형을 ① 공무원의 위법한 직무행위로 인한 것(국가배상법 제2조 제1항)과 ② 영조물의 설치·관리의 하자로 인한 것(동법 제5조 제1항)의 둘로 나누어 규정하고 있다.

05

03 공무원의 위법한 직무행위로 인한 손해배상

> **국가배상법 제2조 (배상책임)** ① 국가나 지방자치단체는 공무원 또는 공무를 위탁받은 사인(이하 "공무원"이라 한다)이 직무를 집행하면서 고의 또는 과실로 법령을 위반하여 타인에게 손해를 입히거나, 「자동차손해배상 보장법」에 따라 손해배상의 책임이 있을 때에는 이 법에 따라 그 손해를 배상하여야 한다.

1. 배상책임의 요건

(1) 공무원

① 공무원의 범위: 공무원은 <u>조직법상 의미의 공무원뿐만 아니라 기능적 의미의 공무원이 포함</u>된다.

> **⚖ 판례** 　공무원으로 본 사례
>
> 1. 국가배상법 제2조 소정의 '공무원'이라 함은 국가공무원법이나 지방공무원법에 의하여 <u>공무원으로서의 신분을 가진 자에 국한하지 않고, 널리 공무를 위탁받아 실질적으로 공무에 종사하고 있는 일체의 자를 가리키는 것으로서, 공무의 위탁이 일시적이고 한정적인 사항에 관한 활동을 위한 것이어도 달리 볼 것은 아니다.</u> 지방자치단체에 의해 '교통할아버지'로 선정된 노인이 위탁받은 업무 범위를 넘어 교차로 중앙에서 교통정리를 하다가 교통사고를 발생시킨 경우, 지방자치단체가 배상책임을 부담한다(대판 2001.1.5. 98다39060).
> 2. 소집 중인 향토예비군은 국가배상법상 공무원에 해당한다(대판 1970.5.26. 70다471).
> 3. 국가나 지방자치단체에 근무하는 청원경찰은 국가배상법의 공무원에 해당한다(대판 1993.7.13. 92다47564).

> **⚖ 판례** 　공무원이 아니라고 본 사례
>
> 1. 소방법에 의하여 시, 읍에 설치한 <u>의용소방대는 국가기관이라 할 수 없으니</u> 그 대원의 직무수행 과정의 불법행위에 대하여 국가는 그 배상책임이 없다(대판 1966.11.22. 66다1501).
> 2. 시·도지사나 시장·군수 또는 구청장의 업무에 속하는 대집행권한을 한국토지공사에게 위탁하는 경우, <u>한국토지공사는 행정주체의 지위에 있다고 볼 것이지 국가배상법 제2조 소정의 공무원에 해당한다고 볼 것은 아니다</u>(대판 2010.1.28. 2007다82950).

(2) 직무행위

① 직무행위의 범위

> **⚖ 판례**
>
> 1. '공무원의 직무'에는 권력적 작용만이 아니라 행정지도와 같은 비권력적 작용도 포함되며 단지 행정주체가 사경제주체로서 하는 활동만 제외된다(대판 1998.7.10. 96다38971).
> 2. 국가의 철도운행사업은 국가가 공권력의 행사로서 하는 것이 아니고 사경제적 작용이라 할 것이므로, 이로 인한 사고에 공무원이 간여하였다고 하더라도 국가배상법을 적용할 것이 아니고 일반 민법의 규정에 따라야 한다(대판 1999.6.22. 99다7008).

② **직무행위의 내용** : 직무행위에는 입법작용, 사법(司法)작용, 법률행위적 행정행위, 준법률행위적 행정행위, 행정지도 등의 사실행위, 재량행위, 부작위가 모두 포함된다.

    ㉠ **입법작용** : 국회의원의 입법작용 역시 직무행위에 포함되나 행정입법 및 조례제정으로 손해가 발생하였다 하더라도 그것만으로는 원칙적으로 국가배상법상의 위법한 행위로 되지 아니한다.

> **판례**
>
> 국회의원의 입법행위는 그 입법 내용이 헌법의 문언에 명백히 위배됨에도 불구하고 국회가 굳이 당해 입법을 한 것과 같은 특수한 경우가 아닌 한 위법행위에 해당한다고 볼 수 없고, 국가가 일정한 사항에 관하여 헌법에 의하여 부과되는 구체적인 입법의무를 부담하고 있음에도 불구하고 그 입법에 필요한 상당한 기간이 경과하도록 고의 또는 과실로 이러한 입법의무를 이행하지 아니하는 등 극히 예외적인 사정이 인정되는 사안에 한정하여 국가배상법 소정의 배상책임이 인정될 수 있으며, 위와 같은 구체적인 입법의무 자체가 인정되지 않는 경우에는 애당초 부작위로 인한 불법행위가 성립할 여지가 없다(대판 2008.5.29. 2004다33469).

    ㉡ **사법작용**

> **판례**
>
> 법관의 재판에 법령의 규정을 따르지 아니한 잘못이 있다 하더라도 이로써 바로 그 재판상 직무행위가 국가배상법 제2조 제1항에서 말하는 위법한 행위로 되어 국가의 손해배상책임이 발생하는 것은 아니고, 국가배상책임이 인정되려면 당해 법관이 위법 또는 부당한 목적을 가지고 재판을 하였다거나 법이 법관의 직무수행상 준수할 것을 요구하고 있는 기준을 현저하게 위반하는 등 법관이 그에게 부여된 권한의 취지에 명백히 어긋나게 이를 행사하였다고 인정할 만한 특별한 사정이 있어야 한다. 헌법재판소 재판관이 청구기간 내에 제기된 헌법소원심판청구 사건에서 청구기간을 오인하여 각하결정을 한 경우, 이에 대한 불복절차 내지 시정절차가 없는 때에는 국가배상책임(위법성)을 인정할 수 있다(대판 2003.7.11. 99다24218).

    ㉢ **부작위** : 공무원의 위법한 부작위도 당연히 직무행위에 포함된다.

> **판례**
>
> 어린이가 '미니컵 젤리'를 먹다가 질식하여 사망한 사안에서, 미니컵 젤리의 수입·유통 등을 금지하거나 필요한 검사 등을 실시하는 조치를 취하지 않은 것이 현저하게 합리성을 잃어 사회적 타당성이 없다거나 객관적 정당성을 상실하여 위법하다고 할 수 있을 정도에까지 이르렀다고 보기 어렵다(대판 2010.9.9. 2008다77795).

    ㉣ **수사기관의 행위** : 검사가 공소제기 한 사건에 대해 법원의 무죄판결이 확정된 경우 그러한 사유만으로 곧바로 국가배상책임이 인정되는 것은 아니다.

③ **직무행위의 판단기준(직무집행관련성)** : '직무를 집행하면서'란 직무행위 자체는 물론 객관적으로 직무의 범위 내에 속하는 행위라고 인정되거나, 직무와 밀접하게 관련된 행위라고 인정되는 경우를 말한다.

⚖️ **판례** | **직무집행관련성을 인정한 판례**

1. '직무를 집행함에 당하여'라 함은 <u>직접 공무원의 직무집행행위이거나 그와 밀접한 관련이 있는 행위를 포함하고</u>, 이를 판단함에 있어서는 행위 자체의 <u>외관을</u> 객관적으로 관찰하여 공무원의 직무행위로 보여질 때에는 비록 그것이 실질적으로 직무행위가 아니거나 또는 행위자로서는 주관적으로 공무집행의 의사가 없었다고 하더라도 그 행위는 공무원이 '직무를 집행함에 당하여' 한 것으로 보아야 한다. 공무원증 및 재직증명서 발급업무를 하는 공무원이 울산세관의 다른 공무원의 공무원증 등을 위조하는 행위는 직무집행으로 인정된다(대판 2005.1.14. 2004다26805).

2. <u>실질적으로 공무집행행위가 아니라는 사정을 피해자가 알았다 하더라도</u> 그것을 "직무를 행함에 당하여"라고 단정하는 데 영향을 미치는 것이 아니다(대판 1966.6.28. 66다781).

3. 철거건물 소유자에 대한 <u>시영아파트 분양권 부여</u> 및 세입자에 대한 지원대책 등의 업무는 공행정 작용과 관련된 활동으로 볼 것이지 사경제주체로서 하는 활동이라고는 볼 수 없다(대판 1994.9.30. 94다11767).

⚖️ **판례** | **직무집행관련성을 부정한 판례**

1. 도봉구청장이 원고와 사이에 체결한 이 사건 <u>매매계약은</u> 공공기관이 <u>사경제주체로서 행한 사법상 매매이므로</u>, 국가배상법을 적용하기는 어렵고 일반 민법의 규정을 적용할 수 있을 뿐이다(대판 1999.11.26. 98다47245).

2. 구청 공무원 갑이 시영아파트 <u>입주권 매매행위를</u> 한 경우 <u>직무와는 관련이 없는 행위로서</u> 직무 범위 내에 속하는 행위라고 볼 수 없다(대판 1993.1.15. 92다8514).

(3) 고의·과실로 인한 행위

① 고의·과실의 판단기준: 국가의 과실이 있는지의 여부가 아니라 <u>직무를 행하는 공무원을 기준으로 판단하며 과실의 객관화·정형화를 기하는 경향이 있다.</u> 과실은 구체적 과실이 아니라 추상적 과실이므로 공무원 개인의 주관적 능력과 관계없이 표준적·평균적인 공무원으로서 할 수 있는 주의의무위반을 말한다. 즉 특정 공무원 개인의 지식·능력·경험의 여하로 좌우되지 않는다.

⚖️ **판례**

1. 과실이라 함은 당해직무를 담당하는 평균인이 보통(통상) 갖추어야 할 주의의무를 게을리한 것을 말한다(대판 1987.9.22. 87다카1164).

2. 집회 중 사망한 사건에서 <u>가해공무원인 전투경찰공무원을 특정하지 않더라도</u> 손해배상책임을 인정한다(대판 1995.11.10. 95다23897).

② 위법과 과실의 관계: <u>위법 자체만으로 고의 또는 과실로 인한 불법행위를 구성한다고 단정할 수 없고 고의·과실에 대해서는 별도의 판단을 요한다.</u>

⚖️ **판례**

시청 소속 공무원이 시장을 부패방지위원회에 부패혐의자로 신고한 후 동사무소로 하향 전보된 경우, 불법행위를 구성하지 않는다(대판 2009.5.28. 2006다16215).

③ 고의·과실의 입증책임 : 법률요건분류설에 의할 때 고의·과실의 입증책임은 원고(피해자)에게 있다.

④ 구체적 검토

　㉠ 법령의 부지 혹은 법령해석의 잘못이 있는 경우

> ⚖️ **판례** ┃ 고의·과실을 인정한 경우
>
> 1. 공무원이 관계법규를 알지 못하거나 필요한 지식을 갖추지 못하고 법규의 해석을 그르쳐 행정처분을 하였다면 그가 법률전문가가 아닌 행정직 공무원이라고 하여 과실이 없다고는 할 수 없다(대판 2001.2.9. 98다52988).
> 2. 대법원의 판단으로 관계 법령의 해석이 확립되고 확립된 법령의 해석에 어긋나는 견해를 고집하여 계속하여 위법한 행정처분을 하였다면, 이는 그 공무원의 고의 또는 과실로 인한 것이 되어 손해를 배상할 책임이 있다(대판 2007.5.10. 2005다31828).

> ⚖️ **판례** ┃ 고의·과실을 부정한 경우
>
> 학설, 판례가 통일되지 않을 때에 공무원이 신중을 기해 처리한 경우에는 결과적으로 위법한 것이었다 하더라도 공무원의 과실을 인정할 수 없다(대판 1973.10.10. 72다2583).

　㉡ 행정규칙에 따른 경우

> ⚖️ **판례**
>
> 행정청 내부에 일응의 기준을 정해 둔 경우 그 기준에 따른 행정처분을 하였다면 이에 관여한 공무원에게 그 직무상의 과실이 있다고 할 수 없다(대판 1984.7.24. 84다카597).

　㉢ 항고소송에서 처분이 취소된 경우

> ⚖️ **판례**
>
> 어떠한 행정처분이 후에 항고소송에서 취소되었다고 할지라도 당해 행정처분이 곧바로 공무원의 고의 또는 과실로 인한 것으로서 불법행위를 구성한다고 단정할 수는 없는 것이다(대판 2000.5.12. 99다70600).

　㉣ 처분의 근거법률이 위헌결정된 경우

> 🔨 **헌재판례**
>
> 처분이 있은 후에 근거법률이 위헌으로 결정된 경우, 그 법률을 적용한 공무원에게 고의 또는 과실이 있었다고 단정할 수 없다(헌재 2009.9.24. 2008헌바23).

(4) 법령위반(위법성)

① 개념 : <u>공무원의 가해행위에 대해 형사상 무죄판결이 있었더라도 국가배상책임이 인정될 수</u> <u>있다.</u>

> ⚖ **판례**
>
> <u>법령을 위반하였다 함은 엄격한 의미의 법령위반뿐 아니라 인권존중, 권력남용금지, 신의성실과 같</u> <u>이 공무원으로서 마땅히 지켜야 할 준칙이나 규범을 지키지 아니하고 위반한 경우를 포함하여 널리</u> <u>그 행위가 객관적인 정당성을 결여하고 있음을 뜻하는 것이므로, 경찰관이 범죄수사를 함에 있어</u> <u>법규상 또는 조리상의 한계를 위반하였다면 이는 법령을 위반한 경우에 해당한다.</u> 성폭력범죄의 <u>수사를 담당하는 경찰관이 위와 같은 직무상 의무에 반하여 피해자의 인적사항 등을 공개 또는 누</u> <u>설하였다면 국가는 그로 인하여 피해자가 입은 손해를 배상하여야 한다</u>(대판 2008.6.12. 2007다 64365).

② 위법성의 판단기준

> ⚖ **판례**
>
> 공무원의 직무집행이 법령이 정한 요건과 절차에 따라 이루어진 것이라면 이는 <u>법령에 적합한 것</u> 이고 그 과정에서 <u>개인의 권리가 침해되는 일이 생긴다고 하여 그 법령적합성이 곧바로 부정되는</u> <u>것은 아니다</u>(대판 2000.11.10. 2000다26807).

③ 선결문제로서 위법판단

> ⚖ **판례**
>
> 행정처분의 취소판결이 있어야만 그 위법임을 이유로 피고에게 배상을 청구할 수 있는 것은 아니 다(대판 1991.1.25. 87다카2569).

④ 구체적 사례

ㄱ 행정규칙위반의 위법성

> ⚖ **판례**
>
> 법령에 위반하여라 함은 일반적으로 위법행위를 함을 말하는 것이고, 단순한 행정적인 내부규 칙에 위배하는 것을 포함하지 아니한다(대판 1973.1.30. 72다2062).

ㄴ 부작위의 위법성 : <u>작위의무를 도출할 수 있는 경우 부작위의 경우에도 위법성을 인정할</u> <u>수 있다.</u> 나아가 행정청이 규제권한을 행사하지 아니하는 것이 직무상 의무를 위반하는 것으로 되어 위법한 것으로 평가되는 경우에는 특별한 사정이 없는 한 과실도 인정된다.

> ⚖ **판례**
>
> 경찰관 직무집행법 제5조는 형식상 경찰관에게 <u>재량에 의한 직무수행권한을 부여한 것처럼 되</u> <u>어 있으나,</u> 경찰관이 그 <u>권한을 행사하여 필요한 조치를 취하지 아니하는 것이 현저하게 불합</u> 리하다고 인정되는 경우에는 그러한 권한의 불행사는 직무상의 의무를 위반한 것이 되어 위법 하게 된다(대판 1998.8.25. 98다16890).

> ⚖️ **판례**   작위의무를 인정한 사례

1. '법령에 위반하여'라고 하는 것은 엄격하게 형식적 의미의 법령에 명시적으로 공무원의 작위 의무가 규정되어 있는데도 이를 위반하는 경우만을 의미하는 것은 아니고, 국가가 위험 배 제에 나서지 아니하면 국민의 생명, 신체, 재산 등을 보호할 수 없는 경우에는 형식적 의미 의 법령에 근거가 없더라도 국가나 관련 공무원에 대하여 그러한 위험을 배제할 작위의무를 인정할 수 있을 것이다(대판 2004.6.25. 2003다69652).

2. 토석채취공사 도중 경사지를 굴러 내린 암석이 가스저장시설을 충격하여 화재가 발생한 경 우, 사업자로 하여금 위해방지시설을 설치하게 할 의무를 다하지 아니한 위법과 위험이 발생 하였음에도 작업을 중지시키는 등의 예방조치를 취하지 아니한 위법이 있다(대판 2001.3.9. 99다64278).

3. 인감증명사무를 처리하는 공무원으로서는 발급된 인감으로 인한 부정행위의 발생을 방지할 직무상의 의무가 있다(대판 2004.3.26. 2003다54490).

4. 구체적인 상황 아래에서 식품의약품안전청장 등이 권한을 행사하지 아니한 것이 현저하게 합리성을 잃어 사회적 타당성이 없는 경우에 한하여 직무상 의무를 위반한 것이 되어 위법 하게 된다. 그리고 위와 같이 식약청장등이 그 권한을 행사하지 아니한 것이 직무상 의무를 위반하여 위법한 것으로 되는 경우에는 특별한 사정이 없는 한 과실도 인정된다. 어린이가 '미니컵 젤리'를 먹다가 질식하여 사망한 사안에서, 식품의약품안전청장 및 관계 공무원이 조치를 취하지 않은 것이 현저하게 합리성을 잃어 사회적 타당성이 없다거나 객관적 정당성 을 상실하여 위법하다고 할 수 있을 정도에까지 이르렀다고 보기 어렵다(대판 2010.9.9. 2008 다77795).

> ⚖️ **판례**   작위의무를 부정한 사례

등기신청을 접수한 등기관으로서는 형식적 사항이 구비되었는지 여부를 심사한 이상 그 형식 적 심사의무를 다하였다고 할 것이고, 재판서 양식에 관한 예규 및 일반적인 작성 관행 등에서 벗어난 것인지 여부를 파악한 다음 위조 여부에 관하여 보다 자세한 확인을 하여야 할 주의의 무가 있다고는 할 수 없다(대판 2005.2.25. 2003다13048).

(5) 타인에 대한 손해의 발생

손해는 가해행위로부터 발생한 일체의 손해로서 적극적 손해(치료비 등), 소극적 손해(일당 등 벌 수 있었던 금전), 정신적 손해(위자료), 생명·신체·재산에 대한 모든 손해를 포함한다.

> ⚖️ **판례**

1. 국가배상법은 재산권 침해에 대한 위자료의 지급에 관하여 명시한 규정을 두지 아니하였으나 재산 권 침해로 인한 위자료의 지급의무를 배제하는 것이라고 볼 수는 없다(대판 1990.12.21. 90다6033).

2. 재산권이 침해된 경우에는 특별한 사정이 없는 한 그 재산적 손해의 배상에 의하여 정신적 고통도 회복된다(대판 2003.7.25. 2003다22912).

(6) 직무행위와 손해발생 간의 인과관계

① 상당인과관계 : 가해행위와 손해발생 사이에는 상당한 인과관계가 있어야 한다.

> **판례**
>
> 1. 유흥주점에 감금된 채 윤락을 강요받으며 생활하던 여종업원들이 유흥주점에 화재가 났을 때 미처 피신하지 못하고 유독가스에 질식해 사망한 경우 소방공무원이 시정조치를 명하지 않은 직무상 의무 위반과 위 사망의 결과 사이에 상당인과관계가 있다. 지방자치단체의 담당 공무원이 시설기준에 위배된 개축에 대하여 시정명령 등 식품위생법상 취하여야 할 조치를 게을리 한 직무상 의무위반행위와 위 종업원들의 사망 사이에 상당인과관계가 존재하지 않는다(대판 2008.4.10. 2005다48994).
> 2. 윤락녀들이 윤락업소에 감금된 채로 윤락을 강요받으면서 생활하고 있음을 쉽게 알 수 있는 상황이었음에도, 경찰관이 감금 및 윤락강요행위를 제지하거나 윤락업주들을 체포·수사하는 등 필요한 조치를 취하지 아니하고 오히려 업주들로부터 뇌물을 수수하며 그와 같은 행위를 방치한 것은 위법하므로 국가는 위자료를 지급할 의무가 있다(대판 2004.9.23. 2003다49009).
> 3. 자살한 초임하사가 근무한 부대의 지휘관 등이 육군규정에 규정된 기간을 초과하여 망인으로 하여금 영내거주를 하도록 한 과실과 망인의 사망에는 상당인과관계가 있다고 볼 수 없다(대판 2011.1.27. 2010다74416).

② 사익보호성

> **판례**
>
> 1. 상당인과관계가 인정되기 위하여는 공무원에게 부과된 직무상 의무의 내용이 단순히 공공 일반의 이익을 위한 것이거나 행정기관 내부의 질서를 규율하기 위한 것이 아니고 전적으로 또는 부수적으로 사회구성원 개인의 안전과 이익을 보호하기 위하여 설정된 것이어야 한다(대판 2010.9.9, 2008다77795).
> 2. 주민등록사무를 담당하는 공무원이 개명과 같은 사유로 주민등록상의 성명을 정정한 경우에는 본적시 관할관청에 그 변경사항을 통보할 직무상 의무가 있으며, 그러한 의무에는 사익보호성이 인정된다(대판 2003.4.25. 2001다59842).
> 3. 공직선거법이 위와 같이 후보자가 되고자 하는 자와 그 소속 정당에게 전과기록을 조회할 권리를 부여한 것은 개별적인 이익도 보호하기 위한 것이다(대판 2011.9.8. 2011다34521).
> 4. 국가 등에 일정한 기준에 따라 상수원수의 수질을 유지하여야 할 의무를 부과하고 있는 법령의 규정은 공공 일반의 전체적인 이익을 도모하기 위한 것이지, 국민 개개인의 안전과 이익을 직접적으로 보호하기 위한 규정이 아니므로, 국민에게 공급된 수돗물의 상수원의 수질이 수질기준에 미달한 경우 국가 또는 지방자치단체가 국민에게 손해배상책임을 부담하지 아니한다(대판 2001.10.23. 99다36280).

2. 배상의 범위

(1) 배상의 원칙

헌법 제29조 제1항은 정당한 배상을 청구할 수 있다고 규정하고 있는데, 이때 정당한 배상은 가해행위와 상당인과관계의 범위 안에 있는 일체의 손해를 의미한다.

(2) 배상기준

> ⚖️ **판례**
>
> 국가배상법 제3조 제1항, 제3항 규정의 손해배상 기준은 배상심의회의 배상금지급 기준을 정함에 있어서의 하나의 기준을 정한 것에 불과하다(대판 1970.3.10. 69다1772).

(3) 이익의 공제

① 손익상계

> **국가배상법 제3조의2(공제액)** ① 제2조 제1항을 적용할 때 피해자가 손해를 입은 동시에 이익을 얻은 경우에는 손해배상액에서 그 이익에 상당하는 금액을 빼야 한다.

② 과실상계

> **국가배상법 시행령 제21조(결정 및 통지)** ① 배상결정은 믿을 수 있는 증거자료에 의하여 이루어져야 하며, 배상금을 지급하는 결정을 함에 있어 피해자측의 과실이 있을 때에는 법과 이 영에 정한 기준에 따라 산정한 금액에 대하여 그 과실의 정도에 따른 과실상계를 하여야 한다.

3. 배상청구권의 양도 · 압류금지

> **국가배상법 제4조(양도 등 금지)** 생명 · 신체의 침해로 인한 국가배상을 받을 권리는 양도하거나 압류하지 못한다.

4. 배상책임

(1) 배상책임자

① 국가 또는 지방자치단체 : 헌법 제29조 제1항은 배상주체를 국가 또는 공공단체라고 규정하고 있으나 국가배상법은 국가와 지방자치단체만을 규정하고 있다.

② 공무원의 선임 · 감독자와 비용부담자가 다른 경우

> **국가배상법 제6조 (비용부담자 등의 책임)** ① 제2조 · 제3조 및 제5조에 따라 국가나 지방자치단체가 손해를 배상할 책임이 있는 경우에 공무원의 선임 · 감독 또는 영조물의 설치 · 관리를 맡은 자와 공무원의 봉급 · 급여, 그 밖의 비용 또는 영조물의 설치 · 관리 비용을 부담하는 자가 동일하지 아니하면 그 비용을 부담하는 자도 손해를 배상하여야 한다.
> ② 제1항의 경우에 손해를 배상한 자는 내부관계에서 그 손해를 배상할 책임이 있는 자에게 구상할 수 있다.

비용부담자는 실질적 부담자와 형식적 부담자를 모두 포함한다. 기관위임사무는 위임자의 사무가 되므로 위임자는 사무귀속자로서 국가배상법 제2조에 의한 배상책임을 진다.

> ⚖️ **판례**
>
> 1. 경비를 지출하는 자는 경비의 실질적·궁극적 부담자가 아니더라도 그러한 <u>경비를 부담하는 자</u>에 포함된다. 지방자치단체의 장이 기관위임된 국가행정사무를 처리하는 경우 지방자치단체는 국가로부터 내부적으로 교부된 금원으로 그 사무에 필요한 경비를 대외적으로 지출하는 자이므로, 손해를 <u>배상할 책임이 있다</u>(대판 1994.12.9. 94다38137).
> 2. 국가배상법은 민법 제756조 제1항 단서에서 사용자가 피용자의 선임감독에 무과실인 경우에는 면책되도록 규정한 것과는 달리 이러한 <u>면책규정을 두지 아니함</u>으로써 국가배상책임이 용이하게 인정되도록 하고 있다(대판 1996.2.15. 95다38677 전원합의체).

(2) 배상책임의 성질

대위 책임설	국가배상책임은 <u>원래 국가의 행위가 될 수 없고 공무원 개인에게 귀속될 책임</u>이나, 국가가 대신하여 그 책임을 지는 대위책임이다. 대위책임설은 국가가 대신하여 책임을 지므로 공무원 개인에 대한 책임을 부인한다.
자기 책임설	공무원의 행위는 국가의 기관으로서의 행위이므로 불법행위로 인한 책임도 <u>국가에 직접 귀속되는 자기책임</u>이라는 견해이다. 자기책임설은 공무원 개인과 더불어 국가도 책임을 진다.

<u>판례는 경과실의 경우 국가 등의 기관행위로 보아 국가의 배상책임만을 긍정하고, 고의 또는 중과실의 경우에는 기관행위로서 품격을 상실하였지만 피해자구제 관점에서 국가 등도 공무원 개인과 중첩적인 책임을 부담한다고 하여 절충설에 해당한다.</u>

(3) 선택적 청구의 문제(공무원의 직접적인 배상책임 문제)

> **대한민국 헌법 제29조** ① 공무원의 직무상 불법행위로 손해를 받은 국민은 법률이 정하는 바에 의하여 국가 또는 공공단체에 정당한 배상을 청구할 수 있다. 이 경우 <u>공무원 자신의 책임은 면제되지 아니한다.</u>

> ⚖️ **판례**
>
> 1. <u>헌법 제29조 제1항 단서는 공무원 개인의 구체적 손해배상책임범위까지 규정한 것으로 보기는 어렵다</u>(대판 1996.2.15. 95다38677 전원합의체).
> 2. <u>공무원 개인도 고의 또는 중과실이 있는 경우에는 손해배상책임을 지고, 경과실이 있을 뿐인 경우에는 손해배상책임을 부담하지 아니한다</u>(대판 2011.9.8. 2011다34521).

(4) 구상권

> **국가배상법 제2조 (배상책임)** ② 제1항 본문의 경우에 공무원에게 고의 또는 중대한 과실이 있으면 국가나 지방자치단체는 그 공무원에게 구상(求償)할 수 있다.

> ⚖️ **판례**
>
> 1. 국가 등은 신의칙상 상당하다고 인정되는 한도 내에서만 당해 공무원에 대하여 구상권을 행사할 수 있다(대판 1991.5.10. 91다6764).
> 2. 피해자의 국가배상청구권 소멸시효기간이 지났으나 국가가 소멸시효 완성을 주장하는 것이 권리남용으로 허용될 수 없어 배상책임을 이행한 경우에는, 국가가 공무원에게 구상권을 행사하는 것은 신의칙상 허용되지 않는다(대판 2016.6.10. 2015다217843).

3. 경과실이 있는 공무원이 피해자에 대하여 손해배상책임을 부담하지 아니함에도 피해자에게 손해를 배상하였다면 그것은 채무자 아닌 사람이 타인의 채무를 변제한 경우에 해당하고, 피해자는 공무원에 대하여 이를 반환할 의무가 없고, 그에 따라 피해자의 국가에 대한 손해배상청구권이 소멸하여 국가는 자신의 출연 없이 채무를 면하게 되므로, 경과실이 있는 공무원은 국가에 대하여 국가의 피해자에 대한 손해배상책임의 범위 내에서 공무원이 변제한 금액에 관하여 구상권을 취득한다(대판 2014.8.20, 2012다54478).

5. 자동차손해배상책임

(1) 의의

자동차손해배상보장법에 따른 손해배상책임요건이 충족되면 국가배상법상의 배상책임 성립요건 여부와 관계없이 국가나 지방자치단체가 배상책임을 진다는 점에서 국가배상법의 배상책임요건에 특례를 인정한다.

(2) 국가 등의 배상책임요건

자동차손해배상보장법 제3조는 "자기를 위하여 자동차를 운행하는 자는 그 운행으로 다른 사람을 사망하게 하거나 부상하게 한 경우에는 그 손해를 배상할 책임을 진다."고 규정하고 있다. 여기서 '자기를 위하여 자동차를 운행하는 자'란 자동차에 대한 운행을 지배하여 그 이익을 향수하는 책임주체로서의 지위에 있는 자를 말하며, 운행의 지배는 현실적인 지배에 한하지 아니하고 사회통념상 간접지배 내지는 지배가능성이 있다고 볼 수 있는 경우도 포함한다(대판 2002.11.26. 2002다47181).

> ⚖️ **판례**
>
> 1. 공무원이 직무를 집행하기 위하여 국가 또는 지방자치단체 소유의 공용차를 운행하는 경우, 자동차에 대한 운행지배나 운행이익은 그 공무원이 소속한 국가 또는 지방자치단체에 귀속되고 공무원이 손해배상책임의 주체가 될 수는 없다(대판 1994.12.27. 94다31860).
> 2. 공무원이 자기 소유의 자동차로 공무수행 중 사고를 일으킨 경우에는 운전한 공무원의 경과실에 의한 것인지 중과실 또는 고의에 의한 것인지를 가리지 않고 그 공무원이 손해배상책임을 부담한다(대판 1996.5.31. 94다15271).

6. 군인 등에 대한 국가배상청구권의 제한

(1) 의의

대한민국 헌법 제29조 ② 군인·군무원·경찰공무원 기타 법률이 정하는 자가 전투·훈련등 직무집행과 관련하여 받은 손해에 대하여는 법률이 정하는 보상외에 국가 또는 공공단체에 공무원의 직무상 불법행위로 인한 배상은 청구할 수 없다.

국가배상법 제2조 (배상책임) ① ... 다만, 군인·군무원·경찰공무원 또는 예비군대원이 전투·훈련 등 직무 집행과 관련하여 전사(戰死)·순직(殉職)하거나 공상(公傷)을 입은 경우에 본인이나 그 유족이 다른 법령에 따라 재해보상금·유족연금·상이연금 등의 보상을 지급받을 수 있을 때에는 이 법 및 「민법」에 따른 손해배상을 청구할 수 없다.

05

(2) 적용요건

① 군인·군무원·경찰공무원 또는 예비군대원의 피해일 것

> ⚖️ **판례**
>
> 1. 전투경찰순경은 국가배상법 제2조 제1항 단서 소정의 "경찰공무원"에 해당한다(대판 1995.3.24. 94다25414).
> 2. 공익근무요원은 국가배상법상 손해배상청구가 제한되는 군인·군무원·경찰공무원 또는 향토예비군대원에 해당한다고 할 수 없다(대판 1997.3.28. 97다4036).
> 3. 현역병으로 입영하여 경비교도로 임용된 자는, 국가배상법 제2조 제1항 단서가 정하는 군인 등에 해당하지 아니한다(대판 1998.2.10. 97다45914).

② 전투·훈련 등 직무집행과 관련하여 전사·순직하거나 공상을 입었을 것: 군인 등이 받은 모든 손해에 대해 손해배상책임이 배제되는 것은 아니고 전투·훈련 등 직무집행과 관련하여 인적손해를 입은 경우만이 배제된다.

③ 본인이나 그 유족이 다른 법령의 규정에 의해 보상금을 지급받을 수 있을 것

> ⚖️ **판례**
>
> 국가보훈처장은 국가배상법에 따라 손해배상을 받았다는 사정을 들어 보상금 등 보훈급여금의 지급을 거부할 수 없다(대판 2017.2.3. 2015두60075).

(3) 공동불법행위자의 구상권

일반국민이 국가와 공동불법행위로 피해를 입은 군인 등이나 그 유족에게 손해배상을 한 경우에 국가에 대하여 구상권을 행사할 수 있는지 문제된다.

① 학설

긍정설 (헌법재판소)	공동불법행위로 인한 손해배상을 한 일반국민의 국가에 대한 구상권을 배제하는 것은 일반국민을 국가에 대하여 지나치게 차별하여 공평한 재산권보장의 취지에 반하는 것으로서 국민의 재산권을 과잉제한 하는 것이라고 한다.
부정설 (대법원)	민간인이 국가와 공동불법행위로 부담하는 책임은 모든 손해에 대한 것이 아니라 귀책부분에 한하여 부담하므로 국가에 대하여 구상을 청구할 수 없다고 한다.

② 판례

> ⚖️ **헌재판례**
>
> 국가배상법 제2조 제1항 단서 중 군인에 관련되는 부분을, 일반국민이 직무집행 중인 군인과의 공동불법행위로 직무집행 중인 다른 군인에게 공상을 입혀 그 피해자에게 공동의 불법행위로 인한 손해를 배상한 다음 공동불법행위자인 군인의 부담부분에 관하여 국가에 대하여 구상권을 행사하는 것을 허용하지 않는다고 해석한다면, 일반국민을 국가에 대하여 지나치게 차별하는 경우에 해당하므로 헌법에 위반된다(헌재 1994.12.29. 93헌바21).

국가 등은 피해 군인 등에 대한 국가배상책임을 면할 뿐만 아니라, 나아가 <u>민간인에 대한 국가의 귀책비율에 따른 구상의무도 부담하지 않는다.</u> 위와 같은 경우에는 공동불법행위자 등이 <u>부진정연대채무자로서</u> 각자 피해자의 손해 전부를 배상할 의무를 부담하는 공동불법행위의 일반적인 경우와 달리 예외적으로 민간인은 자신의 부담부분에 한하여 손해배상의무를 부담하고, 한편 국가 등에 대하여는 그 귀책부분의 구상을 청구할 수 없다(대판 2001.2.15. 96다42420).

7. 배상청구권의 소멸시효

(1) 시효기간

국가배상법은 배상청구권의 소멸시효에 대하여 명문 규정을 두고 있지 않은데, 이 경우 국가배상법 제8조에 따라 민법에 의하게 되므로 <u>국가배상청구권은 피해자나 그 법정대리인이 손해 및 가해자를 안 날로부터 3년간 행사하지 않으면 시효로 소멸한다.</u> 한편 피해자나 법정대리인이 손해 및 가해자를 알지 못한 경우에는 <u>불법행위의 종료일로부터</u> 국가재정법 제96조 제1항에 따라 <u>5년간 손해배상청구권을</u> 행사하지 아니하면 시효로 소멸한다.

(2) 손해 및 가해자를 안 날의 의미

손해 및 가해자를 <u>안 날</u>이란 공무원의 직무집행상 불법행위의 존재 및 그로 인한 손해의 발생 등 불법행위의 요건사실에 대하여 <u>현실적이고도 구체적으로 인식하였을</u> 때를 말하며, 그 <u>시효기간은 권리를 행사할 수 있는 때로부터 진행한다</u>는 것이 판례의 입장이다.

(3) 국가배상청구와 보상청구권의 소멸시효

국가배상청구에 있어서 채권자가 동일한 목적을 달성하기 위하여 복수의 채권을 갖고 있는 경우 어느 하나의 청구권을 행사하는 것이 다른 채권에 대한 소멸시효 중단의 효력이 있다고 할 수 없다.

04 영조물의 설치관리상의 하자로 인한 손해배상

국가배상법 제5조 (공공시설 등의 하자로 인한 책임) ① <u>도로·하천,</u> 그 밖의 공공의 영조물(營造物)의 설치나 관리에 하자(瑕疵)가 있기 때문에 타인에게 손해를 발생하게 하였을 때에는 국가나 지방자치단체는 그 손해를 배상하여야 한다. 이 경우 제2조 제1항 단서, 제3조 및 제3조의2를 준용한다.
② 제1항을 적용할 때 손해의 원인에 대하여 책임을 질 자가 따로 있으면 국가나 지방자치단체는 그 자에게 구상할 수 있다.

이 규정은 <u>민법 제758조와 유사하나,</u> 그 대상을 공작물에 한정하고 있는 민법에 비해 범위가 넓으며, <u>점유자의 면책규정이 없는 점이</u> 다르다. 국가배상법 제2조와는 달리 과실을 배상책임의 요건으로 하고 있지 않다는 점에서 <u>무과실책임의 일종</u>이라 할 수 있다.

1. 배상책임의 요건

(1) 공공의 영조물

① 공물 : 공물은 국가나 지방자치단체가 관리하는 물건을 의미하는데, <u>소유권 등 권원에 의한 것 뿐 아니라 사실상 관리하는 것도 포함한다.</u> 따라서 <u>사인의 소유물이라고 하더라도 국가 또는 지방자치단체가 관리하는 공물인 한 여기서의 영조물에 해당한다.</u>

> ⚖️ **판례**
>
> 국가배상법 제5조 제1항 소정의 "공공의 영조물"이라 함은 국가 또는 지방자치단체가 소유권, 임차권 그밖의 권한에 기하여 관리하고 있는 경우뿐만 아니라 사실상의 관리를 하고 있는 경우도 포함한다(대판 1995.1.24. 94다45302).

② 구체적 예

영조물에 해당하는 경우	영조물에 해당하지 않는 경우
① 철도건널목 자동경보기, 차단기 ② 교통신호기 ③ 매향리 사격장	① 공사 중이며 아직 완성되지 않아 일반 공중의 이용에 제공되지 않는 옹벽 ② 공용지정을 갖추지 못하였으나 사실상 군민의 통행에 제공되고 있던 도로

(2) 설치·관리상의 하자

① 하자의 의미 : 하자란 영조물이 일반적으로 갖추어야 할 안정성을 결한 것을 의미한다.

객관설	영조물이 통상 갖추어야 할 <u>안전성을 결함</u>으로써 위험성이 있는 상태를 의미하고 <u>국가의 과실유무나 재정력과는 무관하게 무과실책임으로 본다는 점에서 주관설보다 피해자구제에 유리하다.</u>
주관설	<u>관리자가 영조물을 안전·양호한 상태로 유지하여야 할 작위 또는 부작위의무를 위반한 것으로 보고 설치·관리자의 주관적 귀책사유가 있어야 성립하는 과실책임</u>이라고 본다.

② 판례

> ⚖️ **판례** 〔객관설〕
>
> 1. 국가배상법 제5조 제1항에 규정된 '영조물 설치·관리상의 하자'는 영조물이 그 용도에 따라 <u>통상 갖추어야 할 안전성을 갖추지 못한 상태에 있음을 말한다.</u> 안전성의 구비 여부는 영조물의 <u>위험성에 비례하여 사회통념상 일반적으로 요구되는 정도의 방호조치의무를 다하였는지를 기준으로 판단하여야 하고, 재정적·인적·물적 제약 등도 고려하여야 한다.</u> 도로의 경우 완전무결한 상태를 유지할 정도의 고도의 안전성을 갖추지 아니하였다고 하여 하자가 있다고 단정할 수는 없고, 상대적인 안전성을 갖추는 것으로 족하다. 좌로 굽은 도로에서 운전자가 무리하게 앞지르기를 시도하여 중앙선을 침범하여 반대편 도로로 미끄러질 경우까지 대비하여 도로 관리자인 지방자치단체가 차량용 방호울타리를 설치하지 않았다고 하여 도로에 통상 갖추어야 할 안전성이 결여된 설치·관리상의 하자가 있다고 보기 어렵다(대판 2013.10.24. 2013다208074).
> 2. 영조물 설치의 <u>하자 유무는 객관적 견지에서 본 안전성의 문제이고 그 설치자의 재정사정은 안전성을 요구하는 데 대한 정도 문제로서 참작사유에는 해당할지언정 안전성을 결정지을 절대적 요건에는 해당하지 아니한다</u> 할 것이다(대판 1967.2.21. 66다1723).

> **판례** 수인한도초과 포함

안전성을 갖추지 못한 상태라 함은 <u>이용상태 및 정도가 일정한 한도를 초과하여 제3자에게 사회통념상 참을 수 없는 피해를 입히는 경우</u>까지 포함된다(대판 2004.3.12. 2002다14242).

> **판례** 주관적 요소도 고려한 판례

영조물의 기능상 결함으로 인한 <u>손해발생의 예견가능성과 회피가능성이 없는 경우</u>, 즉 그 영조물의 결함이 영조물의 설치관리자의 관리행위가 미칠 수 없는 상황 아래에 있는 경우에는 영조물의 설치·관리상의 하자를 인정할 수 없다(대판 2007.9.21. 2005다65678).

③ 일반적인 판단기준 : 영조물이 통상의 용법에 따라 통상 갖추어야 할 안정성의 결여를 말한다.

> **판례**

1. 고등학교 3학년 학생이 교사의 단속을 피해 담배를 피우기 위하여 3층 건물 화장실 밖의 난간을 지나다가 실족하여 사망한 경우 하자가 없다(대판 1997.5.16. 96다54102).

2. '영조물의 설치 또는 관리의 하자'라 함은 <u>이용상태 및 정도가 일정한 한도를 초과하여 제3자에게 사회통념상 수인할 것이 기대되는 한도를 넘는 피해를 입히는 경우</u>까지 포함된다고 보아야 한다(대판 2005.1.27. 2003다49566).

3. <u>다른 자연적 사실이나 제3자의 행위 또는 피해자의 행위와 경합하여 손해가 발생하더라도 그 손해는 영조물의 설치 또는 관리상의 하자에 의하여 발생한 것이다</u>(대판 1994.11.22. 94다32924).

④ 구체적 검토

㉠ 도로의 경우

> **판례** 노면의 흠·신호등 고장

1. <u>가변차로에 설치된 두 개의 신호등에서 서로 모순되는 신호가 들어오는 오작동이 발생하였고 그 고장이 현재의 기술수준상 부득이한 것이라고 가정하더라도 영조물의 하자를 인정할 수 있다</u>(대판 2001.7.27. 2000다56822).

2. <u>강설에 대처하기 위하여 완벽한 방법으로 도로에 융설 설비를 갖추는 것이 과학기술 수준이나 재정사정에 비추어 사실상 불가능하다고 하더라도, 관리자가 고속도로로서의 기본적인 기능을 유지하거나 신속히 회복할 수 있도록 하는 관리의무가 있다</u>. 폭설로 차량 운전자 등이 고속도로에서 장시간 고립된 경우 <u>필요한 조치를 충실히 이행한 관리상 하자가 있다</u>(대판 2008.3.13. 2007다29287).

3. 도로에 떨어져 있던 쇠파이프가 갤로퍼 승용차 뒷타이어에 튕기어 마주오던 피해자의 승용차 앞유리창을 뚫고 들어오는 바람에 목부분이 찔려 사망한 경우, 사고 발생 33분 내지 22분 전에 검문차량이 사고장소를 통과하였으나 위 쇠파이프를 발견하지 못하였다고 하더라도 손해배상을 물을 수 없다(대판 1997.4.22. 97다3194).

4. 트럭 앞바퀴가 고속도로상에 떨어져 있는 자동차 타이어에 걸려 사고가 발생한 경우 타이어가 사고지점 고속도로상에 떨어진 것은 사고가 발생하기 10분 내지 15분 전이었다면 손해배상을 물을 수는 없다(대판 1992.9.14. 92다3243).

05

　　　ⓛ 하천의 경우

> **⚖ 판례**
>
> 하천의 제방이 계획홍수위를 넘고 있다면 그 하천은 용도에 따라 통상 갖추어야 할 안전성을 갖추고 있다고 보아야 하고, 그 후 새로운 하천시설을 설치할 때 기준으로 삼기 위하여 제정한 '하천시설기준'이 정한 여유고를 확보하지 못하고 있다는 사정만으로 바로 안전성이 결여된 하자가 있다고 볼 수는 없다. 100년 발생빈도의 강우량을 기준으로 책정된 계획홍수위를 초과하여 600년 또는 1,000년 발생빈도의 강우량에 의한 하천의 범람은 불가항력적인 재해로서 관리청에게 책임을 물을 수 없다(대판 2003.10.23. 2001다48057).

(3) 손해의 발생

(4) 상당인과관계가 있을 것

(5) 면책사유(감면사유)

　　① 불가항력 : 불가항력으로 인한 손해는 국가배상책임이 면제된다.

> **⚖ 판례**
>
> 집중호우가 50년 빈도의 최대강우량에 해당한다는 사실만으로 불가항력에 기인한 것으로 볼 수 없다(대판 2000.5.26. 99다53247).

　　② 예산부족의 경우

> **⚖ 판례**
>
> 재정사정은 참작사유에는 해당할지언정 안전성을 결정지을 절대적 요건에는 해당하지 아니한다 (대판 1967.2.21. 66다1723).

　　③ 피해자의 과실 : 피해자의 과실에 의하여 확대된 손해의 한도 내에서 관리주체의 책임이 감면된다(과실상계).

> **⚖ 판례**
>
> 위험의 존재를 인식하거나 과실로 인식하지 못하고 이주한 경우에는 손해배상액의 산정에 있어 형평의 원칙상 과실상계에 준하여 감경 또는 면제사유로 고려하여야 한다(대판 2010.11.11. 2008다57975).

(6) 입증책임

> **⚖ 판례**
>
> 고속도로의 관리상 하자가 인정되는 이상 고속도로의 점유관리자는 그 하자가 불가항력에 의한 것이거나 주의를 해태하지 아니하였다는 점을 주장·입증하여야 비로소 그 책임을 면할 수가 있다(대판 2008.3.13. 2007다29287).

2. 배상의 범위

배상의 범위는 하자와 상당인과관계가 있는 모든 손해액이다. 생명·신체의 침해의 경우에는 국가배상법 제2조의 배상기준을 준용하고 있다(국가배상법 제5조 제1항 후단).

3. 배상책임자

배상책임자는 국가 또는 지방자치단체이다. 설치·관리자와 비용부담자가 다른 경우 비용부담자도 배상책임을 진다. 국민은 양자에 대해 선택적으로 손해배상청구권을 행사할 수 있다. 한편 이때의 비용부담자에는 실질적 부담자와 형식적 부담자 모두가 포함된다.

> ⚖️ **판례**
>
> 1. 신호기가 고장난 채 방치되어 교통사고가 발생한 경우, 배상책임을 부담하는 것은 지방자치단체라고 할 것이나, 교통신호기를 관리하는 지방경찰청장 산하 경찰관들에 대한 봉급을 부담하는 국가도 국가배상법 제6조 제1항에 의한 배상책임을 부담한다(대판 1999.6.25. 99다11120).
> 2. 도로법에 의하여 시장이 국도의 관리청이 되었다 하더라도 국가는 도로관리상 하자로 인한 손해배상책임을 면할 수 없다(대판 1993.1.26. 92다2684).

4. 구상권

영조물의 설치·관리의 하자로 인한 손해배상에 있어서 국가나 지방자치단체가 배상한 경우 손해의 원인에 대하여 책임을 질 자가 따로 있으면 그 자에게 구상할 수 있다(국가배상법 제5조 제2항).

5. 국가배상법 제2조와 제5조의 관계

양 손해배상청구권이 모두 성립하는 경우 피해자가 국가배상법 제2조와 제5조를 선택적으로 청구할 수 있다. 선택적 청구가 가능한 경우에는 무과실책임으로서 요건의 입증이 보다 용이한 국가배상법 제5조의 책임을 묻는 것이 피해자에게 유리하다. 불가항력 등 영조물 책임의 감면사유가 있는 경우에도 공무원의 과실로 피해가 확대된 경우에는 그 한도에서 국가배상법 제2조의 배상책임이 성립된다.

05 행정상 손해배상의 청구

1. 배상청구권자

손해를 입은 자는 누구나 배상금의 지급을 청구할 수 있다. 외국인이 피해자인 경우에는 해당 국가와 상호 보증이 있을 때에만 적용한다(국가배상법 제7조).

> ⚖️ **판례**
>
> 상호보증은 외국의 법령, 판례 및 관례 등에 의하여 발생요건을 비교하여 인정되면 충분하고 반드시 당사국과의 조약이 체결되어 있을 필요는 없으며, 외국에서 구체적으로 우리나라 국민에게 국가배상청구를 인정한 사례가 없더라도 실제로 인정될 것이라고 기대할 수 있는 상태이면 충분하다. 우리나라와 일본 사이에 국가배상법 제7조가 정하는 상호보증이 있다(대판 2015.6.11. 2013다208388).

2. 배상청구절차

(1) 임의적 결정전치주의

국가배상법에 따르면 배상심의회의 심의를 거치지 않고 국가배상소송을 제기 할 수 있다. 배상심의회의 결정을 거치는 경우 배상심의회에 대한 손해배상신청은 시효중단사유가 된다.

(2) 배상심의회

배상심의회의 결정은 사법(司法)작용이라고는 할 수 없고, 행정심판과도 다르다(헌재 2000.2.24. 99헌바17).

> ⚖️ **판례**
>
> 국가배상법에 의한 배상심의회의 결정은 행정처분이 아니므로 행정소송의 대상이 아니다(대판 1981.2.10. 80누317).

종래 국가배상법 제16조는 "배상결정은 신청인이 동의하거나 지방자치단체가 배상금을 지급한 때에는 민사소송법상의 재판상 화해가 성립된 것으로 본다."고 규정하고 있었으나 이 조항은 헌법재판소의 위헌결정으로 효력을 상실하였다(헌재 1995.5.25. 91헌가7). 따라서 신청인이 배상결정에 동의하거나 지방자치단체가 배상금을 지급한 때에도 신청인은 국가배상소송을 제기할 수 있게 되었다.

(3) 사법절차에 의한 배상청구

다수설은 국가배상법을 공법으로 보아 당사자소송에 의하여야 한다고 하고 판례는 민사소송으로 처리하고 있다. 국가가 피고인 경우에는 법무부장관이, 지방자치단체가 피고인 경우에는 지방자치단체의 장이 국가 또는 지방자치단체를 대표하여 소송을 수행한다.

제 2 절 행정상 손실보상

01 행정상 손실보상의 의의

행정상 손실보상이란 공공필요에 의한 적법한 공권력행사에 의하여 개인의 재산에 가하여진 특별한 손해에 대하여, 전체적인 공평부담의 견지에서 행정주체가 행하는 조절적인 재산적 보상을 말한다.

02 행정상 손실보상청구권의 성질

판례는 손실보상의 원인이 공법적이라도 손실의 내용이 사권이라면 그 손실보상청구권은 사권이라는 사권설의 입장에서 민사소송으로 다루어 왔으나, 최근에는 당사자소송으로 보는 판례도 나타나고 있다.

⚖ 판례

1. 수산업법에 의한 손실보상청구권은 민사소송의 방법에 의하여 행사하여야 하나, 공유수면매립법 규정에 의하여 취득한 손실보상청구권은 토지수용위원회의 재정을 거쳐 토지수용위원회를 상대로 행정소송을 제기하여야 한다(대판 2005.9.29. 2002다73807).

2. 하천구역 편입토지 보상에 관한 특별조치법상 손실보상청구권은 공법상의 권리임이 분명하므로 당사자소송에 의하여야 한다(대판 2006.5.18. 2004다6207 전원합의체).

3. 공익사업을 위한 토지 등의 취득 및 보상에 관한 법률에 사업폐지 등에 대한 보상청구권은 민사소송이 아닌 행정소송절차에 의하여야 한다(대판 2012.10.11. 2010다23210).

03 행정상 손실보상의 근거

> **대한민국 헌법 제23조** ① 모든 국민의 재산권은 보장된다. 그 내용과 한계는 법률로 정한다.
> ② 재산권의 행사는 공공복리에 적합하도록 하여야 한다.
> ③ 공공필요에 의한 재산권의 수용·사용 또는 제한 및 그에 대한 보상은 법률로써 하되, 정당한 보상을 지급하여야 한다.

⚖ 판례

헌법 제23조 제3항 규정은 보상청구권의 근거에 관하여서 뿐만 아니라 보상의 기준과 방법에 관하여서도 법률의 규정에 유보하고 있는 것이다(대판 1993.7.13. 93누2131).

1. 불가분조항 여부

불가분조항(부대조항, 결부조항)이란 재산권제한에 관한 사항과 보상의 방법·기준에 관한 사항을 반드시 하나의 같은 법률 속에 동시에 규정하는 것을 말한다. 우리 헌법 제23조 제3항이 불가분조항인지에 대해 견해가 나뉜다.

2. 헌법 제23조 제3항의 성격

구분	내용
직접효력설	관계법률에 보상규정이 없는 경우에는 직접 헌법규정에 의거하여 보상을 청구할 수 있다.
위헌무효설	법률이 재산권침해를 규정하면서 보상에 관하여 규정을 하지 않으면 그 법률은 위헌무효이며, 그 법률에 의한 재산권 침해행위는 불법행위로 되어 손해배상을 청구할 수 있다고 한다.
유추적용설	보상규정이 없는 경우 관련법규상의 보상규정을 유추적용하여 보상을 청구할 수 있다.
입법부작위 위헌설	보상규정을 두지 않은 입법부작위가 위헌이라고 보는 견해이다. 이 견해에 따르면 입법부작위에 대한 헌법소원을 통해 해결해야 한다고 본다.

대법원은 일반적으로 유추적용설을 취하고 있으나, 헌법재판소는 위헌설을 취하고 있다.

> ⚖️ **판례**
>
> 보상에 관한 명문의 근거 법령이 없는 경우라고 하더라도, 관련 규정 등을 유추적용할 수 있다(대판 2004.9.23. 2004다25581).

> ⚖️ **헌재판례**
>
> 개발제한구역으로 지정된 토지를 실질적으로 사용·수익을 전혀 할 수 없는 경우에도 아무런 보상없이 이를 감수하도록 하는 한, 비례의 원칙에 위반되어 당해 토지소유자의 재산권을 과도하게 침해하는 것으로서 헌법에 위반된다(헌재 1998.12.24. 89헌마214).

04 행정상 손실보상의 요건

1. 공공의 필요

(1) 개념

> ⚖️ **헌재판례**
>
> '공공필요'의 요건은 기본권 일반의 제한사유인 '공공복리'보다 좁게 보는 것이 타당하다(헌재 2014. 10. 30. 2011헌바172 등 [헌법불합치]).

(2) 판단기준

> ⚖️ **판례**
>
> 공공필요가 있는지에 대하여 입증책임은 사업시행자에게 있다(대판 2005.11.10. 2003두7507).

> ⚖️ **헌재판례**
>
> 헌법 제23조 제3항은 재산권 수용의 주체를 한정하지 않고 있다. 위 헌법조항의 핵심은 당해 수용이 공공필요에 부합하는가, 정당한 보상이 지급되고 있는가 여부 등에 있는 것이지, 그 수용의 주체가 국가인지 민간기업인지 여부에 달려 있다고 볼 수 없다. 따라서 위 수용 등의 주체를 국가 등의 공적 기관에 한정하여 해석할 이유가 없다(헌재 2009.9.24. 2007헌바114).

2. 재산권에 대한 의도적인 침해

(1) 재산권

① 개념: 재산권이란 토지소유권뿐만 아니라 그 밖에 법에 의하여 보호되는 일체의 재산적 가치 있는 권리(어업권, 광업권, 특허권 등)를 의미하며, 재산권의 종류는 물권인지 채권인지를 가리지 않는다. 재산권에는 사법(私法)상의 권리뿐만이 아니라 공법상의 권리(공유수면매립권 등)도 포함된다.

> **⚖️ 판례**
>
> 토지수용법상의 지장물인 건물은 통상 적법한 건축허가를 받았는지 여부에 관계없이 손실보상의 대상이 된다(대판 2001.4.13. 2000두6411).

② **기대이익의 경우** : 재산권은 현존하는 구체적인 재산가치일 것이 요구되므로, 지가상승의 기대와 같은 기대이익은 손실보상의 대상이 아니다. 또한 자연적·문화적 학술가치도 원칙적으로 손실보상의 대상이 아니다.

③ **비재산적 법익의 경우** : 생명·신체 등 비재산권에 대한 침해의 경우에는 손실보상청구권이 성립하는 것이 아니라 희생보상청구권의 문제가 될 수 있을 뿐이다.

(2) 의도적 침해

① **침해의 방식** : 헌법 제23조 제3항에서는 공공필요에 의한 재산권의 수용·사용 및 제한은 법률로써 하여야 한다고 규정하고 있는데, 여기서의 법률은 형식적 의미의 법률을 의미한다. 따라서 법률의 근거 없이 명령이나 조례로 수용을 할 수는 없다.

② **침해의 의도성** : 재산권에 대한 침해는 직접적으로 의도된 것이어야 한다. 의도되지 않은 간접적 침해는 수용적 침해 이론으로서 논의되는 영역이다.

③ **침해로 인한 손실** : 손실보상이 인정되기 위해서는 침해가 현실적으로 발생하여야 하며 공익사업과 손실 사이에 상당인과관계가 있어야 된다.

> **⚖️ 판례**
>
> 공유수면 매립면허의 고시가 있다고 하여 반드시 그 사업이 시행되고 그로 인하여 손실이 발생한다고 할 수 없으므로, 매립면허 고시 이후 매립공사가 실행되어 관행어업권자에게 실질적이고 현실적인 피해가 발생한 경우에만 손실보상청구권이 발생한다(대판 2010.12.9. 2007두6571).

(3) 적법한 침해

손실보상청구권이 성립하기 위해서는 형식적 법률에 근거한 적법한 침해가 있어야 하고, 이 점에서 손해배상과 구별된다.

(4) 특별한 희생

적법한 공권력행사로 인하여 재산권에 일반적으로 내재하는 사회적 제약을 넘는 특별한 희생이 있는 경우에 한하여 보상이 이루어질 수 있다. 그런데 보상을 요하지 않는 사회적 제약과 이를 요하는 특별한 희생과의 구별기준에 관해 견해의 대립이 있다. 민법상 재산권에 대한 상린관계에서의 제한(민법 제242조 등)은 일반적인 경우 재산권의 사회적 제약으로 볼 수 있다.

> **⚖️ 판례**
>
> 1. 공공용물에 대한 일반사용(해안가 백사장에 대한 어선성박 등)이 적법한 개발행위로 인해 제한됨으로써 입는 불이익은 손실보상의 대상이 되는 특별한 희생이 아니다(대판 2002.2.26. 99다35300).
> 2. 개발제한구역지정으로 토지소유자가 입는 불이익은 사회적 제약에 불과하다(대판 1996.6.28. 94다54511).

헌재판례

1. 개발제한구역의 지정으로 인한 개발가능성의 소멸과 그에 따른 지가의 하락이나 지가상승률의 상대적 감소는 토지소유자가 감수해야 하는 사회적 제약의 범주에 속하는 것으로 보아야 한다. 지가상승의 기회는 원칙적으로 재산권의 보호범위에 속하지 않는다. 구역지정 당시의 상태대로 토지를 사용·수익·처분할 수 있는 이상, 구역지정에 따른 단순한 토지이용의 제한은 원칙적으로 재산권에 내재하는 사회적 제약의 범주를 넘지 않는다. 개발제한구역 지정으로 인하여 토지를 종래의 목적으로도 사용할 수 없거나 또는 더 이상 법적으로 허용된 토지이용의 방법이 없기 때문에 실질적으로 토지의 사용·수익의 길이 없는 경우에는 토지소유자가 수인해야 하는 사회적 제약의 한계를 넘는 것으로 보아야 한다. 실질적으로 사용·수익을 전혀 할 수 없는 예외적인 경우에도 아무런 보상 없이 이를 감수하도록 하고 있는 한, 비례의 원칙에 위반되어 당해 토지소유자의 재산권을 과도하게 침해하는 것으로서 헌법에 위반된다. 도시계획법 제21조에 규정된 개발제한구역제도 그 자체는 원칙적으로 합헌적인 규정인데, 다만 개발제한구역의 지정으로 말미암아 일부 토지소유자에게 사회적 제약의 범위를 넘는 가혹한 부담이 발생하는 예외적인 경우에 대하여 보상규정을 두지 않은 것에 위헌성이 있는 것이고, 보상의 구체적 기준과 방법은 헌법재판소가 결정할 성질의 것이 아니라 광범위한 입법형성권을 가진 입법자가 입법정책적으로 정할 사항이므로, 입법자는 되도록 빠른 시일 내에 보상입법을 하여 위헌적 상태를 제거할 의무가 있고, 토지소유자는 보상입법을 기다려 그에 따른 권리행사를 할 수 있을 뿐 개발제한구역의 지정이나 그에 따른 토지재산권의 제한 그 자체의 효력을 다투거나 위 조항에 위반하여 행한 자신들의 행위의 정당성을 주장할 수는 없다(헌재 1998.12.24. 89헌마214).

2. 도시계획시설로 지정된 토지가 나대지인 경우, 토지의 사적 이용권이 배제된 상태에서 토지소유자로 하여금 10년 이상을 아무런 보상 없이 수인하도록 하는 것은 공익실현의 관점에서도 정당화될 수 없는 과도한 제한으로서 헌법상의 재산권보장에 위배된다(헌재 1999.10.21. 97헌바26).

05 경계이론과 분리이론

1. 헌법규정

(1) 재산권의 내용규정

헌법 제23조 제1항 제2문은 재산권의 "내용과 한계는 법률로 정한다."고 규정하여 입법자에게 재산권의 내용을 형성할 권한을 부여하고 있다. 또한 동조 제2항은 "재산권의 행사는 공공복리에 적합하도록 하여야 한다."라고 하여 재산권의 사회적 구속성을 규정하고 있다. 재산권 제한이 이에 해당하는 경우에는 보상이 필요 없다.

(2) 공용침해규정

한편 헌법 제23조 제3항은 '공공필요에 의한 재산권의 수용·사용 또는 제한 및 그에 대한 보상은 법률로써 하되, 정당한 보상을 지급하여야 한다'고 하여 공공필요에 의한 재산권의 제한(공용침해)과 보상을 규정하고 있다. 이에 해당하는 재산권 침해의 경우 보상이 필요하다.

2. 경계이론과 분리이론

(1) 경계이론

독일의 연방최고법원의 판결에서 유래한 입장으로, 재산권에 대한 침해의 강도를 기준으로 무보상의 사회적 제약과 보상을 요하는 공용침해를 구분하고, 무보상의 사회적 제약도 강도가 일정 수준을 넘어서면 자동으로 보상을 요하는 공용침해로 바뀐다고 한다. 따라서 양자는 질적인 차이가 아니라 양적인 차이다. 경계이론에 따르면 침해는 있지만 보상규정이 없는 경우 일반적으로 유추적용설로 해결하게 되며(가치보장의 우선), 사회적 제약과 공용침해의 경계를 설정하는 것이 중요한 과제가 된다. 그 기준은 개별행위설, 특별희생이론, 사회기속이론, 수인가능성설, 상황구속성설 등이 있다.

(2) 분리이론

재산권을 제약하는 법률의 내용과 형식에 따라 무보상의 사회적 제약과 보상을 요하는 공용침해를 구분하고 양자는 질적으로 구별되는 완전히 다른 제도이다. 분리이론에 따르면 공용침해가 아닌 재산권의 사회적 제약이어도 그 제약의 정도가 수인할 수 없는 경우에는 예외적으로 보상을 요하는 사회적 제약이 된다고 본다. 보상규정을 두지 않게 되면 비례원칙 등에 위반되어 위헌·위법이 된다(존속보장의 우선).

(3) 판례

대법원은 전통적으로 경계이론에 입각한 판시를 하고 있고, 헌법재판소는 도시계획법 제21조 관련사건 이후 분리이론에 입각한 판시를 하고 있다.

> **⚖ 헌재판례**
>
> 1. 입법자는 수인의 한계를 넘어 가혹한 부담이 발생하는 예외적인 경우에는 이를 완화하는 보상규정을 두어야 한다. 이러한 보상규정은 입법자가 헌법 제23조 제1항 및 제2항에 의하여 재산권을 제한하는 과정에서 이를 합헌적으로 규율하기 위하여 두어야 하는 규정이다. 재산권의 침해와 공익간의 비례성을 다시 회복하기 위한 방법은 헌법상 반드시 금전보상만을 해야 하는 것은 아니다. 입법자는 여러 가지 다른 방법을 사용할 수 있다(헌재 1998.12.24. 89헌마214).
> 2. 도시정비법 제65조 제2항 전단에 따른 정비기반시설의 소유권 귀속은 재산권의 내용과 한계를 정한 것으로 이해함이 타당하다(헌재 2013.10.24. 2011헌바355).

06 행정상 손실보상의 기준과 내용

1. 손실보상의 기준

(1) 헌법상의 보상기준

헌법 제23조 제3항은 정당한 보상을 지급하여야 한다고 규정하고 있다. 여기서 정당한 보상의 의미와 관련하여 견해가 대립되고 있다.

완전보상설(通)	피침해재산의 완전한 가치를 보상하여야 한다는 견해이다.
상당보상설	사회국가적 기준에 의하여 정해지는 적정한 보상이면 족하다는 견해이다.

⚖ **헌재판례**

헌법 제23조 제3항이 규정하는 정당한 보상이란 원칙적으로 피수용재산의 객관적인 재산가치를 완전하게 보상하는 것이어야 한다는 완전보상을 의미한다. 공익사업의 공고나 시행으로 인하여 지가가 상승함으로 받게 되는 이른바 개발이익은 완전보상의 범위에 포함되는 피수용자의 손실이라고 볼 수 없다(헌재 1995.4.20. 93헌바20).

⚖ **판례**

일단의 토지 일부가 공공사업용지로 편입됨으로써 잔여지의 가격이 하락한 경우에는 공공용지의 취득 및 손실보상에 관한 특례법시행규칙을 유추적용하여 잔여건물의 가치하락분에 대한 감가보상을 인정함이 상당하다(대판 2001.9.25. 2000두2426).

(2) 구체적 보상기준

보상기준에 관한 일반법은 없으나 공용수용에 관하여 「공익사업을 위한 토지 등의 취득 및 보상에 관한 법률」(이하 토지보상법)이 있다.

① 토지에 대한 공용수용

　㉠ 보상액 결정의 기준 - 개발이익의 배제

> **토지보상법 제67조(보상액의 가격시점 등)** ① 보상액의 산정은 협의에 의한 경우에는 협의 성립 당시의 가격을, 재결에 의한 경우에는 수용 또는 사용의 재결 당시의 가격을 기준으로 한다.
> ② 보상액을 산정할 경우에 해당 공익사업으로 인하여 토지등의 가격이 변동되었을 때에는 이를 고려하지 아니한다.
> **토지보상법 제70조(취득하는 토지의 보상)** ① 협의나 재결에 의하여 취득하는 토지에 대하여는 「부동산 가격공시에 관한 법률」에 따른 공시지가를 기준으로 하여 보상하되, 그 공시기준일부터 가격시점까지의 관계 법령에 따른 그 토지의 이용계획, 해당 공익사업으로 인한 지가의 영향을 받지 아니하는 지역의 대통령령으로 정하는 지가변동률, 생산자물가상승률(「한국은행법」 제86조에 따라 한국은행이 조사·발표하는 생산자물가지수에 따라 산정된 비율을 말한다)과 그 밖에 그 토지의 위치·형상·환경·이용상황 등을 고려하여 평가한 적정가격으로 보상하여야 한다.
> ② 토지에 대한 보상액은 가격시점에서의 현실적인 이용상황과 일반적인 이용방법에 의한 객관적 상황을 고려하여 산정하되, 일시적인 이용상황과 토지소유자나 관계인이 갖는 주관적 가치 및 특별한 용도에 사용할 것을 전제로 한 경우 등은 고려하지 아니한다.
> ④ 사업인정 후의 취득의 경우에 제1항에 따른 공시지가는 사업인정고시일 전의 시점을 공시기준일로 하는 공시지가로서, 해당 토지에 관한 협의의 성립 또는 재결 당시 공시된 공시지가 중 그 사업인정고시일과 가장 가까운 시점에 공시된 공시지가로 한다.

⚖ **판례**

1. 손실보상액을 산정함에 있어서 당해 공공사업의 시행을 직접목적으로 하는 계획의 승인, 고시로 인한 가격변동은 이를 고려함이 없이 수용재결 당시의 가격을 기준으로 하여 적정가격을 정하여야 하나, 당해 공공사업과는 관계없는 다른 사업의 시행으로 인한 개발이익은 이를 배제하지 아니한 가격으로 평가하여야 한다(대판 1992.2.11. 91누7774).

2. 보상액이 당해 토지의 개별공시지가를 기준으로 하여 산정한 지가보다 저렴하게 되었다는 사정만으로 그 보상액 산정이 잘못되어 위법한 것이라고 할 수는 없다(대판 2002.3.29. 2000두10106).

> **☆ 헌재판례**
>
> 공시지가를 기준으로 토지수용으로 인한 손실보상액을 산정하되, 개발이익을 배제하고 공시기준일부터 재결시까지의 시점보정을 인근 토지의 가격변동률과 생산자물가상승률에 의하도록 한 것은 헌법 제23조 제3항이 규정한 정당보상의 원칙에 위배되지 않는다(헌재 2013.12.26. 2011헌바162).

ⓛ 공법상의 제한이 있는 토지

> **토지보상법 시행규칙 제23조(공법상 제한을 받는 토지의 평가)** ① 공법상 제한을 받는 토지에 대하여는 제한받는 상태대로 평가한다. 다만, 그 공법상 제한이 당해 공익사업의 시행을 직접 목적으로 하여 가하여진 경우에는 제한이 없는 상태를 상정하여 평가한다.
> ② 당해 공익사업의 시행을 직접 목적으로 하여 용도지역 또는 용도지구 등이 변경된 토지에 대하여는 변경되기 전의 용도지역 또는 용도지구 등을 기준으로 평가한다.

> **⚖ 판례**
>
> 당해 공공사업의 시행을 직접 목적으로 하여 용도지역 또는 용도지구 등이 변경된 토지에 대하여는 변경되기 전의 용도지역 또는 용도지구 등을 기준으로 평가하여야 한다(대판 2007.7.12. 2006두11507).

② 공용사용의 경우

> **토지보상법 제71조(사용하는 토지의 보상 등)** ① 협의 또는 재결에 의하여 사용하는 토지에 대하여는 그 토지와 인근 유사토지의 지료(地料), 임대료, 사용방법, 사용기간 및 그 토지의 가격 등을 고려하여 평가한 적정가격으로 보상하여야 한다.
> ② 사용하는 토지와 그 지하 및 지상의 공간 사용에 대한 구체적인 보상액 산정 및 평가방법은 투자비용, 예상수익 및 거래가격 등을 고려하여 국토교통부령으로 정한다.
>
> **토지보상법 제72조(사용하는 토지의 매수청구 등)** 사업인정고시가 된 후 다음 각 호의 어느 하나에 해당할 때에는 해당 토지소유자는 사업시행자에게 해당 토지의 매수를 청구하거나 관할 토지수용위원회에 그 토지의 수용을 청구할 수 있다. 이 경우 관계인은 사업시행자나 관할 토지수용위원회에 그 권리의 존속(存續)을 청구할 수 있다.
> 1. 토지를 사용하는 기간이 3년 이상인 경우
> 2. 토지의 사용으로 인하여 토지의 형질이 변경되는 경우
> 3. 사용하려는 토지에 그 토지소유자의 건축물이 있는 경우

> **⚖ 판례**
>
> 공익사업을 위한 토지 등의 취득 및 보상에 관한 법률 제72조의 수용청구권은 잔여지 수용청구권과 같이 형성권의 성질을 지니므로, 토지수용청구를 받아들이지 아니한 토지수용위원회의 재결에 대하여 토지소유자가 불복하여 제기하는 소송은 '보상금의 증감에 관한 소송'에 해당하고, 피고는 토지수용위원회가 아니라 사업시행자로 하여야 한다(대판 2015.4.9. 2014두46669).

2. 손실보상의 내용

(1) 재산권 보상

재산권 보상이란 피침해재산의 손실에 대한 객관적인 가치의 보상과 공용침해로 필연적으로 발생된 부대적 손실(영업손실·이전료 등)에 대한 보상을 의미한다.

① 토지의 보상
② 토지 이외의 재산권 보상
   ㉠ 건축물 등 물건에 대한 보상
   ㉡ 농작물에 대한 보상
   ㉢ 토지에 속한 흙 등에 대한 보상
   ㉣ 분묘에 대한 보상
   ㉤ 권리에 대한 보상
   ㉥ 일실손실에 대한 보상 : 일실손실이란 재산권의 수용으로 인하여 사업을 폐지 또는 휴업하게 됨으로 발생하는 손실을 말한다.

> **⚖ 판례**
>
> 1. 영업손실에 관한 보상에 있어 영업의 폐지로 볼 것인지 아니면 영업의 휴업으로 볼 것인지를 구별하는 기준은 다른 장소로 이전하는 것이 가능한지의 여부에 달려 있다(대판 2001.11.13. 2000두1003).
> 2. '영업상의 손실' 규정은 투자한 비용이나 영업을 통하여 얻을 것으로 기대되는 이익에 대한 손실은 그 보상의 대상이 된다고 할 수 없다(대판 2006.1.27. 2003두13106).
> 3. 손실에 대한 보상을 받기 위해서는 재결절차를 거친 다음 재결에 대하여 불복이 있는 때에 비로소 권리구제를 받을 수 있을 뿐, 이러한 재결절차를 거치지 않은 채 곧바로 사업시행자를 상대로 손실보상을 청구하는 것은 허용되지 않는다(대판 2011.9.29. 2009두10963).

(2) 생활보상

① 의의 : 생활보상은 피수용자가 종전과 같은 생활을 유지할 수 있도록 실질적으로 보장하는 보상을 말한다. 생활보상에는 이주대책의 시행, 직업훈련, 고용알선, 주거이전비 지급 등이 있다.

② 인정근거

> **⚖ 판례**
>
> 이주대책은 이주자들에 대하여 종전의 생활상태를 원상으로 회복시키면서 동시에 인간다운 생활을 보장하여 주기 위한 이른바 생활보상의 일환으로 국가의 적극적이고 정책적인 배려에 의하여 마련된 제도이다(대판 1994.5.24. 92다35783 전원합의체).

③ 이주대책
   ㉠ 이주대책의 수립 · 실시 및 수립자

> **토지보상법 제78조(이주대책의 수립 등)** ① 사업시행자는 공익사업의 시행으로 인하여 주거용 건축물을 제공함에 따라 생활의 근거를 상실하게 되는 자(이하 "이주대책대상자"라 한다)를 위하여 대통령령으로 정하는 바에 따라 이주대책을 수립 · 실시하거나 이주정착금을 지급하여야 한다.

⚖️ 판례

1. 사업시행자의 이주대책 수립·실시의무를 정하고 있는 구 공익사업법 제78조 제1항은 당사자의 합의 또는 사업시행자의 재량에 의하여 적용을 배제할 수 없는 강행법규이다(대판 2011.6.23. 2007다63089 전원합의체).

2. 사업시행자는 이주대책기준을 정하여 이주대책대상자 중에서 이주대책을 수립·실시하여야 할 자를 선정하여 그들에게 공급할 택지 또는 주택의 내용이나 수량을 정할 수 있고, 이를 정하는 데 재량을 가진다(대판 2009.3.12, 2008두12610).

3. 사업시행자는 제반 사정을 고려하여 법이 정한 이주대책대상자를 포함하여 그 밖의 이해관계인에게까지 넓혀 이주대책 수립 등을 시행할 수 있다(대판 2015.7.23. 2012두22911).

ⓛ 이주대책대상자

> **토지보상법 시행령 제40조(이주대책의 수립·실시)** ⑤ 다음 각 호의 어느 하나에 해당하는 자는 이주대책대상자에서 제외한다.
> 1. 허가를 받거나 신고를 하고 건축 또는 용도변경을 하여야 하는 건축물을 허가를 받지 아니하거나 신고를 하지 아니하고 건축 또는 용도변경을 한 건축물의 소유자
> 2. 해당 건축물에 공익사업을 위한 관계 법령에 따른 고시 등이 있은 날부터 계약체결일 또는 수용재결일까지 계속하여 거주하고 있지 아니한 건축물의 소유자.
> 3. 타인이 소유하고 있는 건축물에 거주하는 세입자. 다만, 해당 공익사업지구에 주거용 건축물을 소유한 자로서 타인이 소유하고 있는 건축물에 거주하는 세입자는 제외한다.

⚖️ 헌재판례

이주대책의 실시 여부는 입법자의 입법정책적 재량의 영역에 속하므로 이주대책의 대상자에서 세입자를 제외하고 있는 것이 세입자의 재산권을 침해하는 것이라 볼 수 없다(헌재 2006. 2. 23. 2004헌마19).

ⓒ 이주자의 법적 지위

⚖️ 판례

구 공공용지의 취득 및 손실보상에 관한 특례법 제8조 제1항이 사업시행자에게 이주대책의 수립·실시의무를 부과하고 있다고 하여 그 규정 자체만에 의하여 이주자에게 사업시행자가 수립한 이주대책상의 택지분양권이나 아파트 입주권 등을 받을 수 있는 구체적인 권리(수분양권)가 직접 발생하는 것이라고는 도저히 볼 수 없으며, 이주자가 수분양권을 취득하기를 희망하여 이주대책에 정한 절차에 따라 사업시행자에게 이주대책대상자 선정신청을 하고 사업시행자가 이를 받아들여 이주대책대상자로 확인·결정하여야만 비로소 구체적인 수분양권이 발생하게 된다. 위와 같은 사업시행자가 하는 확인·결정은 곧 구체적인 이주대책상의 수분양권을 취득하기 위한 요건이 되는 행정작용으로서의 처분이다. 이주자가 소정의 절차에 따라 이주대책대상자 선정신청을 한 데 대하여 사업시행자가 이주대책대상자가 아니라고 하여 위 확인·결정 등의 처분을 하지 않고 이를 제외시키거나 또는 거부조치한 경우에는, 이주자로서는 당연히 사업시행자를 상대로 항고소송에 의하여 그 제외처분 또는 거부처분의 취소를 구할 수 있다(대판 1994.5.24. 92다35783 전원합의체).

ㄹ 이주대책의 내용

> **토지보상법 제78조(이주대책의 수립 등)** ④ 이주대책의 내용에는 이주정착지(이주대책의 실시로 건설하는 주택단지를 포함한다)에 대한 도로, 급수시설, 배수시설, 그 밖의 공공시설 등 통상적인 수준의 생활기본시설이 포함되어야 하며, 이에 <u>필요한 비용은 사업시행자가 부담한다.</u> 다만, 행정청이 아닌 사업시행자가 이주대책을 수립·실시하는 경우에 <u>지방자치단체는 비용의 일부를 보조할 수 있다.</u>

ㅁ 이주정착금 지원

> **토지보상법 시행령 제41조(이주정착금의 지급)** 사업시행자는 법 제78조 제1항에 따라 다음 각 호의 어느 하나에 해당하는 경우에는 이주대책대상자에게 국토교통부령으로 정하는 바에 따라 <u>이주정착금을 지급하여야한다.</u>
> 1. <u>이주대책을 수립·실시하지 아니하는 경우</u>
> 2. 이주대책대상자가 이주정착지가 아닌 다른 지역으로 이주하려는 경우

④ 생활대책

⚖️ **판례**

<u>사업시행자 스스로 공익사업의 원활한 시행을 위하여 필요하다고 인정함으로써 생활대책을 수립·실시할 수 있도록 하는 내부규정을 두고 있고 내부규정에 따라 생활대책대상자 선정기준을 마련하여 생활대책을 수립·실시하는 경우에는, 이러한 생활대책 역시 헌법 제23조 제3항에 따른 정당한 보상에 포함되는 것으로 보아야 한다.</u> 이러한 생활대책대상자 선정기준에 해당하는 자는 사업시행자에 대하여 생활대책대상자 선정 여부의 확인·결정을 신청할 수 있는 권리를 가진다고 할 것이어서, 사업시행자가 생활대책대상자에서 제외하거나 그 선정을 거부하면, 이러한 생활대책대상자 선정기준에 해당하는 자는 사업시행자를 상대로 항고소송을 제기할 수 있다(대판 2011.10.13. 2008두17905).

🔨 **헌재판례**

생활대책은 헌법 제23조 제3항에 규정된 정당한 보상에 포함되는 것이라기보다는 생활보상의 일환으로서 국가의 정책적인 배려에 의하여 마련된 제도이므로, 그 실시 여부는 입법자의 입법정책적 재량의 영역에 속한다. 이 사건 법률조항이 농민 등에 대한 생활대책 수립의무를 규정하고 있지 <u>않다는 것만으로 재산권을 침해한다고 볼 수 없다</u>(헌재 2013.7.25. 2012헌바71).

(3) 간접손실의 보상

간접손실은 비전형적이고 예상하지 못한 부수적인 효과에 의한 재산권 침해로서 잔여지 등의 보상과 사업손실의 보상을 들 수 있다.

① 잔여지 등의 보상

　㉠ 의의

> **토지보상법 제73조(잔여지의 손실과 공사비 보상)** ① 사업시행자는 동일한 소유자에게 속하는 일단의 토지의 일부가 취득되거나 사용됨으로 인하여 잔여지의 가격이 감소하거나 그 밖의 손실이 있을 때 또는 잔여지에 통로·도랑·담장 등의 신설이나 그 밖의 공사가 필요할 때에는 국토교통부령으로 정하는 바에 따라 그 손실이나 공사의 비용을 보상하여야 한다. 다만, 잔여지의 가격 감소분과 잔여지에 대한 공사의 비용을 합한 금액이 잔여지의 가격보다 큰 경우에는 사업시행자는 그 잔여지를 매수할 수 있다.
>
> **토지보상법 제75조의2(잔여 건축물의 손실에 대한 보상 등)** ① 사업시행자는 동일한 소유자에게 속하는 일단의 건축물의 일부가 취득되거나 사용됨으로 인하여 잔여 건축물의 가격이 감소하거나 그 밖의 손실이 있을 때에는 국토교통부령으로 정하는 바에 따라 그 손실을 보상하여야 한다. 다만, 잔여 건축물의 가격 감소분과 보수비(건축물의 나머지 부분을 종래의 목적대로 사용할 수 있도록 그 유용성을 동일하게 유지하는 데에 일반적으로 필요하다고 볼 수 있는 공사에 사용되는 비용을 말한다. 다만, 「건축법」 등 관계 법령에 따라 요구되는 시설 개선에 필요한 비용은 포함하지 아니한다)를 합한 금액이 잔여 건축물의 가격보다 큰 경우에는 사업시행자는 그 잔여 건축물을 매수할 수 있다.

⚖ 판례

> 1. 사업시행자가 동일한 토지소유자에 속하는 일단의 토지 일부를 취득함으로 인하여 잔여지의 가격이 감소하거나 그 밖의 손실이 있을 때 등에는 잔여지를 종래의 목적으로 사용하는 것이 가능한 경우라도 잔여지 손실보상의 대상이 되며, 잔여지를 종래의 목적에 사용하는 것이 불가능하거나 현저히 곤란한 경우이어야만 잔여지 손실보상청구를 할 수 있는 것이 아니다(대판 2018.7.20. 2015두4044).
>
> 2. 잔여지에 대하여 손실이 토지의 일부가 공익사업에 취득되거나 사용됨으로 인하여 발생하는 것이 아니라면 특별한 사정이 없는 한 토지보상법 제73조 제1항 본문에 따른 잔여지 손실보상 대상에 해당한다고 볼 수 없다(대판 2017.7.11. 2017두40860).
>
> 3. 토지소유자가 잔여지 가격감소 등으로 인한 손실보상을 받기 위해서는 재결절차를 거친 다음 그 재결에 대하여 불복이 있는 때에 비로소 권리구제를 받을 수 있을 뿐, 이러한 재결절차를 거치지 않은 채 곧바로 사업시행자를 상대로 손실보상을 청구하는 것은 허용되지 않는다(대판 2012.11.29. 2011두22587).

　㉡ 소유자의 잔여지 등 매수·수용청구

> **토지보상법 제74조(잔여지 등의 매수 및 수용 청구)** ① 동일한 소유자에게 속하는 일단의 토지의 일부가 협의에 의하여 매수되거나 수용됨으로 인하여 잔여지를 종래의 목적에 사용하는 것이 현저히 곤란할 때에는 해당 토지소유자는 사업시행자에게 잔여지를 매수하여 줄 것을 청구할 수 있으며, 사업인정 이후에는 관할 토지수용위원회에 수용을 청구할 수 있다. 이 경우 수용의 청구는 매수에 관한 협의가 성립되지 아니한 경우에만 할 수 있으며, 그 사업의 공사완료일까지 하여야 한다.
>
> **토지보상법 제75조의2(잔여 건축물의 손실에 대한 보상 등)** ② 동일한 소유자에게 속하는 일단의 건축물의 일부가 협의에 의하여 매수되거나 수용됨으로 인하여 잔여 건축물을 종래의 목적에 사용하는 것이 현저히 곤란할 때에는 그 건축물소유자는 사업시행자에게 잔여 건축물을 매수하여 줄 것을 청구할 수 있으며, 사업인정 이후에는 관할 토지수용위원회에 수용을 청구할 수 있다. 이 경우 수용 청구는 매수에 관한 협의가 성립되지 아니한 경우에만 하되, 그 사업의 공사완료일까지 하여야 한다.

> ⚖️ **판례**
>
> 1. '사용하는 것이 현저히 곤란한 때'라고 함은 물리적으로 사용하는 것이 곤란하게 된 경우는 물론 사회적, 경제적으로 사용하는 것이 곤란하게 된 경우, 즉 절대적으로 이용 불가능한 경우만이 아니라 이용은 가능하나 많은 비용이 소요되는 경우를 포함한다(대판 2005.1.28. 2002두4679).
> 2. 잔여지 수용청구권의 행사기간은 제척기간으로서, 토지소유자가 그 행사기간 내에 잔여지 수용청구권을 행사하지 아니하면 그 권리가 소멸한다. 또한 잔여지 수용청구의 의사표시는 관할 토지수용위원회에 하여야 하는 것으로서, 사업시행자에게 한 잔여지 매수청구의 의사표시를 관할 토지수용위원회에 한 잔여지 수용청구의 의사표시로 볼 수는 없다(대판 2010.8.19. 2008두822).

　　　ⓒ 관계인의 존속청구

> **토지보상법 제74조(잔여지 등의 매수 및 수용 청구)** ② 제1항에 따라 매수 또는 수용의 청구가 있는 잔여지 및 잔여지에 있는 물건에 관하여 권리를 가진 자는 사업시행자나 관할 토지수용위원회에 그 권리의 존속을 청구할 수 있다.

　　　ⓔ 수용청구권의 법적 성질

> ⚖️ **판례**
>
> 잔여지 수용청구권은 그 요건을 구비한 때에는 잔여지를 수용하는 토지수용위원회의 재결이 없더라도 그 청구에 의하여 수용의 효과가 발생하는 형성권적 성질을 가지므로, 잔여지 수용청구를 받아들이지 않은 토지수용위원회의 재결에 대하여 토지소유자가 불복하여 제기하는 소송은 '보상금의 증감에 관한 소송'에 해당하여 사업시행자를 피고로 하여야 한다(대판 2010.8.19. 2008두822).

　②사업손실의 보상

> ⚖️ **판례**
>
> 수산업협동조합이 수산물 위탁판매장을 운영하면서 위탁판매 수수료를 지급받아 왔는데, 공유수면 매립사업의 시행으로 그 사업대상지역에서 어업활동을 하던 조합원들의 조업이 불가능하게 되어 일부 위탁판매장에서의 위탁판매사업을 중단하게 된 경우, 수산업협동조합이 상실하게 된 위탁판매수수료 수입은 간접적인 영업손실이라고 하더라도 손실보상의 대상이 되고, 직접적인 보상규정이 없더라도 유추적용하여 그에 관한 보상을 인정하는 것이 타당하다(대판 1999.10.8. 99다27231).

(4) 환매권

> **토지보상법 제91조(환매권)** ① 토지의 협의취득일 또는 수용의 개시일(이하 이 조에서 "취득일"이라 한다)부터 10년 이내에 해당 사업의 폐지·변경 또는 그 밖의 사유로 취득한 토지의 전부 또는 일부가 필요 없게 된 경우 취득일 당시의 토지소유자 또는 그 포괄승계인(이하 "환매권자"라 한다)은 그 토지의 전부 또는 일부가 필요 없게 된 때부터 1년 또는 그 취득일부터 10년 이내에 그 토지에 대하여 받은 보상금에 상당하는 금액을 사업시행자에게 지급하고 그 토지를 환매할 수 있다.
> ② 취득일부터 5년 이내에 취득한 토지의 전부를 해당 사업에 이용하지 아니하였을 때에는 제1항을 준용한다. 이 경우 환매권은 취득일부터 6년 이내에 행사하여야 한다.
> ⑤ 제1항부터 제3항까지의 규정에 따른 환매권은 「부동산등기법」에서 정하는 바에 따라 공익사업에 필요한 토지의 협의취득 또는 수용의 등기가 되었을 때에는 제3자에게 대항할 수 있다.

① 의의: 환매권(還買權)이란 공용수용의 목적물이 해당 공익사업의 폐지 등의 사유로 불필요하게 된 경우나 그 공익사업에 현실적으로 이용되지 아니한 경우에 원래의 피수용자가 일정한 요건하에 다시 매수하여 소유권을 회복할 수 있는 권리를 말한다.

② 근거

> **⚖ 헌재판례**
>
> 환매권은 헌법상의 재산권 보장규정으로부터 도출되는 것으로서 헌법이 보장하는 재산권의 내용에 포함되는 권리라고 할 수 있다(헌재 1994.2.24. 92헌가15).

> **⚖ 판례**
>
> 환매권은 법률의 규정에 의하여서만 인정되고 있으며, 다른 경우에까지 이를 유추적용할 수 없다(대판 1993.6.29. 91다43480).

③ 법적 성격 − 사법관계, 형성권

> **⚖ 판례**
>
> 1. 환매권은 형성권의 일종으로서 행사하면 매매의 효력이 생기는바 환매권의 존부에 관한 확인을 구하는 소송 및 환매금액의 증감을 구하는 소송 역시 민사소송에 해당한다(대판 2013.2.28. 2010두22368).
> 2. 환매권은 형성권의 일종으로서 환매의 의사표시가 상대방에게 도달한 때에 비로소 환매권 행사의 효력이 발생함이 원칙이다(대판 1999.4.9. 98다46945).

④ 환매권 행사의 요건

> **⚖ 판례**
>
> 협의취득 또는 수용된 토지가 필요 없게 되었는지 여부는 사업시행자의 주관적인 의사를 표준으로 할 것이 아니라 제반 사정에 비추어 객관적·합리적으로 판단하여야 한다(대판 2010.9.30, 2010다30782).

⑤ 환매권의 행사

> **⚖ 헌재판례**
>
> 입법자가 건물에 대한 환매권을 부인한 것은 헌법적 한계 내에 있는 입법재량권의 행사이므로 재산권을 침해하는 것이라 볼 수 없다(헌재 2005.5.26. 2004헌가10 [합헌]).

> **⚖ 판례**
>
> 1. "보상금의 상당금액"이라 함은 협의취득 당시 토지 등의 소유자가 사업시행자로부터 지급받은 보상금을 의미하며 여기에 환매권 행사 당시까지의 법정이자를 가산한 금액을 말하는 것은 아니다(대판 1994.5.24. 93누17225).
> 2. 환매는 환매권자가 지급받은 보상금에 상당한 금액을 사업시행자에게 미리 지급하고 일방적으로 의사표시를 함으로써 사업시행자의 의사와 관계없이 환매가 성립하고, 사업시행자 또는 환매권자가 그 금액의 증감을 법원에 청구하여 법원에서 그 금액이 확정되지 않는 한, 사업시행자는 환매대금 증액청구권을 내세워 증액된 환매대금과 보상금 상당액의 차액을 지급할 것을 선이행 또는 동시이행의 항변으로 주장할 수 없다(대판 2006.12.21. 2006다49277).

⑥ 환매권 행사의 제한 - 공익사업의 변환

> **토지보상법 제91조(환매권)** ⑥ 국가, 지방자치단체 또는 「공공기관의 운영에 관한 법률」 제4조에 따른 공공기관 중 대통령령으로 정하는 공공기관이 사업인정을 받아 공익사업에 필요한 토지를 협의취득하거나 수용한 후 해당 공익사업이 제4조 제1호부터 제5호까지에 규정된 다른 공익사업(별표에 따른 사업이 제4조 제1호부터 제5호까지에 규정된 공익사업에 해당하는 경우를 포함한다)으로 변경된 경우 제1항 및 제2항에 따른 환매권 행사기간은 관보에 해당 공익사업의 변경을 고시한 날부터 기산(起算)한다. 이 경우 국가, 지방자치단체 또는 「공공기관의 운영에 관한 법률」 제4조에 따른 공공기관 중 대통령령으로 정하는 공공기관은 공익사업이 변경된 사실을 대통령령으로 정하는 바에 따라 환매권자에게 통지하여야 한다.

> ⚖️ **판례**
>
> 1. 공익사업의 변환이 국가·지방자치단체 또는 정부투자기관 등 기업자(또는 사업시행자)가 동일한 경우에만 허용되는 것으로 해석되지는 않는다(대판 1994.1.25. 93다11760).
> 2. 공익사업의 변환을 인정하기 위해서는 적어도 변경된 사업의 사업시행자가 당해 토지를 소유하고 있어야 한다. 공익사업을 위해 협의취득하거나 수용한 토지가 제3자에게 처분된 경우에는 그 토지는 당해 공익사업에는 필요 없게 된 것이라고 보아야 하고, 공익사업의 변환을 인정할 여지도 없다(대판 2010.9.30. 2010다30782).

07 행정상 손실보상의 방법

1. 금전보상의 원칙

(1) 의의

손실보상은 현금으로 지급하는 것이 원칙이나, 일정한 경우 현물보상, 채권보상, 매수보상, 대토보상과 같은 다른 방법으로 하는 것도 가능하다.

(2) 예외

① 현물보상

② 채권보상

> **토지보상법 제63조(현금보상 등)** ⑦ 사업시행자가 국가, 지방자치단체, 그 밖에 대통령령으로 정하는 「공공기관의 운영에 관한 법률」에 따라 지정·고시된 공공기관 및 공공단체인 경우로서 다음 각 호의 어느 하나에 해당되는 경우에는 제1항 본문에도 불구하고 해당 사업시행자가 발행하는 채권으로 지급할 수 있다.
> 1. 토지소유자나 관계인이 원하는 경우
> 2. 사업인정을 받은 사업의 경우에는 대통령령으로 정하는 부재부동산 소유자의 토지에 대한 보상금이 대통령령으로 정하는 일정 금액을 초과하는 경우로서 그 초과하는 금액에 대하여 보상하는 경우
> ⑧ 토지투기가 우려되는 지역으로서 대통령령으로 정하는 지역에서 다음 각 호의 어느 하나에 해당하는 공익사업을 시행하는 자 중 대통령령으로 정하는 「공공기관의 운영에 관한 법률」에 따라 지정·고시된 공공기관 및 공공단체는 제7항에도 불구하고 제7항 제2호에 따른 부재부동산 소유자의 토지에 대한 보상금 중 대통령령으로 정하는 1억원 이상의 일정 금액을 초과하는 부분에 대하여는 해당 사업시행자가 발행하는 채권으로 지급하여야 한다.
> 1. 「택지개발촉진법」에 따른 택지개발사업
> 2. 「산업입지 및 개발에 관한 법률」에 따른 산업단지개발사업
> 3. 그 밖에 대규모 개발사업으로서 대통령령으로 정하는 사업

③ 매수보상

④ 대토보상

2. 사전보상의 원칙

> **토지보상법 제62조(사전보상)** 사업시행자는 해당 공익사업을 위한 공사에 착수하기 이전에 토지소유자와 관계인에게 보상액 전액(全額)을 지급하여야 한다. 다만, 제38조에 따른 천재지변 시의 토지 사용과 제39조에 따른 시급한 토지 사용의 경우 또는 토지소유자 및 관계인의 승낙이 있는 경우에는 그러하지 아니하다.

⚖️ 판례

손실보상금 지급이 수용의 시기에 지급되지 않은 이상 이에 대한 지연손해금이 발생하는 것은 당연하다(대판 1991.12.24. 91누308).

3. 개인별 보상의 원칙

> **토지보상법 제64조(개인별 보상)** 손실보상은 토지소유자나 관계인에게 개인별로 하여야 한다. 다만, 개인별로 보상액을 산정할 수 없을 때에는 그러하지 아니하다.

⚖️ 판례

보상은 물건별로 하는 것이 아니라 피보상자 개인별로 행하여지는 것이라고 할 것이다(대판 2000.1.28. 97누11720).

4. 전액보상의 원칙

사업시행자는 해당 공익사업을 위한 공사에 착수하기 전에 토지소유자와 관계인에게 보상액의 전액을 지급하여야 한다는 원칙으로서, 이때 말하는 전액의 지급은 통상 일시급으로 이루어진다(토지보상법 제62조).

5. 사업시행자보상의 원칙

> **토지보상법 제61조(사업시행자 보상)** 공익사업에 필요한 토지등의 취득 또는 사용으로 인하여 토지소유자나 관계인이 입은 손실은 사업시행자가 보상하여야 한다.

6. 일괄보상이 원칙

> **토지보상법 제65조(일괄보상)** 사업시행자는 동일한 사업지역에 보상시기를 달리하는 동일인 소유의 토지등이 여러 개 있는 경우 토지소유자나 관계인이 요구할 때에는 한꺼번에 보상금을 지급하도록 하여야 한다.

7. 사업시행이익과의 상계금지

> **토지보상법 제66조(사업시행 이익과의 상계금지)** 사업시행자는 동일한 소유자에게 속하는 일단(一團)의 토지의 일부를 취득하거나 사용하는 경우 해당 공익사업의 시행으로 인하여 잔여지(殘餘地)의 가격이 증가하거나 그 밖의 이익이 발생한 경우에도 그 이익을 그 취득 또는 사용으로 인한 손실과 상계(相計)할 수 없다.

08 행정상 손실보상의 절차와 불복

1. 협의전치주의

> **토지보상법 제16조(협의)** 사업시행자는 토지등에 대한 보상에 관하여 토지소유자 및 관계인과 성실하게 협의하여야 하며, 협의의 절차 및 방법 등 협의에 필요한 사항은 대통령령으로 정한다.
>
> **토지보상법 제29조(협의 성립의 확인)** ① 사업시행자와 토지소유자 및 관계인 간에 제26조에 따른 절차를 거쳐 협의가 성립되었을 때에는 사업시행자는 제28조 제1항에 따른 재결 신청기간 이내에 해당 토지소유자 및 관계인의 동의를 받아 대통령령으로 정하는 바에 따라 관할 토지수용위원회에 협의 성립의 확인을 신청할 수 있다.
>
> ④ 제1항 및 제3항에 따른 확인은 이 법에 따른 재결로 보며, 사업시행자, 토지소유자 및 관계인은 그 확인된 협의의 성립이나 내용을 다툴 수 없다.

⚖ 판례

1. 협의취득은 사법상의 법률행위이므로 당사자 사이의 자유로운 의사에 따라 채무불이행책임이나 매매대금에 대한 지급의무를 약정할 수 있다(대판 2012.2.23. 2010다91206).

2. 공익사업을 위한 토지등의 취득 및 보상에 관한 법률에 의한 보상합의는 공공기관이 사경제주체로서 행하는 사법상 계약의 실질을 가지는 것이다. 합의가 성립하면 그 합의 내용대로 구속력이 있고, 손실보상금에 관한 합의 내용이 공익사업법에서 정하는 손실보상 기준에 맞지 않는다고 하더라도 추가로 공익사업법상 기준에 따른 손실보상금 청구를 할 수는 없다(대판 2013.8.22. 2012다3517).

3. 토지보상법상 '협의취득'의 성격은 사법상 매매계약이므로 그 이행으로 인한 사업시행자의 소유권 취득도 승계취득이다. 그런데 협의 성립의 확인이 있었던 것으로 간주되면, 재결이 있었던 것으로 재차 의제되고 사법상 매매의 효력만을 갖는 협의취득과는 달리 원시취득하는 효과를 누리게 된다(대판 2018.12.13. 2016두51719).

2. 토지수용위원회의 재결

(1) 사업자의 재결신청

> **토지보상법 제28조(재결의 신청)** ① 제26조에 따른 협의가 성립되지 아니하거나 협의를 할 수 없을 때(제26조 제2항 단서에 따른 협의 요구가 없을 때를 포함한다)에는 사업시행자는 사업인정고시가 된 날부터 1년 이내에 대통령령으로 정하는 바에 따라 관할 토지수용위원회에 재결을 신청할 수 있다.

재결신청에 따라 내려지는 최초의 재결을 수용재결이라고 한다.

⚖ 판례

'협의가 성립되지 아니한 때'에는 협의절차를 거쳤으나 보상액 등에 관하여 협의가 성립하지 아니한 경우는 물론 사업시행자가 손실보상대상에 해당하지 아니한다며 보상대상에서 이를 제외한 채 협의를 하지 않아 결국 협의가 성립하지 않은 경우도 포함된다(대판 2011.7.14. 2011두2309).

(2) 피수용자의 재결신청청구

> **토지보상법 제30조(재결 신청의 청구)** ① 사업인정고시가 된 후 협의가 성립되지 아니하였을 때에는 <u>토지소유자와 관계인은 대통령령으로 정하는 바에 따라 서면으로 <u>사업시행자에게 재결을 신청할 것을 청구할 수 있다.</u>
> ② 사업시행자는 제1항에 따른 청구를 받았을 때에는 그 청구를 받은 날부터 60일 이내에 대통령령으로 정하는 바에 따라 관할 토지수용위원회에 재결을 신청하여야 한다.

<u>피수용자인 토지소유자 및 관계인은 토지수용위원회에 재결을 신청할 수는 없고 사업시행자에게 재결을 신청할 것을 청구할 수 있다.</u>

(3) 재결의 내용 및 형식

> **토지보상법 제34조(재결)** ① 토지수용위원회의 재결은 서면으로 한다.
> ② 제1항에 따른 재결서에는 주문 및 그 이유와 재결일을 적고, 위원장 및 회의에 참석한 위원이 기명날인한 후 그 정본(正本)을 사업시행자, 토지소유자 및 관계인에게 송달하여야 한다.

(4) 재결의 효과 및 범위

> **토지보상법 제45조(권리의 취득·소멸 및 제한)** ① 사업시행자는 <u>수용의 개시일에 토지나 물건의 소유권을 취득하며, 그 토지나 물건에 관한 다른 권리는 이와 동시에 소멸한다.</u>
> **토지보상법 제50조(재결사항)** ② <u>토지수용위원회는 사업시행자, 토지소유자 또는 관계인이 신청한 범위에서 재결하여야 한다.</u> 다만, 제1항 제2호의 <u>손실보상의 경우에는 증액재결(增額裁決)을 할 수 있다.</u>

⚖️ 판례

<u>수용재결이 있은 후라고 하더라도 토지소유자 등과 사업시행자가 다시 협의하여 보상에 관하여 임의로 계약을 체결할 수 있다</u>(대판 2017.4.13. 2016두64241).

3. 이의신청

> **토지보상법 제83조(이의의 신청)** ① 중앙토지수용위원회의 제34조에 따른 재결에 이의가 있는 자는 <u>중앙토지수용위원회에 이의를 신청할 수 있다.</u>
> ② 지방토지수용위원회의 제34조에 따른 재결에 이의가 있는 자는 해당 <u>지방토지수용위원회를 거쳐 중앙토지수용위원회에 이의를 신청할 수 있다.</u>
> ③ 제1항 및 제2항에 따른 이의의 신청은 재결서의 정본을 받은 날부터 <u>30일 이내에 하여야 한다.</u>

<u>이의신청은 행정심판으로서의 성질을 가지며, 토지보상법상 이의신청에 관한 규정은 행정심판법에 대한 특별규정으로서 임의적 절차에 불과하다.</u>

4. 행정소송

(1) 의의 및 방법

> **토지보상법 제85조(행정소송의 제기)** ① 사업시행자, 토지소유자 또는 관계인은 제34조에 따른 재결에 불복할 때에는 재결서를 받은 날부터 <u>90일 이내에</u>, 이의신청을 거쳤을 때에는 이의신청에 대한 <u>재결서를 받은 날부터 60일 이내에 각각 행정소송을 제기할 수 있다.</u> 이 경우 사업시행자는 행정소송을 제기하기 전에 제84조에 따라 늘어난 보상금을 공탁하여야 하며, 보상금을 받을 자는 공탁된 보상금을 소송이 종결될 때까지 수령할 수 없다.

사업시행자·토지소유자 또는 관계인은 <u>재결 또는 이의신청에 대하여 불복이 있는 때에는 행정소송을 제기할 수 있다.</u>

(2) 수용재결취소소송

① 의의: 사업시행자·토지소유자 또는 관계인은 협의가 성립되지 아니하여 행한 재결 또는 이의신청에 대한 재결에서 수용재결부분에 대하여 불복이 있는 때에는 <u>취소소송 또는 무효 등 확인소송을 제기할 수 있다.</u>

② <u>취소소송의 대상: 취소소송의 대상은 토지수용위원회의 재결인 원처분이다.</u> 그런데 지방 또는 중앙토지수용위원회의 재결에 대한 <u>이의신청의 경우에 행정소송법의 원처분주의(행정소송법 제19조)에 따라 이의신청의 재결 자체의 고유한 위법이 있는 경우가 아닌 한 원처분이 소의 대상이다.</u>

> ⚖️ **판례**
>
> 하나의 재결에서 <u>여러 가지의 토지, 물건, 권리 또는 영업의 손실에 관하여 심리·판단이 이루어졌을 때, 피보상자 또는 사업시행자가 반드시 재결 전부에 관하여 불복하여야 하는 것은 아니며, 여러 보상항목들 중 일부에 관해서만 불복하는 경우에는 그 부분에 관해서만 개별적으로 불복의 사유를 주장하여 행정소송을 제기할 수 있다.</u> 이러한 보상금 증감 소송에서 법원의 심판범위는 하나의 재결 내에서 소송당사자가 구체적으로 불복신청을 한 보상항목들로 제한된다. 법원은 보상항목 상호 간의 유용을 허용하여 항목별로 과다 부분과 과소 부분을 합산하여 보상금의 합계액을 정당한 보상금으로 결정할 수 있다(대판 2018.5.15. 2017두41221).

③ <u>당사자: 원고는 사업시행자·토지수용자 또는 관계인이다. 피고는 행정청인 수용재결을 한 중앙토지수용위원회 또는 지방토지수용위원회이다.</u>

④ 제소기간: 재결에 불복하는 때에는 <u>재결서를 받은 날부터 60일 이내에, 이의신청을 거친 때에는 이의신청에 대한 재결서를 받은 날부터 30일 이내에 제기할 수 있다.</u> 이 경우 행정소송법의 제소기간에 관한 규정은 적용되지 아니한다(대판 1989.3.28. 88누5198).

⑤ 집행부정지

> **토지보상법 제88조(처분효력의 부정지)** 제83조에 따른 <u>이의의 신청이나 제85조에 따른 행정소송의 제기는 사업의 진행 및 토지의 수용 또는 사용을 정지시키지 아니한다.</u>

(3) 보상금증감청구소송

> **토지보상법 제85조(행정소송의 제기)** ② 제1항에 따라 제기하려는 행정소송이 보상금의 증감(增減)에 관한 소송인 경우 그 소송을 제기하는 자가 토지소유자 또는 관계인일 때에는 사업시행자를, 사업시행자일 때에는 토지소유자 또는 관계인을 각각 피고로 한다.

① 의의: 보상금증감청구소송은 수용재결 중 <u>보상금에 대해서만 불복이 있는 경우에 보상금의 증액 또는 감액을 청구하는 소송이다.</u> 이 소송에서 법원은 보상금을 직접 결정한다.

② 성질: 보상금증감청구소송의 성질에 관하여는 재결청(처분청)인 토지수용위원회가 피고가 아니라는 점, 토지소유자 또는 관계인과 사업시행자가 대등한 당사자로 하고 있다는 점에서 <u>형식적 당사자 소송이라고 본다.</u>

③ 피고 : 해당 소송을 제기하는 자가 토지소유자 또는 관계인인 때에는 사업시행자를, 사업시행자인 때에는 토지소유자 또는 관계인을 각각 피고로 한다.

⚖️ **판례**

1. 표준지공시지가결정이 위법한 경우에는 그 자체를 행정소송의 대상이 되는 행정처분으로 보아 그 위법 여부를 다툴 수 있음은 물론, 수용보상금의 증액을 구하는 소송에서도 선행처분으로서 그 수용대상 토지 가격 산정의 기초가 된 비교표준지공시지가결정의 위법을 독립한 사유로 주장할 수 있다(대판 2008.8.21. 2007두13845).

2. 도시계획사업허가의 공고시에 토지세목의 고시를 누락하거나 토지의 세목을 공시하는 절차를 누락한 경우, 이는 절차상의 위법으로서 사업인정 단계에서 다툴 수 있는 취소사유에 해당하기는 하나 이러한 위법을 들어 수용재결처분의 취소를 구하거나 무효확인을 구할 수는 없다(대판 2009.11.26. 2009두11607).

09 행정상 손해전보제도의 흠결보완

구 분	헌법상의 손해전보	수용유사침해	수용적침해	희생보상청구권
개 념	1. 국가배상제도 공무원의 위법한 직무행위, 영조물의 설치·관리상의 하자로 인한 배상 2. 손실보상제도 국가의 적법·무책한 행위로 인한 재산권의 보상	국가의 무책한 행위로 인한 손실이라는 점에서 손실보상과 다른 요건은 동일하나, 보상규정이 없다는 점에서 위법하다.	적법, 무책한 점에서 다른 요건은 손실보상과 동일하나 침해가 비의도적이라는 점이 다르다. (지하철 공사의 장기화에 따른 인근상가의 매출감소 등)	다른 요건은 손실보상과 동일하나 침해된 것이 재산권이 아니라 생명·신체 등인 경우이다. (예방접종 후 부작용 등)

1. 수용유사침해에 대한 보상

(1) 의의

수용유사침해의 보상이란 위법한 공용침해로 인하여 특별한 희생을 당한 자에 대한 보상을 말한다. 이러한 논의는 경계이론과 맥을 같이 한다.

(2) 근거

판례는 수용유사침해보상의 채택 여부에 대하여 판단하지 않고 있다.

(3) 성립요건

수용유사침해보상의 성립요건은 ① 재산권침해, ② 공용침해, ③ 특별한 희생, ④ 침해의 위법성 등이다. 수용유사침해의 전형적인 태양은 위법·무책의 침해이다.

2. 수용적 침해에 대한 보상

수용적 침해에 대한 보상이란 적법한 행정작용의 결과 비전형적이고 비의도적인 부수적 효과로써 타인의 재산권에 수용적 효과를 가져오는 침해에 대한 보상을 말한다. 대표적으로 지하철 공사의 장기화에 따른 인한 상가의 영업손실 등이 있다.

3. 희생보상청구권

희생보상청구권은 적법한 공권력행사에 의하여 개인의 비재산적인 법익(생명·신체 등)에 가해진 손실에 대한 보상청구권을 말한다. 국립병원의사가 법률에 의해 강제되는 예방주사를 접종하였는데 이로 인해 병을 얻은 경우 등이 논의된다.

4. 행정상 결과제거청구권

(1) 의의

결과제거청구권이란 위법한 행정작용의 결과로서 남아 있는 상태로 인하여 자기의 법률상 이익을 침해받고 있는 자가 위법한 상태를 제거하여 줄 것을 청구하는 일종의 원상회복청구권을 의미한다. 예컨대 토지수용의 취소처분에도 불구하고 토지를 반환하지 않고 있는 경우의 반환청구가 이에 해당한다. 행정상 결과제거청구권은 민법에서 규정한 소유물방해배제청구와 유사하다. 결과제거청구권은 가해행위의 위법이 아닌 결과의 위법성이 문제되는 것이며 가해자의 고의·과실을 요하지 않는다는 점에서 손해배상과 다르다.

(2) 결과제거청구권의 요건

공행정작용으로 인하여 야기된 결과적 상태가 타인의 권리 또는 법률상 이익을 침해하고 있어야 한다. 여기서 권리 또는 법률상 이익에는 명예·호평 등 정신적인 것까지도 포함된다. 한편 단순히 사실상의 이익을 침해하는 경우에는 결과제거청구권이 성립하지 않는다. 행정주체의 공행정작용으로 인하여 야기된 결과가 위법한 상태로 존재하고 있어야 한다. 여기서 위법성은 처음부터 발생할 수도 있으며, 기간의 경과 또는 해제조건의 성취 등에 의해 사후에 발생할 수도 있다. 결과로서의 상태는 존재하지 않고 권리침해로서의 불이익만 남는 경우 국가배상·손실보상의 문제만이 고려될 수 있을 뿐이다.

(3) 결과제거청구권의 내용

결과제거청구권은 위법한 공행정작용으로 인한 직접적 결과의 제거만을 대상으로 하고 간접적인 결과의 제거는 그 내용으로 하지 않는다. 간접적인 결과는 결과제거청구가 아닌 손해전보를 통해서 해결해야 한다.

행정심판

제1절 | 행정심판의 의의

01 행정심판의 개념

행정심판이란 행정청의 위법 또는 부당한 처분 등으로 인하여 권리나 이익을 침해당한 자가 행정기관에 대하여 그 시정을 구하는 절차를 말한다. 실정법상으로는 행정심판 이외에 의의신청, 심사청구, 재심청구 등 여러 가지 용어를 사용하고 있다.

02 행정심판의 근거

1. 헌법적 근거

> **헌재판례**
>
> 헌법 제107조 제3항은 "재판의 전심절차로서 행정심판을 할 수 있다. 행정심판의 절차는 법률로 정하되, 사법절차가 준용되어야 한다"고 규정하고 있으므로, 입법자가 행정심판을 전심절차가 아니라 종심절차로 규정함으로써 정식재판의 기회를 배제하거나, 어떤 행정심판을 필요적 전심절차로 규정하면서도 그 절차에 사법절차가 준용되지 않는다면 이는 헌법 제107조 제3항, 나아가 재판청구권을 보장하고 있는 헌법 제27조에도 위반된다(헌재 2000.6.1. 98헌바8).

2. 실정법상 근거

행정심판에 대한 일반법으로서 행정심판법이 있고, 그 외 조세행정, 특허관계, 경찰행정, 토지행정 등 다양한 분야에 약 60여개의 관계법에서 특별규정을 두고 있다.

> **판례**
>
> 징계 기타 불이익처분을 받은 지방공무원의 불복절차에 관하여 지방공무원법에서 규정하지 아니한 사항에 관하여는 행정심판법이 정하는 바에 외한다(대판 1989.9.12. 89누900).

03 행정심판과 유사제도의 구별

1. 이의신청과 행정심판의 구별

이의신청이란, 행정청의 위법·부당한 처분에 대해 통상 처분청에 불복을 제기하는 절차를 말한다. 이와 달리 토지보상법상 이의신청은 행정심판법에 대한 특별규정으로서 행정심판의 실질을 가진다.

> ⚖️ **판례**
>
> 1. 이의신청은 처분청으로 하여금 다시 심사하도록 한 절차로서 이의신청과 상관없이 행정심판 또는 행정소송을 제기할 수 있으며 행정심판법에서 정한 행정심판과는 성질을 달리하고 행정소송법에서 정한 행정심판을 거친 경우의 제소기간의 특례가 적용된다고 할 수도 없으므로, 민원 이의신청에 대한 결과를 통지받은 날부터 취소소송의 제소기간이 기산된다고 할 수 없다(대판 2012.11.15. 2010두8676).
>
> 2. 개별공시지가에 대하여 이의가 있는 자는 곧바로 행정소송을 제기하거나 부동산 가격공시 및 감정평가에 관한 법률에 따른 이의신청과 행정심판법에 따른 행정심판청구 중 어느 하나만을 거쳐 행정소송을 제기할 수 있을 뿐 아니라, 이의신청을 하여 그 결과통지를 받은 후 다시 행정심판을 거쳐 행정소송을 제기할 수도 있다고 보아야 하고, 이 경우 행정소송의 제소기간은 그 행정심판 재결서 정본을 송달받은 날부터 기산한다(대판 2010.1.28. 2008두19987).
>
> 3. 토지수용위원회의 수용재결에 대한 이의절차는 실질적으로 행정심판의 성질을 갖는 것이므로 행정심판법의 규정이 적용된다고 할 것이다(대판 1992.6.9. 92누565).

2. 행정심판과 행정소송의 구별

구분	행정심판	행정소송
판정기관	행정기관	법원
대상	위법·부당	위법
구술심리	구술 또는 서면	구술

제 2 절 ｜ 행정심판의 종류

01 행정심판법상의 종류

행정심판법 제5조(행정심판의 종류) 행정심판의 종류는 다음 각 호와 같다.
1. 취소심판: 행정청의 위법 또는 부당한 처분을 취소하거나 변경하는 행정심판
2. 무효등확인심판: 행정청의 처분의 효력 유무 또는 존재 여부를 확인하는 행정심판
3. 의무이행심판: 당사자의 신청에 대한 행정청의 위법 또는 부당한 거부처분이나 부작위에 대하여 일정한 처분을 하도록 하는 행정심판

1. 취소심판

(1) 의의

거부처분에 대해서는 의무이행심판이 가능하므로 취소심판청구는 허용되지 않는다는 견해도 있으나 다수설 및 판례는 긍정설의 입장이다. 다만 최근 행정심판법의 개정으로 거부처분에 대한 취소심판이 명문으로 인정되었다고 볼 수 있다.

> **행정심판법 제49조(재결의 기속력 등)** ① 심판청구를 인용하는 재결은 피청구인과 그 밖의 관계 행정청을 기속(羈束)한다.
> ② 재결에 의하여 취소되거나 무효 또는 부존재로 확인되는 처분이 당사자의 신청을 거부하는 것을 내용으로 하는 경우에는 그 처분을 한 행정청은 재결의 취지에 따라 다시 이전의 신청에 대한 처분을 하여야 한다.

(2) 특성

취소심판에는 심판청구기간의 제한이 있으며, 처분이 위법하더라도 공공복리상 청구를 기각하는 사정재결을 할 수 있고, 행정심판을 제기하여도 당해 처분의 효력은 정지되지 않는 집행부정지의 원칙이 인정되고 있다.

(3) 재결

행정심판위원회는 직접 원처분을 취소 또는 변경할 수도 있으며(취소·변경재결), 원처분청에 대하여 처분을 다른 처분으로 변경할 것을 명할 수도 있다(변경명령재결).

2. 무효등확인심판

무효등확인심판은 행정청의 처분의 효력 유무 또는 존재를 확인하는 행정심판을 말한다. 무효확인심판은 기간에 관계없이 언제든지 행정심판을 제기할 수 있으며 사정재결을 할 수 없다.

3. 의무이행심판

의무이행심판은 당사자의 신청에 대한 행정청의 위법 또는 부당한 거부처분이나 부작위에 대하여 일정한 처분을 하도록 하는 행정심판을 말한다. 행정심판의 경우 의무이행심판이 마련되어 있으므로, 부작위위법확인심판을 규정하고 있지 않다. 부작위를 심판대상으로 하는 경우 부작위가 계속되는 한 심판청구기간의 제한을 받지 않고 집행정지에 관한 규정도 적용될 수 없다. 다만 거부처분을 심판대상으로 하는 경우에는 심판청구기간의 제한을 받는다. 한편, 의무이행심판에는 사정재결을 할 수 있다. 심판청구가 이유 있다고 인정할 때에는 행정심판위원회는 직접 신청에 따른 처분을 할 수도 있고(처분재결, 형성재결), 원처분청에 대하여 신청에 따른 처분을 할 것을 명할 수도 있다(처분명령재결, 이행재결).

02 특별행정심판

특별행정심판이란 사안의 전문성과 특수성을 살리기 위해 행정심판법이 아닌 개별법에서 정한 다른 기관에서 심리·재결하는 행정심판을 말한다. 특허심판, 조세심판이 이에 해당된다.

행정심판법 제4조(특별행정심판 등) ① 사안(事案)의 전문성과 특수성을 살리기 위하여 특히 필요한 경우 외에는 이 법에 따른 행정심판을 갈음하는 특별한 행정불복절차(이하 "특별행정심판"이라 한다)나 이 법에 따른 행정심판 절차에 대한 특례를 다른 법률로 정할 수 없다.
② 다른 법률에서 특별행정심판이나 이 법에 따른 행정심판 절차에 대한 특례를 정한 경우에도 그 법률에서 규정하지 아니한 사항에 관하여는 이 법에서 정하는 바에 따른다.
③ 관계 행정기관의 장이 특별행정심판 또는 이 법에 따른 행정심판 절차에 대한 특례를 신설하거나 변경하는 법령을 제정·개정할 때에는 미리 중앙행정심판위원회와 협의하여야 한다.

---

03 당사자심판

행정심판법은 당사자심판에 관해서는 규정하고 있지 않다.

제 3 절 행정심판의 대상

01 개괄주의

행정심판법은 심판청구대상을 제한적으로 열거하는 열기주의의 방식을 채택하지 않고 개괄주의를 채택하고 있다.

02 처분 또는 부작위

행정심판법 제2조(정의) 이 법에서 사용하는 용어의 뜻은 다음과 같다.
1. "처분"이란 행정청이 행하는 구체적 사실에 관한 법집행으로서의 공권력의 행사 또는 그 거부, 그 밖에 이에 준하는 행정작용을 말한다.

행정심판에서는 위법한 처분뿐만 아니라 부당한 처분도 심판대상이 된다는 점에서 행정소송과 구별된다.

03 제외대상

1. 대통령의 처분 또는 부작위

> **행정심판법 제3조(행정심판의 대상)** ② 대통령의 처분 또는 부작위에 대하여는 다른 법률에서 행정심판을 청구할 수 있도록 정한 경우 외에는 행정심판을 청구할 수 없다.

2. 행정심판 재청구의 금지

> **행정심판법 제51조(행정심판 재청구의 금지)** 심판청구에 대한 재결이 있으면 그 재결 및 같은 처분 또는 부작위에 대하여 다시 행정심판을 청구할 수 없다.

제 4 절 │ 행정심판의 당사자 등

01 행정심판의 청구인

1. 의의

> **행정심판법 제14조(법인이 아닌 사단 또는 재단의 청구인 능력)** 법인이 아닌 사단 또는 재단으로서 대표자나 관리인이 정하여져 있는 경우에는 그 사단이나 재단의 이름으로 심판청구를 할 수 있다.
>
> **행정심판법 제15조(선정대표자)** ① 여러 명의 청구인이 공동으로 심판청구를 할 때에는 청구인들 중에서 3명 이하의 선정대표자를 선정할 수 있다.
> ③ 선정대표자는 다른 청구인들을 위하여 그 사건에 관한 모든 행위를 할 수 있다. 다만, 심판청구를 취하하려면 다른 청구인들의 동의를 받아야 하며, 이 경우 동의받은 사실을 서면으로 소명하여야 한다.
> ④ 선정대표자가 선정되면 다른 청구인들은 그 선정대표자를 통해서만 그 사건에 관한 행위를 할 수 있다.

⚖️ 판례

행정심판절차에서 청구인들이 당사자가 아닌 자를 선정대표자로 선정하였다면 행정심판법의 규정에 위반되어 그 선정행위는 무효이다(대판 1991.1.25. 90누7791).

2. 청구인적격

> **행정심판법 제13조(청구인 적격)** ① 취소심판은 처분의 취소 또는 변경을 구할 법률상 이익이 있는 자가 청구할 수 있다. 처분의 효과가 기간의 경과, 처분의 집행, 그 밖의 사유로 소멸된 뒤에도 그 처분의 취소로 회복되는 법률상 이익이 있는 자의 경우에도 또한 같다.
> ② 무효등확인심판은 처분의 효력 유무 또는 존재 여부의 확인을 구할 법률상 이익이 있는 자가 청구할 수 있다.
> ③ 의무이행심판은 처분을 신청한 자로서 행정청의 거부처분 또는 부작위에 대하여 일정한 처분을 구할 법률상 이익이 있는 자가 청구할 수 있다.

3. 청구인의 지위승계

> **행정심판법 제16조(청구인의 지위 승계)** ① 청구인이 사망한 경우에는 상속인이나 그 밖에 법령에 따라 심판청구의 대상에 관계되는 권리나 이익을 승계한 자가 청구인의 지위를 승계한다.
> ② 법인인 청구인이 합병(合倂)에 따라 소멸하였을 때에는 합병 후 존속하는 법인이나 합병에 따라 설립된 법인이 청구인의 지위를 승계한다.
> ③ 제1항과 제2항에 따라 청구인의 지위를 승계한 자는 위원회에 서면으로 그 사유를 신고하여야 한다. 이 경우 신고서에는 사망 등에 의한 권리·이익의 승계 또는 합병 사실을 증명하는 서면을 함께 제출하여야 한다.
> ⑤ 심판청구의 대상과 관계되는 권리나 이익을 양수한 자는 위원회의 허가를 받아 청구인의 지위를 승계할 수 있다.

4. 청구인의 변경

> ⚖️ **판례**
>
> 청구인적격이 없는 자의 명의로 제기된 행정심판청구에 대하여 행정청이나 재결청에게 행정심판청구인을 청구인적격이 있는 자로 변경할 것을 요구하는 보정을 명할 의무가 없고, 행정심판절차에서 임의적인 청구인의 변경은 원칙적으로 허용되지 아니한다(대판 1999.10.8. 98두10073).

02 행정심판의 피청구인

> **행정심판법 제17조(피청구인의 적격 및 경정)** ① 행정심판은 처분을 한 행정청(의무이행심판의 경우에는 청구인의 신청을 받은 행정청)을 피청구인으로 하여 청구하여야 한다. 다만, 심판청구의 대상과 관계되는 권한이 다른 행정청에 승계된 경우에는 권한을 승계한 행정청을 피청구인으로 하여야 한다.
> ② 청구인이 피청구인을 잘못 지정한 경우에는 위원회는 직권으로 또는 당사자의 신청에 의하여 결정으로써 피청구인을 경정(更正)할 수 있다.
> ③ 위원회는 제2항에 따라 피청구인을 경정하는 결정을 하면 결정서 정본을 당사자(종전의 피청구인과 새로운 피청구인을 포함한다. 이하 제6항에서 같다)에게 송달하여야 한다.
> ④ 제2항에 따른 결정이 있으면 종전의 피청구인에 대한 심판청구는 취하되고 종전의 피청구인에 대한 행정심판이 청구된 때에 새로운 피청구인에 대한 행정심판이 청구된 것으로 본다.

03 행정심판의 관계인

1. 참가인 - 신청, 위원회의 요구에 의한 참가

> **행정심판법 제20조(심판참가)** ① 행정심판의 결과에 이해관계가 있는 제3자나 행정청은 해당 심판청구에 대한 제7조 제6항 또는 제8조 제7항에 따른 위원회나 소위원회의 의결이 있기 전까지 그 사건에 대하여 심판참가를 할 수 있다.
> ② 제1항에 따른 심판참가를 하려는 자는 참가의 취지와 이유를 적은 참가신청서를 위원회에 제출하여야 한다. 이 경우 당사자의 수만큼 참가신청서 부본을 함께 제출하여야 한다.
> **행정심판법 제21조(심판참가의 요구)** ① 위원회는 필요하다고 인정하면 그 행정심판 결과에 이해관계가 있는 제3자나 행정청에 그 사건 심판에 참가할 것을 요구할 수 있다.
> ② 제1항의 요구를 받은 제3자나 행정청은 지체 없이 그 사건 심판에 참가할 것인지 여부를 위원회에 통지하여야 한다.

2. 대리인

> **행정심판법 제18조(대리인의 선임)** ① 청구인은 법정대리인 외에 다음 각 호의 어느 하나에 해당하는 자를 대리인으로 선임할 수 있다.
> 1. 청구인의 배우자, 청구인 또는 배우자의 사촌 이내의 혈족
> 2. 청구인이 법인이거나 제14조에 따른 청구인 능력이 있는 법인이 아닌 사단 또는 재단인 경우 그 소속 임직원
> 3. 변호사
> 4. 다른 법률에 따라 심판청구를 대리할 수 있는 자
> 5. 그 밖에 위원회의 허가를 받은 자
> ② 피청구인은 그 소속 직원 또는 제1항 제3호부터 제5호까지의 어느 하나에 해당하는 자를 대리인으로 선임할 수 있다.
>
> **행정심판법 제18조의2(국선대리인)** ① 청구인이 경제적 능력으로 인해 대리인을 선임할 수 없는 경우에는 위원회에 국선 대리인을 선임하여 줄 것을 신청할 수 있다.

제5절　행정심판위원회

01　행정심판위원회의 설치

05

1. 행정심판위원회의 의의와 성질

행정심판위원회는 심판청구사건을 심리·재결하는 합의제행정청으로서 심리기관과 재결기관의 성격을 동시에 갖는다.

2. 행정심판위원회의 종류

(1) 시·도지사 소속의 행정심판위원회

> **행정심판법 제6조(행정심판위원회의 설치)** ③ 다음 각 호의 행정청의 처분 또는 부작위에 대한 심판청구에 대하여는 시·도지사 소속으로 두는 행정심판위원회에서 심리·재결한다.
> 1. 시·도 소속 행정청
> 2. 시·도의 관할구역에 있는 시·군·자치구의 장, 소속 행정청 또는 시·군·자치구의 의회(의장, 위원회의 위원장, 사무국장, 사무과장 등 의회 소속 모든 행정청을 포함한다)
> 3. 시·도의 관할구역에 있는 둘 이상의 지방자치단체(시·군·자치구를 말한다)·공공법인 등이 공동으로 설립한 행정청

(2) 중앙행정심판위원회

> **행정심판법 제6조(행정심판위원회의 설치)** ② 다음 각 호의 행정청의 처분 또는 부작위에 대한 심판청구에 대하여는 「부패방지 및 국민권익위원회의 설치와 운영에 관한 법률」에 따른 국민권익위원회(이하 "국민권익위원회"라 한다)에 두는 중앙행정심판위원회에서 심리·재결한다.
> 1. 제1항에 따른 행정청 외의 국가행정기관의 장 또는 그 소속 행정청
> 2. 특별시장·광역시장·특별자치시장·도지사·특별자치도지사(특별시·광역시·특별자치시·도 또는 특별자치도의 교육감을 포함한다. 이하 "시·도지사"라 한다) 또는 특별시·광역시·특별자치시·도·특별자치도(이하 "시·도"라 한다)의 의회(의장, 위원회의 위원장, 사무처장 등 의회 소속 모든 행정청을 포함한다)
> 3. 「지방자치법」에 따른 지방자치단체조합 등 관계 법률에 따라 국가·지방자치단체·공공법인 등이 공동으로 설립한 행정청. 다만, 제3항 제3호에 해당하는 행정청은 제외한다.

(3) 해당 행정청 소속의 행정심판위원회

> **행정심판법 제6조(행정심판위원회의 설치)** ① 다음 각 호의 행정청 또는 그 소속 행정청(행정기관의 계층구조와 관계 없이 그 감독을 받거나 위탁을 받은 모든 행정청을 말하되, 위탁을 받은 행정청은 그 위탁받은 사무에 관하여는 위탁한 행정청의 소속 행정청으로 본다. 이하 같다)의 처분 또는 부작위에 대한 행정심판의 청구(이하 "심판청구"라 한다)에 대하여는 다음 각 호의 행정청에 두는 행정심판위원회에서 심리·재결한다.
> 1. 감사원, 국가정보원장, 그 밖에 대통령령으로 정하는 대통령 소속기관의 장
> 2. 국회사무총장·법원행정처장·헌법재판소사무처장 및 중앙선거관리위원회사무총장
> 3. 국가인권위원회, 그 밖에 지위·성격의 독립성과 특수성 등이 인정되어 대통령령으로 정하는 행정청

(4) 특별행정심판위원회

공무원의 징계처분의 경우에 국가공무원법 또는 지방공무원법에 따른 소청심사위원회나, 국세 및 관세에 관한 처분의 경우에 국세기본법에 따른 조세심판원, 토지수용의 경우 토지보상법에 따른 중앙토지수용위원회가 이에 해당한다.

02 행정심판위원회의 구성 및 회의

1. 각급 행정심판위원회

> **행정심판위원회 제7조(행정심판위원회의 구성)** ① 행정심판위원회(중앙행정심판위원회는 제외한다. 이하 이 조에서 같다)는 위원장 1명을 포함하여 50명 이내의 위원으로 구성한다.
> ④ 행정심판위원회의 위원은 해당 행정심판위원회가 소속된 행정청이 다음 각 호의 어느 하나에 해당하는 사람 중에서 성별을 고려하여 위촉하거나 그 소속 공무원 중에서 지명한다.
> 1. 변호사 자격을 취득한 후 5년 이상의 실무 경험이 있는 사람
> 2. 「고등교육법」 제2조 제1호부터 제6호까지의 규정에 따른 학교에서 조교수 이상으로 재직하거나 재직하였던 사람
> 3. 행정기관의 4급 이상 공무원이었거나 고위공무원단에 속하는 공무원이었던 사람
> 4. 박사학위를 취득한 후 해당 분야에서 5년 이상 근무한 경험이 있는 사람
> 5. 그 밖에 행정심판과 관련된 분야의 지식과 경험이 풍부한 사람
> ⑥ 행정심판위원회는 제5항에 따른 구성원 과반수의 출석과 출석위원 과반수의 찬성으로 의결한다.
>
> **행정심판법 제9조(위원의 임기 및 신분보장 등)** ① 제7조 제4항에 따라 지명된 위원은 그 직에 재직하는 동안 재임한다.
> ③ 제7조 제4항 및 제8조 제4항에 따라 위촉된 위원의 임기는 2년으로 하되, 2차에 한하여 연임할 수 있다. 다만, 제6조 제1항 제2호에 규정된 기관에 두는 행정심판위원회의 위촉위원의 경우에는 각각 국회규칙, 대법원규칙, 헌법재판소규칙 또는 중앙선거관리위원회규칙으로 정하는 바에 따른다.

2. 중앙행정심판위원회

> **행정심판법 제8조(중앙행정심판위원회의 구성)** ① 중앙행정심판위원회는 위원장 1명을 포함하여 70명 이내의 위원으로 구성하되, 위원 중 상임위원은 4명 이내로 한다.
> ② 중앙행정심판위원회의 위원장은 국민권익위원회의 부위원장 중 1명이 되며, 위원장이 없거나 부득이한 사유로 직무를 수행할 수 없거나 위원장이 필요하다고 인정하는 경우에는 상임위원(상임으로 재직한 기간이 긴 위원 순서로, 재직기간이 같은 경우에는 연장자 순서로 한다)이 위원장의 직무를 대행한다.
> ③ 중앙행정심판위원회의 상임위원은 일반직공무원으로서 「국가공무원법」 제26조의5에 따른 임기제공무원으로 임명하되, 3급 이상 공무원 또는 고위공무원단에 속하는 일반직공무원으로 3년 이상 근무한 사람이나 그 밖에 행정심판에 관한 지식과 경험이 풍부한 사람 중에서 중앙행정심판위원회 위원장의 제청으로 국무총리를 거쳐 대통령이 임명한다.

④ 중앙행정심판위원회의 <u>비상임위원</u>은 제7조 제4항 각 호의 어느 하나에 해당하는 사람 중에서 중앙행정심판위원회 위원장의 제청으로 <u>국무총리가 성별을 고려하여 위촉한다.</u>
⑦ 중앙행정심판위원회 및 소위원회는 각각 제5항 및 제6항에 따른 구성원 <u>과반수의 출석과 출석위원 과반수의 찬성으로 의결한다.</u>
행정심판법 제9조(위원의 임기 및 신분보장 등) ② 제8조 제3항에 따라 임명된 중앙행정심판위원회 상임위원의 임기는 <u>3년으로 하며, 1차에 한하여 연임할 수 있다.</u>
③ 제7조 제4항 및 제8조 제4항에 따라 위촉된 위원의 <u>임기는 2년으로 하되, 2차에 한하여 연임할 수 있다.</u> 다만, 제6조 제1항 제2호에 규정된 기관에 두는 행정심판위원회의 위촉위원의 경우에는 각각 국회규칙, 대법원규칙, 헌법재판소규칙 또는 중앙선거관리위원회규칙으로 정하는 바에 따른다.

03 위원 등의 제척·기피·회피

행정심판법 제10조(위원의 제척·기피·회피) ① 위원회의 위원은 다음 각 호의 어느 하나에 해당하는 경우에는 그 사건의 심리·의결에서 제척(除斥)된다. 이 경우 제척결정은 위원회의 위원장(이하 "위원장"이라 한다)이 직권으로 또는 당사자의 신청에 의하여 한다.
1. 위원 또는 그 배우자나 배우자이었던 사람이 사건의 당사자이거나 사건에 관하여 공동 권리자 또는 의무자인 경우
2. 위원이 사건의 당사자와 친족이거나 친족이었던 경우
3. 위원이 사건에 관하여 증언이나 감정(鑑定)을 한 경우
4. 위원이 당사자의 대리인으로서 사건에 관여하거나 관여하였던 경우
5. 위원이 사건의 대상이 된 처분 또는 부작위에 관여한 경우
② 당사자는 위원에게 공정한 심리·의결을 기대하기 어려운 사정이 있으면 위원장에게 기피신청을 할 수 있다.
③ 위원에 대한 제척신청이나 기피신청은 그 사유를 소명(疏明)한 문서로 하여야 한다. 다만, 불가피한 경우에는 신청한 날부터 3일 이내에 신청 사유를 소명할 수 있는 자료를 제출하여야 한다.

04 행정심판위원회의 권한

1. 심리권과 재결권

2. 직접처분권

행정심판법 제50조(위원회의 직접 처분) ① 위원회는 피청구인이 제49조 제3항에도 불구하고 처분을 하지 아니하는 경우에는 <u>당사자가 신청하면</u> 기간을 정하여 서면으로 <u>시정을 명하고 그 기간에 이행하지 아니하면 직접 처분을 할 수 있다.</u> 다만, 그 처분의 성질이나 그 밖의 불가피한 사유로 위원회가 직접 처분을 할 수 없는 경우에는 그러하지 아니하다.
② 위원회는 제1항 본문에 따라 직접 처분을 하였을 때에는 그 사실을 해당 행정청에 통보하여야 하며, 그 통보를 받은 행정청은 위원회가 한 처분을 자기가 한 처분으로 보아 관계 법령에 따라 관리·감독 등 필요한 조치를 하여야 한다.

3. 간접강제

행정심판법 제50조의2(위원회의 간접강제) ① 위원회는 피청구인이 제49조 제2항(제49조 제4항에서 준용하는 경우를 포함한다) 또는 제3항에 따른 처분을 하지 아니하면 <u>청구인의 신청에 의하여</u> 결정으로 상당한 기간을 정하고 피청구인이 그 기간 내에 이행하지 아니하는 경우에는 그 지연기간에 따라 <u>일정한 배상을 하도록 명하거나 즉시 배상을 할 것을 명할 수 있다.</u>

4. 불합리한 법령 등의 시정조치 요청권

> **행정심판법 제59조(불합리한 법령 등의 개선)** ① 중앙행정심판위원회는 심판청구를 심리·재결할 때에 처분 또는 부작위의 근거가 되는 명령 등(대통령령·총리령·부령·훈령·예규·고시·조례·규칙 등을 말한다. 이하 같다)이 법령에 근거가 없거나 상위 법령에 위배되거나 국민에게 과도한 부담을 주는 등 크게 불합리하면 관계 행정기관에 그 명령 등의 개정·폐지 등 적절한 시정조치를 요청할 수 있다. 이 경우 중앙행정심판위원회는 시정조치를 요청한 사실을 법제처장에게 통보하여야 한다.
> ② 제1항에 따른 요청을 받은 관계 행정기관은 정당한 사유가 없으면 이에 따라야 한다.

제 6 절 행정심판의 청구

01 심판청구의 요건

1. 행정심판 청구기간

> **행정심판법 제27조(심판청구의 기간)** ① 행정심판은 처분이 있음을 알게 된 날부터 90일 이내에 청구하여야 한다.
> ② 청구인이 천재지변, 전쟁, 사변(事變), 그 밖의 불가항력으로 인하여 제1항에서 정한 기간에 심판청구를 할 수 없었을 때에는 그 사유가 소멸한 날부터 14일 이내에 행정심판을 청구할 수 있다. 다만, 국외에서 행정심판을 청구하는 경우에는 그 기간을 30일로 한다.
> ③ 행정심판은 처분이 있었던 날부터 180일이 지나면 청구하지 못한다. 다만, 정당한 사유가 있는 경우에는 그러하지 아니하다.
> ④ 제1항과 제2항의 기간은 불변기간(不變期間)으로 한다.
> ⑤ 행정청이 심판청구 기간을 제1항에 규정된 기간보다 긴 기간으로 잘못 알린 경우 그 잘못 알린 기간에 심판청구가 있으면 그 행정심판은 제1항에 규정된 기간에 청구된 것으로 본다.
> ⑥ 행정청이 심판청구 기간을 알리지 아니한 경우에는 제3항에 규정된 기간에 심판청구를 할 수 있다.
> ⑦ 제1항부터 제6항까지의 규정은 무효 등 확인심판청구와 부작위에 대한 의무이행심판청구에는 적용하지 아니한다.

(1) 원칙적인 심판청구기간

'처분이 있음을 알게 된 날'이란 당사자가 통지·공고·기타의 방법에 의하여 당해 처분이 있은 것을 현실적으로 안 날을 의미하고, 추상적으로 알 수 있었던 날을 의미하는 것은 아니지만 처분에 관한 서류가 당사자의 주소지에 송달되는 등 사회통념상 처분이 있음을 당사자가 알 수 있는 상태에 놓여진 때에는 반증이 없는 한 그 처분이 있음을 알았다고 추정할 수 있다.

> **⚖️ 판례**
>
> 1. '처분이 있음을 안 날'이라 함은 처분이 있었다는 사실을 현실적으로 안 날을 의미하고, 추상적으로 알 수 있었던 날을 의미하는 것은 아니라 할 것이며, 다만 당사자의 주소에 송달되는 등으로 사회통념상 처분이 있음을 당사자가 알 수 있는 상태에 놓여진 때에는 반증이 없는 한 그 처분이 있음을 알았다고 추정할 수는 있다. 아파트 경비원이 납부고지서를 수령한 경우, 경비원이 위 납부고지서를 수령한 때에 위 부과처분이 있음을 알았다고 하더라도 이로써 납부의무자 자신이 그 부과처분이 있음을 안 것과 동일하게 볼 수는 없다(대판 2002.8.27. 2002두3850).

2. 원고의 아르바이트 직원이 납부고지서를 수령한 이상, 원고로서는 그 때 처분이 있음을 알 수 있는 상태에 있었다고 볼 수 있고, 따라서 원고는 그 때 처분이 있음을 알았다고 추정함이 상당하다(대판 1999.12.28. 99두9742).

3. 통상 고시 또는 공고에 의하여 행정처분을 하는 경우에는 그 처분의 상대방이 불특정 다수인이고 이해관계를 갖는 자가 고시 또는 공고가 있었다는 사실을 현실적으로 알았는지 여부에 관계없이 고시가 효력을 발생하는 날 행정처분이 있음을 알았다고 보아야 한다(대판 2007.6.14. 2004두619).

(2) 제3자효적 행정행위의 심판청구기간

제3자효적 행정행위에 있어서 행위의 직접상대방이 아닌 제3자가 행정심판을 제기하는 경우에도 심판청구기간은 원칙적으로 처분이 있음을 알게 된 날부터 90일 이내, 처분이 있었던 날부터 180일 이내라고 할 것이다.

⚖ 판례

1. 제3자는 처분이 있은 날로부터 180일이 지나더라도 특별한 사정이 없는 한 정당한 사유가 있는 것으로 보아 행정심판 청구가 가능하다(대판 2002.5.24. 2000두3641).

2. 제3자가 어떤 경위로든 처분이 있음을 알았거나 알 수 있는 등의 사정이 있으면 그때로부터 90일 내에 행정심판을 청구해야 한다(대판 1996.9.6. 95누16233).

(3) 행정심판청구기간의 불고지 등의 경우

행정청이 서면에 의하여 처분을 하는 경우에 행정심판청구기간을 고지함에 있어서 실제보다 긴 기간으로 잘못 알린 경우에는 그 잘못된 긴 기간 내에, 심판청구기간을 알리지 않은 경우에는 처분이 있었던 날부터 180일 이내에 행정심판청구를 할 수 있다.

2. 심판청구의 방식

행정심판법 제28조(심판청구의 방식) ① 심판청구는 서면으로 하여야 한다.

⚖ 판례

1. 행정소송의 전치요건인 행정심판청구는 엄격한 형식을 요하지 아니하는 서면행위라고 해석되므로 행정청으로서는 그 서면을 가능한 한 제출자의 이익이 되도록 취급 해석하여야 할 것이다(대판 1990.6.8. 89누851).

2. 제목이 '진정서'로 되어 있고, 행정심판청구서로서의 형식을 다 갖추고 있다고 볼 수는 없으나, 위 문서를 행정심판청구로 보는 것이 옳다(대판 2000.6.9. 98두2621).

3. 표제를 '행정심판청구서'로 한 서류를 제출한 경우라 할지라도 이의신청으로 볼 수 있다(대판 2012.3.29. 2011두26886).

3. 심판청구의 제출

> **행정심판법 제23조(심판청구서의 제출)** ① 행정심판을 청구하려는 자는 제28조에 따라 <u>심판청구서를 작성하여 피청구인</u>
> <u>이나 위원회에 제출하여야 한다.</u> 이 경우 피청구인의 수만큼 심판청구서 부본을 함께 제출하여야 한다.
> **행정심판법 제25조(피청구인의 직권취소등)** ① 제23조 제1항·제2항 또는 제26조 제1항에 따라 심판청구서를 받은 피청
> 구인은 그 심판청구가 이유 있다고 인정하면 심판청구의 취지에 따라 직권으로 처분을 취소·변경하거나 확인을 하거나
> 신청에 따른 처분(이하 이 조에서 "직권취소등"이라 한다)을 할 수 있다. 이 경우 서면으로 청구인에게 알려야 한다.
> ② 피청구인은 제1항에 따라 직권취소등을 하였을 때에는 청구인이 심판청구를 취하한 경우가 아니면 제24조 제1항 본
> 문에 따라 심판청구서·답변서를 보낼 때 직권취소등의 사실을 증명하는 서류를 위원회에 함께 제출하여야 한다.

02 심판청구의 변경·취하

> **행정심판법 제29조(청구의 변경)** ① 청구인은 청구의 기초에 변경이 없는 범위에서 청구의 취지나 이유를 변경할 수 있다.
> ② <u>행정심판이 청구된 후에 피청구인이 새로운 처분을 하거나 심판청구의 대상인 처분을 변경한 경우에는 청구인은 새로운</u>
> <u>처분이나 변경된 처분에 맞추어 청구의 취지나 이유를 변경할 수 있다.</u>
> ⑧ 청구의 변경결정이 있으면 처음 행정심판이 청구되었을 때부터 변경된 청구의 취지나 이유로 행정심판이 청구된 것으로
> 본다.
> **행정심판법 제42조(심판청구 등의 취하)** ① 청구인은 심판청구에 대하여 제7조 제6항 또는 제8조 제7항에 따른 의결이 있을
> 때까지 서면으로 심판청구를 취하할 수 있다.

03 심판청구의 효과

1. 처분에 대한 효과(집행부정지원칙)

> **행정심판법 제30조(집행정지)** ① <u>심판청구는 처분의 효력이나 그 집행 또는 절차의 속행(續行)에 영향을 주지 아니한다.</u>

2. 집행정지

> **행정심판법 제30조(집행정지)** ② 위원회는 처분, 처분의 집행 또는 절차의 속행 때문에 중대한 손해가 생기는 것을 예방할
> 필요성이 긴급하다고 인정할 때에는 <u>직권으로 또는 당사자의 신청에 의하여</u> 처분의 효력, 처분의 집행 또는 절차의 속행
> 의 전부 또는 일부의 정지(이하 "집행정지"라 한다)를 결정할 수 있다. 다만, <u>처분의 효력정지는 처분의 집행 또는 절차의</u>
> <u>속행을 정지함으로써 그 목적을 달성할 수 있을 때에는 허용되지 아니한다.</u>
> ③ 집행정지는 공공복리에 중대한 영향을 미칠 우려가 있을 때에는 허용되지 아니한다.
> ④ 위원회는 집행정지를 결정한 후에 집행정지가 공공복리에 중대한 영향을 미치거나 그 정지사유가 없어진 경우에는
> 직권으로 또는 당사자의 신청에 의하여 집행정지 결정을 취소할 수 있다.

집행정지는 ① 집행정지의 대상인 처분이 존재하여야 하고, ② 심판청구가 행정심판위원회에 계속
(繫屬)되어 있으며, ③ 처분이나 그 집행이 절차의 속행 때문에 중대한 손해가 생기는 것을 예방할
필요성이, ④ 긴급하다고 인정할 때 허용된다. 여기서 '<u>중대한 손해</u>'란 행정소송법의 '<u>회복하기 어려</u>
<u>운 손해</u>'보다 넓은 개념으로 회복하기 어려운 손해에 해당하지 않는 금전상 손해의 경우에도 구체
적 상황에 따라 손해가 중대하다고 판단되면 집행정지를 인정할 수 있다.

3. 임시처분

(1) 임시처분의 의의

임시처분이란 행정청의 거부처분이나 부작위로 당사자가 받을 중대한 불이익이나 급박한 위험을 막기 위하여 행정심판 재결 전까지 임시적으로 지위를 부여하여 구제하는 처분을 말한다.

(2) 임시처분의 요건

> **행정심판법 제31조(임시처분)** ① 위원회는 처분 또는 부작위가 위법·부당하다고 상당히 의심되는 경우로서 처분 또는 부작위 때문에 당사자가 받을 우려가 있는 중대한 불이익이나 당사자에게 생길 급박한 위험을 막기 위하여 임시지위를 정하여야 할 필요가 있는 경우에는 직권으로 또는 당사자의 신청에 의하여 임시처분을 결정할 수 있다.
> ② 제1항에 따른 임시처분에 관하여는 제30조 제3항부터 제7항까지를 준용한다. 이 경우 같은 조 제6항 전단 중 "중대한 손해가 생길 우려"는 "중대한 불이익이나 급박한 위험이 생길 우려"로 본다.

임시처분은 ① 행정심판이 적법하게 계속 중이며, ② 처분 또는 부작위가 위법·부당하다고 상당히 의심되는 경우로서, ③ 당사자에게 중대한 불이익이나 급박한 위험이 생길 우려가 있을 때 허용된다. 명문의 규정은 없으나 집행정지의 경우와 마찬가지로 임시처분도 그 전제가 되는 심판청구가 계속되어 있어야 한다고 해석된다. 한편 위법·부당하다고 상당히 의심되는 처분 또는 부작위에는 적극적인 처분뿐만 아니라 신청에 대한 거부처분도 포함되며, 처분으로서의 외관이 존재하지 않는 부작위도 포함된다는 점이 집행정지와 구별된다.

(3) 임시처분의 보충성

> **행정심판법 제31조(임시처분)** ③ 제1항에 따른 임시처분은 제30조 제2항에 따른 집행정지로 목적을 달성할 수 있는 경우에는 허용되지 아니한다.

제 7 절 행정심판의 심리

01 행정심판의 심리

1. 심리의 내용

> ⚖️ **판례**
>
> 1. 행정심판에 있어서 행정처분의 위법·부당 여부는 원칙적으로 처분시를 기준으로 판단하여야 할 것이나, 재결청은 재결 당시까지 제출된 모든 자료를 종합하여 처분 당시 존재하였던 객관적 사실을 확정하고 그 사실에 기초하여 처분의 위법·부당 여부를 판단할 수 있다(대판 2001.7.27, 99두5092).
> 2. 항고소송에서 처분청은 당초 처분의 근거로 삼은 사유와 기본적 사실관계가 동일성이 있다고 인정되는 한도 내에서만 다른 사유를 추가 또는 변경할 수 있고, 이러한 법리는 행정심판 단계에서도 그대로 적용된다(대판 2014.5.16. 2013두26118).

2. 심리의 범위

> **행정심판법 제47조(재결의 범위)** ① 위원회는 심판청구의 대상이 되는 처분 또는 부작위 외의 사항에 대하여는 재결하지 못한다.
> ② 위원회는 심판청구의 대상이 되는 처분보다 청구인에게 불리한 재결을 하지 못한다.

02 심리의 절차

1. 처분권주의

행정심판법도 원칙적으로 처분권주의를 채택하고 있다.

2. 직권심리주의의 채택

> **행정심판법 제36조(증거조사)** ① 위원회는 사건을 심리하기 위하여 필요하면 직권으로 또는 당사자의 신청에 의하여 다음 각 호의 방법에 따라 증거조사를 할 수 있다.
> **행정심판법 제39조(직권심리)** 위원회는 필요하면 당사자가 주장하지 아니한 사실에 대하여도 심리할 수 있다.

행정심판법은 변론주의를 원칙으로 하면서도, 심판청구의 심리를 위하여 필요하다고 인정되는 경우에는 행정심판위원회로 하여금 당사자가 주장하지 아니한 사실에 대하여도 심리할 수 있도록 하고, 증거조사를 할 수 있도록 하고 있다.

3. 구술심리주의 또는 서면심리주의

> **행정심판법 제40조(심리의 방식)** ① 행정심판의 심리는 구술심리나 서면심리로 한다. 다만, 당사자가 구술심리를 신청한 경우에는 서면심리만으로 결정할 수 있다고 인정되는 경우 외에는 구술심리를 하여야 한다.

4. 비공개주의

> **행정심판법 제41조(발언 내용 등의 비공개)** 위원회에서 위원이 발언한 내용이나 그 밖에 공개되면 위원회의 심리 · 재결의 공정성을 해칠 우려가 있는 사항으로서 대통령령으로 정하는 사항은 공개하지 아니한다.

비공개주의는 행정심판의 심리 · 재결과정을 일반에게 공개하지 않는다는 원칙이다. 행정심판법에는 이에 관한 명문규정은 없으나, 서면심리 등을 채택한 행정심판법의 구조로 보아 비공개주의를 채택하고 있는 것으로 봄이 일반적이다.

제 8 절 행정심판의 재결

01 재결의 의의 및 성질

재결은 행정법상 법률관계에 관한 분쟁에 대하여 행정심판위원회가 행하는 판단의 표시를 말한다. 재결은 다툼 있는 법률관계에 대하여 행정심판위원회가 판단·확정하는 행위이므로 확인행위의 성질을 가지며, 법원의 판결과 성질이 비슷하므로 준사법행위에 해당한다.

02 재결의 절차와 형식

1. 재결기간

> **행정심판법 제45조(재결 기간)** ① 재결은 제23조에 따라 피청구인 또는 위원회가 심판청구서를 받은 날부터 60일 이내에 하여야 한다. 다만, 부득이한 사정이 있는 경우에는 위원장이 직권으로 30일을 연장할 수 있다.

2. 재결의 방식

> **행정심판법 제46조(재결의 방식)** ① 재결은 서면으로 한다.
> ② 제1항에 따른 재결서에는 다음 각 호의 사항이 포함되어야 한다.
> 1. 사건번호와 사건명
> 2. 당사자·대표자 또는 대리인의 이름과 주소
> 3. 주문
> 4. 청구의 취지
> 5. 이유
> 6. 재결한 날짜

3. 재결의 송달 등

> **행정심판법 제48조(재결의 송달과 효력 발생)** ① 위원회는 지체 없이 당사자에게 재결서의 정본을 송달하여야 한다. 이 경우 중앙행정심판위원회는 재결 결과를 소관 중앙행정기관의 장에게도 알려야 한다.
> ② 재결은 청구인에게 제1항 전단에 따라 송달되었을 때에 그 효력이 생긴다.
> **행정심판법 제57조(서류의 송달)** 이 법에 따른 서류의 송달에 관하여는 「민사소송법」 중 송달에 관한 규정을 준용한다.

03 재결의 종류

1. 각하재결

> **행정심판법 제43조(재결의 구분)** ① 위원회는 심판청구가 적법하지 아니하면 그 심판청구를 각하(却下)한다.

2. 기각재결

> **행정심판법 제43조(재결의 구분)** ② 위원회는 심판청구가 이유가 없다고 인정하면 그 심판청구를 기각(棄却)한다.
> **행정심판법 제44조 (사정재결)** ① 위원회는 심판청구가 이유가 있다고 인정하는 경우에도 이를 인용하는 것이 공공복리에 크게 위배된다고 인정하면 그 심판청구를 기각하는 재결을 할 수 있다. 이 경우 위원회는 재결의 주문에서 그 처분 또는 부작위가 위법하거나 부당하다는 것을 구체적으로 밝혀야 한다.
> ② 위원회는 제1항에 따른 재결을 할 때에는 청구인에 대하여 상당한 구제방법을 취하거나 상당한 구제방법을 취할 것을 피청구인에게 명할 수 있다.
> ③ 제1항과 제2항은 무효등확인심판에는 적용하지 아니한다.

행정소송법과는 달리 행정심판법에서는 사정재결을 할 때 "위원회는 청구인에 대하여 상당한 구제방법을 취하거나 상당한 구제방법을 취할 것을 피청구인에게 명할 수 있다."고 규정하고 있다. 사정재결은 취소심판과 의무이행심판에만 인정되고 무효등확인심판에는 인정되지 아니한다.

3. 인용재결

(1) 취소·변경 등 재결

> **행정심판법 제43조(재결의 구분)** ③ 위원회는 취소심판의 청구가 이유가 있다고 인정하면 처분을 취소 또는 다른 처분으로 변경하거나 처분을 다른 처분으로 변경할 것을 피청구인에게 명한다.

위원회가 스스로 처분을 취소(취소재결) 또는 다른 처분으로 변경하는 재결(변경재결)은 그 재결의 형성력에 의하여 해당처분은 별도의 행정처분을 기다릴 것 없이 당연히 취소되어 소멸 또는 다른 처분으로 변경된다. 처분청에 대하여 다른 처분으로 변경할 것을 명하는 내용의 재결(변경명령재결)은 재결 내용에 따른 위원회의 명령에 의하여 처분청의 변경처분을 기다려 대외적 효력을 발생한다.

⚖ 판례

> 재결의 내용이 스스로 처분을 취소하는 것일 때에는 그 재결의 형성력에 의하여 당해 처분은 별도의 행정처분을 기다릴 것 없이 당연히 취소되어 소멸되는 것이다(대판 1998.4.24. 97누17131).

(2) 무효등확인재결

> **행정심판법 제43조(재결의 구분)** ④ 위원회는 무효등확인심판의 청구가 이유가 있다고 인정하면 처분의 효력 유무 또는 처분의 존재 여부를 확인한다.

(3) 의무이행재결

> **행정심판법 제43조(재결의 구분)** ⑤ 위원회는 의무이행심판의 청구가 이유가 있다고 인정하면 지체 없이 신청에 따른 처분을 하거나 처분을 할 것을 피청구인에게 명한다.

의무이행심판의 청구가 이유 있다고 인정하여 위원회가 지체 없이 신청에 따른 처분을 하거나, 이를 할 것을 피청구인에게 명하는 재결을 말한다. 전자의 재결을 처분재결이라 하고 후자의 재결을 처분명령재결이라고 하는데, 전자의 처분재결은 형성재결의 성질을 가지고, 후자의 처분명령재결은 이행재결의 성질을 가진다.

04 재결의 효력

행정심판법에서는 재결의 효력에 대해 기속력과 직접처분, 간접강제에 관한 규정을 두고 있다.

1. 불가쟁력

2. 불가변력

3. 공정력

4. 형성력

모든 재결에 형성력이 인정되는 것은 아니고 행정심판위원회가 재결로써 직접 처분의 취소 변경 및 처분을 한 경우(취소재결, 변경재결, 처분재결)에만 인정된다. 따라서 변경명령재결이나 처분명령재결을 한 경우에는 형성력이 발생하지 않고, 기속력이 발생하게 된다.

5. 기속력

(1) 의의

재결의 기속력이라 함은 피청구인인 행정청이나 관계행정청으로 하여금 재결의 취지에 따라 행동할 의무를 발생시키는 효력을 말한다. 재결의 기속력은 인용재결의 경우에만 인정되고 각하재결, 기각재결에는 인정되지 않는다. 처분청은 기각재결이 있은 뒤에도 정당한 사유가 있으면 직권으로 원처분을 취소·변경 또는 철회할 수 있다.

> ⚖️ **판례**
>
> 인용재결이 있는 경우 처분청은 그러한 재결에 기속되므로 이에 불복하여 취소소송을 제기할 수 없다 (대판 1998.5.8. 97누15432).

(2) 내용

① 반복금지의무(소극적 의무)

> ⚖️ **판례**
>
> 동일 사유인지 여부는 기본적 사실관계에 있어 동일성이 인정되는 사유인지 여부에 따라 판단되어야 한다(대판 2005.12.9. 2003두7705).

② 재처분의무(적극적 의무)

> **행정심판법 제49조(재결의 기속력 등)** ① 심판청구를 인용하는 재결은 피청구인과 그 밖의 관계 행정청을 기속(羈束)한다.
> ② 재결에 의하여 취소되거나 무효 또는 부존재로 확인되는 처분이 당사자의 신청을 거부하는 것을 내용으로 하는 경우에는 그 처분을 한 행정청은 재결의 취지에 따라 다시 이전의 신청에 대한 처분을 하여야 한다.
> ③ 당사자의 신청을 거부하거나 부작위로 방치한 처분의 이행을 명하는 재결이 있으면 행정청은 지체 없이 이전의 신청에 대하여 재결의 취지에 따라 처분을 하여야 한다.
> ⑤ 법령의 규정에 따라 공고하거나 고시한 처분이 재결로써 취소되거나 변경되면 처분을 한 행정청은 지체 없이 그 처분이 취소 또는 변경되었다는 것을 공고하거나 고시하여야 한다.

거부처분에 대하여 의무이행심판이 아닌 취소심판을 제기한 경우에 재처분의무를 지는지 여부에 대하여 명문의 규정을 두어 입법적으로 해결하였다.

③ 결과제거의무(원상회복의무) : 취소 또는 무효 확인 등의 재결이 있게 되면 해당 처분과 관련
하여 행해진 후행처분이나 사실상의 조치 등은 위법한 것이 되므로 행정청은 이를 원상으로
회복시킬 의무를 진다.

④ 공고 · 고시 · 통지의무 : 법령의 규정에 따라 공고하거나 고시한 처분이 재결로써 취소되거나
변경되면 처분을 한 행정청은 지체 없이 그 처분이 취소 또는 변경되었다는 것을 공고하거나
고시하여야 한다.

(3) 기속력의 범위

⚖️ **판례**

1. 재결의 기속력은 재결의 주문 및 그 전제가 된 요건사실의 인정과 판단, 즉 처분 등의 구체적 위법사
유에 관한 판단에만 미친다고 할 것이고, 종전 처분이 재결에 의하여 취소되었다 하더라도 종전 처
분시와는 다른 사유를 들어서 처분을 하는 것은 기속력에 저촉되지 않는다고 할 것이며, 동일 사유
인지 다른 사유인지는 기본적 사실관계에 있어 동일성이 인정되는 사유인지 여부에 따라 판단되어
야 한다(대판 2005.12.9. 2003두7705).

2. 재결이 불복기간의 경과로 인하여 확정될 경우, 처분이나 재결의 효력을 더이상 다툴 수 없다는 의
미일 뿐, 더 나아가 판결에 있어서와 같은 기판력이 인정되는 것은 아니어서 그 처분의 기초가 된
사실관계나 법률적 판단이 확정되고 당사자들이나 법원이 이에 기속되어 모순되는 주장이나 판단
을 할 수 없게 되는 것은 아니다(대판 1994.11.8. 93누21927).

3. 당사자의 신청을 받아들이지 않은 거부처분이 재결에서 취소된 경우에 행정청은 종전 거부처분 또
는 재결 후에 발생한 새로운 사유를 내세워 다시 거부처분을 할 수 있다. 재결의 취지에 따라 어떠한
처분을 하여야 할지는 처분을 할 때의 법령과 사실을 기준으로 판단하여야 하기 때문이다. 재결에
따라 이전의 신청을 받아들이는 후속처분을 하였더라도 후속처분이 위법한 경우에는 재결에 대한
취소소송을 제기하지 않고도 곧바로 후속처분에 대한 항고소송을 제기하여 다툴 수 있다. 거부처분
이 재결에서 취소된 경우 재결에 따른 후속처분이 아니라 그 재결의 취소를 구하는 것은 실효적이
고 직접적인 권리구제수단이 될 수 없어 분쟁해결의 유효적절한 수단이라고 할 수 없으므로 법률상
이익이 없다(대판 2017.10.31. 2015두45045).

6. 직접처분

행정심판법 제50조(위원회의 직접 처분) ① 위원회는 피청구인이 제49조 제3항에도 불구하고 처분을 하지 아니하는 경우
에는 당사자가 신청하면 기간을 정하여 서면으로 시정을 명하고 그 기간에 이행하지 아니하면 직접 처분을 할 수 있다.
다만, 그 처분의 성질이나 그 밖의 불가피한 사유로 위원회가 직접 처분을 할 수 없는 경우에는 그러하지 아니하다.
② 위원회는 제1항 본문에 따라 직접 처분을 하였을 때에는 그 사실을 해당 행정청에 통보하여야 하며, 그 통보를 받은
행정청은 위원회가 한 처분을 자기가 한 처분으로 보아 관계 법령에 따라 관리 · 감독 등 필요한 조치를 하여야 한다.

⚖️ **판례**

직접 처분을 하기 위하여는 처분의 이행을 명하는 재결이 있었음에도 당해 행정청이 아무런 처분을 하지
아니하였어야 하므로, 당해 행정청이 어떠한 처분을 하였다면 그 처분이 재결의 내용에 따르지 아니하였
다고 하더라도 재결청이 직접 처분을 할 수는 없다(대판 2002.7.23. 2000두9151).

7. 간접강제

> **행정심판법 제50조의2(위원회의 간접강제)** ① 위원회는 피청구인이 <u>제49조 제2항</u>(제49조 제4항에서 준용하는 경우를 포함한다) <u>또는 제3항에 따른 처분을 하지 아니하면 청구인의 신청에 의하여</u> 결정으로 상당한 기간을 정하고 피청구인이 그 기간 내에 이행하지 아니하는 경우에는 그 지연기간에 따라 <u>일정한 배상을 하도록 명하거나 즉시 배상을 할 것을 명할 수 있다.</u>
> ④ 청구인은 제1항 또는 제2항에 따른 결정에 불복하는 경우 그 결정에 대하여 행정소송을 제기할 수 있다.

<u>직접처분은 의무이행심판의 경우만 규정하고 있는 반면 간접강제는 거부처분에 대한 취소심판의 경우도 아울러 규정하는 점에 주의를 요한다.</u> 나아가 성질상 <u>정보공개명령재결과 같이 직접처분을 할 수 없는 경우도 간접강제가 가능하다.</u>

05 재결에 대한 불복

1. 재심판청구의 금지

행정심판법은 심판청구에 관한 재결이 있으면 그 재결 및 같은 처분 또는 부작위에 대하여 다시 <u>행정심판을 청구할 수 없도록</u> 하여(행정심판법 제51조), 행정심판의 단계를 단일화하였다.

2. 재결에 대한 행정소송

행정행위의 재결도 처분의 하나이므로 행정심판의 청구인은 그 재결자체에 고유한 위법이 있음을 이유로 취소소송 또는 무효등확인소송을 제기할 수 있다(행정소송법 제19조 단서). 다만 <u>인용재결에 대해 피청구인인 처분청이 행정소송을 제기할 수 있는지</u>에 대해서 판례는 인용재결의 기속력에 의해 불복할 수 없다고 하여 부정설을 취하고 있다(대판 1998.5.8. 97누15432).

06 관련문제

> **행정심판법 제59조(불합리한 법령 등의 개선)** ① 중앙행정심판위원회는 심판청구를 심리·재결할 때에 처분 또는 부작위의 근거가 되는 명령 등(대통령령·총리령·부령·훈령·예규·고시·조례·규칙 등을 말한다. 이하 같다)이 법령에 근거가 없거나 상위 법령에 위배되거나 국민에게 과도한 부담을 주는 등 크게 불합리하면 관계 행정기관에 그 명령 등의 개정·폐지 등 적절한 시정조치를 요청할 수 있다. 이 경우 중앙행정심판위원회는 시정조치를 요청한 사실을 법제처장에게 통보하여야 한다.

제 9 절 행정심판의 고지

01 고지의 의의 및 성질

1. 의의

고지제도란 행정청이 행정행위를 함에 있어서 당해 행정행위의 상대방이 행정심판을 제기할 수 있는지 여부, 심판청구절차, 청구기간 등 행정심판의 제기에 필요한 사항을 아울러 알려 주어야 할 의무를 지는 제도를 말한다.

2. 실정법적 근거

고지제도를 규정하고 있는 법으로는 행정심판법 제58조 외에도 행정절차법 제26조, 공공기관의 정보공개에 관한 법률 제13조 제4항을 들 수 있다. 한편 행정절차법의 고지규정에는 고지의무를 이행하지 않은 경우에 대한 효과를 규정하고 있지 않다는 점에서 행정심판법의 고지규정과는 구별된다.

3. 성질

고지는 불복제기의 가능 여부 및 불복청구의 요건 등 불복청구에 필요한 사항을 알려주는 비권력적 사실행위로서 그 자체로는 아무런 법적 효과를 발생시키지 않는다. 따라서 고지를 하지 않거나 잘못 고지한 경우에도 당해 행정처분의 효력에 영향을 미치는 것은 아니다.

02 고지의 종류

1. 직권에 의한 고지

> **행정심판법 제58조(행정심판의 고지)** ① 행정청이 처분을 할 때에는 처분의 상대방에게 다음 각 호의 사항을 알려야 한다.
> 1. 해당 처분에 대하여 행정심판을 청구할 수 있는지
> 2. 행정심판을 청구하는 경우의 심판청구 절차 및 심판청구 기간

2. 신청에 의한 고지

> **행정심판법 제58조(행정심판의 고지)** ② 행정청은 이해관계인이 요구하면 다음 각 호의 사항을 지체 없이 알려 주어야 한다. 이 경우 서면으로 알려 줄 것을 요구받으면 서면으로 알려 주어야 한다.
> 1. 해당 처분이 행정심판의 대상이 되는 처분인지
> 2. 행정심판의 대상이 되는 경우 소관 위원회 및 심판청구 기간

03 고지의무위반의 효과

1. 고지의 하자와 처분의 효력

⚖️ **판례**

고지의무를 불이행한 경우 처분 자체가 위법하게 되는 것은 아니다(대판 1987.11.24. 87누529).

2. 불고지의 효과

행정심판법 제27조(심판청구의 기간) ③ 행정심판은 처분이 있었던 날부터 180일이 지나면 청구하지 못한다. 다만, 정당한 사유가 있는 경우에는 그러하지 아니하다.
⑥ 행정청이 심판청구 기간을 알리지 아니한 경우에는 제3항에 규정된 기간에 심판청구를 할 수 있다.

판례는 개별 법률에서 정한 심판청구기간이 행정심판법이 정한 심판청구기간보다 짧은 경우라도 행정청이 그 개별 법률상 심판청구기간을 알려주지 아니하였다면 행정심판법이 정한 심판청구기간 내에 심판청구가 가능하다고 본다.

3. 오고지의 효과

행정심판법 제27조(심판청구의 기간) ⑤ 행정청이 심판청구 기간을 제1항에 규정된 기간보다 긴 기간으로 잘못 알린 경우 그 잘못 알린 기간에 심판청구가 있으면 그 행정심판은 제1항에 규정된 기간에 청구된 것으로 본다.

⚖️ **판례**

행정심판법 제18조 제5항의 규정은 행정심판 제기에 관하여 적용되는 규정이지, 행정소송 제기에도 당연히 적용되는 규정이라고 할 수는 없다. 행정처분시나 그 이후 행정청으로부터 행정심판 제기기간에 관하여 법정 심판청구기간보다 긴 기간으로 잘못 통지받은 경우 보호할 신뢰 이익은 그 통지받은 기간 내에 행정심판을 제기한 경우에 한하는 것이지 행정소송을 제기한 경우에까지 확대된다고 할 수 없으므로, 당사자가 행정처분시나 그 이후 행정청으로부터 행정심판 제기기간에 관하여 법정 심판청구기간보다 긴 기간으로 잘못 통지받아 행정소송법상 법정 제소기간을 도과하였다고 하더라도, 그것이 당사자가 책임질 수 없는 사유로 인한 것이라고 할 수는 없다(대판 2001.5.8. 2000두6916).

(3) 행정심판전치의 불요

행정소송법은 처분을 행한 행정청이 행정심판을 거칠 필요가 없다고 잘못 알린 때에는 행정심판을 제기할 필요 없이 행정소송을 제기할 수 있다.

제1절 행정소송 일반론

01 행정소송의 한계

행정소송법이 개괄주의를 채택하고 있다고 하여 모든 행정사건이 행정소송의 대상이 되는 것은 아니다.

1. 사법(司法)의 본질에 따른 한계

(1) 구체적 사건성의 한계

우리 헌법은 법령의 효력 또는 해석에 관한 분쟁은 재판의 전제가 된 때에 한하여 사법심사의 대상으로 하는 구체적 규범통제를 규정하고 있으므로, 법의 일반적·추상적 효력 내지 해석에 대한 분쟁은 행정소송의 대상이 될 수 없다. 단순한 사실관계의 존부 등과 같은 비권력적 사실행위는 당사자 간의 권리·의무관계에 직접 영향을 미치는 것은 아니므로 행정소송의 대상이 될 수 없다. 객관적 소송은 개인의 권리·의무와 직접적인 관계가 없기 때문에 원칙적으로 행정소송의 대상이 되지 않는다. 다만 법령의 규정이 있는 경우에는 예외적으로 행정소송의 대상이 되는데 행정소송법은 민중소송과 기관소송에 대해 규정하고 있다.

(2) 법적 해결성

행정소송법 제27조에서는 "행정청의 재량에 속하는 처분이라도 재량권의 한계를 넘거나 그 남용이 있는 때에는 법원은 이를 취소할 수 있다."고 규정하고 있는 바 재량행위의 경우 사법심사의 대상이 된다. 재량행위를 다투는 소송에서 법원은 각하할 것이 아니라 본안판단을 통해 기각 또는 인용판결을 하여야 한다고 본다.

2. 권력분립에 따른 한계

행정소송법 제4조에 규정된 항고소송 외의 다른 항고소송, 즉 비법정항고소송(무명항고소송)이 인정될 수 있는지가 논의된다.

(1) 의무이행소송

의무이행소송이란 사인이 일정한 행정행위를 청구한 경우에 행정청이 처분을 할 의무가 있음에도 불구하고 거부 또는 부작위로 방치한 경우 행정청에 대하여 일정한 행정행위를 해 줄 것을 청구하는 행정소송을 말한다. 독일 행정법과는 달리 우리 행정소송법에는 이에 대한 명문규정이 없다. 판례는 의무이행소송을 인정하지 않고 있다.

(2) 예방적 부작위소송(예방적 금지소송, 금지청구소송)

판례는 의무이행소송과 동일하게 예방적 부작위소송도 인정하지 않고 있다.

> ⚖ **판례**
>
> 건축건물의 준공처분을 하여서는 아니 된다는 내용의 부작위를 구하는 청구는 행정소송에서 허용되지 아니하는 것이므로 부적법하다(대판 1987.3.24. 86누182).

(3) 작위의무확인소송

> ⚖ **판례**
>
> 1. 피고 국가보훈처장 등에게, 독립운동가들에 대한 서훈추천권의 행사가 적정하지 아니하였으니 이를 바로잡아 다시 추천하고, 전시 및 배치할 의무가 있음의 확인을 구하는 청구는 작위의무확인소송으로서 항고소송의 대상이 되지 아니한다(대판 1990.11.23. 90누3553).
> 2. 행정소송법상 행정청의 부작위에 대하여는 부작위위법확인소송만 인정되고 작위의무의 이행이나 확인을 구하는 행정소송은 허용될 수 없다(대판 1992.11.10. 92누1629).

02 행정소송의 유형

주관적 소송은 행정작용과 관련하여 자기의 권리(법률상 이익)의 보호를 위해 제기하는 소송을 말한다. 주관적 소송에는 항고소송과 당사자소송이 있다. 객관적 소송은 공직선거법상 선거소송이나 당선소송과 같이 공익에 반하는 행정작용의 시정을 구하는 소송을 말한다. 객관적 소송은 개별 법률에 규정이 있는 경우에만 인정된다.

> **행정소송법 제3조(행정소송의 종류)** 행정소송은 다음의 네가지로 구분한다.
> 1. 항고소송 : 행정청의 처분 등이나 부작위에 대하여 제기하는 소송
> 2. 당사자소송 : 행정청의 처분 등을 원인으로 하는 법률관계에 관한 소송 그 밖에 공법상의 법률관계에 관한 소송으로서 그 법률관계의 한쪽 당사자를 피고로 하는 소송
> 3. 민중소송 : 국가 또는 공공단체의 기관이 법률에 위반되는 행위를 한 때에 직접 자기의 법률상 이익과 관계없이 그 시정을 구하기 위하여 제기하는 소송
> 4. 기관소송 : 국가 또는 공공단체의 기관 상호간에 있어서의 권한의 존부 또는 그 행사에 관한 다툼이 있을 때에 이에 대하여 제기하는 소송. 다만, 헌법재판소법 제2조의 규정에 의하여 헌법재판소의 관장사항으로 되는 소송은 제외한다.
>
> **행정소송법 제4조(항고소송)** 항고소송은 다음과 같이 구분한다.
> 1. 취소소송 : 행정청의 위법한 처분 등을 취소 또는 변경하는 소송
> 2. 무효등확인소송 : 행정청의 처분 등의 효력 유무 또는 존재여부를 확인하는 소송
> 3. 부작위위법확인소송 : 행정청의 부작위가 위법하다는 것을 확인하는 소송

제 2 절　취소소송

01　취소소송의 의의

1. 개념 및 성질

취소소송이란 행정청의 위법한 처분 등을 취소 또는 변경하는 소송을 말한다. 행정소송법은 항고소송을 중심으로, 항고소송에서도 취소소송을 중심으로 상세한 규정을 두어, 다른 소송에 대해서는 취소소송에 관한 규정을 준용하는 방식으로 규율하고 있다.

2. 소송물

(1) 의의

소송물이란 소송의 목적물 내지 소송의 객체를 말한다. 소송물개념은 확정판결 기판력의 객관적 범위, 동일 소송물에 대한 중복소송의 금지, 소의 변경과 청구의 병합여부, 처분사유의 추가·변경의 가부 등과 관련하여 중요한 의미를 가진다.

(2) 학설

위법성일반설 (多)	하나의 행정행위에 여러 개의 위법사유가 있더라도 소송물을 하나로 보며, 개별위법사유는 공격방어방법의 하나에 불과하다고 본다
개별위법사유설	소송물은 개별적인 위법사유이고, 위법사유를 달리할 때마다 소송물도 다르다는 입장이다.
권리주장설	이 견해는 취소소송의 소송물은 처분의 위법성과 이를 근거로 한 처분 등의 취소를 구하는 원고의 법적 권리주장이라고 한다.

(3) 판례

 판례

취소소송의 소송물은 그 취소원인이 되는 위법성일반이다(대판 1990.3.23. 89누5386).

02　재판관할

1. 심급관할

취소소송은 지방법원급인 행정법원을 제1심법원으로 하며, 그 항소심을 고등법원, 상고심을 대법원이 담당하는 3심제를 채택하고 있다. 특허에 관한 소송은 고등법원급인 특허법원과 대법원의 2심제를 취하고 있다.

2. 사물관할

법원조직법은 원칙적으로 행정심판의 심판권은 판사 3인으로 구성된 합의부에서 한다고 규정하고 있다.

3. 토지관할

> **행정소송법 제9조(재판관할)** ① 취소소송의 제1심관할법원은 <u>피고의 소재지를 관할하는 행정법원</u>으로 한다.
> ② 제1항에도 불구하고 다음 각 호의 어느 하나에 해당하는 피고에 대하여 취소소송을 제기하는 경우에는 <u>대법원소재지를 관할하는 행정법원에 제기할 수 있다.</u>
> 1. 중앙행정기관, 중앙행정기관의 부속기관과 합의제행정기관 또는 그 장
> 2. 국가의 사무를 위임 또는 위탁받은 공공단체 또는 그 장
> ③ 토지의 수용 기타 부동산 또는 특정의 장소에 관계되는 처분등에 대한 취소소송은 그 부동산 또는 장소의 소재지를 관할하는 행정법원에 이를 제기할 수 있다.
> **행정소송법 제8조(법적용예)** ② 행정소송에 관하여 이 법에 특별한 규정이 없는 사항에 대하여는 법원조직법과 민사소송법 및 민사집행법의 규정을 준용한다.

행정소송법은 토지관할에 관하여 개인의 제소의 편의를 도모하기 위하여 <u>전속관할제를 폐지하고 임의관할주의를 채택하였다.</u> 따라서 <u>민사소송법상의 합의관할(민사소송법 제29조) 또는 변론관할(민사소송법 제30조)에 대한 규정이 적용될 수 있다.</u>

4. 관할위반을 이유로 한 이송

법원은 소송의 전부 또는 일부가 그 관할에 속하지 아니함을 인정할 때에는 결정으로 관할법원에 이송한다(민사소송법 제34조 제1항). 또한 원고의 고의 또는 중대한 과실 없이 행정소송이 심급을 달리하는 법원에 잘못 제기된 경우에도 법원은 결정으로 관할법원에 이송하도록 규정하고 있다(행정소송법 제7조).

> ⚖️ **판례**
> <u>원고가 고의 또는 중대한 과실 없이 행정소송으로 제기하여야 할 사건을 민사소송으로 잘못 제기한 경우,</u> 이를 부적법한 소라고 하여 <u>각하할 것이 아니라 관할 법원에 이송하여야 한다</u>(대판 1997.5.30. 95다28960).

5. 관련청구소송의 이송 및 병합

> **행정소송법 제10조(관련청구소송의 이송 및 병합)** ① 취소소송과 다음 각호의 1에 해당하는 소송(이하 "관련청구소송"이라 한다)이 각각 <u>다른 법원에 계속되고 있는 경우</u>에 관련청구소송이 계속된 법원이 상당하다고 인정하는 때에는 당사자의 <u>신청 또는 직권</u>에 의하여 이를 <u>취소소송이 계속된 법원으로 이송할 수 있다.</u>
> 1. 당해 처분등과 관련되는 손해배상·부당이득반환·원상회복등 청구소송
> 2. 당해 처분등과 관련되는 취소소송
> ② 취소소송에는 사실심의 변론종결시까지 관련청구소송을 병합하거나 피고 외의 자를 상대로 한 관련청구소송을 취소소송이 계속된 법원에 병합하여 제기할 수 있다.

> ⚖️ **판례**
> 손해배상청구 등의 민사소송이 행정소송에 관련청구로 병합되기 위해서는 처분 등과 <u>법률상 또는 사실상 공통되거나,</u> 그 처분의 효력이나 존부 유무가 선결문제로 되는 등의 관계에 있어야 함이 원칙이다(대판 2000.10.27. 99두561).

(1) 관련청구의 이송

취소소송과 관련청구소송이 각각 다른 법원에 계속되고 있는 경우 관련청구소송이 계속된 법원이 상당하다고 인정하는 때에는 당사자의 신청 또는 직권으로 이를 취소소송이 계속된 법원으로 이송할 수 있는데, 이 조항은 다른 항고소송은 물론 당사자소송, 민중소송, 기관소송에도 준용된다. 이송결정이 확정된 때에는 당해 관련청구소송은 처음부터 이송을 받은 법원에 계속된 것으로 간주되며, 이송의 결정은 당해 관련청구소송을 이송받는 법원을 기속하여 그 법원은 당해 소송을 다시 다른 법원에 이송하지 못한다.

(2) 관련청구의 병합

청구의 병합(倂合)이란 동일한 또는 복수의 당사자 사이에 복수의 청구를 하나의 절차에서 심판하는 것을 말한다. 행정소송법은 관련청구인 이상 이종(異種)의 소송절차에도 관련청구소송을 인정하고 있다(행정소송과 민사소송의 병합, 취소소송과 당사자소송의 병합 등). 행정소송에 관련 민사소송을 병합하는 방식이어야 하고, 그 반대로 병합할 수는 없다.

> ⚖️ **판례**
>
> 1. 행정처분에 대한 무효 확인과 취소청구는 서로 양립할 수 없는 청구로서 주위적·예비적 청구로서만 병합이 가능하고 선택적 청구로서의 병합이나 단순 병합은 허용되지 아니한다(대판1999.8.20. 97누6889).
>
> 2. 관련청구소송의 병합은 본래의 항고소송이 적법할 것을 요건으로 하는 것이어서 본래의 항고소송이 부적법하여 각하되면 그에 병합된 관련청구도 소송요건을 흠결한 부적합한 것으로 각하되어야 한다(대판 2001.11.27. 2000두697).
>
> 3. 취소소송에 병합할 수 있는 당해 처분과 관련되는 부당이득반환소송에는 당해 처분의 취소를 선결문제로 하는 부당이득반환청구가 포함되고, 이러한 부당이득반환청구가 인용되기 위해서는 그 소송절차에서 판결에 의해 당해 처분이 취소되면 충분하고 그 처분의 취소가 확정되어야 하는 것은 아니라고 보아야 한다(대판 2009.4.9. 2008두23153).
>
> 4. 행정소송법상 소의 종류의 변경에 따른 당사자(피고)의 변경은 교환적 변경에 한한다고 봄이 상당하므로 예비적 청구만이 있는 피고의 추가경정신청은 허용되지 않는다(대결 1989.10.27. 89두1).

03 당사자 및 참가인

1. 당사자능력

(1) 의의

취소소송의 당사자가 될 수 있는 능력(당사자능력)은 민사소송과 마찬가지로 자연인, 법인뿐만 아니라 법인격 없는 사단·재단도 대표자 또는 관리인이 있으면 그 단체이름으로 당사자가 될 수 있다. 자연물의 일부인 동·식물은 당사자능력이 인정되지 아니한다.

> ⚖️ **판례**
>
> 도롱뇽은 당사자능력을 인정할 수 없다(대결 2006.6.2. 2004마1148).

(2) 당사자적격

당사자적격이란 특정한 소송사건에서 원고·피고·참가인 등 정당한 당사자로서 소송을 수행하고 본안판결을 받기에 적합한 자격을 말한다. 이는 소송요건에 해당하므로 법원이 심리판단하여 흠결이 있으면 소를 각하해야 한다. 당사자적격에는 원고적격과 피고적격이 있다.

2. 원고적격

(1) 원고적격의 의의

원고적격이란 구체적 소송사건에서 원고가 될 수 있는 자격을 의미하는 것으로, 행정소송법 제12조에서는 "취소소송은 처분 등의 취소를 구할 법률상 이익이 있는 자가 제기할 수 있다."고 규정하고 있다. 한편 이러한 원고적격은 소송요건의 하나로서 사실심변론종결시는 물론 상고심에서도 존속하여야 하고 이를 흠결하면 부적법한 소가 된다.

권리구제설	처분 등으로 인하여 권리가 침해된 자가 취소소송을 제기할 수 있는 원고적격을 가진다.
법률상이익구제설	권리뿐만 아니라 법률에서 보호되고 있는 이익의 경우에도 그러한 이익을 가진 자는 소송을 제기할 수 있는 원고적격을 가진다.
보호가치이익설	법률상 이익이든 사실상 이익이든 재판상 보호할 가치가 있는 이익이면 널리 원고적격을 인정하여야 한다.
적법성보장설	처분의 적법성 확보에 가장 밀접한 이해관계를 가진 자가 소송을 제기할 원고적격을 가진다.

⚖ **판례**

> 법률상 보호되는 이익은 당해 처분의 근거 법규 및 관련 법규에 의하여 보호되는 개별적·직접적·구체적 이익이 있는 경우를 말하고, 일반적·간접적·추상적 이익과 같이 사실적·경제적 이해관계를 갖는 데 불과한 경우는 여기에 포함되지 아니한다(대판 2015.7.23. 2012두19496).

(2) 법률상 이익의 판단기준

처분의 근거법규뿐만 아니라, 관련법규도 포함된다. 대법원은 추상적 기본권인 환경권 침해만으로는 원고적격을 인정할 수 없다고 보지만, 헌법재판소는 기본권인 경쟁의 자유로부터 취소소송의 원고적격이 인정된다고 본다. 법률상 이익의 '이익'이란 개별적이며 구체적인 이익으로 사익보호성이 인정되는 이익을 말한다. 반사적·간접적으로 얻게 되는 사실적·경제적 이익에 불과한 경우에는 해당되지 아니한다.

⚖ **판례**

> 환경영향평가 대상지역 안의 주민들이 갖는 환경상의 이익은 개별적으로 보호되는 직접적·구체적 이익으로서 그들에 대하여는 환경상의 이익에 대한 침해 또는 침해우려가 있는 것으로 사실상 추정되어 원고적격이 인정된다. 한편 환경영향평가 대상지역 밖의 주민이라 할지라도 공유수면매립면허처분 등으로 인하여 환경상 이익에 대한 침해 또는 침해우려가 있다는 것을 입증함으로써 그 처분 등의 무효확인을 구할 원고적격을 인정받을 수 있다. 환경영향평가 대상지역 밖에 거주하는 주민에게 헌법상의 환경권 또는 환경정책기본법에 근거하여 공유수면매립면허처분과 농지개량사업 시행인가처분의 무효확인을 구할 원고적격이 없다(대판 2006.3.16. 2006두330 전원합의체).

(3) 법률상 이익이 있는 '자'

> **헌재판례**
>
> 행정처분의 직접 상대방이 아닌 제3자라도 당해처분의 취소를 구할 법률상 이익이 있는 경우에는 행정소송을 제기할 수 있다(헌재 1998.4.30. 97헌마141).

① 수익적 처분의 상대방

> **판례**
>
> 수익적인 처분인 경우 특별한 사정이 없는 한 처분의 상대방은 그 취소를 구할 이익이 없다고 할 것이다(대판 1995.5.26. 94누7324).

② 침익적 처분의 상대방 : 침익적 처분의 상대방의 경우에는 일반적으로 원고적격이 인정된다. 불특정 다수를 상대로 행하여지는 일반처분인 경우에도 취소소송의 원고적격을 갖는다.

> **판례**
>
> 1. 보건복지부 고시인 약제급여 · 비급여목록 및 급여상한금액표로 인하여 자신이 제조 · 공급하는 약제의 상한금액이 인하됨에 따라 법률상 이익이 침해당할 경우, 제약회사는 위 고시의 취소를 구할 원고적격이 있다(대판 2006.9.22. 2005두2506).
> 2. 서훈의 일신전속적 성격은 서훈취소의 경우에도 마찬가지이므로, 서훈의 취소에서 유족은 그 처분의 상대방이 되는 것이 아니다(대판 2014.9.26. 2013두2518).

③ 법인격 없는 단체 : 법인격 없는 단체는 대표자를 통하여 단체의 이름으로 소송을 제기할 수 있다.

④ 법인 등의 구성원

> **판례**
>
> 1. 법인의 주주는 법인에 대한 행정처분에 관하여 원고적격이 없는 것이 원칙이지만, 예외적인 경우에는 주주도 법률상 이해관계를 가진다고 보아 그 효력을 다툴 원고적격이 있다(대판 2005.1.27. 2002두5313).
> 2. 법인에 대한 행정처분이 당해 법인의 존속 자체를 직접 좌우하는 처분인 경우에는 그 주주나 임원이라 할지라도 당해 처분에 관하여 직접적이고 구체적인 법률상 이해관계를 가진다고 할 것이므로 그 취소를 구할 원고적격이 있다(대판 1997.12.12. 96누4602).

⑤ 국가 · 국가기관 : 판례는 국가의 원고적격을 원칙적으로 부인하고 예외적으로 국가기관의 원고적격을 인정한 예가 있다.

> **판례**
>
> 1. 건설교통부장관은 지방자치단체의 장에게 기간을 정하여 직무이행명령을 하고 직접 필요한 조치를 할 수도 있으므로, 지방자치단체의 장의 기관위임사무의 처리에 관하여 지방자치단체의 장을 상대로 취소소송을 제기하는 것은 허용되지 않는다(대판 2007.9.20. 2005두6935).

2. 국민권익위원회가 甲의 소속기관장인 乙 시·도선거관리위원회 위원장에게 '甲에 대한 신분상 불이익처분 및 근무조건상의 차별을 하지 말 것을 요구'하는 내용의 조치요구를 한 사안에서, 국민권익위원회법상 제재규정과 같은 중대한 불이익을 직접 규정하고 있음에도 乙이 국민권익위원회의 조치요구를 다툴 별다른 방법이 없는 점 등에 비추어, 비록 乙이 국가기관이더라도 당사자능력 및 원고적격을 가진다(대판 2013.7.25. 2011두1214).

3. 법령이 특정한 행정기관 등으로 하여금 다른 행정기관을 상대로 제재적 조치를 취할 수 있도록 하면서, 그에 따르지 않으면 과태료를 부과하거나 형사처벌을 할 수 있도록 정하는 경우가 있다. 이러한 경우 예외적으로 그 제재적 조치의 상대방인 행정기관 등에게 항고소송 원고로서의 당사자 능력과 원고적격을 인정할 수 있다. 처분성이 인정되는 국민권익위원회의 조치요구에 불복하고자 하는 소방청장으로서는 예외적으로 당사자능력과 원고적격을 가진다(대판 2018.8.1. 2014두35379).

4. 건축협의 취소는 상대방이 다른 지방자치단체 등 행정주체라 하더라도 처분에 해당한다고 볼 수 있고, 지방자치단체인 원고가 이를 다툴 실효적 해결 수단이 없는 이상, 원고는 허가권자인 지방자치단체의 장을 상대로 항고소송을 통해 건축협의 취소의 취소를 구할 수 있다(대판 2014.2.27. 2012두22980).

5. 갑 시장이 감사원으로부터 징계 요구를 받게 되자 감사원의 재심의결정 취소를 구하는 소를 제기한 사안에서, 징계 요구는 불이익을 받는 규정도 없고, 행정처분이라고 할 수 없고, 갑 시장이 제기한 소송이 허용된다고 볼 수 없다(대판 2016.12.27. 2014두5637).

⑥ 지방자치단체

> **판례**
>
> 인용재결이 있는 경우 처분청은 그러한 재결에 기속되므로 이에 불복하여 취소소송을 제기할 수 없다(대판 1998.5.8. 97누15432).

(4) 제3자의 원고적격

① 직접 상대방이 아닌 제3자라도 해당 행정처분의 취소를 구할 법률상의 이익이 있는 경우에는 원고적격이 인정된다.

> **판례**
>
> 1. 「도시 및 주거환경정비법」상 조합설립추진위원회의 구성에 동의하지 아니한 정비구역 내의 토지 등 소유자도 원고적격이 있다(대판 2007.1.25. 2006두12289).
>
> 2. 양도인에 대하여 채석허가를 취소하는 처분을 하였다면 이는 양수인의 지위에 대한 직접적 침해가 된다고 할 것이므로 양수인은 채석허가를 취소하는 처분의 취소를 구할 법률상 이익을 가진다(대판 2003.7.11. 2001두6289).
>
> 3. 유원시설업자 또는 체육시설업자의 지위를 승계한 자가 이를 신고하여 행정청이 이를 수리하는 경우 종전의 체육시설업자는 체육시설업자로서의 지위를 부인당할 불안정한 상태에 놓이게 되므로 수리처분의 취소를 구할 법률상 이익이 있다(대판 2012.12.13. 2011두29144).
>
> 4. 주택건설사업계획에 있어서 사법상으로 주택건설사업 등이 양도·양수되었을지라도 아직 변경승인을 받기 이전에는 그 사업계획의 피승인자는 여전히 종전의 사업주체인 양도인이고 양수인이 아니라 할 것이어서, 행정청이 주택건설사업의 양수인에 대하여 양도인에 대한 사업계획승인을 취소하였다는 사실을 통지한 것만으로는 양수인의 법률상 지위에 어떠한 변동을 일으키는 것은 아니므로 위 통지는 항고소송의 대상이 되는 행정처분이라고 할 수는 없다(대판 2000.9.26. 99두646).

05

② **경업자소송**: 기존업자가 특허업자인 경우에는 법률상 이익으로 보아 원고적격을 인정하고, 허가업자인 경우에는 반사적 이익에 불과한 것으로 보아 원고적격을 부정한다. 다만 허가의 경우에도 법이 기존업자의 이익도 보호하고 있는 것으로 해석되는 경우에는 기존업자도 원고적격을 가질 수 있다.

> ⚖️ **판례** 특허업자의 경우(법률상 이익으로 본 경우)
>
> 1. 자동차운수사업법에서 당해 사업계획이 당해 노선 또는 사업구역의 수송수요와 수송력 공급에 적합할 것을 면허의 기준으로 한 것은 업자간의 과당경쟁으로 인한 경영의 불합리를 미리 방지하여 기존업자의 경영의 합리화를 보호하자는 데도 그 목적이 있다할 것이다. 따라서 당해 노선에 관한 기존업자는 노선연장인가처분의 취소를 구할 법률상의 이익이 있다(대판 1974.4.9. 73누173).
> 2. 기존에 한정면허를 받은 시외버스운송사업자는 일반면허 시외버스운송사업자에 대한 사업계획변경인가처분의 취소를 구할 법률상의 이익이 있다(대판 2018.4.26. 2015두53824).

> ⚖️ **판례** 허가업자의 경우(반사적 · 사실적 이익으로 본 경우)
>
> 1. 숙박업구조변경허가를 함으로써 그곳으로부터 50미터 내지 700미터 정도의 거리에서 여관을 경영하는 원고들에게 위 숙박업구조변경허가처분의 무효 확인 또는 취소를 구할 소익이 있다고 할 수 없다(대판 1990.8.14. 89누7900).
> 2. 석탄가공업에 관한 허가는 형성적 행정행위가 명령적 행정행위여서 기존허가를 받은 원고들이 신규허가로 인하여 영업상 이익이 감소된다 하더라도 소송을 제기할 법률상 이익이 없다(대판 1980.7.22. 80누33).
> 3. 약사에게 한약조제권을 인정함으로써 한의사들의 영업상 이익이 감소되었다고 하더라도 이러한 이익은 원고적격이 없는 자들이 제기한 소로서 부적법하다(대판 1998.3.10. 97누4289).

③ **경원자소송**: 경원자소송에서는 법적 자격의 흠결로 신청이 인용될 가능성이 없는 경우를 제외하고는 경원관계의 존재만으로 거부된 처분의 취소를 구할 법률상의 이익이 있다.

> ⚖️ **판례**
>
> 인 · 허가 등의 수익적 행정처분을 신청한 수인이 서로 경쟁관계에 있어서 일방에 대한 허가 등의 처분이 타방에 대한 불허가 등으로 귀결될 수밖에 없는 때 허가 등의 처분을 받지 못한 자는 비록 경원자에 대하여 이루어진 허가 등 처분의 상대방이 아니라 하더라도 당해 처분의 취소를 구할 원고적격이 있다. 다만 명백한 법적 장애로 인하여 원고 자신의 신청이 인용될 가능성이 처음부터 배제되어 있는 경우에는 당해 처분의 취소를 구할 정당한 이익이 없다(대판 2009.12.10. 2009두8359).

④ **인인(隣人)소송**

　㉠ 판단기준

> ⚖️ **판례** 원고적격을 인정한 사례
>
> 1. 납골시설 설치장소에서 500m 내에 20호 이상의 인가가 밀집한 지역에 거주하는 주민들은 원고적격이 인정된다(대판 2011.9.8. 2009두6766).
> 2. 공설화장장 부근 주민들의 이익은 법률상 이익이다(대판 1995.9.26. 94누14544).
> 3. 원자로 지역 내의 주민들에게는 부지사전승인처분의 취소를 구할 원고적격이 있다(대판 1998.9.4. 97누19588).

> ⚖️ **판례** 　원고적격을 부정한 사례
>
> 1. 상수원에서 급수를 받고 있는 지역주민들이 가지는 상수원의 오염을 막아 양질의 급수를 받을 이익은 직접적이고 구체적으로는 보호하고 있지 않음이 명백하여 지역주민들에 불과한 원고들에게는 위 상수원보호구역변경처분의 취소를 구할 법률상의 이익이 없다(대판 1995.9.26. 94누14544).
> 2. 생태·자연도 1등급 권역 인근 주민들은 생태·자연도 등급권역을 1등급에서 일부는 2등급으로, 일부는 3등급으로 변경한 결정의 무효확인을 구할 원고적격이 없다(대판 2014.2.21. 2011두29052).

ⓛ 구체적 검토

i) 환경영향평가 대상지역 내·외의 주민의 경우

> ⚖️ **판례**
>
> 환경상 침해를 받으리라고 예상되는 영향권의 범위가 구체적으로 규정되어 있는 경우에는, 그 영향권 내의 주민들에 대하여는 개별적으로 보호되는 직접적·구체적 이익으로서 그들에 대하여는 원고적격이 인정되며, 그 영향권 밖의 주민들은 자신의 환경상 이익에 대한 침해 또는 침해 우려가 있음을 입증하여야만 법률상 보호되는 이익으로 인정되어 원고적격이 인정된다. 원고적격이 인정되는 사람에는 그 영향권 내에서 농작물을 경작하는 등 현실적으로 환경상 이익을 향유하는 사람도 포함된다. 그러나 단지 그 영향권 내의 건물·토지를 소유하거나 환경상 이익을 일시적으로 향유하는 데 그치는 사람은 포함되지 않는다(대판 2009.9.24. 2009두2825).

ii) 도시계획 사업시행지역과 인근주민의 경우

> ⚖️ **판례** 　원고적격을 인정한 사례
>
> 도시계획사업 시행지역에 포함된 토지의 소유자는 도시계획사업 실시계획 인가처분의 효력을 다툴 이익이 있다(대판 1995.12.8. 93누9927).

> 🔍 **헌재판례** ┊원고적격을 부정한 사례
>
> 도시계획사업의 시행으로 인한 토지수용에 의하여 토지의 소유권을 상실한 자는 도시계획결정의 취소를 청구할 법률상의 이익이 없다(헌재 2002.5.30. 2000헌바58).

> ⚖️ **판례** 　원고적격을 부정한 사례
>
> 개발제한구역 중 일부 취락을 개발제한구역에서 해제하는 내용의 도시관리계획변경결정에 대하여, 개발제한구역 해제대상에서 누락된 토지의 소유자는 위 결정의 취소를 구할 법률상 이익이 없다(대판 2008.7.10. 2007두10242).

iii) 공물의 사용관계와 인근주민의 경우

> ⚖️ **판례** 　원고적격을 부정한 사례
>
> 도로의 용도폐지처분에 관하여 직접적인 이해관계를 가지는 사람이 그와 같은 이익을 현실적으로 침해당한 경우에는 그 취소를 구할 법률상의 이익이 있다. 일반적인 시민생활에서 도로를 이용만 하는 사람(공물의 보통사용자)은 도로의 용도폐지에 대해 다툴 법률상 이익이 없고, 문화재의 지정이나 그 보호구역지정으로 인한 이익이 일반국민이나 인근주민의 문화재를 향유할 법률적인 이익이라고 할 수 없다(대판 1992.9.22. 91누13212).

⑤ 단체소송

⚖️ **판례**

1. 사단법인 대한의사협회는 국민건강보험법상 요양급여행위, 요양급여비용의 청구 및 지급과 관련하여 직접적인 법률관계를 갖지 않고 있으므로, 보건복지부 고시인 '건강보험요양급여행위 및 그 상대가치점수 개정'의 취소를 구할 원고적격이 없다(대판 2006.5.25. 2003두11988).

2. 공유수면매립목적 변경 승인처분으로 갑 수녀원에 소속된 수녀 등이 쾌적한 환경에서 생활할 수 있는 환경상 이익을 침해받는다고 하더라도 이를 가리켜 곧바로 갑 수녀원의 법률상 이익이 침해된다고 볼 수 없다(대판 2012.6.28. 2010두2005).

⑥ 기타

⚖️ **판례** 원고적격을 인정한 사례

1. 관할청이 학교법인의 임원취임승인신청에 대하여 이를 반려하거나 거부하는 경우 학교법인에 의하여 임원으로 선임된 사람은 관할청의 임원취임승인신청 반려처분을 다툴 수 있는 원고적격이 있다(대판 2007.12.27. 2005두9651).

2. 지방법무사회의 사무원 채용승인 거부처분 또는 채용승인 취소처분에 대해서는 처분 상대방인 법무사뿐만 아니라 그 때문에 사무원이 될 수 없게 된 사람도 이를 다툴 원고적격이 인정되어야 한다(대판 2020.4.9. 2015다34444).

3. 사증발급 거부처분을 다투는 외국인은, 처분의 취소를 구할 법률상 이익을 인정하여야 할 법정책적 필요성도 크지 않다. 반면, 국적법상 귀화불허가처분이나 출입국관리법상 체류자격변경 불허가처분, 강제퇴거명령 등을 다투는 외국인은 대한민국에서 법적으로 보호가치 있는 이해관계를 형성한 경우이어서, 해당 처분의 취소를 구할 법률상 이익이 인정된다(대판 2018.5.15. 2014두42506).

4. 예탁금회원제 골프장에 있어서, 체육시설업자가 예정인원을 초과하여 회원을 모집한다면 기존회원은 위와 같은 회원모집계획서에 대한 시·도지사의 검토결과 통보의 취소를 구할 법률상의 이익이 있다(대판 2009.2.26. 2006두16243).

⚖️ **판례** 원고적격을 부정한 사례

1. 원천징수에 있어서 원천납세의무자는 원천징수의무자에 대한 납세고지에 대하여 항고소송을 제기할 수 없다(대판 1994.9.9. 93누22234).

2. 소득금액변동통지는 원천납세의무자인 소득 귀속자의 법률상 지위에 직접적인 법률적 변동을 가져오는 것이 아니므로 항고소송의 대상이 되는 행정처분이라고 볼 수 없다(대판 2015.3.26. 2013두9267).

3. 운전기사의 합승행위를 이유로 소속 운수회사에 대하여 과징금부과처분이 있는 경우 당해 운전기사는 그 과징금부과처분의 취소를 구할 이익이 없다(대판 1994.4.12. 93누24247).

4. 장의자동차운송사업구역에 위반하였음을 이유로 한 행정청의 과징금부과처분에 의하여 동종업자의 영업이 보호되는 결과는 반사적 이익에 불과하기 때문에 그 과징금부과처분을 취소한 재결에 대하여 처분의 상대방 아닌 제3자는 그 취소를 구할 법률상 이익이 없다(대판 1992.12.8. 91누13700).

5. 원고들은 서울시립대학교 세무학과에 재학중인 학생들로서 피고가 조세정책과목의 담당교수를 행정학을 전공한 소외인으로 임용한 것은 원고들에게 임용처분의 취소를 구할 소의 이익이 있다고 할 수 없다(대판 1993.7.27. 93누8139).

6. 학교법인의 이사 8인과 임시이사 1인을 선임한 데 대하여 교수협의회와 총학생회는 이사선임처분을 다툴 법률상 이익을 가지지만, 학교의 직원으로 구성된 노동조합의 법률상 이익까지 보호하고 있는 것으로 해석할 수는 없다(대판 2015.7.23. 2012두19496).

3. 협의의 소익(권리보호의 필요)

> **행정소송법 제12조(원고적격)** 취소소송은 처분 등의 취소를 구할 법률상 이익이 있는 자가 제기할 수 있다. 처분 등의 효과가 기간의 경과, 처분 등의 집행 그 밖의 사유로 인하여 소멸된 뒤에도 그 처분등의 취소로 인하여 회복되는 법률상 이익이 있는 자의 경우에는 또한 같다.

(1) 의의

협의의 소익(訴益)이란 원고의 재판청구에 대하여 법원이 판단을 행할 구체적 실익 내지 필요성을 말하며, '소의 이익' 또는 '권리보호의 필요'라고도 한다. 협의의 소익은 소송요건의 하나이며, 법원의 직권조사사항이다. 따라서 소의 이익이 없으면 법원은 각하판결을 한다. 한편 이러한 소의 이익은 상고심에서도 존속해야 한다.

(2) 구체적 검토

① 처분이 소멸된 경우

㉠ 원칙

⚖ 판례

1. 행정처분에 그 효력기간이 정하여져 있는 경우, 그 처분의 효력은 상실되므로 처분의 취소를 구할 법률상의 이익이 없다(대판 2002.7.26. 2000두7254).

2. 공무원에 대하여 새로운 직위해제처분을 한 경우 이전에 한 직위해제처분은 이를 묵시적으로 철회하였다고 봄이 상당하므로, 이전 처분의 취소를 구하는 부분은 소의 이익이 없어 부적법하다(대판 2003.10.10. 2003두5945).

3. 행정청이 당초의 분뇨 등 관련영업 허가신청 반려처분의 취소를 구하는 소의 계속중, 사정변경을 이유로 위 반려처분을 직권취소함과 동시에 위 신청을 재반려하는 내용의 재처분을 한 경우, 당초의 반려처분의 취소를 구하는 소는 더 이상 소의 이익이 없다(대판 2006.9.28. 2004두5317).

4. 환지처분이 일단 공고되어 효력을 발생하게 되면 환지예정지지정처분은 그 효력이 소멸되는 것이므로, 환지처분이 공고된 후에는 환지예정지지정처분에 대하여 그 취소를 구할 법률상 이익은 없다(대판 1999.10.8. 99두6873).

5. 도시 및 주거환경정비법상 추진위원회 구성승인처분은 조합의 설립을 위한 추진위원회의 구성행위를 보충하여 그 효력을 부여하는 처분으로서 조합설립이라는 종국적 목적을 위한 중간단계의 처분에 해당하지만, 추진위원회 구성승인처분을 다투는 소송 계속 중에 조합설립인가처분이 이루어진 경우에는, 직접 조합설립인가처분을 다툼으로써 정비사업의 진행을 저지하여야 할 것이고, 별도로 추진위원회 구성승인처분에 대하여 취소 또는 무효확인을 구할 법률상의 이익은 없다(대판 2013.6.13. 2010두10488).

6. 이전고시의 효력 발생으로 이미 대다수 조합원 등에 대하여 획일적·일률적으로 처리된 이후에는 조합원 등이 관리처분계획의 취소 또는 무효확인을 구할 법률상 이익이 없다(대판 2012.3.22. 2011두6400 전원합의체).

7. 처분청이 당초의 운전면허 취소처분을 철회하고 새로이 265일간의 운전면허 정지처분을 하였다면, 당초의 처분인 운전면허 취소처분을 대상으로 한 취소소송은 소의 이익이 없어 부적법하다(대판 1997.9.26. 96누1931).

ⓛ 예외 – 특별한 사정이 있는 경우

i) 일반론: 처분의 효력이 상실된 경우에도 당해 처분을 취소할 현실적 이익이 있는 경우, 즉 그 처분이 외형상 잔존함으로 인하여 어떠한 법률상 이익이 침해되고 있다고 볼만한 특별한 사정이 있는 경우에는 그 처분의 취소를 구할 협의의 소익이 있다.

⚖ 판례

개발제한구역 안에서의 공장설립을 승인한 처분이 위법하다는 이유로 쟁송취소되었다고 하더라도 그 승인처분에 기초한 공장건축허가처분이 잔존하는 이상, 인근 주민들은 여전히 공장건축허가처분의 취소를 구할 법률상 이익이 있다(대판 2018.7.12. 2015두3485).

ii) 가중적 제재처분규정이 존재하는 경우: 처분의 기간이 경과하여 처분이 소멸하였다 하더라도 그 처분이 후행처분의 가중요건으로 규정된 경우에는 가중처분을 받을 불이익이 있으므로 제재처분의 취소를 구할 협의의 소익이 있다. 종래 판례는 법규명령의 경우에만 협의의 소익을 긍정했었으나, 2006년 판례를 변경하여 제재적 처분기준의 성격이 행정규칙이라고 하더라도 협의의 소익을 긍정하고 있다.

⚖ 판례

1. 제재적 행정처분의 가중사유나 전제요건에 관한 규정이 법령이 아니라 규칙의 형식으로 되어 있다고 하더라도, 관할 행정청이나 담당공무원은 이를 준수할 의무가 있으므로 이들이 그 규칙에 정해진 바에 따라 행정작용을 할 것이 당연히 예견되고, 그 결과 장래에 받을 불이익, 즉 후행처분의 위험은 구체적이고 현실적인 것이므로, 상대방에게는 선행처분의 취소소송을 통하여 그 불이익을 제거할 필요가 있다(대판 2006.6.22. 2003두1684 전원합의체).

2. 건축사법상 업무정지처분을 받은 후 새로운 업무정지처분을 받음이 없이 1년이 경과하여 실제로 가중된 제재처분을 받을 우려가 없어졌다면 처분의 취소를 구할 법률상 이익이 없다(대판 2000.4.21. 98두10080).

iii) 반복되는 위험을 방지하기 위한 경우

⚖ 판례

임시이사 선임처분의 효과가 소멸하였다는 이유로 그 취소를 구할 법률상 이익이 없다고 보게 되면, 무익한 처분과 소송이 반복될 가능성이 있으므로, 임시이사 선임처분의 취소를 구하는 소송 도중에 선행 임시이사가 후행 임시이사로 교체되었다고 하더라도 여전히 선행 임시이사 선임처분의 취소를 구할 법률상 이익이 있다(대판 2007.7.19. 2006두19297 전원합의체).

② 원상회복이 불가능한 경우

　㉠ 원칙 : 처분이 취소되어도 <u>원상회복이 불가능한 경우에는 원칙적으로 협의의 소익이 없다.</u>

> **⚖ 판례**
>
> 1. <u>대집행의 실행이 완료된 경우에는</u> 손해배상이나 원상회복 등을 청구하는 것은 별론으로 하고 <u>처분의 취소를 구할 법률상 이익은 없다</u>(대판 1993.6.8. 93누6164).
>
> 2. <u>건축공사 완료 후에는</u> 일조권을 침해하고 있다고 하더라도, 인접건물 소유자들로서는 위 건물준공처분의 취소를 구할 <u>법률상 이익이 없다</u>(대판 1993.11.9. 93누13988).
>
> 3. 건축법 소정의 이격거리를 두지 아니하고 건축물을 건축하도록 되어 있어 위법하다 하더라도 건축공사가 완료되었다면 건축허가처분의 취소를 받아 이격거리를 확보할 단계는 지났으며 처분의 취소를 구할 <u>법률상의 이익이 없다</u>(대판 1992.4.24. 91누11131).

　㉡ 예외 − 부수적 이익의 회복이 가능한 경우 : <u>회복될 수 있는 부수적 이익이 있는 경우에는 협의의 소익이 인정된다.</u>

> **⚖ 판례**
>
> 1. 지방의회 의원에 대한 제명의결 취소소송 계속 중 의원의 임기가 만료된 사안에서, <u>의원의 지위를 회복할 수는 없다 하더라도 제명의결시부터 임기만료일까지의 기간에 대한 월정수당의 지급을 구할 수 있는 등</u> 여전히 그 제명의결의 취소를 구할 법률상 이익이 있다(대판 2009.1.30. 2007두13487).
>
> 2. 한국방송공사 사장에 대한 해임처분 무효 확인 또는 취소소송 계속 중 임기가 만료되어 지위를 회복할 수는 없다고 할지라도, 해임처분의 무효 확인 또는 취소를 구할 법률상 이익이 있다(대판 2012.2.23. 2011두5001).
>
> 3. 당연퇴직되어 그 공무원의 신문을 상실하고, 당연퇴직이나 파면이 퇴직급여에 관한 불이익의 점에 있어 동일하다 하더라도 최소한도 이 사건 <u>파면처분이 있은 때부터 위 법규정에 의한 당연퇴직일자까지의 기간에 있어서는 파면처분의 취소를 구하여 그로 인해 박탈당한 이익의 회복을 구할 소의 이익이 있다</u>(대판 1985.6.25. 85누39).
>
> 4. 해외근무자들의 자녀를 대상으로 한 특별전형에서 외교관, 공무원의 자녀에 대하여만 획일적으로 과목별 실제 취득점수에 20%의 가산점을 부여하여 실제 취득점수에 의하면 충분히 합격할 수 있는 원고들에 대하여 불합격처분을 하였다면 위법하다. 당해년도의 입학시기가 지났더라도 다음년도의 입학시기에 입학할 수도 있다고 할 것이고, 원고들로서는 불합격처분의 적법여부를 다툴만한 법률상의 이익이 있다(대판 1990.8.28. 89누8255).
>
> 5. 공장등록이 취소된 후 그 공장 시설물이 어떠한 경위로든 철거되어 다시 복구 등을 통하여 공장을 운영할 수 없는 상태라면 이는 공장등록의 대상이 되지 아니하므로 외형상 공장등록 취소행위가 잔존하고 있다고 하여도 그 처분의 취소를 구할 법률상의 이익이 없다 할 것이나, 위와 같은 경우에도 유효한 공장등록으로 인하여 공장등록에 관한 당해 법률이나 다른 법률에 의하여 보호되는 직접적·구체적 이익이 있다면, 당사자로서는 공장건물의 멸실 여부에 불구하고 그 공장등록취소처분의 취소를 구할 법률상의 이익이 있다(대판 2002.1.11. 2000두3306).

6. 소음·진동배출시설에 대한 설치허가가 취소된 후 그 배출시설이 어떠한 경위로든 철거되어 다시 복구 등을 통하여 배출시설을 가동할 수 없는 상태라면 이는 배출시설 설치허가의 대상이 되지 아니하므로 외형상 설치허가취소행위가 잔존하고 있고 설령 원고가 이 사건 처분이 위법하다는 점에 대한 판결을 받아 피고에 대한 손해배상청구소송에서 이를 원용할 수 있다 하더라도 처분의 취소를 구할 법률상의 이익이 없다(대판 2002.1.11. 2000두2457).

③ 명예회복의 필요성이 인정되는 경우

⚖ **판례**

> 고등학교졸업학력검정고시에 합격하였다 하여 고등학교 학생으로서의 신분과 명예가 회복될 수 없는 것이니 퇴학처분을 받은 자로서는 퇴학처분의 위법을 주장하여 그 취소를 구할 소송상의 이익이 있다(대판 1992.7.14. 91누4737).

④ 기타 사정변경 등의 경우

㉠ 권익침해가 해소된 경우 : 사정변경에 의하여 권익침해가 해소된 경우에는 처분의 취소를 구할 협의의 소익이 없다.

⚖ **판례**

> 1. 사법시험 제1차시험 불합격처분 이후에 새로이 실시된 사법시험 제1차시험에 합격하였을 경우, 그 불합격처분의 취소를 구할 법률상 이익이 없다(대판 1996.2.23. 95누2685).
>
> 2. 사법시험 제2차시험 불합격처분 이후에 새로이 실시된 제2차와 제3차시험에 합격한 사람은 불합격처분의 취소를 구할 법률상 이익이 없다(대판 2007.9.21. 2007두12057).
>
> 3. 불합격처분 이후 새로 실시된 치과의사국가시험에 합격한 경우 불합격처분의 취소를 구할 법률상 이익이 없다(대판 1993.11.8. 93누6867).
>
> 4. 공익근무요원 소집해제신청을 거부한 후에 복무기간 만료를 이유로 소집해제처분을 한 경우, 권리의 침해는 소집해제처분으로 해소되었으므로 위 거부처분의 취소를 구할 소의 이익이 없다(대판 2005.5.13. 2004두4369).
>
> 5. 현역병입영대상자로 병역처분을 받은 자가 그 취소소송 중 현역병으로 자진 입대한 경우, 그 처분의 위법을 다툴 소의 이익이 없다(대판 1998.9.8. 98두9165).
>
> 6. 과세관청이 직권으로 상대방에 대한 소득처분을 경정하면서 일부 항목에 대한 증액과 다른 항목에 대한 감액을 동시에 한 결과 전체로서 소득처분금액이 감소된 경우에는 소득금액변동통지의 취소를 구할 이익이 없다(대판 2012.4.13. 2009두5510).

㉡ 권익침해가 해소되지 않은 경우 : 사정변경이 있더라도 권익침해가 해소되지 않은 경우에는 협의의 소익이 있다.

⚖ **판례**

> 1. 역입영대상자로서는 현실적으로 입영을 하였다고 하더라도, 현역병입영통지처분 등의 취소를 구할 소송상의 이익이 있다(대판 2003.12.26. 2003두1875).
>
> 2. 징계에 관한 일반사면이 있었다고 할지라도 파면처분으로 이미 상실된 원고의 공무원지위가 회복될 수 없는 것이니 파면처분의 위법을 주장하여 그 취소를 구할 소송상 이익이 있다(대판 1981.7.14. 80누536 전원합의체).

4. 피고

(1) 피고적격

① 처분청

> **행정소송법 제13조(피고적격)** ① 취소소송은 다른 법률에 특별한 규정이 없는 한 그 처분등을 행한 행정청을 피고로 한다. 다만, 처분등이 있은 뒤에 그 처분등에 관계되는 권한이 다른 행정청에 승계된 때에는 이를 승계한 행정청을 피고로 한다.

⚖ 판례

1. 대외적으로 의사를 표시할 수 있는 기관이 아닌 내부기관은 실질적인 의사가 그 기관에 의하여 결정되더라도 피고적격을 갖지 못한다(대판 2014.5.16. 2014두274).
2. 행정소송은 행정처분 등을 외부적으로 그의 명의로 행한 행정청을 피고로 하여야 하는 것으로 상급행정청이나 타행정청의 지시나 통보에 의한 것이라 하여 다르지 않다(대판 1995.12.22. 95누14688).

② 예외

㉠ 소속 장관 등: 공무원 등에 대한 징계, 기타 불이익처분의 처분청이 대통령인 경우에는 소속 장관이 피고가 된다(국가공무원법 제16조 제2항). 대법원장이 행한 처분에 대한 행정소송의 피고는 법원행정처장으로 하고, 헌법재판소장이 행한 처분에 대한 행정소송의 피고는 헌법재판소사무처장으로 하며, 국회의장이 행한 처분에 대한 피고는 국회사무총장이 된다.

㉡ 승계청: 처분등이 있은 이후에 그 처분등에 관계되는 권한이 다른 행정청에 승계된 때에는 이를 승계한 행정청이 피고가 된다(동법 제13조 제1항).

㉢ 국가 등

> **행정소송법 제13조(피고적격)** ② 제1항의 규정에 의한 행정청이 없게 된 때에는 그 처분등에 관한 사무가 귀속되는 국가 또는 공공단체를 피고로 한다.

③ 구체적 검토

㉠ 합의제 행정청: 합의제 행정청의 처분에 대해서는 원칙적으로 합의제 행정청이 피고가 된다. 공정거래위원회, 토지수용위원회가 피고가 된다. 그러나 중앙노동위원회의 경우에는 법률의 규정에 의해 중앙노동위원회의 위원장이 취소소송의 피고가 된다.

㉡ 권한의 위임·위탁: 권한이 위임·위탁된 때에는 위임을 받은 수임청, 수탁청이 자신의 명의로 처분을 하게 되므로 취소소송의 피고도 수임청·수탁청이 된다.

㉢ 내부위임과 대리: 내부위임과 대리에서는 권한이 수임자와 대리청에 이전되지 않으며 처분명의도 위임자와 피대리청(원래의 행정청)의 명의로 하게 되므로 각각 위임청과 피대리청이 피고가 된다.

⚖ 판례

1. 행정소송은 행정청을 피고로 하여야 하며, 적법한 권한 있는 상급행정청으로부터 내부위임을 받은 데 불과한 하급행정청이 권한 없이 행정처분을 한 경우에도 실제로 그 처분을 행한 하급행정청을 피고로 하여야 할 것이지 그 처분을 행할 적법한 권한 있는 상급행정청을 피고로 할 것이 아니다(대판 1991.2.22. 90누5641).

2. 대리기관이 대리관계를 표시하고 피대리 행정청을 대리하여 행정처분을 한 때에는 피대리 행정청이 피고로 되어야 한다(대판 2018.10.25. 2018두43095).

3. 대리권을 수여받은 데 불과하여 그 자신의 명의로는 행정처분을 할 권한이 없는 행정청의 경우 대리관계를 밝힘이 없이 그 자신의 명의로 행정처분을 하였다면 그에 대하여는 처분명의자인 당해 행정청이 항고소송의 피고가 되어야 하는 것이 원칙이지만, 비록 대리관계를 명시적으로 밝히지는 아니하였다 하더라도 처분명의자가 대리권한을 수여받아 피대리 행정청을 대리한다는 의사로 행정처분을 하였고 처분명의자는 물론 그 상대방도 그 행정처분이 피대리 행정청을 대리하여 한 것임을 알고서 이를 받아들인 예외적인 경우에는 피대리 행정청이 피고가 되어야 한다(대결 2006.2.23. 2005부4).

ㄹ 처분청과 통지한 자가 다른 경우 : 피고는 통지한 자가 아니라 처분청이 된다.

⚖️ **판례**

국무회의에서 서훈취소를 의결하고 대통령이 결재함으로써 서훈취소가 결정된 후 국가보훈처장이 망인의 유족 갑에게 '독립유공자 서훈취소결정 통보'를 하자 갑이 국가보훈처장을 상대로 서훈취소결정의 무효 확인 등의 소를 제기한 사안에서, 행정청(대통령)이 아니라 국가보훈처장을 상대로 제기한 위 소는 피고를 잘못 지정한 경우에 해당한다(대판 2014.9.26. 2013두2518).

ㅁ 처분적 조례인 경우 : 조례는 원칙적으로 소송대상이 아니나 조례가 직접 국민의 권리·의무에 영향을 미치는 경우에는 소송대상이 될 수 있으며, 이때 피고는 지방의회가 아니라 공포권자인 지방자치단체의 장이다.

⚖️ **판례**

조례에 대한 무효 확인소송을 제기함에 있어서 행정청은, 지방의회가 아니라, 지방자치단체의 집행기관으로서 조례로서의 효력을 발생시키는 공포권이 있는 지방자치단체의 장이다. 교육·학예에 관한 사무의 집행기관은 시·도 교육감이고 교육에 관한 조례의 무효 확인소송을 제기함에 있어서는 그 집행기관인 시·도 교육감을 피고로 하여야 한다(대판 1996.9.20. 95누8003).

ㅂ 지방의회 의결의 경우 : 지방의회는 원칙적으로 강학상의 행정청이 아니므로 취소소송의 피고가 될 수 없으나, 의원에 대한 징계의결, 의장불신임 결의, 지방의회의장선거와 같은 행위를 하는 경우에는 지방의회도 행정청으로서 피고가 될 수 있다.

(2) 피고경정

> 행정소송법 제14조(피고경정) ① 원고가 피고를 잘못 지정한 때에는 법원은 원고의 신청에 의하여 결정으로써 피고의 경정을 허가할 수 있다.
> ③ 제1항의 규정에 의한 신청을 각하하는 결정에 대하여는 즉시항고할 수 있다.
> ④ 제1항의 규정에 의한 결정이 있는 때에는 새로운 피고에 대한 소송은 처음에 소를 제기한 때에 제기된 것으로 본다.
> ⑤ 제1항의 규정에 의한 결정이 있는 때에는 종전의 피고에 대한 소송은 취하된 것으로 본다.
> ⑥ 취소소송이 제기된 후에 제13조 제1항 단서 또는 제13조 제2항에 해당하는 사유가 생긴 때에는 법원은 당사자의 신청 또는 직권에 의하여 피고를 경정한다. 이 경우에는 제4항 및 제5항의 규정을 준용한다.

피고의 경정이란 소송의 계속 중에 피고로 지정된 자를 다른 자로 변경하는 것을 말한다. 이러한 피고의 경정은 사실심변론종결시까지 허용된다.

⚖️ **판례**

> 피고지정이 잘못된 경우, 법원이 석명권을 행사하여 원고로 하여금 피고를 경정하게 하지 않고 바로 소를 각하한 것은 위법하다(대판 2004.7.8. 2002두7852).

5. 공동소송인, 소송참가, 소송대리인

(1) 공동소송인

> **행정소송법 제15조(공동소송)** 수인의 청구 또는 수인에 대한 청구가 처분등의 취소청구와 관련되는 청구인 경우에 한하여 그 수인은 공동소송인이 될 수 있다.

(2) 소송참가

> **행정소송법 제16조(제3자의 소송참가)** ① 법원은 소송의 결과에 따라 권리 또는 이익의 침해를 받을 제3자가 있는 경우에는 당사자 또는 제3자의 신청 또는 직권에 의하여 결정으로써 그 제3자를 소송에 참가시킬 수 있다.
> ② 법원이 제1항의 규정에 의한 결정을 하고자 할 때에는 미리 당사자 및 제3자의 의견을 들어야 한다.
> ③ 제1항의 규정에 의한 신청을 한 제3자는 그 신청을 각하한 결정에 대하여 즉시항고할 수 있다.
> ④ 제1항의 규정에 의하여 소송에 참가한 제3자에 대하여는 민사소송법 제67조의 규정을 준용한다.
>
> **민사소송법 제67조(필수적 공동소송에 대한 특별규정)** ①소송목적이 공동소송인 모두에게 합일적으로 확정되어야 할 공동소송의 경우에 공동소송인 가운데 한 사람의 소송행위는 모두의 이익을 위하여서만 효력을 가진다.

⚖️ **판례**

> 1. 소송참가가 허용되기 위하여는 당해 소송의 결과에 따라 제3자의 권리 또는 이익이 침해되어야 하고, 이 때의 이익은 법률상 이익을 말하며 단순한 사실상의 이익이나 경제상의 이익은 포함되지 않는다(대판 2008.5.29. 2007두23873).
> 2. 피참가인의 소송행위는 모두의 이익을 위하여서만 효력을 가지고, 공동소송적 보조참가인에게 불이익이 되는 것은 효력이 없으므로, 참가인이 상소를 할 경우에 피참가인이 상소취하나 상소포기를 할 수는 없다(대판 2017.10.12. 2015두36836).

> **행정소송법 제17조(행정청의 소송참가)** ① 법원은 다른 행정청을 소송에 참가시킬 필요가 있다고 인정할 때에는 당사자 또는 당해 행정청의 신청 또는 직권에 의하여 결정으로써 그 행정청을 소송에 참가시킬 수 있다.
> ② 법원은 제1항의 규정에 의한 결정을 하고자 할 때에는 당사자 및 당해 행정청의 의견을 들어야 한다.
> ③ 제1항의 규정에 의하여 소송에 참가한 행정청에 대하여는 민사소송법 제76조의 규정을 준용한다.

다른 행정청은 피고 행정청을 위하여 참가해야 하고 원고를 위해 참가할 수는 없다.

(3) 소송대리인

행정소송법에는 특별한 규정이 없으므로 민사소송법상의 소송대리인에 대한 규정이 준용된다. 국가를 당사자 또는 참가인으로 하는 행정소송에서는 법무부장관이 국가를 대표하며, 법무부상관을 법무부의 직원, 검사 또는 공익법무관을 지정하여 소송을 수행하게 할 수 있다.

04 소의 대상

1. 대상적격 일반론

대상적격이란 재판의 대상으로 될 수 있는 자격을 말하는 것으로, 취소소송의 대상은 처분등이다 (행정소송법 제19조). 여기서 '처분등'이란 행정청이 행하는 구체적 사실에 관한 법집행으로서의 공권력의 행사 또는 그 거부와 그 밖에 이에 준하는 행정작용 및 행정심판에 대한 재결을 말한다(동법 제2조 제1항 제1호). 처분등의 존부는 소송요건으로서 직권조사사항이다.

2. 처분

(1) 행정행위와 처분의 구별

다수설에 따르면 쟁송법상 처분 개념이 행정행위 개념보다 더 넓은 개념이라고 본다.

> ⚖ **판례**
>
> 처분이란 행정청의 공법상 행위로서 국민의 권리의무에 직접 관계가 있는 행위를 말하므로, 행정청의 내부적인 의사결정 등과 같이 상대방 또는 관계자들의 법률상 지위에 직접 법률적 변동을 일으키지 않는 행위는 해당하지 아니한다(대판 1999.8.20. 97누6889).

(2) 처분의 개념요소

① 행정청

㉠ 개념

> ⚖ **판례**
>
> 1. 도시재개발법에 의한 재개발조합은 특수한 행정주체로서 관리처분계획은 조합이 행한 처분에 해당한다(대판 2002.12.10. 2001두6333).
> 2. 한국마사회가 조교사 또는 기수의 면허를 부여하거나 취소하는 것은, 사법상의 법률관계이다(대판 2008.1.31. 2005두8269).
> 3. 진료비청구명세서에 대한 의료보험연합회의 심사결과통지는 법률적 변동을 가져오는 것은 아니므로 행정처분이라고 볼 수는 없다(대판 1999.6.25. 98두15863).

㉡ 구체적 검토

i) 지방의회 관련 처분의 경우

> ⚖ **판례**
>
> 1. 지방의회의 의장선거는 항고소송의 대상이 된다(대판 1995.1.12. 94누2602).
> 2. 지방의회 의장에 대한 불신임의결은 행정처분의 일종으로서 항고소송의 대상이 된다(대결 1994.10.11. 94두23).
> 3. 지방의회의 의원징계의결은 행정처분의 일종으로서 행정소송의 대상이 된다(대판 1993.11.26. 93누7341).

ii) 입찰참가자격 제한처분의 경우

> ⚖ **판례**
>
> 1. 한국전력공사가 정부투자기관회계규정에 의하여 행한 입찰참가자격을 제한하는 내용의 부정당업자제재처분은 행정처분이 아니라 <u>사법상의 효력을 가지는 통지행위에 불과하다</u>(대결 1999.11.26. 99부3).
> 2. '<u>국가를 당사자로 하는 계약에 관한 법률에 따라 한국전력공사가 입찰참가자격 제한처분</u>을 한 경우 재량권을 일탈·남용하여 위법하다(대판 2014.11.27. 2013두18964).

② 구체적 사실에 관한 행위 : <u>구체적 사실을 규율하는 것이 아닌 일반적·추상적인 법령·내</u><u>규·행정계획 등은 원칙적으로 항고소송의 대상이 아니다. 불특정 다수인에 대한 일반처분</u>(교통신호 등)이나 행정계획도 그것이 권리나 법률상 이익을 개별적이고 구체적으로 규제하는 효과가 있는 이상 처분성이 인정된다.

> ⚖ **판례**
>
> 1. <u>조례가 집행행위의 개입 없이도 그 자체로서 직접 국민의 구체적인 권리의무나 법적 이익에 영</u><u>향을 미치는 등의 법률상 효과를 발생하는 경우 그 조례는 항고소송의 대상이 되는 행정처분에</u><u>해당한다(대판 1996.9.20. 95누8003).
> 2. 어떠한 <u>고시가 일반적·추상적 성격을 가질 때에는 <u>법규명령 또는 행정규칙에 해당할 것이지만,</u> 다른 집행행위의 매개 없이 그 자체로서 직접 국민의 구체적인 권리의무나 법률관계를 규율하는 성격을 가질 때에는 행정처분에 해당한다. 보건복지부 고시인 약제급여·비급여목록 및 급여상한금액표는 다른 <u>집행행위의 매개 없이 그 자체로서 국민건강보험가입자, 국민건강보험공</u><u>단, 요양기관 등의 법률관계를 직접 규율하는</u> 성격을 가지므로 항고소송의 대상이 되는 행정처분에 해당한다(대판 2006.9.22. 2005두2506).

③ 법집행행위

　㉠ '법'의 의미

> ⚖ **판례**
>
> 1. <u>처분의 근거나 법적인 효과가 행정규칙에 규정되어 있다고 하더라도,</u> 상대방의 권리 의무에 직접 영향을 미치는 행위라면, 행정처분에 해당한다. '<u>불문경고조치</u>'가 비록 법률상의 징계처분은 아니지만 차후 다른 징계처분이나 경고를 받게 될 경우 징계감경사유로 사용될 수 있었던 표창공적의 사용가능성을 소멸시키는 효과와 1년 동안 인사기록카드에 등재됨으로써 그 동안은 장관표창이나 도지사표창 대상자에서 제외시키는 효과 등이 있다는 이유로 항고소송의 대상이 되는 행정처분에 해당한다(대판 2002.7.26. 2001두3532).
> 2. 부당한 공동행위 자진신고자 등에 대한 감면불인정 통지는 항고소송의 대상이 되는 <u>행정처</u><u>분에 해당한다</u>(대판 2012.9.27. 2010두3541).

3. 교육부장관이 대학에서 추천한 복수의 총장 후보자들 전부 또는 일부를 임용제청에서 제외하는 행위는 제외된 후보자들에 대한 불이익처분으로서 항고소송의 대상이 되는 처분에 해당한다고 보아야 한다. 다만 교육부장관이 특정 후보자를 임용제청에서 제외하고 다른 후보자를 임용제청함으로써 대통령이 임용제청된 다른 후보자를 총장으로 임용한 경우에는, 임용제청에서 제외된 후보자는 대통령이 자신에 대하여 총장 임용 제외처분을 한 것으로 보아 이를 다투어야 한다. 이러한 경우에는 교육부장관의 임용제청 제외처분을 별도로 다툴 소의 이익이 없어진다(대판 2018.6.15. 2016두57564).

4. 항공노선에 대한 운수권배분처분이 항고소송의 대상이 되는 행정처분에 해당한다(대판 2004.11.26. 2003두10251).

ⓛ 법적 효과 발생

> **⚖️ 판례** │ 처분성을 부정한 사례
>
> 1. 국가공무원법상 당연퇴직은 결격사유가 있을 때 법률상 당연히 퇴직하는 것이지 별도의 행정처분을 요하는 것이 아니며, 당연퇴직의 인사발령은 행정소송의 대상이 되는 독립한 행정처분이라고 할 수 없다(대판 1995.11.14. 95누2036).
>
> 2. 교육부장관이 내신성적 산정기준에 관한 시행지침을 마련하여 시·도 교육감에게 통보한 것은 현실적으로 특정인의 구체적인 권리의무에 직접적으로 변동을 초래케 하는 것은 아니라 할 것이어서 행정처분으로 볼 수 없다(대판 1994.9.10. 94두33).
>
> 3. 세무서장의 국세환급금(국세환급가산금 포함)에 대한 결정은 결정에 의하여 비로소 환급청구권이 확정되는 것이 아니므로, 국세환급을 구하는 신청에 대한 환급거부결정 등은 항고소송의 대상이 되는 처분이라고 볼 수 없다(대판 1994.12.2. 92누14250).
>
> 4. 고발은 수사의 단서에 불과할 뿐 그 자체 국민의 권리의무에 어떤 영향을 미치는 것이 아니고, 공정거래위원회의 고발 의결은 행정청 내부의 의사결정에 불과할 뿐 항고소송의 대상이 되는 행정처분이 되지 못한다(대판 1995.5.12. 94누13794).
>
> 5. 처분의 개념 정의에는 해당한다고 하더라도 그 처분의 근거 법률에서 행정소송 이외의 다른 절차에 의하여 불복할 것을 예정하고 있는 처분은 항고소송의 대상이 될 수 없다. 검사의 불기소결정에 형사소송법에 의한 재정신청에 의해서만 불복할 수 있는 것이므로, 항고소송을 제기할 수 없다(대판 2018.9.28. 2017두47465).
>
> 6. 병역법상 신체등위판정은 행정청이라고 볼 수 없는 군의관이 하도록 되어 있으며, 지방병무청장이 병역처분을 함으로써 비로소 병역의무의 종류가 정하여지는 것이므로 항고소송의 대상이 되는 행정처분이라 보기 어렵다(대판 1993.8.27. 93누3356).
>
> 7. 신고납세방식의 조세에 있어서 과세관청이 납세의무자의 신고에 따라 세액을 수령하는 것은 사실행위에 불과할 뿐 이를 부과처분으로 볼 수는 없다(대판 1997.7.22. 96누8321).
>
> 8. 연구개발비의 부당집행을 이유로 두뇌한국(BK)21 사업 협약을 해지하고 연구팀장 을에 대한 대학 자체징계를 요구한 것은 행정처분에 해당하지 않는다(대판 2014.12.11. 2012두28704).
>
> 9. 민원사무처리법이 규정하는 사전심사결과 통보는 항고소송의 대상이 되는 행정처분에 해당하지 아니한다(대판 2014.4.24. 2013두7834).
>
> 10. 특허청에서 청산종결등기 되었다는 이유로 회사법인 명의의 각 상표권을 말소등록한 행위는 항고소송 대상이 된다고 볼 수 없다(대판 2015.10.29. 2014두2362).

> **⚖ 헌재판례**
>
> 국가인권위원회가 진정을 각하 및 기각결정은 항고소송의 대상이 되는 행정처분에 해당하므로, 헌법소원심판청구는 보충성 요건을 충족하지 못하였다(헌재 2015.3.26. 2013헌마214 등 [각하]).

> **⚖ 판례** │ 처분성을 긍정한 사례
>
> 과학기술기본법령상 두뇌한국(BK)21 사업 협약의 해지 통보는 행정처분에 해당한다(대판 2014.12.11. 2012두28704).

④ **공권력의 행사**: 행정청이 상대방의 의사여하에 관계없이 일방적으로 의사결정을 하고 그 결과에 대해 상대방의 수인을 강제하는 법적 효과를 가진 작용을 말한다.

⑤ **거부처분**

　㉠ **의의**: 거부처분은 소극적 행위로서 개인이 행정청에 대하여 공권력을 행사해 줄 것을 신청한 경우에 그 신청에 따르는 공권력 행사를 거부하는 것을 내용으로 하는 행정행위를 말한다. 거부처분은 신청을 받아들이지 않았다는 점에서는 부작위와 같으나, 적극적으로 거부의사를 나타냈다는 점에서 부작위와 구별된다.

　㉡ **요건**

　　i) 신청한 행위가 공권력의 행사에 해당할 것

> **⚖ 판례**
>
> 지방자치단체장이 국유 잡종재산을 대부하여 달라는 신청을 거부한 것은 행정처분이 아니므로 행정소송으로 그 취소를 구할 수 없다(대판 1998.9.22. 98두7602).

　　ii) 거부행위가 신청인의 법률관계에 영향을 줄 것

> **⚖ 판례**
>
> 1. 건축계획심의신청에 대한 반려처분이 항고소송의 대상이 되는 행정처분에 해당한다(대판 2007.10.11. 2007두1316).
> 2. 지적공부 소관청의 지목변경신청 반려행위는 행정처분에 해당한다(대판 2004.4.22. 2003두9015 전원합의체).
> 3. 건축물대장 소관청의 용도변경신청 거부행위는 행정처분에 해당한다(대판 2009.1.30. 2007두7277).
> 4. 토지대장상의 소유자명의변경신청을 거부한 행위는 이를 항고소송의 대상이 되는 행정처분이라고 할 수 없다(대판 2012.1.12. 2010두12354).
> 5. 국세환급금결정에 의하여 비로소 환급청구권이 확정되는 것은 아니므로, 국세환급금결정을 구하는 신청에 대한 환급거부결정은 처분이라고 볼 수 없다(대판 2009.11.26. 2007두4018).

iii) 법규상 또는 조리상 신청권이 있을 것: 판례는 신청권의 존부를 거부처분의 처분성을
인정하기 위한 전제요건(성립요건)으로 보는 대상적격설을 취하며, 다만 신청권을 일
반국민을 기준으로 일반적·추상적으로 결정되는 형식적·객관적 권리로 보아 <u>단순</u>
<u>한 응답요구권의 의미</u>로 본다.

⚖️ **판례**

1. 거부행위가 항고소송의 대상이 되는 행정처분에 해당하려면, <u>행정청의 행위를 요구할 법</u>
<u>규상 또는 조리상의 신청권이 그 국민에게 있어야 한다</u>(대판 2005.2.25. 2004두4031).
2. 거부처분의 처분성을 인정하기 위한 <u>신청권의 존부</u>는 관계 법규의 해석에 의하여 일반
국민에게 그러한 신청권을 인정하고 있는가를 살펴 추상적으로 결정되는 것이고, 신청인
이 그 신청에 따른 <u>단순한 응답을 받을 권리를 넘어서 신청의 인용이라는 만족적 결과를</u>
<u>얻을 권리를 의미하는 것은 아니므로, 그 신청이 인용될 수 있는가 하는 점은 본안에서</u>
<u>판단하여야 할 사항이다</u>(대판 2009.9.10. 2007두20638).
3. <u>제소기간이 이미 도과하여 불가쟁력이 생긴 행정처분에 대하여는 그 행정처분의 변경을</u>
<u>구할 신청권이 있다 할 수 없다</u>(대판 2007.4.26. 2005두11104).
4. <u>경정청구기간이 도과한 후에 제기된 경정청구를 거절하였다고 하더라도 이를 항고소송</u>
<u>의 대상이 되는 거부처분으로 볼 수 없다</u>(대판 2017.8.23. 2017두38812).

ⓒ 구체적 검토
i) 재임용 및 신규임용자에 대한 거부의 경우

⚖️ **판례** | 거부의 처분성을 긍정한 사례

1. 기간제로 임용되어 임용기간이 만료된 국·공립대학의 조교수는 재임용되리라는 기대를
가지고 재임용 여부에 관하여 합리적인 기준에 의한 공정한 심사를 요구할 법규상 또는
조리상 신청권을 가진다고 할 것이니, 재임용을 거부하는 취지로 한 <u>임용기간만료의 통</u>
<u>지</u>는 행정소송의 대상이 되는 처분에 해당한다(대판 2004.4.22. 2000두7735 전원합의체).
2. 다수의 임용지원자 중 유일한 면접심사 대상자로 선정되는 등 임용될 것을 <u>상당한 정도</u>
<u>로 기대할 수 있는 지위</u>에 이르렀다면, <u>대학교원으로 임용해 줄 것을 신청할 조리상의</u>
<u>권리가 있다</u>(대판 2004.6.11. 2001두7053).

⚖️ **판례** | 거부의 처분성을 부정한 사례

국·공립 대학교원 <u>임용지원자</u>는 임용권자에게 임용 여부에 대한 응답을 <u>신청할 법규상 또</u>
<u>는 조리상 권리가 없다</u>(대판 2003.10.23. 2002두12489).

ii) 직권취소

⚖️ **판례**

처분청은 별도의 법적 근거가 없더라도 스스로 이를 직권으로 취소할 수 있지만, 그와 같이
직권취소를 할 수 있다는 사정만으로 이해관계인에게 처분청에 대하여 그 취소를 요구할
신청권이 부여된 것으로 볼 수는 없다(대판 2006.6.30. 2004두701).

iii) **반복된 거부의 경우**: 판례는 신청에 대한 거부처분이 있은 후 동일한 내용의 새로운 신청에 대해 다시 거부의 의사표시를 한 경우에는 <u>반복된 거부처분의 경우에도 처분성을 긍정하고 있다</u>.

iv) **기타 판례**

> ⚖️ **판례**
>
> 1. 문화재보호구역 내에 있는 토지소유자 등으로서는 위 보호구역의 지정해제를 요구할 수 있는 법규상 또는 조리상 <u>신청권이 있다</u>고 할 것이고, 이러한 <u>신청에 대한 거부행위는</u> 항고소송의 대상이 되는 행정처분에 해당한다(대판 2004.4.27, 2003두8821).
>
> 2. <u>피해자의 의사와 무관하게 주민등록번호가 유출된 경우</u>에는 조리상 주민등록번호의 변경을 요구할 <u>신청권을 인정함</u>이 타당하고, 구청장의 주민등록번호 변경신청 거부행위는 항고소송의 대상이 되는 행정처분에 해당한다(대판 2017.6.15. 2013두2945).
>
> 3. 건축허가를 받았다가 착공에 앞서 건축주의 귀책사유로 해당 토지를 사용할 권리를 상실한 경우, 토지 소유자로서는 건축허가의 철회를 신청할 수 있다. 따라서 토지 소유자의 위와 같은 신청을 거부한 행위는 항고소송의 대상이 된다(대판 2017.3.15. 2014두41190).
>
> 4. 고속도로 건설공사에 편입되는 토지소유자들을 대위하여 토지면적등록 정정신청을 하였으나 화성시장이 이를 반려한 사안에서, 반려처분은 항고소송 대상이 되는 행정처분에 해당한다(대판 2011.8.25. 2011두3371).
>
> 5. <u>산업단지개발계획상 산업단지 안의 토지 소유자로서 산업단지개발계획에 적합한 시설을 설치하여 입주하려는 자</u>는 산업단지지정권자 또는 그로부터 권한을 위임받은 기관에 대하여 <u>산업단지개발계획의 변경을 요청할 수 있는 법규상 또는 조리상 신청권이 있다</u>(대판 2017.8.29. 2016두44186).

⑥ **공권력의 행사나 그 거부에 준하는 행정작용**

㉠ **행정계획**

> ⚖️ **판례** | 처분성을 인정한 사례
>
> 1. <u>표준지공시지가결정</u>이 위법한 경우에는 그 자체를 행정소송의 대상이 되는 행정처분으로 보아 그 위법 여부를 다툴 수 있음은 물론, 수용보상금의 증액을 구하는 소송에서도 비교표준지공시지가결정의 위법을 독립한 사유로 주장할 수 있다(대판 2008.8.21. 2007두13845).
>
> 2. <u>개별토지가격</u>에 대하여 이의가 있는 토지소유자 및 이해관계인은 조사지침에 기한 재조사청구나 행정심판법에 다른 행정심판청구 중 하나만을 거쳐 곧바로 행정소송을 제기하는 것이 가능하다(대판 1998.6.26. 98두6098).
>
> 3. 도시계획법 소정의 <u>도시계획결정</u>은 처분이라 할 것이다(대판 1982.3.9. 80누105).
>
> 4. <u>도시계획법에서 규정한 사업인정</u>은 수용권을 설정하여 주는 행정처분의 성격을 띠는 것이다(대판 1994.5.24. 93누24230).

> ⚖️ **판례** | 처분성을 부정한 사례
>
> 1. <u>도시기본계획</u>은 일반 국민에 대한 직접적인 구속력은 없는 것이다(대판 2002.10.11. 2000두8226).
>
> 2. <u>환지계획</u>은 처분에 해당한다고 할 수 없다(대판 1999.8.20. 97누6889).

ⓒ 행정지도

> **⚖ 판례** 처분성을 긍정한 사례

1. 국가인권위원회의 성희롱결정과 이에 따른 시정조치의 권고는 행정소송의 대상이 되는 행정처분에 해당한다(대판 2005.7.8. 2005두487).
2. 금융기관의 임원에 대한 금융감독원장의 문책경고는 행정처분에 해당한다(대판 2005.2.17. 2003두14765).
3. 공정거래위원회의 '표준약관 사용권장행위'는 행정처분으로서 항고소송의 대상이 된다(대판 2010.10.14. 2008두23184).
4. 법률 위반을 이유로 한 공정거래위원회의 경고의결은 행정처분에 해당한다(대판 2013.12.26. 2011두4930).

> **⚖ 판례** 처분성을 부정한 사례

1. 세무당국이 소외 회사에 대하여 원고와의 주류거래를 일정기간 중지하여 줄 것을 요청한 행위는 권고 내지 협조를 요청하는 권고적 성격의 행위로서 항고소송의 대상이 될 수 없다(대판 1980.10.27. 80누395).
2. 공무원이 소속 장관으로부터 받은 "직상급자와 다투고 폭언하는 행위 등에 대하여 엄중 경고하니 차후 이러한 사례가 없도록 각별히 유념하기 바람"이라는 내용의 서면에 의한 경고는 행정처분이라고 할 수 없다(대판 1991.11.12. 91누2700).

ⓒ 권력적 사실행위 : 단순한 사실행위는 처분성이 부인되나, 권력적 사실행위는 공권력에 해당하여 처분성이 인정된다. 다만 권력적 사실행위는 비교적 단시간 내에 목적을 달성하고 종료되기 때문에 행정소송으로 다툴 실익이 없는 것이 보통이다.

> **⚖ 판례**
>
> 교도소장이 수형자 갑을 '접견내용 녹음·녹화 및 접견 시 교도관 참여대상자'로 지정한 행위는 '처분'에 해당한다(대판 2014.2.13. 2013두20899).

ⓒ 기타
  i) 반복된 행위 : 반복된 거부처분의 경우와 달리 대집행법상 2차·3차의 계고처분, 국세징수법상 2차 독촉과 같은 반복된 행위의 경우 그 2차, 3차의 행위는 새로운 처분이 아니라 독촉이나 연기통지에 불과하다.
  ii) 경정처분 : 경정처분이란 과세처분 등을 한 뒤 그 처분을 증액 또는 감액하는 내용의 처분을 말한다. 판례는 감액경정처분의 경우에는 당초처분 중 경정처분에 의하여 취소되지 않고 남은 부분이 소송의 대상이 되며(역흡수설), 증액경정처분의 경우에는 당초처분은 증액경정처분에 흡수되어 소멸하고 그 증액경정처분만이 소송의 대상이 된다고 한다(흡수설). 따라서 감액경정처분의 경우에는 감액되고 남은 당초처분을 기준으로 제소기간을 판단하여야 한다.

> **⚖ 판례** 감액경정처분의 경우
>
> 행정청이 납부의무자에 대하여 과징금 부과처분을 한 후 그 부과처분의 하자를 이유로 과징금의 액수를 감액하는 경우에 그 실질은 당초 부과처분의 변경이고, 항고소송의 대상은 처음의 부과처분 중 감액처분에 의하여 취소되지 않고 남은 부분이고 감액처분이 항고소송의 대상이 되는 것은 아니다(대판 2008.2.15. 2006두3957).

판례 증액경정처분의 경우

1. 증액경정처분의 경우 당초 처분은 증액경정처분에 흡수되어 독립된 존재가치를 상실하고 오직 증액경정처분만이 쟁송의 대상이 되어 납세의무자로서는 증액된 부분만이 아니라 당초 처분에서 확정된 과세표준과 세액에 대하여도 그 위법 여부를 다툴 수 있는 것이지만, 증액경정처분이 제척기간 도과 후에 이루어진 경우에는 증액부분만이 무효로 되고 당초 처분에 의하여 이미 확정되었던 부분에 대하여 다시 위법 여부를 다툴 수는 없다(대판 2004.2.13. 2002두9971).

2. 증액경정처분이 있는 경우, 당초 신고나 결정은 증액경정처분에 흡수됨으로써 독립한 존재가치를 잃고 증액경정처분만이 항고소송의 심판대상이 되고, 납세의무자는 그 항고소송에서 당초 신고나 결정에 대한 위법사유도 함께 주장할 수 있다고 해석함이 타당하다(대판 2009.5.14. 2006두17390).

3. 증액경정처분이 있는 경우 당초처분은 증액경정처분에 흡수되어 소멸하고, 소멸한 당초처분의 절차적 하자는 존속하는 증액경정처분에 승계되지 아니한다(대판 2010.6.24. 2007두16493).

iii) 내부행위

판례 처분성을 부정한 사례

1. 정부의 수도권 소재 공공기관의 지방이전시책을 추진하는 과정에서 도지사가 도 내 특정시를 공공기관이 이전할 혁신도시 최종입지로 선정한 행위는 항고소송의 대상이 되는 행정처분이 아니다(대판 2007.11.15. 2007두10198).

2. 해양수산부장관의 항만 명칭결정은 행정처분이 아니다(대판 2008.5.29. 2007두23873).

3. 법인세 과세표준 결정이나 손금불산입 처분은 행정처분이라고 할 수 없다(대판 1996.9.24. 95누12842).

4. 시험승진후보자명부에 등재되어 있던 자를 그 명부에서 삭제한 행위는 행정청 내부의 준비과정에 불과하고, 행정처분이 된다고 할 수 없다(대판 1997.11.14, 97누7325).

판례 처분성을 인정한 사례

1. 세무조사결정은 납세의무자의 권리·의무에 직접 영향을 미치는 공권력의 행사에 따른 행정작용으로서 항고소송의 대상이 된다(대판 2011.3.10. 2009두23617).

2. 장애연금 지급을 위한 장애등급 결정은 처분에 해당하며, 장애연금 지급청구권을 취득할 당시의 법령에 따르는 것이 원칙이다(대판 2014.10.15. 2012두15135).

3. 진실·화해를 위한 과거사정리 기본법이 규정하는 진실규명결정은 행정처분이다(대판 2013.1.16. 2010두22856).

4. 승진후보자 명부에 포함되어 있던 후보자를 승진임용인사발령에서 제외하는 행위는 항고소송의 대상인 처분에 해당한다(대판 2018.3.27. 2015두47492).

5. 친일반민족행위자재산조사위원회의 재산조사개시결정은 행정처분이다(대판 2009.10.15. 2009두6513).

6. 정보통신윤리위원회가 특정 인터넷사이트를 청소년유해매체물로 결정한 행위가 항고소송의 대상이 되는 행정처분에 해당한다(대판 2007.6.14. 2005두4397).

iv) **중간행위**: 부지사전승인처분과 같은 부분허가는 부분적이긴 하나 일정한 법률 효과를 발생시키므로 처분성이 인정되고(다만 부지사전승인처분 후 건설허가처분이 있게 되면 건설허가처분만이 취소소송의 대상이 된다), 폐기물사업계획서 부적정통보와 같은 예비결정도 상대방의 권리의무에 직접적인 영향을 미치므로 처분성이 인정된다.

v) **특별한 불복절차를 두고 있는 경우**: 통고처분, 과태료처분, 검사의 불기소처분 등 개별법에서 특별한 불복절차를 규정하고 있는 경우 처분이 아니다.

⑦ 기타 처분성이 문제되는 경우

㉠ 공부의 기재행위 등

> ⚖️ **판례** | 처분성을 긍정한 사례
>
> 1. 건축물대장을 직권말소한 행위는 국민의 권리관계에 영향을 미치는 것으로서 항고소송의 대상이 되는 행정처분에 해당한다(대판 2010.5.27. 2008두22655).
> 2. 토지대장을 직권으로 말소한 행위는 행정처분에 해당한다(대판 2013.10.24. 2011두13286).
> 3. 지목변경신청 반려행위는 행정처분에 해당한다(대판 2004.4.22. 2003두9015).
> 4. 건축물대장 소관청의 용도변경신청 거부행위는 행정처분에 해당한다(대판 2009.1.30. 2007두7277).
> 5. 건축물대장의 작성신청을 거부한 행위는 행정처분에 해당한다(대판 2009.2.12. 2007두17359).
> 6. 지적 소관청의 토지분할신청 거부행위는 행정처분이다(대판 1992.12.8. 92누7542).

> ⚖️ **판례** | 처분성을 부정한 사례
>
> 1. 토지대장상의 소유자명의변경신청을 거부한 행위는 행정처분이라고 할 수 없다(대판 2012.1.12. 2010두12354).
> 2. 무허가 건물관리대장에 등재되어 있다가 그 후 삭제되었다고 하더라도 삭제행위의 취소를 구하는 소는 부적법하다(대판 2009.3.12. 2008두11525).
> 3. 과세관청이 위장사업자의 사업자명의를 직권으로 실사업자의 명의로 정정하는 행위는 행정처분으로 볼 수 없다(대판 2011.1.27, 2008두2200).

㉡ 신고의 수리 또는 거부, 이행통지 등: 자기완결적 신고의 수리 또는 거부에는 처분성이 인정되지 않으나, 행위요건적 신고의 수리 또는 거부에는 처분성이 인정된다는 것이 전통적 견해이다. 다만 최근 판례는 건축신고의 반려행위에 대해 처분성을 인정하고 있다.

> ⚖️ **판례**
>
> 납골당설치 신고를 한 갑 교회에 납골당설치 신고사항 이행통지를 한 경우, 이행통지는 납골당설치 신고수리를 하였다고 보는 것이 타당하고, 이를 수리처분과 별도로 처분으로 볼 수 없다(대판 2011.9.8. 2009두6766).

3. 재결

(1) 원처분주의

현행 행정소송법 제19조 단서에서는 "재결취소소송은 재결 자체에 고유한 위법이 있음을 이유로 하는 경우에 한한다."고 규정하여 원처분주의를 취하고 있다.

(2) 재결 자체에 고유한 위법

> **⚖ 판례**
>
> 1. '재결 자체에 고유한 위법'이란 원처분에는 없고 재결에만 있는 재결청의 권한 또는 구성의 위법, 재결의 절차나 형식의 위법, 내용의 위법 등을 뜻하고, 그중 내용의 위법에는 위법·부당하게 인용재결을 한 경우가 해당한다(대판 1997.9.12. 96누14661).
>
> 2. 재결에 이유모순의 위법이 있다는 사유는 재결처분 자체에 고유한 하자로서 재결처분의 취소를 구하는 소송에서는 그 위법사유로서 주장할 수 있으나, 원처분의 취소를 구하는 소송에서는 그 취소를 구할 위법사유로서 주장할 수 없다(대판 1996.2.13. 95누8027).

(3) 재결내용에 고유한 위법

① 각하재결

> **⚖ 판례**
>
> 행정심판청구가 부적법하지 않음에도 각하한 재결은 원처분에 없는 고유한 하자가 있는 경우에 해당하고, 따라서 위 재결은 취소소송의 대상이 된다(대판 2001.7.27. 99두2970).

② 기각재결 : 청구기각재결을 한 경우에는 원칙적으로 재결 자체에 고유한 하자가 있는 것이 아니어서 원처분을 대상으로 행정소송을 제기해야 한다.

③ 인용재결

> **⚖ 판례**
>
> 1. 제3자효를 수반하는 행정행위에 대한 행정심판청구에 있어서 그 청구를 인용하는 내용의 재결로 인하여 비로소 권리이익을 침해받게 되는 자는 재결에 고유한 하자를 주장하는 셈이어서 당연히 항고소송의 대상이 된다(대판 2001.5.29. 99두10292).
>
> 2. 인용재결청인 문화체육부장관 스스로가 직접 당해 사업계획승인처분을 취소하는 형성적 재결을 한 경우에는 그 재결 외에 그에 따른 행정청의 별도의 처분이 있지 않기 때문에 재결 자체를 쟁송의 대상으로 할 수밖에 없다(대판 1997. 12. 23. 96누10911).

④ 수정재결·일부취소(인용재결)

> **⚖ 판례**
>
> 원고에 대한 감봉 1월의 징계처분을 견책으로 변경한 경우 소청결정 자체에 고유한 위법을 주장하는 것으로 볼 수 없어, 이는 이 사건 소청결정의 취소사유가 될 수 없는 것이다(대판 1993.8.24. 93누5673).

05

⑤ 처분명령재결에 따른 변경처분의 경우

> **판례**
>
> 행정청이 영업자에게 행정제재처분을 한 후 영업자에게 <u>유리하게 변경하는 처분</u>을 한 경우, <u>취소소송의 대상은 변경된 내용의 당초 처분</u>이지 변경처분은 아니고, 제소기간의 준수 여부도 변경처분이 아닌 변경된 내용의 당초 처분을 기준으로 판단한다(대판 2007.4.27. 2004두9302).

(4) 재결 자체에 고유한 위법 여부의 판결 형태

> **판례**
>
> <u>재결 자체에 고유한 위법이 없는 경우</u> 재결취소소송은 <u>기각</u>한다(대판 1994.1.25. 93누16901).

(5) 원처분주의에 대한 예외

① 일반론: 행정소송법의 원처분주의에 대한 예외로 <u>개별법에서 재결주의를 채택한 경우</u>가 있다.

　㉠ 감사원의 재심판정

> **판례**
>
> 감사원의 변상판정처분에 대하여서는 행정소송을 제기할 수 없고, 재결에 해당하는 재심의 판정에 대하여서만 행정소송을 제기할 수 있다(대판 1984.4.10. 84누91).

　㉡ 중앙노동위원회의 재심판정: 노동위원회법에서도 원처분이 아닌 재심판정(재결)을 대상으로 소송을 제기할 수 있도록 규정하고 있어, 재결주의를 취하고 있다.

　㉢ 특허심판원의 심결: 특허출원에 대한 심사관의 거절결정에 대하여 행정소송을 제기할 수 없고, 특허심판원에 심판청구를 한 후 그 심결을 소송대상으로 하여 특허법원에 심결취소를 구하는 소를 제기하여야 한다.

② 재결주의에서의 청구: 개별법률에서 재결주의를 규정하는 경우 취소소송을 제기하기 전에 행정심판을 필요적으로 경유할 것이 요구된다(헌재 2001.6.28. 2000헌바77). 다만 판례는 원처분이 무효인 경우 재결을 거칠 필요 없이 무효확인의 소를 제기할 수 있다고 본다(대판 1993.1.19. 91누8050 전원합의체).

③ 관련문제 − 교원의 징계처분: 교원이 해임 등 징계처분을 받은 경우는 사립학교 교원의 경우와 국·공립학교 교원의 경우가 서로 다르다.

　㉠ 사립학교 교원의 경우: 사립학교 교원과 학교법인의 관계는 <u>사법(私法)관계</u>에 해당하므로 <u>사립학교 교원이 학교법인으로부터 해임처분을 받은 경우에는 민사소송을 제기하거나</u>, 「교원의 지위 향상 및 교육활동 보호를 위한 특별법」에 따라 <u>교원소청심사위원회에 소청심사를 청구할 수 있다.</u> 이 경우 교원소청심사위원회의 <u>소청심사결정은 행정소송의 대상이 되는 처분이 되므로 이에 대한 취소소송 제기가 가능하며 피고는 교원소청심사위원회가 된다.</u>

> ⚖️ **판례**
>
> 사립학교 교원과 학교법인의 관계를 공법상의 권력관계라고는 볼 수 없으므로 민사소송절차에 의할 것이다. 행정소송의 대상이 되는 행정처분은 교원징계재심위원회의 결정이지 학교법인의 해임처분이 행정처분으로 의제되는 것이 아니며 교원징계재심위원회의 결정을 행정심판으로서의 재결에 해당되는 것으로 볼 수는 없다(대판 1993.2.12. 92누13707).

ⓛ 국·공립학교 교원의 경우 : 국·공립학교 교원이 해임 등 징계처분을 받은 경우 이는 행정처분으로서 행정소송을 제기해야 한다. 공무원 징계의 경우는 예외적 행정심판전치주의가 적용되므로 반드시 소청심사위원회의 행정심판을 먼저 거쳐야 한다. 한편 소청심사위원회의 결정을 거쳐 취소소송을 제기하는 경우 행정소송법상 원처분주의가 적용되므로 원래의 징계처분을 대상으로 원처분청을 피고로 하여 취소소송을 제기해야 한다.

05 소의 제기

1. 소송요건

(1) 일반론

소송요건의 전부 또는 일부를 결여하면 소(訴)는 부적법하게 되어 법원의 판결로써 소를 각하하게 되며, 소송요건의 충족여부는 법원의 직권조사사항이다.

> ⚖️ **판례**
>
> 처분청이 처분권한을 가지고 있는가 하는 점은 직권조사사항이 아니다(대판 1996.6.25. 96누570).

(2) 제소기간

① 의의

> **행정소송법 제20조(제소기간)** ① 취소소송은 처분등이 있음을 안 날부터 90일 이내에 제기하여야 한다. 다만, 제18조 제1항 단서에 규정한 경우와 그 밖에 행정심판청구를 할 수 있는 경우 또는 행정청이 행정심판청구를 할 수 있다고 잘못 알린 경우에 행정심판청구가 있은 때의 기간은 재결서의 정본을 송달받은 날부터 기산한다.
> ② 취소소송은 처분등이 있은 날부터 1년(제1항 단서의 경우는 재결이 있은 날부터 1년)을 경과하면 이를 제기하지 못한다. 다만, 정당한 사유가 있는 때에는 그러하지 아니하다.
> ③ 제1항의 규정에 의한 기간은 불변기간으로 한다.

② 행정심판을 거치지 않은 경우

㉠ 처분 등이 있음을 안 경우

ⅰ) 처분이 송달된 경우 : 처분 등이 있음을 안 날의 의미에 대해 추상적으로 알 수 있었던 날을 의미하는 것은 아니라 처분이 있었음을 현실적으로 안 날로 보며, 구체적으로 그 위법 여부를 판단한 날을 가리키는 것은 아니라고 보는 것이 판례의 입장이다. 한편 판례는 적법한 송달이 있었다면 반증이 없는 한 그 처분이 있음을 알았다고 추정할 수 있다고 본다(대판 1995.11.24. 95누11535).

⚖ **판례**

1. "처분이 있음을 안 날"이란 처분이 있었다는 사실을 현실적으로 안 날을 의미하고 행정처분의 위법 여부를 판단한 날을 가리키는 것은 아니다(대판 1991.6.28. 90누6521).

2. '처분이 있음을 안 날'이라 함은 당사자가 통지·공고 기타의 방법에 의하여 당해 처분이 있었다는 사실을 현실적으로 안 날을 의미하고, 추상적으로 알 수 있었던 날을 의미하는 것은 아니지만, 처분에 관한 서류가 당사자의 주소지에 송달되는 등 사회통념상 처분이 있음을 당사자가 알 수 있는 상태에 놓여진 때에는 반증이 없는 한 그 처분이 있음을 알았다고 추정할 수 있다(대판 1999.12.28. 99두9742).

3. 통보서를 송달받기 전에 정보공개를 청구하여 위 처분을 하는 내용의 통보서를 비롯한 일체의 서류를 교부받은 날부터 기산하여 위 소는 제소기간을 넘긴 것으로서 부적법하다고 본 원심판결에는 법리를 오해한 위법이 있다(대판 2014.9.25. 2014두8254).

ii) 고시 또는 공고의 경우

⚖ **판례**

1. 통상 고시 또는 공고에 의하여 행정처분을 하는 경우 상대방이 불특정 다수이므로, 그 행정처분에 이해관계를 갖는 자가 고시 또는 공고가 있었다는 사실을 현실적으로 알았는지 여부에 관계없이 고시가 효력을 발생하는 날 행정처분이 있음을 알았다고 보아야 한다(대판 2007.6.14. 2004두619).

2. 특정인에 대한 행정처분을 주소불명 등의 이유로 송달할 수 없어 관보·공보·게시판·일간신문 등에 공고한 경우에는, 공고가 효력을 발생하는 날에 상대방이 그 행정처분이 있음을 알았다고 볼 수는 없고, 상대방이 당해 처분이 있었다는 사실을 현실적으로 안 날에 그 처분이 있음을 알았다고 보아야 한다(대판 2006.4.28. 2005두14851).

iii) 법률의 위헌결정

⚖ **판례**

처분 당시에는 취소소송의 제기가 법제상 허용되지 않아 소송을 제기할 수 없다가 위헌결정으로 인하여 비로소 취소소송을 제기할 수 있게 된 경우, 객관적으로는 '위헌결정이 있은 날', 주관적으로는 '위헌결정이 있음을 안 날'을 제소기간의 기산점으로 삼아야 한다(대판 2008.2.1. 2007두20997).

iv) 불변기간 : 제소기간은 법원이 늘이거나 줄일 수 없는 불변(不變)기간이다(행정소송법 제20조 제3항). 다만 행정소송법 제8조에 의해 준용되는 민사소송법 제172조와 제173조에 따르면 주소 또는 거소가 멀리 떨어진 곳에 있는 사람을 위하여 부가기간을 정할 수 있고, 당사자가 그 책임을 질 수 없는 사유로 말미암아 불변기간을 지킬 수 없었던 경우에는 그 사유가 없어진 날부터 14일 내에 해태된 소송행위를 추완할 수 있다. 국외에서 소송행위를 추완하는 경우에는 그 기간은 30일로 한다(행정소송법 제5조).

v) 불고지·오고지의 경우 : 행정심판법은 불고지·오고지의 효과에 관한 규정이 있으나, 행정소송법에는 그와 관련한 규정이 없다. 판례는 오고지에 관한 규정은 행정소송법에는 적용되지 않는다고 본다.

> **판례**
>
> 행정청이 법정 심판청구기간보다 긴 기간으로 잘못 알린 경우에 그 잘못 알린 기간 내에 심판청구가 있으면 그 심판청구는 법정 심판청구기간 내에 제기된 것으로 본다는 취지의 행정심판법 제18조 제5항의 규정은 행정심판 제기에 관하여 적용되는 규정이지, 행정소송 제기에도 당연히 적용되는 규정이라고 할 수는 없다(대판 2001.5.8. 2000두6916).

ⓛ 처분이 있음을 알지 못한 경우

  i) 원칙

> **판례**
>
> "처분이 있은 날"이라 함은 행정처분이 상대방에게 고지되어 효력이 발생한 날을 말한다(대판 1990.7.13. 90누2284).

  ii) 예외 : 정당한 사유가 있는 경우에는 1년이 경과하더라도 소송을 제기할 수 있는데, 정당한 사유란 제소기간 내에 소를 제기하지 못함을 정당화할 만한 객관적인 사유로서 민사소송법 제173조 제1항의 책임질 수 없는 사유나 행정심판법 제27조 제2항의 천재지변·전쟁·사변·그 밖의 불가항력의 사유보다 넓은 개념으로 제소기간경과의 원인 등 여러 사정을 종합하여 사회통념에 따라 판단하여야 한다(대판 1991.6.28. 90누6521).

> **판례**
>
> 1. 행정처분의 직접 상대방이 아닌 제3자는 일반적으로 처분이 있는 것을 바로 알 수 없는 처지에 있으므로, "정당한 사유"가 있는 경우에 해당한다고 보아 심판청구기간이 경과한 뒤에도 심판청구를 제기할 수 있다(대판 1992.7.28. 91누12844).
> 2. 제3자가 어떤 경위로든 행정처분이 있음을 안 이상 처분이 있음을 안 날로부터 90일 이내에 심판청구를 하여야 한다(대판 1995.8.25. 94누12494).

ⓒ 90일과 1년의 관계 : 두 기간 중 어느 하나의 기간이라도 먼저 경과하면 취소소송을 제기할 수 없다.

③ 행정심판을 거친 경우

  ⓛ 정본을 송달받은 경우 : 행정심판을 거쳐 취소소송을 제기하는 경우 취소소송은 재결서의 정본을 송달받은 날로부터 90일 이내에 제기하여야 한다(행정소송법 제20조 제1항 단서).

> **판례**
>
> 1. 이미 제소기간이 지남으로써 불가쟁력이 발생하여 불복청구를 할 수 없었던 경우라면 그 이후에 행정청이 행정심판청구를 할 수 있다고 잘못 알렸다고 하더라도 잘못된 안내에 따라 청구된 행정심판 재결서 정본을 송달받은 날부터 다시 취소소송의 제소기간이 기산되는 것은 아니다(대판 2012.9.27. 2011두27247).

2. 처분이 있음을 안 날부터 90일을 넘겨 청구한 부적법한 행정심판청구에 대한 재결이 있은 후 재결서를 송달받은 날부터 90일 이내에 원래의 처분에 대하여 취소소송을 제기하였다고 하여 취소소송이 다시 제소기간을 준수한 것으로 되는 것은 아니다(대판 2011.11.24. 2011두18786).

ⓒ 정본을 송달받지 못한 경우: 재결서의 정본을 송달받지 못한 경우에는 재결이 있은 날부터 1년이 경과하면 취소소송을 제기하지 못한다(행정소송법 제20조 제2항).

④ 제소기간의 기준시점: 행정소송법에 따른 소 종류변경의 경우 새로운 소에 대한 제소기간을 준수하였는지는 처음의 소를 제기한 때를 기준으로 판단하나, 민사소송법에 따라 청구취지를 변경하여 구(舊)소가 취하되고 새로운 소가 제기된 것으로 변경되었을 때에 새로운 소에 대한 제소기간을 준수하였는지는 원칙적으로 소의 변경이 있은 때를 기준으로 판단한다.

⚖ **판례**

재조사결정에 따른 행정소송의 제소기간은 이의신청인 등이 후속 처분의 통지를 받은 날부터 기산된다(대판 2010.6.25. 2007두12514 전원합의체).

⑤ 제소기간 도과의 효과: 제소기간은 소송요건이므로 이를 흠결한 소제기는 부적법한 것으로서 각하된다. 그리고 제소기간 준수 여부는 직권조사사항이므로 법원은 항변의 유무와 관계없이 판단해야 하며, 제소기간이 경과하면 취소소송의 제기는 부적법하게 되므로 행정처분은 형식적으로 확정된다. 그러나 당사자는 무효등확인소송 또는 처분의 위법을 이유로 국가배상소송을 제기할 수 있고 행정청은 직권으로 취소할 수 있다.

(3) 전심절차(前審節次)

① 행정심판과 행정소송의 관계: 임의적 행정심판전치주의와 필요적 행정심판전치주의의 두 가지 입법례가 있다.

② 임의적 행정심판전치주의(원칙)

행정소송법 제18조(행정심판과의 관계) ① 취소소송은 법령의 규정에 의하여 당해 처분에 대한 행정심판을 제기할 수 있는 경우에도 이를 거치지 아니하고 제기할 수 있다. 다만, 다른 법률에 당해 처분에 대한 행정심판의 재결을 거치지 아니하면 취소소송을 제기할 수 없다는 규정이 있는 때에는 그러하지 아니하다.

③ 필요적 행정심판전치주의(예외)

㉠ 의의 및 개별법의 규정: 행정소송법 제18조 제1항 단서는 예외적으로 필요적 행정심판전치주의를 채택하고 있다. 개별법의 규정에는 국가공무원법, 지방공무원법, 교육공무원법, 국세기본법, 지방세기본법, 도로교통법 등이 있다.

㉡ 행정심판의 적법성

⚖ **판례**

1. 행정심판청구가 기간 도과로 인하여 부적법한 경우에는 행정소송 역시 전치의 요건을 충족치 못한 것이 되어 부적법 각하를 면치 못하는 것이다(대판 1991.6.25. 90누8091).

2. 행정청이 착오로 부적법한 것으로 각하하였다 하더라도 전치의 요건을 충족하였다(대판 1990.10.12. 90누2383).

ⓒ 전치요건 충족의 시기 및 판단 : 행정심판전치의 요건은 취소소송의 제기요건이므로 제기 당시에 충족되어야 하나, 판례는 행정소송의 제기 후에도 사실심변론종결시까지 행정심판절차를 거친 경우에는 이 요건의 흠결은 치유된 것으로 보고 있다.

> **⚖ 판례**
>
> 소송계속 중 심사청구 및 심판청구를 하여 각 기각결정을 받았다면 원심변론종결일 당시에는 위와 같은 전치요건흠결의 하자는 치유되었다고 볼 것이다(대판 1987.4.28. 86누29).

② 필요적 전치주의의 예외

행정심판을 제기한 후 재결을 거치지 아니하고 취소소송을 제기할 수 있는 경우	행정심판을 제기함이 없이 취소소송을 제기할 수 있는 경우
1. 행정심판청구가 있은 날로부터 60일이 지나도 재결이 없는 때 2. 처분의 집행 또는 절차의 속행으로 생길 중대한 손해를 예방하여야 할 긴급한 필요가 있는 때 3. 법령의 규정에 의한 행정심판기관이 의결 또는 재결을 하지 못할 사유가 있는 때 4. 그 밖의 정당한 사유가 있는 때	1. 동종사건에 관하여 이미 행정심판의 기각재결이 있은 때 2. 서로 내용상 관련되는 처분 또는 같은 목적을 위하여 단계적으로 진행되는 처분 중 어느 하나가 이미 행정심판의 재결을 거친 때 3. 행정청이 사실심의 변론종결 후 소송의 대상인 처분을 변경하여 당해 변경된 처분에 관하여 소를 제기하는 때 4. 처분을 행한 행정청이 행정심판을 거칠 필요가 없다고 잘못 알린 때

◎ 필요적 전치주의의 적용범위

  i) 적용되는 소송형태 : 필요적 전치주의는 취소소송의 경우와 부작위위법확인소송을 제기하는 경우에만 적용이 되고, 무효등확인소송에서는 적용되지 아니한다. 한편 무효선언을 구하는 의미의 취소소송에도 필요적 전치주의가 적용된다.

  ii) 복수의 행정심판절차가 규정되어 있는 경우 : 관계법령이 둘 이상의 행정심판절차를 규정하고 있는 경우 하나만 거치면 족하다.

ⓗ 처분의 상대방이 아닌 제3자가 제소하는 경우 : 처분의 상대방이 아닌 제3자가 제소하는 경우에도 필요적 전치주의가 적용된다.

④ 행정심판과 행정소송의 관련성

> **⚖ 판례**
>
> 원고는 전심절차에서 주장하지 아니한 공격방어방법을 소송절차에서 주장할 수 있고 원고가 전심절차에서 주장하지 아니한 처분의 위법사유를 소송절차에서 새롭게 주장하였다고 하여 다시 그 처분에 대하여 별도의 전심절차를 거쳐야 하는 것은 아니다(대판 1996.6.14. 96누754).

2. 소의 변경

(1) 의의

소의 변경이란 소송의 계속 중에 원고가 <u>청구를 변경하는 것</u>을 말하며, 민사소송과는 달리 행정 소송법은 소의 종류의 변경과 처분변경으로 인한 소의 변경 등을 인정하고 있다.

(2) 소의 종류의 변경

> **행정소송법 제21조(소의 변경)** ① 법원은 취소소송을 당해 처분등에 관계되는 사무가 귀속하는 국가 또는 공공단체에 대한 당사자소송 또는 취소소송외의 항고소송으로 변경하는 것이 상당하다고 인정할 때에는 청구의 기초에 변경이 없는 한 <u>사실심의 변론종결시까지</u> <u>원고의 신청에 의하여</u> 결정으로써 소의 변경을 허가할 수 있다.
> ② 제1항의 규정에 의한 허가를 하는 경우 피고를 달리하게 될 때에는 법원은 새로이 피고로 될 자의 의견을 들어야 한다.
> ③ 제1항의 규정에 의한 허가결정에 대하여는 즉시항고할 수 있다.

<u>소의 종류의 변경은 취소소송을 당사자소송이나 취소소송 외의 항고소송으로 변경하는 경우뿐만 아니라, 무효등확인소송·부작위위법확인소송을 다른 항고소송이나 당사자소송으로 변경하거나 당사자소송을 항고소송으로 변경하는 경우에도 인정된다.</u> 소의 변경을 허가하는 결정이 있게 되면 새로운 소는 변경시가 아닌 변경된 <u>구(舊)소를 제기한 때 제기된 것으로 보며, 변경된 구소는 취하된 것으로 본다.</u>

(3) 처분변경으로 인한 소의 변경

> **행정소송법 제22조(처분변경으로 인한 소의 변경)** ① 법원은 행정청이 소송의 대상인 처분을 소가 제기된 후 변경한 때에는 <u>원고의 신청에 의하여</u> 결정으로써 청구의 취지 또는 원인의 변경을 허가할 수 있다.
> ② 제1항의 규정에 의한 신청은 처분의 변경이 있음을 안 날로부터 60일 이내에 하여야 한다.

3. 처분사유의 추가·변경

(1) 의의

처분사유의 추가·변경이란 당초 처분시에는 존재하였지만 처분이유로 제시되지 아니하였던 사실 및 법적 근거를 소송계속 중에 추가하거나 변경하는 것을 말한다. 예를 들면 청소년에게 술을 판매했다는 이유로 한 영업취소에 대한 취소소송에서 소송도중 가짜 주류를 판매했다는 사유를 추가·변경하는 경우를 들 수 있다.

(2) 구별개념

① 근거법령의 추가·변경

> ⚖️ **판례**
>
> 처분청이 구체적 <u>사실을 변경하지 아니하는 범위 내에서</u> 단지 그 처분의 <u>근거법령만을 추가·변경</u> 하거나 당초의 처분사유를 구체적으로 표시하는 것에 불과한 경우에는 새로운 처분사유의 추가·변경에 해당하지 않는다(대판 2007.2.8. 2006두4899).

② 하자의 치유 및 전환: 처분사유의 추가·변경은 이미 처분시에 객관적으로 존재하였던 사유를 대상으로 하는 실체법상 적법성의 주장에 관한 소송법상 문제라는 점에서, 하자의 치유와 구별된다.

(3) 허용 여부

처분사유의 추가·변경을 허용할 것인지에 대해 <u>행정소송법에서는</u> <u>규정을</u> 두고 있지 <u>않다.</u> 판례는 당초 처분사유와 <u>기본적 사실관계에서</u> 동일성이 인정되는 한도 내에서만 새로운 처분사유의 추가나 변경을 허용하는 제한적 긍정설의 입장이다.

(4) 허용범위 및 한계

① 기본적 사실관계의 동일성

㉠ 의의 및 판단기준

> ⚖️ **판례**
>
> 1. 처분청은 당초 처분의 근거로 삼은 사유와 기본적 사실관계가 동일성이 있다고 인정되는 한도 내에서만 다른 사유를 추가하거나 변경할 수 있고, 여기서 <u>기본적 사실관계의 동일성 유무는 처분사유를 법률적으로 평가하기 이전의 구체적인 사실에 착안하여 그 기초인 사회적 사실관계가 기본적인 점에서 동일한지 여부에 따라 결정되며, 처분시에 이미 존재하고 있었고 당사자도 그 사실을 알고 있었다 하여 당초의 처분사유와 동일성이 있는 것이라 할 수 없다</u>(대판 2003.12.11. 2001두8827).
> 2. 당초 처분의 근거로 제시한 사유가 <u>실질적인 내용이 없다</u>고 보는 이상, 위 추가 사유는 그와 기본적 사실관계가 동일한지 여부를 판단할 대상조차 없는 것이므로, 결국 소송단계에서 <u>처분사유를 추가하여 주장할 수 없다</u>(대판 2017.8.29. 2016두44186).

㉡ 구체적 검토

> ⚖️ **판례** │ 기본적 동일성을 인정한 사례
>
> 1. 산림형질변경허가신청에 대하여 행정청이 거부처분을 하면서 당초 거부처분의 근거로 삼은 <u>준농림지역에서의 행위제한이라는 사유</u>와 나중에 추가한 <u>자연경관 및 생태계의 교란, 국토 및 자연의 유지와 환경보전 등 중대한 공익상의 필요라는 사유</u>는 기본적 사실관계에 있어서 동일성이 인정된다(대판 2004.11.26. 2004두4482).
> 2. 국립공원에 인접한 사유와 국립공원 주변의 환경·풍치·미관 등을 크게 손상시킬 우려가 있다는 사유는 기본적 사실관계에 있어서 동일성이 인정된다(대판 2001.9.28. 2000두8684).
> 3. 외국인 갑이 법무부장관에게 <u>귀화신청</u>을 하였으나 법무부장관이 심사를 거쳐 '<u>품행 미단정</u>'을 불허사유로 신청을 받아들이지 않는 처분을 하였는데, 제1심 변론절차에서 <u>자동차관리법 위반죄로 기소유예를 받은 전력 등을 고려하였다고 주장하였다가 불법 체류한 전력이 있다는 추가적인 사정을 추가로 주장할 수 있다</u>(대판 2018.12.13. 2016두31616).

> ⚖️ **판례** │ 기본적 동일성을 부정한 사례
>
> 1. <u>기존 공동사업장과의 거리제한규정에 저촉된다는 사실</u>과 <u>최소 주차용지에 미달한다는 사실은 기본적 사실관계를 달리하는 것</u>임이 명백하나(대판 1995.11.21. 95누10952).
> 2. 관할 <u>군부대장의 동의를 얻지 못하였다는 이유</u>로 이를 불허가하였다가, 탄약창에 근접한 지점에 위치하고 있어 <u>공공의 안전과 군사시설의 보호라는 공익</u>적인 측면을 추가한 경우, 동일성이 인정되지 아니하는 별개의 사유라고 할 것이다(대판 1991.11.8. 91누70).

3. 의료보험요양기관 지정취소처분의 당초의 처분사유인 <u>의료보험법 제33조 제1항이 정하는</u> <u>본인부담금 수납대장을 비치하지 아니한 사실</u>과 같은 법 <u>제33조 제2항이 정하는 보건복지</u> <u>부장관의 관계서류 제출명령에 위반하였다는 사실</u>은 기본적 사실관계의 동일성이 없다(대 판 2001.3.23. 99두6392).

4. 중기취득세의 체납과 그 후 추가된 자동차세의 체납은 기본적 사실관계가 동일하다고 볼 수 없다(대판 1989.6.27. 88누6160).

5. 주류면허 지정조건 제6호 <u>무자료 주류판매 및 위장거래</u> 항목을 근거로 한 면허취소처분에 대한 항고소송에서, 지정조건 제2호 <u>무면허판매업자에 대한 주류판매</u>를 주장하는 것은 기본 적 <u>사실관계가 다른 사유를 내세우는 것으로서 허용될 수 없다</u>(대판 1996.9.6, 96누7427)

6. 피고가 원고의 정보공개청구에 대하여 <u>별다른 이유를 제시하지 않은</u> 채 비공개이유를 명시 하지 않은 경우에 해당하여 위법하다고 판단하면서, 소송에서 비로소 원가 관련 정보가 법 인의 영업상 비밀에 해당한다는 비공개사유를 주장하는 것은, 그 기본적 사실관계가 동일하 다고 볼 수 없는 사유를 추가하는 것이어서 허용될 수 없다(대판 2018.4.12. 2014두5477).

② 한계 : <u>처분사유의 변경으로 소송물이 변경된다면 청구가 변경되는 것이므로, 이 경우에는</u> <u>소의 변경을 하여야 한다.</u> 추가사유나 변경사유는 처분시에 객관적으로 존재하던 사유이어 야 한다. 따라서 처분 이후에 발생한 새로운 사실적·법적 사유를 추가·변경할 수는 없다.

⚖️ **판례**

기본적 사실관계의 동일성이 있다고 인정되는 한도 내에서 <u>사실심 변론종결시까지만 허용된다</u>(대 판 1999.8.20. 98두17043).

4. 소제기의 효과

소의 제기에 의하여 그 사건은 법원에 계속되며, 법원은 이를 심리하고 판결할 구속을 받는다. 당사 자는 같은 사건에 대하여 다시 소송을 제기하지 못한다(중복제소금지).

06 가구제

1. 의의

행정소송상의 가구제(假救濟)란 본안판결의 실효성을 확보하기 위하여 본안판결이 확정될 때까지 잠정적으로 권리구제를 도모하는 것을 말한다.

2. 집행정지

> **행정소송법 제23조(집행정지)** ① 취소소송의 제기는 처분등의 효력이나 그 집행 또는 절차의 속행에 영향을 주지 아니한다.
> ② 취소소송이 제기된 경우에 처분등이나 그 집행 또는 절차의 속행으로 인하여 생길 회복하기 어려운 손해를 예방하기 위하여 긴급한 필요가 있다고 인정할 때에는 본안이 계속되고 있는 법원은 당사자의 신청 또는 직권에 의하여 처분등의 효력이나 그 집행 또는 절차의 속행의 전부 또는 일부의 정지(이하 "집행정지"라 한다)를 결정할 수 있다. 다만, 처분의 효력정지는 처분등의 집행 또는 절차의 속행을 정지함으로써 목적을 달성할 수 있는 경우에는 허용되지 아니한다.
> ③ 집행정지는 공공복리에 중대한 영향을 미칠 우려가 있을 때에는 허용되지 아니한다.
> ⑤ 제2항의 규정에 의한 집행정지의 결정 또는 기각의 결정에 대하여는 즉시항고할 수 있다. 이 경우 집행정지의 결정에 대한 즉시항고에는 결정의 집행을 정지하는 효력이 없다.

(1) 집행정지의 요건

① 적극적 요건

ㄱ 신청인적격 및 집행정지 이익의 존재 : 집행정지를 신청할 수 있는 자는 본안소송의 당사자로서 법률상 이익이 있는 자이어야 한다.

ㄴ 적법한 본안소송의 계속 : 민사소송법상의 가처분이 본안소송 제기 전에 보전수단으로서 신청될 수 있는 것과 달리, 행정소송법상의 집행정지는 본안소송이 법원에 계속되어 있을 것을 요건으로 한다. 다만 본안소송의 제기와 동시에 집행정지를 신청하는 것은 허용된다.

> ⚖️ **판례**
>
> 1. 집행정지사건 자체에 의하여도 신청인의 본안청구가 적법한 것이어야 한다는 것을 집행정지의 요건에 포함시켜야 한다(대결 1999.11.26. 99부3).
> 2. 집행정지결정을 한 후 본안소송이 취하되면 집행정지결정은 당연히 그 효력이 소멸되는 것이고 별도의 취소조치를 필요로 하는 것이 아니다(대결 2007.6.28. 2005무75).

ㄷ 처분 등의 존재 : 무효인 처분은 집행정지의 대상이 된다. 집행정지는 취소소송이나 무효등확인소송인 경우에 허용되고, 부작위위법확인소송의 경우에는 허용되지 않는다. 한편 처분이 가분적인 경우에는 처분의 일부에 대한 집행정지도 가능하다. 거부처분은 집행정지의 대상이 될 수 없다.

> ⚖️ **판례**
>
> 허가신청에 대한 거부처분은 그 효력이 정지되더라도 행정청에 대하여 어떠한 처분을 명하는 등 적극적인 상태를 만들어 내는 경우를 포함하지 아니하는 것이므로, 교도소장이 접견허가거부처분의 효력을 정지할 필요성이 없다(대결 1991.5.2. 91두15).

㉣ 회복하기 어려운 손해발생의 우려 : 중대한 불이익을 규정한 행정심판법과는 달리 행정소송법은 회복하기 어려운 손해발생의 우려는 규정하고 있다. 판례는 '회복하기 어려운 손해'라고 함은 특별한 사정이 없는 한 금전으로 보상할 수 없는 손해를 의미하며, 손해의 규모가 현저하게 클 필요는 없으나, 기업의 경우 중대한 경영상의 위기를 회복하기 어려운 손해의 판단기준의 하나로 보고 있다.

> **⚖️ 판례** 회복하기 어려운 손해에 해당한다고 본 사례
>
> 1. "회복하기 어려운 손해"라 함은 특별한 사정이 없는 한 금전으로 보상할 수 없는 손해라 할 것이며 이는 금전보상이 불능한 경우뿐만 아니라 금전보상으로는 사회관념상 행정처분을 받은 당사자가 참고 견딜 수 없거나 또는 참고 견디기가 현저히 곤란한 경우의 유형, 무형의 손해를 일컫는다(대결 1992.8.7. 92두30).
> 2. 외부자금의 신규차입이 사실상 중단된 상황에서 285억원 규모의 과징금을 납부하기 위하여 무리하게 외부자금을 신규차입하게 되면 사업자가 중대한 경영상의 위기를 맞게 될 것으로 보이는 경우, 그 과징금납부명령의 처분으로 인한 손해는 '회복하기 어려운 손해'에 해당한다(대결 2001.10.10. 2001무29).

> **⚖️ 판례** 회복하기 어려운 손해에 해당하지 않는다고 본 사례
>
> 유흥접객영업허가의 취소처분으로 5,000여만원의 시설비를 회수하지 못하게 된다면 생계까지 위협받게 되는 결과가 초래될 수 있다는 등의 사정이 "회복하기 어려운 손해"가 생길 우려가 있는 경우에 해당하지 않는다(대판 1991.3.2. 91두1).

② 소극적 요건

㉠ 공공복리에 중대한 영향이 없을 것

> **⚖️ 판례**
>
> 1. 공공복리에 미칠 영향이 중대한지이 여부는 절대적 기준에 의하여 판단할 것이 아니라, 신청인의 '회복하기 어려운 손해'와 '공공복리' 양자를 비교·교량하여, 전자를 희생하더라도 후자를 옹호하여야 할 필요가 있는지 여부에 따라 상대적·개별적으로 판단하여야 한다(대결 2010.5.14. 2010무48).
> 2. 집행정지의 장애사유로서의 '공공복리에 중대한 영향을 미칠 우려'라 함은 일반적·추상적인 공익에 대한 침해의 가능성이 아니라 당해 처분의 집행과 관련된 구체적·개별적인 공익에 중대한 해를 입힐 개연성을 말하는 것으로 이러한 집행정지의 소극적 요건에 대한 주장·소명책임은 행정청에게 있다(대결 2008.5.6. 2007무147).

㉡ 본안의 이유 없음이 명백하지 아니할 것 : 집행정지의 요건으로 규정되어 있지는 않지만 집행정지의 소극적 요건으로 본다.

> **⚖️ 판례**
>
> 사건 자체에 의하여도 신청인의 본안청구가 이유 없음이 명백하지 않아야 한다는 것도 효력정지나 집행정지의 요건에 포함시켜야 한다(대결 1997.4.28. 96두75).

(2) 집행정지결정의 내용

처분의 집행정지, 절차의 속행정지만으로 목적을 달성할 수 있는 경우에는 처분의 효력정지는 허용되지 않는다(행정소송법 제23조 제2항).

(3) 집행정지의 효력

집행정지결정의 효력은 신청인과 피신청인에게 미치며, 취소판결의 효력에 준하여 당사자인 행정청뿐만 아니라 관계행정청도 기속한다(행정소송법 제23조 제6항). 집행정지결정의 효력은 결정의 주문에서 정한 시기까지 잠정적으로 효력을 가진다. 집행정지결정의 효력은 정지결정대상인 처분의 발령시점에 소급하는 것이 아니라 원칙적으로 집행정지결정시점부터 장래에 향하여 효력을 발생한다.

⚖️ **판례**

행정소송법 제23조에 의한 효력정지결정의 효력은 결정주문에서 정한 시기까지 존속하고 그 시기의 도래와 동시에 효력이 당연히 소멸하므로, 보조금 교부결정의 일부를 취소한 행정청의 처분에 대하여 법원이 효력정지결정을 하면서 주문에서 그 법원에 계속 중인 본안소송의 판결 선고 시까지 처분의 효력을 정지한다고 선언하였을 경우, 본안소송의 판결 선고에 의하여 정지결정의 효력은 소멸하고 이와 동시에 당초의 보조금 교부결정 취소처분의 효력이 당연히 되살아난다(대판 2017.7.11. 2013두25498).

(4) 집행정지결정에 대한 불복

법원의 집행정지결정이나 집행정지신청기각의 결정 또는 집행정지결정의 취소결정에 대해서는 즉시항고할 수 있다. 다만 이 경우 집행정지의 결정에 대한 즉시항고는 그 즉시항고의 대상인 결정의 집행을 정지하는 효력이 없다(행정소송법 제23조 제5항, 제24조 제2항).

(5) 집행정지효력의 소멸

행정소송법 제24조(집행정지의 취소) ① 집행정지의 결정이 확정된 후 집행정지가 공공복리에 중대한 영향을 미치거나 그 정지사유가 없어진 때에는 당사자의 신청 또는 직권에 의하여 결정으로써 집행정지의 결정을 취소할 수 있다.

본안의 소가 취하되면 별도의 집행정지취소결정을 할 필요 없이 집행정지의 결정은 실효된다(대결 2007.6.28. 2005무75).

3. 가처분

행정소송법에서는 명문의 규정이 없어 민사집행법상 가처분을 준용할 수 있는지가 문제된다. 판례는 민사집행법상의 가처분 규정이 준용되지 않는다는 부정설의 입장이다.

07 소송의 심리

1. 의의

심리의 원칙은 소송주도권을 당사자에게 부여하는 당사자주의와 법원에 부여하는 직권주의로 나눌 수 있다. 당사자주의는 다시 처분권주의와 변론주의로 나누어진다. 행정소송은 원칙적으로 당사자주의를 취하고 있으나, 행정소송의 특수성에 비추어 공공복리에 필요한 한도 내에서 직권심리주의를 가미하고 있다.

2. 심리의 내용

소송요건존부의 판정시기는 원칙적으로 소송을 제기할 때이나 사실심변론종결시까지 소송요건을 갖추면 하자가 치유된다고 보는 것이 일반적인 견해이다. 따라서 실질적으로 소송요건의 구비여부는 사실심변론종결시를 기준으로 판단한다.

> ⚖️ **판례**
>
> 행정처분의 존부는 소송요건으로서 직권조사사항이고, 설사 그 존재를 당사자들이 다투지 아니한다 하더라도 그 존부에 관하여 의심이 있는 경우에는 이를 직권으로 밝혀 보아야 할 것이고, 사실심에서 변론종결시까지 당사자가 주장하지 않던 직권조사사항에 해당하는 사항을 상고심에서 비로소 주장하는 경우 그 직권조사사항에 해당하는 사항은 상고심의 심판범위에 해당한다(대판 2004.12.24. 2003두15195).

3. 심리의 범위

취소소송에서도 민사소송과 마찬가지로 불고불리(不告不理)의 원칙이 적용되어 소송제기가 없는 사건 및 소송제기가 있는 사건에 대해서도 원고의 신청범위를 넘어 심리·재판할 수 없다.

> **행정소송법 제27조(재량처분의 취소)** 행정청의 재량에 속하는 처분이라도 재량권의 한계를 넘거나 그 남용이 있는 때에는 법원은 이를 취소할 수 있다.

4. 심리에 관한 여러 원칙

(1) 일반론

행정사건의 심리에 관한 일반원칙으로서 처분권주의, 변론주의, 구술심리주의, 공개심리주의 등이 적용된다.

(2) 처분권주의

처분권주의란 소송절차의 개시, 진행, 종결 및 소송의 대상인 청구의 처분을 소송당사자의 의사에 맡기는 것을 말한다.

(3) 변론주의

변론주의란 소송자료의 수집·제출의 책임과 권능을 당사자에게 맡기는 것을 말한다.

(4) 구술심리주의

구술심리주의란 당사자 및 법원의 소송행위, 특히 변론 및 증거조사를 모두 구술로 시행하고 구술에 의한 자료만을 판결의 기초로 하는 것을 말한다.

(5) 공개심리주의

재판에 이해관계 있는 자가 아닌 경우, 즉 일반인의 경우에도 변론의 시기 및 장소 등을 알 수 있고 방청할 수 있다는 원칙을 말한다.

(6) 직권심리주의

> **행정소송법 제26조(직권심리)** 법원은 필요하다고 인정할 때에는 직권으로 증거조사를 할 수 있고, 당사자가 주장하지 아니한 사실에 대하여도 판단할 수 있다.

직권심리주의란 법원이 당사자의 주장에 구속됨이 없이 직권으로 필요한 사실의 탐지 및 증거조사를 하는 제도를 말한다. 행정소송에도 변론주의가 원칙이나 행정소송의 특수성에 비추어 직권심리주의가 예외 내지 보충적으로 인정된 것에 불과하다고 본다. 즉 행정소송에서도 당사자주의나 변론주의의 기본 구도는 여전히 유지된다.

> **⚖️ 판례**
>
> 행정소송법 제26조가 법원은 필요하다고 인정할 때에는 직권으로 증거조사를 할 수 있고, 당사자가 주장하지 아니한 사실에 대하여도 판단할 수 있다고 규정하고 있지만, 당사자주의, 변론주의에 대한 일부 예외 규정일 뿐 법원이 아무런 제한 없이 당사자가 주장하지 아니한 사실을 판단할 수 있는 것은 아니고, 일건 기록에 현출되어 있는 사항에 관하여서만 직권으로 증거조사를 하고 이를 기초로 하여 판단할 수 있을 따름이다(대판 1994.10.11. 94누4820).

(7) 행정심판기록제출명령

> **행정소송법 제25조(행정심판기록의 제출명령)** ① 법원은 당사자의 신청이 있는 때에는 결정으로써 재결을 행한 행정청에 대하여 행정심판에 관한 기록의 제출을 명할 수 있다.

5. 주장책임과 입증책임

(1) 주장책임

> **⚖️ 판례**
>
> 행정소송에 있어서 직권주의가 가미되어 있다고 하더라도 여전히 변론주의를 기본구조로 하는 이상 행정처분의 위법을 들어 그 취소를 청구함에 있어서는 직권조사사항을 제외하고는 그 취소를 구하는 자가 위법사유에 해당하는 구체적 사실을 먼저 주장하여야 한다(대판 2001.1.16. 99두8107).

(2) 입증책임

입증책임이란 소송상의 일정한 사실의 존부가 확정되지 아니할 경우에 불리한 법적 판단을 받게 되는 일방당사자의 불이익 내지는 위험을 말한다. 행정소송법에 명문의 규정이 없어 견해의 대립이 있다. 소송요건은 직권조사사항이지만 법원이 직권으로 조사하더라도 그 요건사실의 존부가 불분명한 경우 입증책임의 문제가 생긴다.

> **⚖️ 판례**
>
> 1. 항고소송의 경우 그 특성에 따라 당해 처분의 적법을 주장하는 피고에게 그 적법사유에 대한 입증책임이 있다(대판 1984.7.24. 84누124).
> 2. 행정처분이 그 재량권의 한계를 벗어난 것이어서 위법하다는 점은 그 행정처분의 효력을 다투는 자기 이를 주장·입증하여야 한다(대판 1987.12.8. 87누861).
> 3. 과세처분의 위법을 이유로 그 취소를 구하는 행정소송에 있어 처분의 적법성 및 과세요건사실의 존재에 관하여는 원칙적으로 과세관청이 그 입증책임을 부담한다(대판 1996.4.26. 96누1627).

08 소송의 판결 등

1. 위법판단의 기준시점

> ⚖️ **판례**
>
> 1. 행정소송에서 행정처분의 위법 여부는 행정처분이 행하여졌을 때의 법령과 사실상태를 기준으로 하여 판단하여야 하고, 처분 후 법령의 개폐나 사실상태의 변동에 의하여 영향을 받지는 않는다(대판 2007.5.11. 2007두1811).
> 2. 법원은 행정처분 당시 행정청이 알고 있었던 자료뿐만 아니라 사실심 변론종결 당시까지 제출된 모든 자료를 종합하여 처분 당시 존재하였던 객관적 사실을 확정하고 그 사실에 기초하여 처분의 위법 여부를 판단할 수 있다(대판 1993.5.27. 92누19033).

2. 판결의 종류

(1) 소송판결과 본안판결

소송판결은 소송의 적부(適否)에 대한 판결로서 행정소송을 부적법한 것이라 하여 각하(却下)하는 판결이다(각하판결). 본안판결은 청구의 전부 또는 일부를 인용하거나 기각함을 내용으로 하는 것이다.

(2) 사정판결

> **행정소송법 제28조(사정판결)** ① 원고의 청구가 이유있다고 인정하는 경우에도 처분등을 취소하는 것이 현저히 공공복리에 적합하지 아니하다고 인정하는 때에는 법원은 원고의 청구를 기각할 수 있다. 이 경우 법원은 그 판결의 주문에서 그 처분등이 위법함을 명시하여야 한다.
> ② 법원이 제1항의 규정에 의한 판결을 함에 있어서는 미리 원고가 그로 인하여 입게 될 손해의 정도와 배상방법 그 밖의 사정을 조사하여야 한다.
> ③ 원고는 피고인 행정청이 속하는 국가 또는 공공단체를 상대로 손해배상, 제해시설의 설치 그 밖에 적당한 구제방법의 청구를 당해 취소소송등이 계속된 법원에 병합하여 제기할 수 있다.

① 근거: 위법한 처분 등을 취소로 일관하면 공공복리에 크게 어긋나는 사태가 발생할 우려가 있다는 점에서 행정의 법률적합성 원칙의 예외적인 경우로서 인정되는 것이다.

② 사정판결의 요건: 무효 확인소송과 부작위위법확인소송에서는 사정판결이 허용되지 않는다. 사정판결은 본안 판결이므로 처분이 위법하여 청구가 이유 있는 경우이어야 한다.

> ⚖️ **판례**
>
> 1. 당연무효의 행정처분을 소송목적물로 하는 행정소송에서는 사정판결을 할 수 없다(대판 1996.3.22. 95누5509).
> 2. 사정판결을 할 필요가 있다고 인정하는 때에는 직권으로 사정판결을 할 수 있다(대판 1995.7.28. 95누4629).

③ 사정판결의 적용: 사정판결에서도 처분의 위법성 판단의 기준시는 처분시가 된다. 그러나 사정판결의 필요성은 처분 후의 사정이 고려되어야 할 것이므로 변론종결시(판결시)를 기준으로 판단한다.

④ 사정판결의 효과 : 당해 처분 등은 그 <u>위법성이 치유되어 적법하게 되는 것이 아니라</u> 공공복
리를 위하여 위법성을 가진 채로 그 효력을 지속하는 데 불과하다. <u>사정판결을 하는 경우
법원은 판결주문에서 그 처분이나 재결이 위법함을 명시하여야 한다. 따라서 처분의 위법성
에 대한 기판력이 발생한다.</u> 법원이 사정판결을 함에 있어서 <u>미리 원고가 그로 인하여 입게
될 손해의 정도와 배상방법 그 밖의 사정을 조사하여야 하며</u>(동조 제2항), 원고는 피고인 행
정청이 속하는 국가 또는 공공단체를 상대로 <u>손해배상</u>, 제해시설의 설치 그 밖에 <u>적당한 구
제방법</u>의 청구를 당해 취소소송 등이 계속된 법원에 병합하여 제기할 수 있다(동조 제3항).

> **행정소송법 제32조(소송비용의 부담)** 취소청구가 제28조의 규정에 의하여 기각되거나 행정청이 처분등을 취소
> 또는 변경함으로 인하여 청구가 각하 또는 기각된 경우에는 소송비용은 피고의 부담으로 한다.

<u>사정판결의 소송비용은 일반적인 소송비용부담의 예와는 달리 패소자인 원고가 아니라 피고
가 부담한다</u>(동법 제32조).

(3) 인용판결

<u>행정소송법 제4조 제1호는 취소소송을 "행정청의 위법한 처분 등을 취소 또는 변경하는 소송"이
라고 규정하고 있는데, 이때 '변경'이 일부취소의 의미이며 적극적 형성판결은 허용되지 않는다.</u>

⚖️ **판례**

1. 외형상 하나의 행정처분이라 하더라도 <u>가분성이 있거나 그 처분대상의 일부가 특정될 수 있다면
   그 일부만의 취소도 가능하고</u> 한 사람이 여러 종류의 자동차 운전면허를 취득한 경우 그 각 운전면
   허를 취소하거나 그 운전면허의 효력을 정지함에 있어서도 마찬가지이다(대판 1995.11.16. 95누8850
   전원합의체).

2. 정보공개거부처분의 위법 여부를 심리한 결과 비공개대상정보에 해당하는 부분과 공개가 가능한
   부분이 혼합되어 있을 때에는, <u>공개가 가능한 정보에 관한 부분만을 취소한다고 표시하여야 한다</u>
   (대판 2003.3.11. 2001두6425).

3. 개발부담금부과처분 취소소송에 있어 자료에 의하여 적법하게 부과될 <u>정당한 부과금액이 산출할
   수 없을 경우에는 부과처분 전부를 취소할 수밖에 없으나, 그렇지 않은 경우에는 그 정당한 금액을
   초과하는 부분만 취소하여야 한다</u>(대판 2004.7.22, 2002두868).

4. 여러 개의 위반행위에 대하여 하나의 과징금 납부명령을 하였으나 일부의 위반행위만이 위법하고
   소송상 그 일부의 위반행위를 기초로 한 과징금액을 산정할 수 있는 자료가 있는 경우에는, 일부의
   위반행위에 대한 과징금액에 해당하는 부분만을 취소할 수 있다(대판 2006.12.22. 2004두1483).

5. 적법하게 부과될 세액이 산출되는 때에는 법원은 과세처분 전부를 위법한 것으로 취소할 것이 아니
   라 과세처분 중 정당한 산출세액을 초과하는 부분만을 위법한 것으로 보아 그 위법한 부분만을 취
   소하여야 한다(대판 2000.9.29. 97누19496).

6. 공정거래위원회가 사업자에 대하여 행한 법위반사실공표명령의 각 법위반사실은 별개로 특정될 수
   있어 위 각 법위반사실에 대한 독립적인 공표명령이 경합된 것으로 보아야 할 것이므로, 이 중 <u>표시
   행위에 대한 법위반사실이 인정되지 아니하는 경우에 그 부분에 대한 공표명령의 효력만을 취소할
   수 있을 뿐</u>, 공표명령 전부를 취소할 수 있는 것은 아니다(대판 2000.12.12. 99두12243).

05

> **⚖ 판례**
>
> 재량권이 부여된 과징금부과처분이 법이 정한 한도액을 초과하여 위법할 경우 법원으로서는 그 전부를 취소할 수밖에 없고, 그 한도액을 초과한 부분을 취소할 수 없다(대판 1998.4.10. 98두2270).

3. 판결의 효력

(1) 의의

행정소송법은 취소소송의 판결의 효력에 제3자에 대한 효력(행정소송법 제29조 제1항)과 기속력(동법 제30조)에 대해서만 명시적으로 규정하고 있다.

(2) 자박력(自縛力)

자박력이란 판결이 선고되면 선고법원 자신도 이에 구속되어 스스로 판결을 철회하거나 변경할 수 없는 선고법원에 대한 구속력으로서 불가변력이라고도 한다.

(3) 불가쟁력(형식적 확정력)

불가쟁력은 더이상 다툴 수 없는 판결의 구속력을 말하며 형식적 확정력이라고도 한다.

(4) 기판력(실질적 확정력)

① 의의 : 기판력이란 후소(後訴)의 법원에 대하여 동일한 사항에 대하여는 확정판결과 내용적으로 모순되는 판단을 못하도록 함과 동시에, 동일 소송물에 대한 반복된 제소를 불허하는 확정판결의 효력을 말한다. 기판력은 당사자 및 법원에 대한 효력이다.

② 내용 : 일단 재판이 확정된 때에는 당사자는 동일한 소송물에 대하여 다시 소송을 제기할 수 없고, 전소의 확정판결에 반하는 내용을 후소에서 주장할 수 없으며 법원 역시 전소판결에 반하는 판단을 할 수 없다(모순금지).

③ 범위

㉠ 주관적 범위 : 기판력은 당사자 및 이와 동일시 할 수 있는 자(변론종결 후의 승계인 등)에게만 미치며 제3자에게는 미치지 않는다.

> **⚖ 판례**
>
> 취소소송의 피고는 처분청이므로 행정청을 피고로 하는 취소소송에 있어서의 기판력은 당해 처분이 귀속하는 국가 또는 공공단체에 미친다(대판 1998.7.24. 98다10854).

㉡ 객관적 범위

> **⚖ 판례**
>
> 1. 기판력의 객관적 범위는 그 판결의 주문에 포함된 것 즉 소송물로 주장된 법률관계의 존부에 관한 판단의 결론 그 자체에만 미치는 것이고 판결이유에 설시된 그 전제가 되는 법률관계의 존부에까지 미치는 것은 아니다(대판 1987.6.9. 86다카2756).
> 2. 종전 행정소송 과정에서 판결의 판단대상에서 제외된 부분을 행정청이 그 후 새로이 행한 처분의 적법성과 관련하여 새로운 소송에서 다시 주장하는 것이 위 확정판결의 기판력에 저촉된다고 할 수 없다(대판 1991.8.9. 90누7326).

3. 기판력은 소송물로 된 행정처분의 위법성 존부에 관한 판단 그 자체에만 미치는 것이므로 전소와 후소가 그 소송물을 달리하는 경우에는 전소 확정판결의 기판력이 후소에 미치지 아니한다(대판 2009.1.15. 2006두14926).

기각판결이 확정되면 그 처분이 적법하다는 기판력이 발생하므로, 다른 사유라고 하더라도 그 처분의 위법을 주장할 수 없다.

⚖ 판례

1. 행정청이 관련 법령에 근거하여 행한 공사중지명령의 상대방이 명령의 취소를 구한 소송에서 패소함으로써 그 명령이 적법한 것으로 이미 확정되었다면, 이후 이러한 공사중지명령의 상대방은 그 명령의 해제신청을 거부한 처분의 취소를 구하는 소송에서 그 명령의 적법성을 다툴 수 없다(대판 2014.11.27. 2014두37665).
2. 취소소송에서 청구가 기각된 확정판결의 기판력은 그 과세처분의 무효 확인을 구하는 소송에도 미친다(대판 1998.7.24. 98다10854).

ⓒ 시간적 범위 : 당사자는 사실심의 변론종결시까지 사실자료를 제출할 수 있기 때문에, 기판력은 사실심변론의 종결시를 표준으로 하여 발생한다.

④ 관련문제 – 기판력과 처분청의 직권취소

⚖ 판례

행정처분이 불복기간의 경과로 인하여 확정될 경우 처분이나 재결의 효력을 더 이상 다툴 수 없다는 의미일 뿐 판결에 있어서와 같은 기판력이 인정되는 것은 아니어서 처분의 기초가 된 사실관계나 법률적 판단이 확정되고 당사자들이나 법원이 이에 기속되어 모순되는 주장이나 판단을 할 수 없게 되는 것은 아니다. 종전의 산업재해요양보상급여취소처분이 불복기간의 경과로 인하여 확정되었더라도 요양급여청구권이 없다는 내용의 법률관계까지 확정된 것은 아니며 다시 요양급여를 청구할 수 있고 그것이 거부된 경우 이는 새로운 거부처분으로서 위법 여부를 소구할 수 있다(대판 1993.4.13. 92누17181).

(5) 기속력

① 의의 : 기속력이란 소송당사자와 관계행정청이 판결의 취지에 따라 행동할 실체법적 의무를 발생시키는 효력을 말한다. 기속력은 행정청에 대한 효력으로서, 행정소송법은 "처분등을 취소하는 확정판결은 그 사건에 관하여 당사자인 행정청과 그 밖의 관계행정청을 기속한다."고 하여 취소판결의 기속력을 규정하고(행정소송법 제30조 제1항), 이 규정을 그 밖의 항고소송과 당사자소송에도 준용하고 있다(행정소송법 제38조·제44조). 한편 기속력은 원고승소의 인용판결에서 인정되는 효력이고 원고패소의 기각판결에서는 인정되지 아니한다.

② 성질 : 판례는 기판력과 기속력은 혼용하고 있다. 다만 최근 명시적으로 구분한 판례가 있다.

> ⚖️ **판례**
>
> 취소 확정판결의 '기속력'은 취소 청구가 인용된 판결에서 인정되는 것으로서 당사자인 행정청과 그 밖의 관계행정청에게 확정판결의 취지에 따라 행동하여야 할 의무를 지우는 작용을 한다. 이에 비하여 '기판력'이란 기판력 있는 전소 판결의 소송물과 동일한 후소를 허용하지 않음과 동시에, 후소의 소송물이 전소의 소송물과 동일하지는 않더라도 전소의 소송물에 관한 판단이 후소의 선결문제가 되거나 모순관계에 있을 때에는 후소에서 전소 판결의 판단과 다른 주장을 하는 것을 허용하지 않는 작용을 한다(대판 2016.3.24. 2015두48235).

③ 내용

㉠ 반복금지의무(반복금지효) : 취소청구를 인용하는 판결이 확정되면 행정청은 동일한 사실관계 아래에서 동일한 당사자에 대하여 동일한 내용의 처분 등을 반복하여서는 안 된다.

> ⚖️ **판례**
>
> 1. 처분행정청이 그 행정소송의 사실심 변론종결 이전의 사유를 내세워 다시 확정판결과 저촉되는 행정처분을 하는 것은 허용되지 않는 것으로서 이러한 행정처분은 그 하자가 중대하고도 명백한 것이어서 당연무효이다(대판 1990.12.11. 90누3560).
>
> 2. 종전 처분이 판결에 의하여 취소되었더라도 종전 처분과 다른 사유를 들어서 새로이 처분을 하는 것은 기속력에 저촉되지 않는다. 여기에서 동일 사유인지 다른 사유인지는 기본적 사실관계에서 동일성이 인정되는지 여부에 따라 판단되어야 하고, 다른 사유에 해당하는 이상, 처분사유가 종전 처분 당시 이미 존재하고 있었고 당사자가 이를 알고 있었더라도 이를 내세워 새로이 처분을 하는 것은 확정판결의 기속력에 저촉되지 않는다(대판 2016.3.24. 2015두48235).
>
> 3. 과세처분권자가 그 확정판결에 적시된 위법사유를 보완하여 행한 새로운 과세처분은 확정판결에 의하여 취소된 종전의 과세처분과는 별개의 처분으로서 확정판결의 기판력에 저촉되는 것은 아니다(대판 1986.11.11. 85누231).

㉡ 재처분의무

> **행정소송법 제30조(취소판결등의 기속력)** ② 판결에 의하여 취소되는 처분이 당사자의 신청을 거부하는 것을 내용으로 하는 경우에는 그 처분을 행한 행정청은 판결의 취지에 따라 다시 이전의 신청에 대한 처분을 하여야 한다.
> ③ 제2항의 규정은 신청에 따른 처분이 절차의 위법을 이유로 취소되는 경우에 준용한다.

판결의 취지에 따른다는 의미는 반드시 원고가 신청한 대로 재처분을 하여야 하는 것을 의미하는 것은 아니다. 행정청은 다른 이유를 들거나 또는 거부처분사유에 존재하는 위법사유를 보완하여 다시 거부처분을 할 수도 있다.

> ⚖️ **판례**
>
> 1. 행정청은 그 행정소송의 사실심 변론종결 이후 발생한 새로운 사유를 내세워 다시 이전의 신청에 대하여 거부처분을 할 수 있으며, 그러한 처분도 이 조항에 규정된 재처분에 해당한다(대판 1999.12.28. 98두1895).

2. 행정청은 그 확정판결의 취지에 따라 그 위법사유를 보완하여 다시 종전의 신청에 대한 거부처분을 할 수 있고, 그러한 처분도 위 조항에 규정된 재처분에 해당한다(대판 2005.1.14. 2003두13045).

3. 거부처분을 실체법상의 위법사유에 기하여 취소하는 판결이 확정된 경우 행정청은 원칙적으로 신청을 인용하는 처분을 하여야 하고, 사실심 변론종결 이전의 사유를 내세워 다시 거부처분을 하는 것은 확정판결의 기속력에 저촉되어 허용되지 아니한다(대판 2001.3.23. 99두5238).

4. 거부처분 후에 법령이 개정·시행된 경우에는 개정된 법령 및 허가기준을 새로운 사유로 들어 다시 이전의 신청에 대한 거부처분을 할 수 있으며 그러한 처분도 행정소송법 제30조 제2항에 규정된 재처분에 해당된다(대결 1998.1.7. 97두22).

ⓒ 원상회복의무(결과제거의무): 인용판결이 있게 되면 행정청은 위법처분으로 인해 야기된 상태를 제거하여 원상회복하여야 할 의무를 부담한다고 할 것이고, 이에 대응하여 원고는 결과제거청구권을 갖는다.

④ 범위: 취소판결은 당사자인 행정청, 그 밖의 모든 관계행정청에도 미친다. 그 밖의 관계행정청이란 모든 행정청을 총칭하는 것이다. 기속력은 판결 주문 및 그 전제가 된 요건사실의 인정과 판단, 즉 처분 등의 구체적 위법사유에 관한 판단에 미친다. 처분 이후에 발생한 새로운 법령 및 사실상태의 변동을 이유로 동일한 내용의 처분을 하는 것은 기속력에 반하지 않는다.

⚖ 판례

1. 확정판결의 기속력은 판결의 주문뿐만 아니라 그 전제가 되는 처분 등의 구체적 위법사유에 관한 이유 중의 판단에 대하여도 인정된다(대판 2001.3.23. 99두5238).

2. 징계처분의 취소를 구하는 소에서 징계사유가 될 수 없다고 판결한 사유와 동일한 사유를 내세워 행정청이 다시 징계처분을 한 것은 기속력에 저촉되어 허용될 수 없다(대판 1992.7.14. 92누2912).

(6) 간접강제

행정소송법 제34조(거부처분취소판결의 간접강제) ① 행정청이 제30조 제2항의 규정에 의한 처분을 하지 아니하는 때에는 제1심수소법원은 당사자의 신청에 의하여 결정으로써 상당한 기간을 정하고 행정청이 그 기간내에 이행하지 아니하는 때에는 그 지연기간에 따라 일정한 배상을 할 것을 명하거나 즉시 손해배상을 할 것을 명할 수 있다.

간접강제는 행정청이 인용판결에 따라 당사자의 신청에 따른 의무를 이행하도록 배상금부과의 방법으로 심리적 압박을 가하는 법원의 간접적 의무이행강제수단이다. 이는 부작위위법확인소송에도 준용된다(동법 제38조 제2항).

① 요건

> **판례**
>
> 1. 행정처분에 대하여 <u>무효 확인 판결이 내려진 경우</u> 그 행정처분이 거부처분인 경우에도 재처분 의무가 인정될 뿐 <u>간접강제까지 허용되는 것은 아니다</u>(대결 1998.12.24. 98무37).
> 2. 행정청이 재처분을 하지 아니하거나, 재처분을 하였다 하더라도 그것이 종전 거부처분에 대한 취소의 확정판결의 기속력에 반하는 등으로 당연무효라면 이는 아무런 <u>재처분을 하지 아니한 때와 마찬가지</u>라 할 것이므로 이러한 경우에는 <u>간접강제신청에 필요한 요건을 갖춘 것으로 보아야 한다</u>(대결 2002.12.11. 2002무22).

② 배상금 추심의 한계

> **판례**
>
> 간접강제결정에 기한 배상금은 확정판결의 취지에 따른 재처분의 지연에 대한 제재나 손해배상이 아니고 재처분의 이행에 관한 심리적 강제수단에 불과한 것으로 보아야 하므로, 간접강제결정에서 정한 의무이행기한이 경과한 후에라도 확정판결의 취지에 따른 재처분의 이행이 있으면 목적이 상실되어 처분상대방이 더 이상 배상금을 추심하는 것은 허용되지 않는다(대판 2004.1.15. 2002두 2444).

(7) 형성력

① 의의: 판결의 형성력이란 판결의 취지에 따라 <u>기존의 법률관계에 변동을 가져오는 효력</u>을 말한다. 형성력은 <u>인용판결에만 인정되고, 기각판결에는 인정되지 않는다.</u>

② 내용

㉠ 형성효

> **판례**
>
> 행정처분을 <u>취소한다는 확정판결</u>이 있으면 그 취소판결의 형성력에 의하여 당해 행정처분의 취소나 취소통지 등의 별도의 절차를 요하지 아니하고 당연히 취소의 효과가 발생한다(대판 1991.10.11. 90누5443).

㉡ 소급효

> **판례**
>
> 영업허가취소처분 자체가 나중에 행정쟁송절차에 의하여 취소되었다면 그 영업허가취소처분은 그 처분시에 소급하여 효력을 잃게 되며, 영업허가취소처분 이후의 영업행위를 무허가영업이라고 볼 수는 없다(대판 1993.6.25. 93도277).

(8) 취소판결의 제3자효(대세효)

> **행정소송법 제29조(취소판결등의 효력)** ① 처분등을 취소하는 확정판결은 제3자에 대하여도 효력이 있다.

취소판결의 형성력과 소급효는 소송에 관여하지 않은 제3자에게도 미치는데, 이를 취소판결의 제3자효(대세효)라고 한다.

⚖️ **판례**

1. 행정처분을 취소하는 확정판결이 제3자에 대하여도 효력이 있다고 하더라도 일반적으로 판결의 효력은 주문에 포함한 것에 한하여 미치는 것이니 취소판결의 효력으로써 그 행정처분을 기초로 하여 새로 형성된 제3자의 권리까지 당연히 그 행정처분 전의 상태로 환원되는 것이라고는 할 수 없고, 단지 취소판결의 존재와 취소판결에 의하여 형성되는 법률관계를 소송당사자가 아니었던 제3자라 할지라도 이를 용인하지 않으면 아니된다는 것을 의미하는 것에 불과하다(대판 1986.8.19. 83다카2022).

2. 무효 확인판결의 효력은 그 취소판결의 경우와 같이 소송의 당사자는 물론 제3자에게도 미친다(대판 1982.7.27. 82다173).

4. 소송의 종결

원고가 사망하고 소송물인 권리관계의 성질상 이를 승계할 자가 없을 때에는 소송은 종료된다. 그러나 피고인 행정청이 없게 된 때에는 그 처분 등에 관한 사무가 귀속되는 국가 또는 공공단체가 피고가 되므로 소송은 종료되지 않는다.

5. 재심청구

행정소송법 제31조(제3자에 의한 재심청구) ① 처분등을 취소하는 판결에 의하여 권리 또는 이익의 침해를 받은 제3자는 자기에게 책임없는 사유로 소송에 참가하지 못함으로써 판결의 결과에 영향을 미칠 공격 또는 방어방법을 제출하지 못한 때에는 이를 이유로 확정된 종국판결에 대하여 재심의 청구를 할 수 있다.
② 제1항의 규정에 의한 청구는 확정판결이 있음을 안 날로부터 30일 이내, 판결이 확정된 날로부터 1년 이내에 제기하여야 한다.
③ 제2항의 규정에 의한 기간은 불변기간으로 한다.

6. 위헌 · 위법판결의 공고

행정소송법 제6조(명령 · 규칙의 위헌판결등 공고) ① 행정소송에 대한 대법원판결에 의하여 명령 · 규칙이 헌법 또는 법률에 위반된다는 것이 확정된 경우에는 대법원은 지체없이 그 사유를 행정안전부장관에게 통보하여야 한다.
② 제1항의 규정에 의한 통보를 받은 행정안전부장관은 지체 없이 이를 관보에 게재하여야 한다.

7. 소송비용

소송비용은 원칙적으로 패소자가 부담한다. 일부승소의 경우에는 법원의 결정으로 원피고가 일부씩 부담한다. 취소청구가 사정판결에 의하여 기각되거나 행정청이 처분 등을 취소 또는 변경함으로 인하여 청구가 각하 또는 기각된 경우에는 소송비용은 피고의 부담으로 한다(행정소송법 제32조).

제3절 무효등 확인소송·부작위위법확인소송

01 무효등 확인소송

1. 의의

(1) 개념

> **행정소송법 제4조(항고소송)** 항고소송은 다음과 같이 구분한다.
> 2. 무효등 확인소송 : 행정청의 처분등의 효력 유무 또는 존재여부를 확인하는 소송

(2) 적용법규

취소소송에 대한 행정소송법상의 규정은 거의 대부분 무효 등 확인소송에도 준용되나, <u>전심절차, 제소기간, 사정판결, 간접강제에 관한 규정은 준용되지 않는다.</u>

(3) 취소소송과의 관계

> ⚖ **판례**
>
> 행정처분에 대한 무효 확인과 취소청구는 서로 양립할 수 없는 청구로서 주위적·예비적 청구로서만 병합이 가능하고 선택적 청구로서의 병합이나 단순 병합은 허용되지 아니한다(대판 1999.8.20. 97누6889).

① 무효사유에 대해 취소소송을 제기한 경우(무효선언적 의미의 취소소송) : <u>법원은 원고 전부승소의 판결을 하여야 한다.</u> 다만 형식적으로 취소소송으로 제기되었으므로 취소소송의 소송요건(특히 필요적 전치주의, 제소기간 등)을 갖추어야만 한다.

> ⚖ **판례**
>
> <u>행정처분의 당연무효를 선언하는 의미에서 그 취소를 청구하는 행정소송을 제기-취소소송의 제소요건을 갖추어야 한다</u>(대판 1984.5.29. 84누175).

② 취소사유에 대해 무효 확인소송을 제기한 경우

> ⚖ **판례**
>
> 1. <u>무효 확인을 구하는 소</u>에는 원고가 그 처분의 취소를 구하지 아니한다고 밝히지 아니한 이상 그 처분이 만약 당연무효가 아니라면 그 <u>취소를 구하는 취지도 포함되어 있는 것으로 보아야</u> 한다(대판 1994.12.23. 94누477).
> 2. 동일한 행정처분에 대하여 무효 확인의 소를 제기하였다가 그 후 그 처분의 취소를 구하는 소를 추가적으로 병합한 경우, 주된 청구인 무효 확인의 소가 적법한 제소기간 내에 제기되었다면 <u>추가로 병합된 취소청구의 소도 적법하게 제기된 것으로 봄이 상당하다</u>(대판 2005.12.23. 2005두3554).

③ 관련문제

> **판례**
>
> 이미 취소소송의 제기기간을 경과하여 확정력이 발생한 행정처분에는 위헌결정의 소급효가 미치지 않는다고 보아야 할 것이므로 행정처분에 대하여 그 행정처분의 근거가 된 법률이 위헌이라는 이유로 무효 확인청구의 소가 제기된 경우에는 다른 특별한 사정이 없는 한 법원으로서는 그 법률이 위헌인지 여부에 대하여는 판단할 필요 없이 위 무효 확인청구를 기각하여야 할 것이다(대판 2000.11.14. 2000다20144).

2. 소의 제기

(1) 소송요건

종래 판례는 무효등 확인소송에서 확인의 소의 보충성을 요구하고 있었으나, 판례변경을 통해 최근의 판례는 더 이상 확인의 소의 보충성을 요구하지 않고 취소소송과 동일하게 법률상 이익이 침해된 경우 무효 확인소송을 청구할 수 있다고 본다. 따라서 무효인 조세부과처분에 대하여 세금을 납부한 자가 부당이득반환청구소송 등 다른 소송을 제기하여 구제받을 수 있다고 하더라도 조세부과처분의 무효 확인소송을 독립된 소로서 제기할 수 있다.

> **판례**
>
> 행정소송법 제38조 제1항에서는 처분등을 취소하는 확정판결의 기속력 및 행정청의 재처분 의무에 관한 행정소송법 제30조를 무효확인소송에도 준용하고 있으므로 무효확인판결 자체만으로도 실효성을 확보할 수 있다. 무효 확인소송의 보충성이 요구되는 것은 아니므로 행정처분의 무효를 전제로 한 이행소송 등과 같은 직접적인 구제수단이 있는지 여부를 따질 필요가 없다고 해석함이 상당하다(대판 2008.3.20. 2007두6342 전원합의체).

무효등 확인소송은 개별법에서 필요적 행정심판전치주의를 규정하고 있는 경우에도 그 적용을 받지 아니한다. 무효등 확인소송에는 제소기간의 제한이 없다.

(2) 가구제

무효등 확인소송의 경우에도 집행정지제도가 허용됨은 취소소송과 동일하다.

3. 소송의 심리

> **판례**
>
> 1. 행정처분의 당연무효를 주장하여 그 무효확인을 구하는 행정소송에 있어서는 원고에게 그 행정처분이 무효인 사유를 주장·입증할 책임이 있다(대판 2000.3.23. 99두11851).
> 2. 민사소송법 규정이 준용되는 행정소송에서의 증명책임은 원칙적으로 민사소송 일반원칙에 따라 당사자 간에 분배되고, 항고소송의 경우에는 그 특성에 따라 처분의 적법성을 주장하는 피고에게 적법사유에 대한 증명책임이 있다(대판 2016.10.27. 2015두42817).

4. 판결 및 소송의 종료

판례

1. 당연무효의 행정처분을 소송목적물로 하는 행정소송에서는 사정판결을 할 수 없다(대판 1996.3.22. 95 누5509).

2. 행정소송법 제38조 제1항이 무효 확인판결에 관하여 취소판결에 관한 규정을 준용함에 있어서 제34조는 이를 준용한다는 규정을 두지 않고 있으므로, 무효 확인 판결이 내려진 경우 재처분의무가 인정될 뿐 그에 대하여 간접강제까지 허용되는 것은 아니다(대결 1998.12.24. 98무37).

02 부작위위법확인소송

1. 의의

부작위위법확인소송이란 행정청이 당사자의 신청에 대하여 상당한 기간 내에 일정한 처분을 할 법률상의 의무가 있음에도 불구하고 하지 않은 것에 대한 위법확인을 구하는 소송이다. 부작위위법확인소송은 취소소송에 관한 대부분의 규정이 부작위위법확인소송에도 준용된다. 다만 처분변경으로 인한 소변경, 집행정지결정, 사정판결에 관한 규정 등은 성질상 부작위위법확인소송에 준용되지 않는다.

2. 소의 제기

(1) 소송요건

① 원고적격

> **행정소송법 제36조(부작위위법확인소송의 원고적격)** 부작위위법확인소송은 처분의 신청을 한 자로서 부작위의 위법의 확인을 구할 법률상 이익이 있는 자만이 제기할 수 있다.

판례는 신청권 필요설의 입장을 취하고 있다.

판례

1. 당사자가 행정행위를 하여 줄 것을 신청하지 아니하였거나 당사자가 그러한 행정행위를 하여 줄 것을 요구할 수 있는 법규상 또는 조리상의 권리를 가지고 있지 아니하는 등의 경우 부작위위법확인의 소는 부적법하다(대판 2007.10.26. 2005두7853).

2. 행정소송법상 취소소송이나 부작위위법확인소송에 있어서는 당해 행정처분 또는 부작위의 직접상대방이 아닌 제3자라 하더라도 그 처분의 취소 또는 부작위위법확인을 받을 법률상의 이익이 있는 경우에는 원고적격이 인정된다(대판 1989.5.23. 88누8135).

② 협의의 소익

판례

행정청이 그 신청에 대하여 적극 또는 소극의 처분을 함으로써 부작위상태가 해소된 때에는 소의 이익을 상실하게 되어 당해 소는 각하를 면할 수가 없다(대판 1990.9.25. 89누4758).

③ 소송의 대상
   ㉠ 부작위의 의의

   ⚖️ **판례**

   거부처분은 행정청이 당사자의 신청에 대하여 처분을 할 의사가 없음을 대외적으로 명백히 표시함으로써 성립하는 것으로서 이러한 거부처분이 있는 경우 부작위위법확인소송은 허용되지 아니한다(대판 1991.11.8. 90누9391).

   ㉡ 위법한 부작위의 성립요건 – 신청, 신청권

   ⚖️ **판례**

   1. 행정청이 행한 공사중지명령의 상대방은 그 명령 이후에 그 원인사유가 소멸하였음을 들어 행정청에게 공사중지명령의 철회를 요구할 수 있는 조리상의 신청권이 있다(대판 2005.4.14. 2003두7590).
   2. 4급 공무원이 3급 승진대상자로 결정되고 임용권자가 그 사실을 대내외에 공표까지 하였다면, 그 공무원은 3급 승진임용 신청을 할 조리상의 권리가 있다(대판 2008.4.10. 2007두18611).

   ⚖️ **판례**

   시험승진후보자명부에 등재되어 있던 자가 그 명부에서 삭제한 행위는 행정청 내부의 준비과정에 불과하고, 행정처분이 된다고 할 수 없다(대판 1997.11.14, 97누7325).

   ㉢ 간주거부·묵시적 거부의 경우: 법령이 일정한 상태에서 부작위를 거부처분으로 간주하는 규정을 둔 경우에는 거부처분취소소송을 제기할 수 있을 뿐이다.
   ㉣ 행정입법에 관한 부작위

   ⚖️ **판례**

   법령에 관하여 제정의 여부 등은 국민의 구체적인 권리의무에 직접적 변동을 초래하는 것이 아니어서 부작위위법확인소송의 대상이 될 수 없다(대판 1992.5.8. 91누11261).

④ 전심절차: 부작위위법확인소송에는 행정심판에 관한 규정이 준용된다. 부작위위법확인소송에서 예외적으로 행정심판전치가 인정될 경우 그 전치되는 행정심판은 의무이행심판이다.
⑤ 제소기간

   ⚖️ **판례**

   부작위위법확인의 소는 부작위상태가 계속되는 한 제소기간의 제한을 받지 않는다. 그러나 행정심판 등 전심절차를 거친 경우에는 행정소송법 제20조가 정한 제소기간 내에 부작위위법확인의 소를 제기하여야 한다(대판 2009.7.23. 2008두10560).

(2) 소의 변경
취소소송의 소변경에 관한 규정은 부작위위법확인소송에도 준용된다. 하지만 부작위위법확인소송의 경우에는 처분이라는 것이 없으므로 처분변경으로 인한 소변경에 관한 규정은 적용되지 아니한다.

3. 소송의 심리 – 심리의 범위

(1) 적극설(실체적 심리설)

적극설은 부작위위법확인소송의 심리범위는 실체적 심리에까지 미쳐 부작위의 위법 여부 뿐만 아니라 행정청의 특정 작위의무의 존재까지도 심리·판단할 수 있다는 견해이다.

(2) 소극설(절차적 심리설) – 판례

이 견해는 심리범위가 부작위의 위법 여부에만 국한된다고 본다. 법원은 부작위의 위법 여부를 확인하는데 그칠 뿐, 행정청이 행할 처분의 구체적 내용까지는 심리·판단할 수 없다.

> **⚖️ 판례**
>
> 부작위위법확인의 소는 그 부작위의 위법을 확인함으로써 행정청의 응답을 신속하게 하여 부작위 내지 무응답이라고 하는 소극적인 위법상태를 제거하는 것을 목적으로 하는 것이고, 부작위가 위법하다는 확인을 받는다고 하더라도 종국적으로 침해되거나 방해받은 권리와 이익을 보호·구제받는 것이 불가능하게 되었다면 그 부작위가 위법하다는 확인을 구할 이익은 없다(대판 2002.6.28. 2000두4750).

4. 소송의 판결

(1) 위법판단의 기준시

부작위위법확인소송에서는 처분이라는 것이 존재하지 않으므로 위법판단의 기준시에 대해서 판결시(사실심변론종결시)설이 통설이다.

(2) 판결의 종류

부작위가 성립하였으나 소송계속 중 처분이 행해져 소의 이익이 상실된 경우에는 각하판결을 한다.

(3) 판결의 제3자효, 판결의 기속력, 간접강제

부작위위법확인소송의 확정판결에도 처분행정청에 대한 기속력과 간접강제에 관한 규정이 적용된다. 따라서 행정청은 판결의 취지에 따라 적극적 처분을 해야 할 의무가 있다. 처분의무의 내용은 판결의 취지에 따른 처분을 하면 충분하고, 반드시 원고의 신청대로 처분할 필요는 없으므로 거부처분을 할 수도 있다.

제 4 절   당사자소송 · 민중소송 · 기관소송 · 헌법소송

01 당사자소송

1. 당사자 소송의 의의

당사자소송이란 행정청의 처분 등을 원인으로 하는 법률관계에 관한 소송 그 밖에 공법상의 법률관계에 관한 소송으로서 그 법률관계의 한쪽 당사자를 피고로 하는 소송을 말한다(행정소송법 제3조 제2호). 즉 서로 대립하는 대등한 당사자 사이에 있어서의 법률관계의 형성·존부에 관한 소송이다. 취소소송에 대한 행정소송법상의 규정 중 당사자소송의 성질상 피고적격, 전심절차, 대상적격, 제소기간, 집행정지, 사정판결, 확정판결의 제3자효, 제3자에 의한 재심청구, 간접강제에 관한 규정은 적용되지 않는다.

2. 당사자소송의 종류

(1) 실질적 당사자소송

실질적 당사자소송이란 공법상의 법률관계에 관한 소송으로 그 법률관계의 일방 당사자를 피고로 하는 소송을 말한다.

(2) 형식적 당사자소송

형식적 당사자소송은 실질적으로는 항고소송과 마찬가지로 처분의 효력을 다투는 것이지만 형식적으로는 법률관계의 당사자 간의 쟁송이라는 형식을 취하는 것이다. 대표적으로 토지수용위원회의 보상금액에 대해 상대방 당사자를 피고로 하여 보상금액의 증감을 청구하는 것이 이에 해당된다.

3. 소의 제기

(1) 소송요건

① 원고적격 및 협의의 소익: 당사자소송은 민사소송과 유사한 형태의 소송이므로, 취소소송의 원고적격과 협의의 소익에 관한 규정이 준용되지 않고 일반 민사소송에 관한 규정이 준용된다.

② 피고적격: 당사자소송의 피고는 국가 또는 공공단체 등 권리주체가 된다(행정소송법 제39조). 국가가 피고가 되는 때에는 법무부장관이 국가를 대표하고, 지방자치단체가 피고가 되는 때에는 당해 지방자치단체의 장이 대표한다.

> ⚖️ **판례**
>
> 납세의무부존재확인의 소는 공법상의 법률관계 그 자체를 다투는 소송으로서 당사자소송이라 할 것이므로 국가·공공단체 그 밖의 권리주체가 피고적격을 가진다(대판 2000.9.8. 99두2765).

③ 소의 대상

㉠ 공법상 신분·지위 등의 확인소송

> ⚖️ **판례**
>
> 1. 당연퇴직 조치에 대하여 그 지위확인을 구하는 소송은 공법상의 당사자소송에 해당함이 분명하므로, 지방자치단체가 피고적격을 가진다(대판 1998.10.23. 98두12932).
> 2. 지방전문직공무원 채용계약 해지의 의사표시에 대하여 당사자소송으로 그 의사표시의 무효확인을 청구할 수 있다(대판 1993.9.14. 92누4611).
> 3. 재개발조합은 조합원에 대한 법률관계에서 적어도 특수한 존립목적을 부여받은 특수한 행정주체로서 당사자소송에 의하여 그 조합원 자격의 확인을 구할 수 있다(대판 1996.2.15. 94다31235 전원합의체).
> 4. 수신료를 징수할 권한이 있는지 여부를 다투는 쟁송은 당사자소송에 의하여야 한다(대판 2008.7.24. 2007다25261).
> 5. 토지의 소유자·점유자 또는 관리인이 사업시행자의 일시 사용에 대하여 정당한 사유 없이 동의를 거부하는 경우, 사업시행자는 해당 토지의 소유자 등을 상대로 동의의 의사표시를 구하는 소를 제기할 수 있다. 토지의 일시 사용에 대한 동의의 의사표시를 할 의무의 존부를 다투는 소송은 당사자소송이라고 보아야 한다(대판 2019.9.9. 2016다262550).

㉡ 공법상 금전지급청구 : 공법상 급부청구권이 근거법령상 행정청의 1차적 판단 없이 곧바로 발생하는 것으로 해석되는 경우는 당사자소송으로 이행을 구할 수 있다. 이와 달리 당사자의 신청과 행정청의 인용결정에 의해서 비로소 급부가 결정되는 경우 항고소송으로 다투어야 한다. 다만 판례는 지급결정 후 퇴직연금 등을 지급받아 오던 중 법령개정에 따라 일부 금액에 대하여 지급거부의 의사표시를 한 경우 지급거부의 의사표시에 대하여 항고소송으로 다툴 것이 아니라 미지급퇴직연금의 지급을 공법상 당사자소송으로 구할 수 있다고 본다.

> ⚖️ **판례** 당사자소송으로 본 사례
>
> 1. 지방공무원의 초과근무수당 지급청구권은 법령의 규정에 의하여 직접 그 존부나 범위가 정하여지고 법령에 규정에 해당하는 경우에는 곧바로 발생한다고 할 것이므로, 당사자소송의 절차에 따라야 한다(대판 2013.3.28. 2012다102629).
> 2. 납세의무자에 대한 국가의 부가가치세 환급세액 지급의무는 당사자소송의 절차에 따라야 한다(대판 2013.3.21. 2011다95564 전원합의체).
> 3. 광주민주화운동 관련자 보상 등에 관한 법률상 보상 등에 관한 권리는 당사자소송에 의하여야 할 것이다(대판 1992.12.24. 92누3335).
> 4. 보조사업자에 대한 지방자치단체의 보조금반환청구는 당사자소송의 대상이다(대판 2011.6.9. 2011다2951).
> 5. 중소기업 정보화지원사업에 따른 지원금 출연을 위하여 중소기업청장이 체결하는 협약은 공법상 계약에 해당하고, 협약의 해지 및 그에 따른 환수통보는 대등한 당사자의 지위에서 하는 의사표시로 보아야 한다(대판 2015.8.27. 2015두41449).

6. 명예퇴직한 법관이 <u>미지급 명예퇴직수당</u>액 지급을 구하는 소송은 <u>당사자소송에 해당한다</u> (대판 2016.5.24. 2013두14863).

7. <u>「공익사업을 위한 토지 등의 취득 및 보상에 관한 법률」</u>에 의한 <u>주거이전비 보상청구권</u>은 <u>당사자소송에 의하여야 한다</u>(대판 2008.5.29, 2007다8129).

8. 폐광된 광산에서 업무상 재해를 입은 근로자에게 지급하는 재해위로금 지급을 구하는 소송은 <u>당사자소송에 해당한다</u>(대판 1999.1.26. 98두12598).

9. 석탄가격안정지원금은 지급을 구하는 소송은 <u>당사자소송에 해당한다</u>(대판 1997.5.30. 95다28960).

⚖️ **판례** | 항고소송으로 본 사례

1. <u>공무원연금법 소정의 급여</u>는 공무원연금관리공단이 그 지급결정을 함으로써 그 구체적인 권리가 발생하는 것이므로, 행정처분에 해당하고, 공무원연금관리공단의 급여결정을 대상으로 <u>항고소송을 제기하여야 한다</u>(대판 1996.12.6. 96누6417).

2. <u>민주화운동관련자 명예회복 및 보상 등에 관한 법률의 보상금 등을 지급받고자 하는 신청인</u>은 심의위원회를 상대로 그 <u>결정의 취소를 구하는 소송을 제기하여야 한다</u>(대판 2008.4.17. 2005두16185 전원합의체).

⚖️ **판례**

1. <u>공무원연금법 소정의 퇴직연금 등의 급여에 관한 결정은 행정처분에 해당</u>할 것이지만, 퇴직연금을 지급받아 오던 중 퇴직연금 중 일부 금액의 지급이 정지된 경우에는 법령에 따라 퇴직연금이 확정되는 것이지 공무원연금관리공단의 퇴직연금 결정과 통지에 의하여 비로소 그 금액이 확정되는 것이 아니므로, <u>미지급퇴직연금에 대한 지급청구권의 지급을 구하는 소송은 당사자소송에 해당한다</u>(대판 2004.7.8. 2004두244).

2. 공무원의 <u>연가보상비</u> 부지급 행위는 항고소송의 대상이 되는 <u>처분이라고 볼 수 없다</u>(대판 1999.7.23. 97누10857).

ⓒ 공법상 부당이득반환청구 및 국가배상청구 : <u>조세과오납부액</u>의 반환을 구하는 소송의 경우 판례는 민사소송으로 다루고 있다. 국가배상의 경우에도 <u>판례는 민사소송으로 보고 있다.</u>

ⓓ 공법상 계약에 관한 소송

⚖️ **판례**

광주광역시문화예술회관장의 단원 위촉은 <u>공법상 근로계약</u>에 해당하고 재위촉을 하지 아니한 것을 항고소송의 대상이 되는 불합격처분이라고 할 수는 없다(대판 2001.12.11. 2001두7794).

05

ⓜ 조합총회결의의 효력 등을 다투는 소송

⚖️ **판례**

1. 관리처분계획안에 대한 조합 총회결의의 효력 등을 다투는 소송은 공법상 법률관계에 관한 것이므로, 당사자소송에 해당한다. 관할 행정청의 인가·고시까지 있게 되면 관리처분계획은 행정처분으로서 효력이 항고소송의 방법으로 무효 확인을 구하여야 하고, 그와 별도로 행정처분에 이르는 절차적 요건 중 하나에 불과한 총회결의 부분만을 따로 떼어내어 효력 유무를 다투는 확인의 소를 제기하는 것은 특별한 사정이 없는 한 허용되지 않는다(대판 2009.9.17. 2007다2428 전원합의체).

2. 재개발조합과 조합장 또는 조합임원 사이의 선임·해임 등을 둘러싼 법률관계는 사법상의 법률관계로서 민사소송에 의하여야 할 것이다(대결 2009.9.24. 2009마168).

3. 관리처분계획에 대한 행정청의 인가 여부를 결정할 때에는 기준에 부합하는지 여부 등을 심사·확인하여 그 인가 여부를 결정할 수 있을 뿐 기부채납과 같은 다른 조건을 붙일 수는 없다고 할 것이다(대판 2012.8.30. 2010두24951).

④ 제소기간: 취소소송의 제소기간에 관한 규정이 준용되지 아니한다. 그러나 당사자소송에 관하여 법령에 제소기간이 정하여져 있는 때에는 그 기간은 불변기간으로 한다(동법 제41조).

(2) 소의 변경 및 관련청구의 이송과 병합

⚖️ **판례**

본래의 당사자소송이 부적법하여 각하되면 그에 병합된 관련청구소송도 소송요건을 흠결하여 부적합하므로 각하되어야 한다(대판 2011.9.29. 2009두10963).

(3) 집행정지의 배제

⚖️ **판례**

당사자소송에 대하여는 집행정지에 관한 규정이 준용되지 아니하므로, 민사집행법상 가처분에 관한 규정이 준용되어야 한다(대판 2015.8.21. 2015무26).

4. 소송의 심리

취소소송에서의 행정심판기록의 제출명령과 직권심리주의에 관한 규정은 당사자소송에서도 준용된다(행정소송법 제44조 제1항).

5. 소송의 판결

판결의 종류는 취소소송의 경우와 동일하나, 사정판결의 제도가 없다. 당사자소송도 판결이 확정되면 자박력, 기판력, 기속력을 가지며, 기속력은 당사자인 행정청과 그 밖의 관계 행정청을 기속한다. 그러나 취소판결에서 인정되는 효력 중 취소판결의 제3자효, 재처분의무, 간접강제 등은 성질상 당사자소송에는 적용되지 않는다.

행정소송법 제43조에서는 "국가를 상대로 하는 당사자소송의 경우에는 가집행선고를 할 수 없다." 고 규정하고 있다. 그런데 같은 취지의 구 「소송촉진 등에 관한 특례법」 제6조 제1항 규정이 헌법재판소의 위헌결정으로 삭제되었다

⚖️ **판례**

법원으로서는 공법상 당사자소송에서 재산권의 청구를 인용하는 판결을 하는 경우 가집행선고를 할 수 있다(대판 2000.11.28. 99두3416).

02 민중소송

1. 의의

민중소송이란 자기의 법률상 이익과 관계없이 그 시정을 구하기 위해서 제기하는 소송을 의미한다. 민중소송은 원고 자신의 권리구제를 직접 목적으로 하는 것이 아니기 때문에 기관소송과 함께 객관적 소송에 속한다.

2. 종류

⚖️ **판례**

행정소송법 제45조는 민중소송 및 기관소송은 법률이 정한 경우에 법률이 정한 자에 한하여 제기할 수 있다고 규정하고 있다(대판 1996.1.23. 95누12736).

(1) 공직선거법상의 선거·당선소송

(2) 지방자치법상 주민소송

> **지방자치법 제17조(주민소송)** ① 제16조 제1항에 따라 공금의 지출에 관한 사항, 재산의 취득·관리·처분에 관한 사항, 해당 지방자치단체를 당사자로 하는 매매·임차·도급 계약이나 그 밖의 계약의 체결·이행에 관한 사항 또는 지방세·사용료·수수료·과태료 등 공금의 부과·징수를 게을리한 사항을 감사청구한 주민은 다음 각 호의 어느 하나에 해당하는 경우에 그 감사청구한 사항과 관련이 있는 위법한 행위나 업무를 게을리 한 사실에 대하여 해당 지방자치단체의 장(해당 사항의 사무처리에 관한 권한을 소속 기관의 장에게 위임한 경우에는 그 소속 기관의 장을 말한다. 이하 이 조에서 같다)을 상대방으로 하여 소송을 제기할 수 있다.

03 기관소송

1. 의의

기관소송이란 국가 또는 공공단체의 기간 상호 간에 권한의 존부 또는 그 행사에 관한 다툼이 있을 때에 그에 관하여 제기하는 소송이다. 행정소송법은 제3조 제4호 단서에서 "다만 헌법재판소법 제2조의 규정에 의하여 헌법재판소의 관장사항으로 되는 소송은 제외한다."고 규정하고 있다. 기관소송의 재판관할은 대법원이 제1심법원이면서 최종적 법원이 된다.

2. 종류 - 지방자치법상의 기관소송

(1) 지방의회 의결에 대한 소송: 지방의회의 의결이 월권이거나 법령에 위반되거나 공익을 현저히 해친다고 인정되어 지방자치단체의 장이 재의를 요구하였으나, 재의결된 사항이 전과 같이 법령에 위반된다고 판단되면 재의결된 날부터 20일 이내에 대법원에 소를 제기할 수 있다(지방자치법 제107조 제3항, 제172조 제3항). 해당 지방자치단체의 장이 제소를 하지 아니하는 경우 주무부장관이나 시·도지사가 대법원에 직접 제소할 수 있다(동법 제172조 제6항·제7항).

(2) 감독처분에 대한 소송: 지방자치단체의 장은 주무부장관 또는 시·도지사의 자치사무에 관한 명령이나 처분의 취소 또는 정지에 대하여 이의가 있으면 그 처분통지를 받은 날부터 15일 이내에 대법원에 소를 제기할 수 있다(동법 제169조 제2항). 또한 주무부장관이나 시·도지사의 위임사무에 관한 직무이행명령에 대하여 이의가 있는 지방자치단체의 장은 이행명령서를 접수한 날부터 15일 이내에 대법원에 소를 제기할 수 있다(동법 제170조 제3항). 이에 대해서는 특수한 소송이라는 견해도 존재한다.

04 헌법소송

1. 헌법소원

> **헌법재판소법 제68조(청구 사유)** ① 공권력의 행사 또는 불행사(不行使)로 인하여 헌법상 보장된 기본권을 침해받은 자는 법원의 재판을 제외하고는 헌법재판소에 헌법소원심판을 청구할 수 있다. 다만, 다른 법률에 구제절차가 있는 경우에는 그 절차를 모두 거친 후에 청구할 수 있다.

(1) 헌법소원의 대상

> **헌재판례**
>
> 예산은 법률과 달리 국가기관만을 구속할 뿐 일반국민을 구속하지 않는다. 국회의 예산안 의결은 '공권력의 행사'에 해당하지 않고 따라서 헌법소원의 대상이 되지 아니한다(헌재 2006.4.25. 2006헌마409).

(2) 헌법소원의 보충성

> **헌재판례**
>
> 진정에 대한 국가인권위원회의 각하 및 기각결정은 행정처분에 해당하므로, 헌법소원심판청구는 보충성 요건을 충족하지 못하였다(헌재 2015. 3. 26. 2013헌마214 등 [각하]).

(3) 헌법소원의 구체적 인정범위

헌재판례

1. 법령에 대한 헌법소원에 있어 기본권 침해의 직접성을 요구하는 이유는, 기본권의 침해를 받은 개인은 먼저 집행행위를 대상으로 하여 기본권침해에 대한 구제절차를 밟는 것이 헌법소원의 성격상 요청되기 때문이다. 법령에 근거한 구체적인 집행행위가 재량행위인 경우에 기본권의 침해는 집행기관의 의사에 따른 집행행위, 즉 재량권의 행사에 의하여 비로소 이루어지고 현실화되므로, 이러한 경우에는 법령에 의한 기본권침해의 직접성이 인정될 여지가 없는 것이다(헌재 2011.5.26. 2010헌마365).

2. 피청구인의 서신검열과 서신의 지연발송 및 지연교부행위는 행위는 이른바 권력적 사실행위로서 행정심판이나 행정소송의 대상이 된다고 단정하기도 어려울 뿐 아니라 설사 그 대상이 된다고 하더라도 이미 종료된 행위로서 소의 이익이 부정될 가능성이 많아 헌법소원심판을 청구하는 외에 달리 효과적인 구제방법이 있다고 보기 어려우므로 보충성의 원칙에 대한 예외에 해당한다(헌재 1995.7.21. 92헌마144).

3. 침해행위가 이미 종료되었다 하더라도, 이 사건 심판청구는 헌법질서의 수호·유지를 위하여 긴요한 사항으로서 그 해명이 중대한 의미를 지니고 있고 동종행위의 반복위험성도 있어서 심판청구의 이익이 있다(헌재 1995.7.21. 92헌마144).

4. 행정처분의 취소를 구하는 행정소송이 확정된 경우에 그 원행정처분의 취소를 구하는 헌법소원심판청구를 받아들여 이를 취소하는 것은, 원행정처분을 심판의 대상으로 삼았던 법원의 재판이 예외적으로 헌법소원심판의 대상이 되어 그 재판 자체가 취소되는 경우에 한하여 가능한 것이고, 이와는 달리 법원의 재판이 취소되지 아니하는 경우에는 확정판결의 기판력으로 인하여 원행정처분은 헌법소원심판의 대상이 되지 아니한다(헌재 2001.2.22. 99헌마409).

2. 권한쟁의심판

헌법재판소법 제61조(청구 사유) ① 국가기관 상호 간, 국가기관과 지방자치단체 간 및 지방자치단체 상호 간에 권한의 유무 또는 범위에 관하여 다툼이 있을 때에는 해당 국가기관 또는 지방자치단체는 헌법재판소에 권한쟁의심판을 청구할 수 있다.
② 제1항의 심판청구는 피청구인의 처분 또는 부작위(不作爲)가 헌법 또는 법률에 의하여 부여받은 청구인의 권한을 침해하였거나 침해할 현저한 위험이 있는 경우에만 할 수 있다.

헌법재판소법 62조(권한쟁의심판의 종류) ① 권한쟁의심판의 종류는 다음 각 호와 같다.
1. 국가기관 상호 간의 권한쟁의심판
   국회, 정부, 법원 및 중앙선거관리위원회 상호간의 권한쟁의심판
2. 국가기관과 지방자치단체 간의 권한쟁의심판
   가. 정부와 특별시·광역시·특별자치시·도 또는 특별자치도 간의 권한쟁의심판
   나. 정부와 시·군 또는 지방자치단체인 구(이하 "자치구"라 한다) 간의 권한쟁의심판
3. 지방자치단체 상호 간의 권한쟁의심판
   가. 특별시·광역시·특별자치시·도 또는 특별자치도 상호 간의 권한쟁의심판
   나. 시·군 또는 자치구 상호간의 권한쟁의심판
   나. 특별시·광역시·특별자치시·도 또는 특별자치도와 시·군 또는 자치구 간의 권한쟁의심판
② 권한쟁의가 「지방교육자치에 관한 법률」 제2조에 따른 교육·학예에 관한 지방자치단체의 사무에 관한 것인 경우에는 교육감이 제1항 제2호 및 제3호의 당사자가 된다.

김태성

주요 약력

박문각남부고시학원 공무원 헌법, 행정법 전임
(전) 프라임법학원 사법시험, 변호사시험 공법 전임
(전) 아모르이그잼학원 공무원 헌법, 행정법 전임

주요 저서

김태성 행정법총론(박문각출판)
김태성 행정법각론(박문각출판)
김태성 행정법총론 압축정리(박문각출판)
태성 행정법총론 기출문제집(법률저널)
태성 행정법각론 기출문제집(법률저널)

인터넷 강의 www.pmg.co.kr

김태성
행정법총론
압축정리

합격
기준 **박문각 공무원**

초판인쇄 | 2021. 11. 5. **초판발행** | 2021. 11. 10. **편저자** | 김태성 **발행인** | 박 용 **발행처** | (주)박문각출판
등록 | 2015년 4월 29일 제2015-000104호 **주소** | 06654 서울시 서초구 효령로 283 서경 B/D 4층
팩스 | (02)584-2927 **전화** | 교재 주문·내용 문의 (02)6466-7202

저자와의
협의하에
인지생략

정가 15,000원   ISBN 979-11-6704-165-4

* 본 교재의 정오표는 박문각출판 홈페이지에서 확인하실 수 있습니다.